구약성경의 원어의 풍성함을 탐구하는 데 관심을 기울이는 사람이라면 누구나 이 인상적인 책을 환영할 것이다. 저자는 중급 학생들에게 간혹 어지러운 히브리어와 아람어의 학문 세계를 훌륭하게 소개해준다. 이 옛 언어에 대한 현재 연구의 발전에 비추어 볼 때 앞으로 수년간은 학생과 교사 모두 이 책을 찾게 될 것이다.

—빌 아놀드(Bill T. Arnold: Paul S. Amos Professor of Old Testament Interpretation, Asbury Theological Seminary)

성서 히브리어와 아람어에 대한 언어학 연구의 새로운 발전 속도와 분량을 따라잡기란 버거울 수 있다. 벤자민 누난 덕분에 우리는 우리는 이런 발전을 소개하는 가장 최근의 책을 손에 넣게 됐다. 누난은 이 책에서 사용된 방법과 용어를 간결하게 설명하고, 제안된 이론의 결론을 놀라울 정도로 통찰력 있게 평가한다. 누난은 이 유용한 요약 및 평가 외에도 특정 주제를 탐구하기 원하는 사람들을 위해 최신의 참고 문헌을 충분하게 제공한다. 이 책은 석사 과정 고급 독자들을 위한 이상적인 보충 교재다.

—로버트 치솜(Robert B. Chisholm Jr.: Chair and Senior Professor of Old Testament Studies, Dallas Theological Seminary)

『성서 히브리어와 아람어 연구: 언어학으로 새롭게 읽는 구약성서』는 최근 성서 히브리어/아람어 문법 연구의 복잡한 지형도에 대한 간결하고도 유용한 안내서다. 누난은, 최근의 많은 연구들을 가능하게 해주었지만 쉽게 접근하기 어려운 언어학 이론을 간결하게 설명한다. 누난이 제공하는 (성서 히브리어/아람어 연구의) 주요 발전사와 논쟁에 대한 조사는 기초가 되면서 더 깊은 연구를 위한 핵심 자원이 된다. 이 책은 성서 히브리어/아람어 문법에 대한 최신 연구에 있어서 학생과 성서 학자 모두를 위한 유용한 출발점이 될 것이다.

—존 쿡(John A. Cook: Professor of Old Testament and Director of Hebrew Language Instruction, Asbury Theological Seminary)

이 책은 중급 수준의 학생들, 목회자들, 심지어 학자들이 현재의 언어학적 논의를 따라가는 데 도움을 줄 것이다. 누난은 자료를 이해하기 쉽게 만들었고 도움이 될 만한 요약들을 제공한다. 나는 진심으로 이 작품을 추천하는 바다.

—피터 젠트리(Peter J. Gentry: Donald L. Williams Professor of Old Testament, The Southern Baptist Theological Seminary)

20세기 후반, 언어 연구에 있어서 수많은 지각 변동이 있었다. 대부분의 학생들은 그런 변화를 이해하는 것이 어렵다고 생각했고, 어떤 학생들은 다양한 언어 이론의 중요성을 못했으며, 성서학자조차도 다양한 논의에서 변화하는 섬세함을 따라하는 데 어려움을 겪는다. 누난은 이 책에서 성서학에 필요한 언어학의 현재 모습을 그리는 데 도움이 될 만한 필수적인 자료를 제공한다. 『성서 히브리어와 아람어 연구: 언어학으로 새롭게 읽는 구약성서』는 주요 언어학적 동향에 대해 쉽고도 박식하게 풀어내면서 각 언어(히브리어/아람어)의 발전사에 있어서 유용한 평가를 제공한다.

—H. H. 하디 2세(H. H. Hardy II: Associate Professor of Old Testament and Semitic Languages, Southeastern Baptist Theological Seminary, Wake Forest, North Carolina)

벤 누난은 성서 히브리어/아람어의 이론적 논의에 탐구 결과를 제공할 뿐 아니라, 무엇보다도 이론들, 학자들, 연구들 사이의 관계를 설명하는 데 놀라운 공헌을 하고 있다. 세분화되고 전문화됐기에 어떤 학자도 모든 문헌에 통달할 수 없는 분야에서 이 책은 놀라운 자료가 된다. …

—엘리자베스 로바(Elizabeth Robar: Tyndale House, Cambridge, UK)

『성서 히브리어와 아람어 연구: 언어학으로 새롭게 읽는 구약성서』는 또 한 번의 발전을 이룬 책이다! 한 권의 접근 가능한 책으로 현대의 언어학을 대조하고 분석했다는 점에서 찬사를 받을 만하다. 독자들은 문헌학에서부터 교육학에 이르기까지 성서 히브리어/아람어 연구의 중요한 주제에 있어서 그 기원, 주요 학자들, 연구 분석들을 접할 수 있다. … 성서 히브리어와 아람어를 학문적으로 다루는 데 관심이 있는 사람이라면 누구나 이 작품을 충분히 감상하며 즐길 수 있을 것이다.

—마일즈 반 펠트(Miles V. Van Pelt: Alan Hayes Belcher, Jr. Professor of Old Testament and Biblical Languages and Director of the Summer Institute for Biblical Languages, Reformed Theological Seminary)

성서 히브리어와 아람어 연구:
언어학으로 새롭게 읽는 구약성서

벤자민 J. 누난 지음

신철호 옮김

성서 히브리어와 아람어 연구:
언어학으로 새롭게 읽는 구약성서

지음   벤자민 J. 누난
옮김   신철호
편집   이영욱, 이판열
색인   이상원

발행처   감은사
발행인   이영욱
전화   070-8614-2206
팩스   050-7091-2206
주소   서울시 강동구 암사동 아리수로 66, 401호
이메일   editor@gameun.co.kr

종이책
개정1쇄   2022.06.30.
ISBN   9791190389549
정가   44,000원

전자책
전자책1쇄   2022.06.30.
ISBN   9791190389556
정가   29,800원

ADVANCES IN THE STUDY OF
BIBLICAL HEBREW AND ARAMAIC:
NEW INSIGHTS FOR READING THE OLD TESTAMENT

BENJAMIN J. NOONAN

말씀을 신실하게 주해하여
효과적으로 사역하기 위해 애쓰는
성서 히브리어와 성서 아람어를 공부하는 모든 학생들에게

| 목차 |

AASOR	Annual of the American Schools of Oriental Research
AB	Anchor Bible
ABD	*Anchor Bible Dictionary*. Edited by David Noel Freedman. 6 vols. New York: Doubleday, 1992
ABRL	Anchor Bible Reference Library
AbrNSup	Abr-Nahrain Supplements
AIL	Ancient Israel and Its Literature
AION	*Annali dell'Istituto Orientale di Napoli*
AJSL	*American Journal of Semitic Languages and Literatures*
AKM	Abhandlungen für die Kunde des Morgenlandes
ANEM	Ancient Near Eastern Monographs
AOAT	Alter Orient und Altes Testament
AOS	American Oriental Series
AS	*Aramaic Studies*
AS	Assyriological Studies
ATJ	*Ashland Theological Journal*
BDB	Brown, Francis, S. R. Driver, and Charles A. Briggs. A Hebrew and English Lexicon of the Old Testament
BHRG	*A Biblical Hebrew Reference Grammar*. Christo H. J. van der Merwe, Jacobus A. Naudé, and Jan H. Kroeze. 2nd ed. London: Bloomsbury T&T Clark, 2017
Bib	*Biblica*
BibInt	Biblical Interpretation Series BibOr Biblica et Orientalia
BO	Bibliotheca Orientalis
BSac	*Bibliotheca Sacra*
BSL	*Bulletin de la Société de Linguistique de Paris*
BSOAS	*Bulletin of the School of Oriental and African Studies, University of London*
BZAW	Beihefte zur Zeitschrift für die alttestamentliche Wissenschaft CahRB Cahiers de la Revue biblique

CBET	Contributions to Biblical Exegesis and Theology
ConBOT	Coniectanea Biblica: Old Testament Series
DCH	*Dictionary of Classical Hebrew.* Edited by David J. A. Clines. 8 vols. Sheffield: Sheffield Phoenix, 1993–2011
EHLL	*Encyclopedia of Hebrew Language and Linguistics.* Edited by Geoffrey Khan. 4 vols. Leiden: Brill, 2013
EncJud	*Encyclopaedia Judaica.* Edited by Fred Skolnik and Michael Berenbaum. 2nd ed. 22 vols. Jerusalem: Keter, 2007
FAT	Forschungen zum Alten Testament
FO	Folia Orientalia
GKC	*Gesenius' Hebrew Grammar.* Edited by Emil Kautzsch. Translated by A. E. Cowley. 2nd ed. Oxford: Clarendon, 1910 *HALOT The Hebrew and Aramaic Lexicon of the Old Testament.* Ludwig Köhler, Walter Baumgartner, and Johann J. Stamm. Translated and edited under the supervision of Mervyn E. J. Richardson. 2 vols. Leiden: Brill, 2001
HAR	*Hebrew Annual Review*
HdO	Handbuch der Orientalistik
Hen	*Henoch*
HS	*Hebrew Studies*
HSM	Harvard Semitic Monographs
HSS	Harvard Semitic Studies
HTR	*Harvard Theological Review*
HUCA	*Hebrew Union College Annual*
IBHS	*An Introduction to Biblical Hebrew Syntax.* Bruce K. Waltke and Michael O'Connor. Winona Lake, IN: Eisenbrauns, 1990
ICC	International Critical Commentary
IEJ	*Israel Exploration Journal*
IOS	*Israel Oriental Studies*
JANES	*Journal of the Ancient Near Eastern Society*
JAOS	*Journal of the American Oriental Society*
JBL	*Journal of Biblical Literature*
JBS	*Jerusalem Biblical Studies*
JCS	*Journal of Cuneiform Studies*

JEOL	*Jaarbericht van het Vooraziatisch-Egyptisch Gezelschap Ex Oriente Lux*
JETS	*Journal of the Evangelical Theological Society*
JHebS	*Journal of Hebrew Scriptures*
JJS	*Journal of Jewish Studies*
JNES	*Journal of Near Eastern Studies*
JNSL	*Journal of Northwest Semitic Languages*
JOTT	*Journal of Translation and Textlinguistics*
Joüon	Joüon, Paul. *A Grammar of Biblical Hebrew*. Translated and revised by T. Muraoka. 2nd ed. SubBi 27. Rome: Pontificio Istituto Biblico, 2006
JPOS	*Journal of the Palestine Oriental Society*
JQR	*Jewish Quarterly Review*
JSem	*Journal for Semitics*
JSNTSup	Journal for the Study of the New Testament Supplement Series
JSOTSup	Journal for the Study of the Old Testament Supplement Series
JSS	*Journal of Semitic Studies*
LANE	Languages of the Ancient Near East
LBHOTS	Library of Hebrew Bible/Old Testament Studies
Leš	*Lešonénu*
LSAWS	Linguistic Studies in Ancient West Semitic
NIDOTTE	*New International Dictionary of Old Testament Theology and Exegesis*. Edited by Willem A. VanGemeren. 5 vols. Grand Rapids: Zondervan, 1997
OLA	Orientalia lovaniensia analecta
Or	*Orientalia*
OtSt	Oudtestamentische Studiën
PHSC	Perspectives on Hebrew Scriptures and Its Contexts
PLO	Porta Linguarum Orientalium
RBL	*Review of Biblical Literature*
REJ	*Revue des études juives*
RevQ	*Revue de Qumran*
SAHD	*Semantics of Ancient Hebrew Database*
SAOC	Studies in Ancient Oriental Civilization
SBFA	Studium Biblicum Franciscanum Analecta

SBLDS	Society of Biblical Literature Dissertation Series
SBLMS	Society of Biblical Literature Monograph Series SBT Studies in Biblical Theology
ScrHier	Scripta Hierosolymitana
SDBH	*Semantic Dictionary of Biblical Hebrew*
SemeiaSt	Semeia Studies
SJOT	*Scandinavian Journal of the Old Testament*
SSN	Studia Semitica Neerlandica
StBibLit	Studies in Biblical Literature (Lang)
STDJ	Studies on the Texts of the Desert of Judah
SubBi	Subsidia Biblica
TDOT	*Theological Dictionary of the Old Testament*. Edited by G. Johannes Botterweck and Helmer Ringgren. Translated by John T. Willis et al. 15 vols. Grand Rapids: Eerdmans, 1974–2006
TGUOS	*Transactions of the Glasgow University Oriental Society*
Them	*Themelios*
TLOT	*Theological Lexicon of the Old Testament*. Edited by Ernst Jenni, with assistance from Claus Westermann. Translated by Mark E. Biddle. 3 vols. Peabody, MA: Hendrickson, 1997
TUGAL	Texte und Untersuchungen zur Geschichte der altchristlichen Literatur
VT	*Vetus Testamentum*
VTSup	Supplements to Vetus Testamentum
ZAH	*Zeitschrift für Althebraistik*
ZAW	Zeitschrift für die alttestamentliche Wissenschaft
ZDMG	Zeitschrift der deutschen morgenländischen Gesellschaft
ZECOT	Zondervan Exegetical Commentary on the Old Testament
ZKT	*Zeitschrift für katholische Theologie*

추천 서문

『성서 히브리어와 아람어 연구: 언어학으로 새롭게 읽는 구약성서』
는 성서 히브리어와 아람어의 복잡함과 본문의 가장 정확한 의미가 무
엇인지를 밝히고자 시도하는 학자들의 다양한 접근법을 드러내주는 작
품이다. 이 책은 성서 히브리어와 아람어에 관한 최신의 그리고 최고의
연구를 포함하고 있다. 잘 쓰였고 세밀하며 최신의 정보를 담고 있어서
셈어를 진지하게 공부하는 학생들은 반드시 읽어야 할 책이다.

내가 히브리어 학과 책임자로 있을 때 신시내티에 있는 히브리 유니
언 대학 유대 종교 연구소(Hebrew Union College-Jewish Institute of Religion)에서 벤
누난(Benjamin Noonan)을 만났는데 벤과 그의 아내 젠(Jennifer Noonan)은 나의
박사과정 지도교수였던 스티븐 카우프만(Stephen A. Kaufman)의 지도 아래
석사공부를 하고 있었다. 이 두 사람과 내가 모두 비교 셈어 분야에 매력
을 느끼고 있었기 때문에 연구 프로젝트 작업을 함께 진행하고 학술대
회에 참가하면서 많은 시간을 보내게 됐다. 나는 벤과 그의 아내가 내 집
에서 교제하는 것이 즐거웠고 셈어 분야와 관련된 주제에 대해 그들과
같이 연구하는 것이 너무 좋았다.

벤과 그의 아내 젠 그리고 나는 스티븐 카우프만에게 헌정하는 『지혜는 어디에서 찾을 수 있는가』(Where Shall Wisdom Be Found)의 공동 편집자였고 이 공동 작업을 하면서 벤은 진지한 연구자, 탁월한 작가, 꼼꼼한 편집자의 재능을 드러냈다. 내가 인도에서 신학생들에게 성서 히브리어를 가르치면서 거기서 초고 작업했던 것을 결코 잊지 못할 것이다. 하이데라바드 신학 및 변증학 연구소(Hyderabad Institution of Theology and Apologetics)에서 가르치면서 나는 편집 작업을 위해 그들과 거의 매일 이메일을 주고받았다. 그때 나는 한 아파트에서 살고 있었는데 거기는 인터넷이 되지 않아서 문서를 다운받고 출력을 하기 위해 학교 사무실을 이용했다. 수업 중간에 몇 개의 장들(chapters)을 편집했고 그것을 다음날이나 또는 가능한 빨리 그들에게 보내주었다. 벤과 젠 부부는 이 프로젝트를 성공시키기 위해 쉴 새 없이 작업했고, 기고자들과 소통하고, 초고를 편집하며 자신들이 써야 할 장을 쓰고 최종 기한에 맞춰 완성했다.

이 책, 『성서 히브리어와 아람어 연구: 언어학으로 새롭게 읽는 구약』에서 벤 누난은 셈어 분야의 중심 주제를 다룬다: 성서 히브리어와 성서 아람어 연구의 긴 역사, 어휘론과 사전학, 동사 체계—형태론, 어간, 태(voice), 상(aspect), **동작류**(Akitionsart), 법(mood)—담화 분석, 어순(word order), 언어적 변이, 본문의 연대 측정, 성서 언어 교육법. 나는 이 책만큼 성서 히브리어와 아람어의 중요한 주제들을 포괄적으로 잘 결합한 다른 책을 보지 못했다.

언어학이라는 말은 언어 학습자들에게 긴장감을 주곤 하는 용어다. 저자가 언급한 것처럼 언어학이라는 용어는 "학교에서 문법을 배우면서 힘들었던 나쁜 기억들을 떠올려 준다"(본서 제1장). 이 책에서 벤은 복잡한 언어학 전문용어를 성공적으로 설명하고 성서 히브리어와 아람어 연구의 가치를 잘 확립해 나간다. 저자는 정확하게 용어를 정의한다. 각 용어에 대한 접근 방식을 명확하게 설명하고 각 용어에 대한 견해를 신중하고 정확하게 제시한다. 언어학이 다면적이고 복잡하긴 하지만 성서 히브리어와 아람어 연구를 위해서 필수적이라는 것은 분명하다. 본서 1.3.4.3항 "성서 히브리어와 성서 아람어와의 관련성"에서 벤은 다양한 언어 이론을 성서 히브리어와 아람어에 적용시켜 각 이론들이 여러 모양으로 어떻게 성경 본문을 더 깊이 이해하는 데 기여하는지를 묘사한다.

벤의 동사 어간(stem)에 대한 개요는 현대 학술적 견해를 명확하게 정리했다는 점에서 모범적이다. 예를 들어, 피엘(Piel)에 대한 중요한 논의에서 피엘(Piel, 히브리어)과 파엘(Pael, 아람어)에 관한 중요한 학자들의 견해를 상세하게 설명했다. 즉 피엘과 파엘의 기능에 대한 학자들의 견해는 강조적(intensive), 사역적(causative), 복합적(complexactive), 결과적(resultative), 복수적(pluralitive), 작위적(factitive), 반복적(iterative), 명사파생적(denominative) 또는 이러한 것들의 조합이다. 그는 "셈어가 속해있는 주요 어족(language family)인"(p. 103), 아프리카-아시아 어족(Afro-Asiatic languages)에 대한 카우프만의 연구에 기초하여 피엘 어간의 유형적(typological) 특징을 강조하고 그것을 채택한다. 벤은 "동사 어간에 대한 모든 패러다임이 각 어간에 하나의 근본적인 기능을 부여하는 것이 아니라 동작-상태의 이분법으로(또는 동작이냐 상태냐 하는 두 가지 구분법으로) 제한되어야 한다"(p. 116)는 카우프만의 중요한 통찰을 채택했다.

카탈(qatal), 이크톨(yiqtol), 바이크톨(wayyiqtol), 베카탈(weqatal)의 기원과 기능은 지난 몇 십 년 동안 많은 연구자를 수도 없이 괴롭혀 왔다. 시제(Tense), 상(Aspect), 법(Mood)을 포함한 이러한 동사 형태에 대한 최근 학술연구는 풍부해졌고 그만큼 동사 형태에 대한 여러 견해들이 나타났다. 그중에는 오랫동안 영향력을 발휘해온 시제-우세 이론(tense-prominent theory), 일반적으로 잘 알려진 상-우세 이론(aspect-prominent theory), 그리고 잘 알려지지 않은 법-우세 이론(mood-prominet theory)도 있다. 그리고 이 책 뒤에 나오는 인상적인 참고 문헌 목록은 동사 형태와 그것에 대한 이론들이 지난 수 세기에 걸쳐 관심 받아왔다는 것을 증명한나.

텍스트 언어학(text-linguistics)으로도 알려진 담화 분석(discourse analysis)이 성서 히브리어와 아람어 연구에 뿌리내리기 시작했다. 성서 언어 학자들은 최근에 히브리어와 아람어 연구를 위해 담화 분석의 세 가지 기본적인 개념, 즉 응집성(coherence)과 응결성(cohesion), 담화 단위와 담화 관계, 그리고 정보 구조로 전환했다. 벤은 접속사, 지시사, 어휘 및 형태 구문적 패턴(lexical and morphosyntactic patterns), 주제별 분류, 및 다른 특징들과 같은 담화 표지의 사용을 강조함으로써 성서 히브리어와 아람어 연구에서 담화 분석의 중요성을 보여준다. "담화 분석은 추상적인 언어가 아니라 실제로 사용되는 언어를 다루기 때문에 화용론(pragmatics)[1] 영역에 들어간다"(p. 145).

최근 연구에서 성서 히브리어와 아람어의 어순에 관한 문제는 유표성(markedness), 우세성(dominance), 빈도, 분포, 화용론(pragmatics)으로 본격적으로 논의된다. 전통적으로 성서 히브리어에서 동사(V)-주어(S)-목적어(O)의 어순(이하 VSO 또는 SVO)이 내러티브 본문에서 통계적으로 가장 빈번하게 나타나는 것으로 확인되는데, 그러나 이러한 순서는 로버트 홈스테드(Robert Holmstedt)와 같은 학자들에 의해 도전을 받아왔다. 로버트 홈스테드는 VSO의 순서가 요구되는 **바이크톨**(*wayyiqtol*)은 주로 무엇을 묘사하거나 설명하는 상황에서 나타나기 때문에 사실상 SVO 순서가 성서 히브리어에서 가장 두드러진 어순인 것 같다고 주장한다. 성서 아람어에서

---

1.   역주, 화용론(pragmatics)은 문장 자체에는 드러나지 않지만 맥락 속에 숨겨진 의미와 실제 대화에서 언어가 어떻게 사용되는지 연구하는 언어학의 분야다. 자세한 것은 이 책 6.1의 서론을 보라.

SVO 순서가 가장 두드러진 어순이라 하더라도 이 주제를 다루는 대부분의 학자들은 어순에 있어서 고정된 패턴이 아니라 자유로운 어순을 옹호한다.

지난 20년 동안 성서학 분야에서 성서 히브리어와 아람어를 가르치는 방법들이 많이 발전돼왔다. 성서 언어 교육은 제2언어를 습득하기 위한 방법들—듣기, 말하기, 읽기, 쓰기—전신반응 교수법(Total Physical Response Storytelling),[2] 내용 중심 교수법(Content-Based Instruction)[3] 그리고 처리 교수법(Processing Instruction)에 기초한 의사 소통 접근법을 적극 도입했다. 새로운 교재에는 시각 자료들, 오디오 파일, 상호 활동 영역, 웹사이트, 만화, 색을 넣은 구성, 파워포인트 단어 자료, 그 외 다양한 도구를 포함하고 있다. 이러한 교수법 제안자들은 성서 언어 교육을 위해 살아있는 언어 접근 방식을 배우고자 하는 교사들에게 집중적인 워크숍을 제공했다. 벤 또한 성서 히브리어와 아람어를 가르치기 위해 의사 소통 접근법을 사용하는 사람이다. 그가 ETS(Evangelical Theological Society)와 SBL(Society of Biblical Literature)에서 응용 언어학 분과에 참여하고 있는 것은 이러한 새로운 성서 언어 교수법에 대한 헌신을 보여준다.

벤 누난(Ben Noonan)은 비교 셈어학에 대한 광범위한 이해를 가지고 있는 진지한 성서 히브리어-아람어 학자다. 따라서 성서 히브리어와 아람

---

2. 역주, 전신 반응 교수법(TPRS)은 교사의 스토리텔링에 따라 학생들이 신체표현으로 반응하며 심리적 부담감을 최소화하는 상호이해적 교수법이다.
3. 역주, 내용 중심 교수법(CBI)은 외국어의 기능 습득과 동시에 교과 내용의 습득을 목표로 하는 교수법으로서, 배우는 교과 내용을 외국어로 수업함으로 학습자들의 교과 학습에 대한 내적인 동기를 유지시키면서 그 과정에서 외국어의 능력을 향상을 도모하는 교수법이다. 의사 소통 기능의 독립적인 습득보다는 학습자가 관심을 갖고 있는 영역이나 전공 영역에 대한 내용 습득을 목표로 외국어를 이용하여 가르침으로써 내용의 습득과 동시에 외국어의 습득을 목표로 한다.

어를 배우려는 사람들은 그의 지식을 의심할 바 없이 광범위하게 적용할 수 있을 것이다. 놀라운 이 책의 출간은 셈어 분야에 대한 벤의 진지한 관심과 헌신을 잘 보여준다. 이 책은 앞으로 몇 년 농안 성서 히브리어와 아람어의 학자들과 학생들에게 커다란 유익을 줄 것이다.

헬렌 달레어(Hélène Dallaire), Ph. D.

덴버 신학교, 얼 칼란드(Earl S. Kalland) 구약과 셈어 교수

서문

이 책은 성서 히브리어와 아람어에 대한 학문적 연구와 그것을 가능한 많은 사람들에게 나누길 원했던 나의 열망에서 나왔다. 나의 히브리어 선생님들, 그중에 특히 스티븐 카우프만(Stephen A. Kaufman)은 내 안에 성서학자로 헌신하고자 하는 마음을 가장 먼저 심어주셨다. 그와 함께 수업을 하면서 고대 셈 문화의 맥락 안에서 실제로 사용됐던 언어로서 성서 히브리어와 아람어를 공부하는 유익을 알게 됐다. 내가 히브리어와 아람어 연구에 빠지게 된 것은 대부분 그의 가르침 때문이었다. 그리고 이 책을 읽는 독자들이 이 책 안에 두루 퍼져있는 그의 영향력을 알게 되길 소망한다.

나는 콜롬비아 대학에 있는 나의 학생들에게 감사의 마음을 전한다. 그들은 성서 언어에 대한 관심을 보여주었고 계속해서 성서 히브리어와 아람어에 대한 나의 이해가 자라도록 해주었다. 그들의 질문과 통찰은 내가 성서 언어들에 대해서 좀 더 깊게 생각할 수 있도록 그리고 내가 될 수 있는 가장 최선의 선생과 학자가 되도록 도전을 주었다. 나의 학생들은 매일 나에게 왜 이것을 해야하고 무엇을 해야하는지 매일 상기시켜

주었고, 이것으로 인해 나는 그들에게 특별히 감사한다.

나는 또한 이 책의 출판을 가능하도록 해준 존더반(Zondervan) 출판사에 감사를 전한다. 교회와 학교를 섬기기 위해 최고의 책들을 만들고자 하는 출판사와 함께 일한 것은 큰 즐거움이었다. 특별히 이 책이 출판될 수 있도록 지원해주고 전문가적으로 조언해준 낸시 에릭슨(Nancy Erickson)에게 감사한다. 그녀는 이 프로젝트가 실제로 이루어질 수 있도록 헌신을 아끼지 않았다. 무엇보다 이 책의 서문을 써준 헬렌 달레어(Hélène Dallaire)에게 감사한다.

나는 이 책을 성서 히브리어와 성서 아람어를 공부하는 모든 학생들에게 바친다. 이 책이 독자들이 더 나은 성서 히브리어의 해석자가 되어 말씀을 신실하게 주해하고 그들의 사역을 좀 더 효과적으로 만드는 데 도움이 되기를 바란다.

서론

성서를 기록한 언어를 알지 못한다면 스스로 성서를 읽을 수 없다. 그래서
만약 당신이 성서를 알기 원한다면 그리스어와 히브리어를 공부해야 한다.

—그레샴 메이첸(J. Gresham Machen)[1]

　　많은 사람은 성서 히브리어와 성서 아람어를 배우는 것이 성실하게
히브리 성서를 해석하려는 사람들에게 반드시 필요하다는 것에 동의할
것이다. 그러나 정말 히브리어와 아람어를 배우려면 이 언어들이 작동하
는 방식을 이해해야 하고 다음으로 이 언어들에 대한 연구에 익숙해져
야 한다. 이러한 사실은 히브리 성서를 읽는 많은 독자들에게 큰 어려움
을 준다. 그들은 히브리 성서에 관한 연구가 때로는 기술적이며 익숙하
지 않은 용어와 이론으로 가득 차 있고, 그 학문 영역 밖에 있는 사람들
은 접근하기 어렵다는 불행한 사실에 직면하게 되기 때문이다. 이러한
어려움으로 인해 그들은 히브리 성서를 읽는 데 언어학이 중요한 이유

1.　Machen, "Purpose and Plan," 6.

에 대해 의아해 한다.

이 책은 성서 히브리어와 성서 아람어의 세계를 알기 쉽게 소개함으로써 이러한 딜레마를 해결하려는 시도다.[2] 나의 목표는 이 책이 성서 히브리어와 아람어와 관련되어 모든 사람들—학생들, 목사들, 교수들, 학자들—에게 이 언어에 관한 관심 이슈를 소개하고, 더 나아가 독자들이 히브리어와 아람어 연구의 핵심 논의가 무엇이고 그것이 왜 중요한지를 더 잘 이해하게 되는 데 있다.

0.1 이 책은 무엇에 관한 것인가?

이미 언급한 것처럼 이 책은 성서 히브리어와 아람어에 관한 관심 논의들을 개관한다. 이는 히브리 성서의 해석과 연구의 새로운 방향을 설정하는 논의에 대한 탐구를 의미한다. 나는 의도적으로 이 책에서 내가 말하려고 하는 논의들을 선택했다. 그것들은 이 분야에서 중요한 발전—어떤 경우에는 논쟁—을 반영하기 때문이다. 나는 최근에 많은 발전이나 논쟁을 보여주지 않는 논의들은 선택하지 않았는데 그러한 논의들은 이 분야에서 진정한 발전을 드러내지 못하기 때문이다. 이 책은 성서 히브리어와 성서 아람어에 관한 일반적인 개론이 아니라 이 언어들의 연구에 관한 발전을 조망해보려는 시도다.

전반적으로 이 책은 성서 히브리어와 아람어 연구의 발전에 초점을 맞춘다. 나는 히브리 성서를 이해하고자 애쓰는 특정한 독자층을 염두에 두고 있기 때문에 이 책은 일반적인 히브리어와 아람어에 관한 내용을 담고 있지 않다. 동시에 성서 히브리어와 아람어 연구를 더 넓은 배경이 되는 셈어에서 완전히 분리시키는 것은 불가능하다. 따라서 필요에 따라

---

2.   이 책은 Campbell, *Advances in the Study of Greek*과 짝을 이루는 책이다..

나는 성서 히브리어와 성서 아람어를 셈어라고 알려진 것들, 특히 히브리어와 아람어 내에 위치시켰다. 나는 이러한 사실들로 인해 이 책이 히브리 성서가 일차적인 관심사가 아닌 사람들에게도 도움이 되기를 희망한다.

0.2 이 책이 왜 필요한가?

현재 성서 히브리어와 아람어의 최근 발전을 다룬 책들은 없다. 과거 수십 년 동안 이 분야에서 흥미로운 발전이 있었지만 그런 것을 다룬 책이 없다는 것은 안타깝지만 사실이다. 현대 언어학 이론을 적용함으로써 우리는 성서 히브리어와 성서 아람어가 무엇을 의미하는지, 특정한 동사 형태의 기능이 무엇인지, 담화 구조가 무엇인지, 히브리 성서의 언어적 다양성이 무엇인지 그리고 성서 히브리어와 성서 아람어를 어떻게 가르쳐야 하는지 더 잘 이해하게 됐다. 불행하게도 이러한 주제들을 개별적으로 다룬 산발적인 연구들은 일반 독자들이 접근하기 어려운 경향이 있다.

이 책은 학생, 목사, 교수, 학자에게 가장 중요한 발전 영역을 제시하여 그들이 이러한 발전을 자신의 히브리 성서 연구에 적용할 수 있도록 했다. 이는 성서 히브리어와 성서 아람어 연구가 히브리 성서에 관심을 가지고 있는 모든 사람에게 영향을 미치기 때문에 중요하다. 이러한 발전은 우리에게 새로운 통찰을 주고, 우리의 주해를 향상시키며, 잘못 알고 있는 것들을 교정해준다. 만약 성서 언어에 관한 지식들이 히브리 성서를 이해하는 데 정말로 필요하다면 성서 히브리어와 성서 아람어 연구의 역사가 증명해 주듯이 우리는 어떠한 위기가 온다 하더라도 그것을 넘길 수 있을 것이다.

0.3 이 책에는 어떠한 주제들이 어떠한 이유로 포함되어 있는가?

제1장에서는 언어학과 언어학의 주요 학파를 다룬다. 복잡한 언어학 용어와 개념은 성서 히브리어와 아람어 연구에 접근하기 어렵게 만드는 큰 이유이기도 하다. 그래서 1장은 언어학 핵심 개념과 이론을 이해하기 쉽게 설명한다. 1장에서 언급하는 주제는 독자들에게 이 책의 나머지 부분을 이해하는 데 필수적인 기초가 되는 지식을 제공해준다.

제2장에서는 제1장에서 논의된 언어학 개념과 이론들과 관련해서 성서 히브리어와 성서 아람어 연구의 역사를 조망함으로 그 뒤의 나머지 장들을 이해하기 위한 배경을 설정해준다. 연구의 역사를 알면 성서 히브리어와 성서 아람어 연구의 현대적 동향을 더 잘 이해할 수 있고 그것들이 어디에서부터 왔는지 그리고 그것들의 현재 논쟁점이 무엇인지를 알 수 있다.

제3장에서는 어휘론(lexicology: 단어의 의미)과 사전학(lexicography: 사전을 만드는 것)을 살펴본다. 어휘론이 많이 발전했음에도 불구하고 성서 학자들은 이를 아주 천천히 받아들였다. 어휘론과 사전학은 단어의 의미와 특히 단어 연구에 직접적으로 의존하는 주해에 큰 영향을 미쳤다. 어휘론의 발전은 히브리어와 아람어를 읽는 모든 사람들에게 필수적인 도구가 되는 사전에도 영향을 미쳤다.

제4장과 제5장에서는 성서 히브리어와 성서 아람어의 동사 체계를 논한다. 제4장에서는 동사 어간(stem)에 대한 최신 연구, 특히 니팔과 피엘에 대한 이해를 증진시켜주는 중요한 발전을 보여준다. 일부 문법태(grammatical voice)와 관련된 이러한 발전은 성서 그리스어의 이태(deponency)의 탈락 현상(rejection)과 비슷하다. 이러한 발전은 논란의 여지가 있지만 니팔과 피엘의 기능을 이해하는 방식에 직접적인 영향을 미치기 때문에 중요하다.

제5장에서는 성서 히브리어와 성서 아람어의 시제(tense), 상(aspect), 법 (mood)에 대해서 논의한다. 거의 2천년 동안 동사 활용(verbal conjugations)은 주로 시제(tense)를 나타낸다는 것이 지배적인 관점이었지만 지난 백 년 동안 상(aspect)이 가장 중요하다는 개념을 발전시켰고 이것은 동사 활용 의 기능과 그 의미를 이해하는 데 있어서 문법화(grammaticalization)와 같은 현대 언어학 개념의 역할에 관한 중요한 논의를 낳았다.

제6장에서는 인기 있는 주제인 담화 분석을 다룬다. 담화 분석에 대 한 관심은 언어가 사용되는 실제 삶의 맥락 안에서 의미를 탐색하려는 언어학의 일반적인 추세를 반영한다. 성서 히브리어와 성서 아람어 분문 의 담화 분석에 대한 다양한 접근 방식이 있을 뿐만 아니라, 담화 분석을 히브리어 성서에 적용하기 위한 자료도 증가하고 있다. 담화 분석은 궁 극적으로 히브리 성서의 저자들이 자신의 글로 무엇을 하려고 했는지에 대한 우리의 이해를 증진시킨다.

제7장에서는 성서 히브리어와 성서 아람어의 어순(word order)과 관련 된 주제를 다룬다. 전통적으로 히브리어는 동사-주어-목적어 어순을 가 지는 언어로 간주됐지만 최근에 주어-동사-목적어의 어순을 가지는 언 어로 이해하려는 사람들이 나타나기 시작했다. 지난 수십 년 동안 성서 아람어의 어순에 관한 논의가 있어왔고 어순에 관한 논쟁은 직접적으로 주해(exegesis)에 영향을 주었다. 어순에 관한 논쟁은 표준 어순에서 벗어 난 특정 단어나 절에 관심을 기울이기 때문에 주해에 직접적인 영향을 미친다. 그러나 표준 어순이 무엇인지 먼저 알지 못한다면 어떠한 단어 가 강조되는지 알 수 없다.

제8장과 제9장에서는 히브리 성서의 언어 변화를 조사한다. 제8장은 사용역(register), 방언(dialect), 문체 교체(style-shifting), 코드 전환(code-switching) 에 대해 논의한다. 상대적으로 덜 알려졌지만 이 주제들은 성서 저자들

이 선택한 언어에 대해 중요한 주석적 의미를 가진다. 이 주제들은 사회 언어학이나 언어학 분야 내에서 언어 변화에 대한 연구가 얼마나 인기가 많은지 보여준다.

제9장에서는 성서 히브리 성서의 언어 변화가 연대를 가늠할 특징을 가지고 있는지에 대한 질문을 다룬다. 전통적으로 학자들은 히브리 성서에서 오래된 언어의 특징과 새로운 특징을 구분할 수 있다고 주장했고 이러한 견해에 대한 도전은 우리가 성경 본문의 연대를 이해하는 방식을 정교하게 다듬었다. 여전히 진행 중인 이 논의는 성서 본문의 연대를 결정하는 것이 주석의 필수 부분인 특정 단락의 역사적 배경을 확립하는 데 도움이 될 수 있다는 점에서 매우 실제적이다.

마지막 제10장에서는 성서 언어 교육 방법을 탐구한다. 이 중요한 주제는 성서 히브리어와 성서 아람어의 연구와 크게 관련이 없지만, 교육 방법을 보는 방식은 이 언어들을 배우거나 가르치는 사람들에게 분명한 영향을 준다. 제2언어 습득 분야의 통찰로 인해 성경 언어를 배우는 방법에 놀라운 발전이 있었다.

0.4 이 책을 어떻게 사용해야 하는가?

이 책은 학생들, 목사들, 교수들 및 학자들이 개인 학습과 수업 교재로 사용할 수 있다. 가급적 쉽게 접근할 수 있도록 쓰였기 때문에 이 책은 성서 히브리어와 성서 아람어를 좀 더 배우고자 하는 사람들에게, 그리고 어떻게 이 연구가 히브리 성서 해석에 영향을 미치는지 배우고자 하는 사람들에게 이상적인 도구가 될 것이다. 그리고 학교 수업에 사용된다면 2년 히브리어 과정의 교재로, 특히 고급 히브리어 문법 교재의 보충자료로 사용될 수 있을 것이다. 성서 히브리어와 성서 아람어에 대한 추가 연구에 관심이 있는 사람들, 현재 대학원 연구에 참여하고 있는 사람들, 현재 학자들이 이 책을 사용하면 특히 도움이 될 것이다.

이러한 잠재적인 사용을 염두에 두고 접근성을 희생하지 않으면서 최대한 포괄적으로 성서 히브리어와 성서 아람어의 발전을 제시하는 것 사이에 균형을 맞추려고 노력했다. 각 장마다 그 장에서 다루는 주제에 대해 기본적인 개관을 제시했고 그 주제들의 강점과 약점을 평가했다. 나는 가능한 객관적으로 이러한 정보를 제시하려고 노력했지만 나의 견해와 결론을 숨기려 하지는 않았다. 그러나 나의 견해가 독자들이 자신의 결론을 형성하는 데 방해받아서는 안 될 것이다. 각 장의 소개(Introduction) 바로 뒤에 나오는 "현대 언어학 틀"(Modern Linguistic Framework) 부분과 각 장 끝에 열거되어 있는 "더 읽을 자료"(Further Reading) 부분은 좀 더 깊이 연구하고자 하는 사람들에게 훌륭한 출발점을 제공한다.

0.5 이 책에서 의도하는 결과는 무엇인가?

내가 가장 중요하게 여기는 목표는 이 책을 읽는 누구든지 성서 히브리어와 성서 아람어 연구의 핵심 논의들과 그것들이 왜 중요한지에 대해 의미 있는 이해를 얻게 되는 것이다. 이것은 성서 해석, 교수법(teaching), 그리고 연구와 관련된 몇 가지 결과를 가져오는데 이런 각각의 결과는 매우 실제적인 것이다. 그 결과들은 히브리 성서를 신실하게 주해하고 독자들이 섬기는 자리에서 좀 더 효과적으로 사역할 수 있도록 도울 것이다.

성서 해석에 관해서 이 책의 독자들이 언어 감각을 가져서 성서가 전달하고자 하는 것이 무엇인지에 대한 정확한 이해를 가지고 원어로 히브리 성서를 읽을 수 있기를 기대한다. 가르치는 것에 관해서는 이 책의 독자들이 히브리 성서를 다른 사람들에게 더 정확하게 전달하고 정보에 입각한 방식으로 성서 언어를 가르칠 수 있기를 기대한다. 마지막으로 연구에 관해서는 이 책의 독자들이 최근 연구의 기본적인 논의들을 이해하여 그 연구에 참여하고 나아가 연구에 기여하게 되기를 또한 기대한다.

제1장
언어학과 언어학 이론에 관한 간략한 소개

성서 언어에 관심이 있는 모든 학자들은 언어학의 기본 능력을 습득해야 한
다.[1]

—아디나 모샤비(Adina Moshavi), 타니아 노타리우스(and Tania Notarius)

1.1 소개

많은 학생들, 목사들 그리고 심지어 히브리어 학자들조차도 언어학
이라는 용어를 들으면 머리를 절레절레 흔든다. 어떤 사람에게는 언어학
이 학교에서 문법을 배우면서 힘들었던 나쁜 기억들을 떠올려 주기도 하
는데 그들은 "학교에서 문법을 배우는 것이 그렇게 힘들었는데 어떻게
내가 언어학을 이해할 수 있을까요?"라고 묻는다. 언어학이 자신들과 관
련이 없다고 생각하는 사람들은 "언어학이 왜 중요하죠? 나는 언어학이
없이도 구약성서의 히브리어와 아람어를 잘 이해할 수 있습니다"라고
말한다.

---

1.   Moshaivi and Notarius, "Bible Hebrew Linguistics", 16.

이 같은 질문들은 언어학에 대해 오래 지속되어온 긴장감을 반영한다. 전통적으로 성서 히브리어와 성서 아람어를 잘 배워왔지만 이는 언어학의 측면에서 볼 때 그런 언어를 그렇게 잘 이해한 것은 아니다. 이 책에서 논증할 것이지만 언어학은 직접적으로 해석에 영향을 미치기 때문에 언어학을 통하지 않고 성서 언어를 해석하는 것은 문제가 된다. 우리가 깨닫든지 그렇지 않든지 히브리어와 아람어를 읽으려고 할 때 각자가 지금 이해하고 있는 언어학이 작동한다. 자세한 정보에 근거한 이해는 좋은 결과는 낳지만 그렇지 않은 이해는 나쁜 결과를 가져온다. 언어학을 무시하는 것은 히브리 성서에 대한 우리의 이해에 해를 끼치는 것이고 그럴 때 우리의 사역과 학문에서 효율성은 약화된다. 그럼에도 언어학은 상대적으로 전문적이고 기술적인 분야라는 사실은 여전하다. 이런 상황을 개선하기 위해 1장에서 선별적인(selective) 언어학 개관과 핵심 언어학 이론을 소개할 것이다. 언어학을 정의하고 그것의 다양한 하위 분야를 제시하면서 시작하려고 한다. 그 다음에 언어학에 대한 가장 중요한 접근법을 살펴보고 성서 히브리어와 성서 아람어에 언어학적 접근법을 적용하는 것이 적절한지를 논의할 것이다. 따라서 1장에서는 이 책 전반에 걸쳐서 좀 더 상세하게 언급되는 개념들을 이해하기 위해 가장 필수적인 기초를 놓을 것이다.

1.2 언어학이란 무엇인가

1.2.1 언어학의 정의

언어학은 언어에 대한 과학적인 연구로 정의할 수 있다.[2] 그리고 언어

---

2.   Crystal, *Dictionary of Linguistics and Phonetics*, 283; McGregor, *Linguistics*, 2; Akmajian et al., *Linguistics*, 5.

학자는 언어학을 연구하는 사람이다.[3] 과학적인 연구 분야로서 언어학은 세계의 언어들을 조사하기 위해 경험적 방법을 사용하고 무엇보다 그것의 우선적인 목표는 규정하는(prescriptive) 것이 아닌 설명하는(descriptive) 데 있다. 언어학의 목표는 어떻게 언어가 사용되어야 하는지를 말하는 것이 아니라 언어가 어떤 것인지 그리고 실제로 언어가 어떻게 사용되는지를 설명하는 것이다.[4]

1.2.2 언어학의 핵심 분야

언어학은 다양한 분야로 나뉜다. 언어 학자들은 이러한 분야를 다른 방식으로 연관시키는데, 어떤 분야가 언어학 분석에서 가장 중요한 핵심이 되는지에 대해서는 다양한 관점을 가지고 있다.[5] 그러나 많은 언어학자들은 조금씩 다르긴 하지만 다음에 나오는 분야들을 언어학 연구의 핵심 분야로 본다: 음성학, 음운론, 형태론, 통사론, 의미론, 화용론(pragmatics).[6] 그리고 이 각각의 분야는 성서 히브리어와 성서 아람어 연구에 직접 연관되어 있다.

음성학(Phonetics)과 **음운론**(Phonology)은 둘 다 언어의 실제 소리와 관련이 있다. 음성학은 음성이 생성(발음)되고 들려지는 물리적 방식을 다루는 반면, 음운론은 언어가 소리를 만드는 방식을 다룬다.[7] 모든 언어에는 특정한 방식으로 발음되는 일련의 소리들이 있고 그러한 소리들은 특정한

---

3. Crystal, *Dictionary of Linguistics and Phonetics*, 282.
4. McGregor, *Linguistics*, 2-3.
5. Crystal, *Cambridge Encyclopedia of Language*, 84-85.
6. 정확하게 정의하면 언어학에서 문법이라고 하면 단지 형태론과 통사론만을 포함하지만 넓은 의미에서 이 모든 분야를 문법이라고 할 수 있다. Crystal, *Dictionary of Linguistics and Phonetics*, 218을 보라.
7. McGregor, *Linguistics*, 4; Crystal, *Dictionary of Linguistics and Phonetics*, 363, 365.

방식으로 조합된다. 예를 들어, 히브리어에서 쉐바(Shewa)는 단어에서 그
것이 발생하는 위치와 앞에 오는 모음의 유형(단모음 또는 장모음)에 따라 무
성(silent) 또는 유성(vocal)이 된다. 더 나아가 쉐바가 유성일 때는 짧고 축약
된 모음으로 발음된다.

형태론(Morphology)은 단어 단위가 구조화되고 패턴화되는 방식을 다
룬다.[8] 단어들은 **형태소**(morphemes)라고 불리는 다양한 구성 요소로 분해
될 수 있다. 마찬가지로 히브리어와 아람어도 서로 다른 형태소를 사용
하여 명사와 동사의 주요 특징을 표시한다. 예를 들어, מַלְכָּה(여왕)라는
명사에서 마지막 ה는 여성 단수 형태소를 나타내고 이 형태소는 מַלְכָּה(
여왕)라는 단어가 여성 단수라는 것을 알려준다. 또 다른 예는, 동사
אָמַרְתִּי에서 마지막 תִּי는 카탈 1인칭 공통 단수 형태소를 나타내고 그것
은 אָמַרְתִּי가 카탈 1인칭 공통 단수 동사라는 것을 알려준다.

통사론(Syntax)은 단어들이 어떻게 조합되어 구문과 문장을 형성하는
지를 다룬다.[9] 단어들은 문장과 절에서 단어들의 역할에 따라 분류될 수
있으며 그것들의 기능에 따라 다른 위치를 갖는 경우가 많다. 히브리어
와 아람어도 다르지 않다. 구와 문장 모두에서 통사론으로 분석해 볼 수
있다. 예를 들어 אִשָּׁה חֲכָמָה("지혜로운 여자")에서 형용사 חֲכָמָה는 명사
אִשָּׁה를 수식한다. 다른 예를 들어보면, בְּרֵאשִׁית בָּרָא אֱלֹהִים אֵת הַשָּׁמַיִם
וְאֵת הָאָרֶץ("태초에 하나님이 천지를 창조하시니라", 창 1:1) 이 문장에서 בָּרָא는 동
사, אֱלֹהִים은 주어, 그리고 הַשָּׁמַיִם과 הָאָרֶץ는 직접 목적어이다.

끝으로 **의미론**(semantics)과 **화용론**(pragmatics)은 의미를 다룬다. 의미론
은 개별 단어나 문법적 특징(형태적 구문적 특징)을 통해 코드화(encoding)된 의
미를 조사하는 반면, 화용론은 특정한 맥락에서 어떻게 의미가 어떻게

---

8.   McGregor, *Linguistics*, 4; Crystal, *Dictionary of Linguistics and Phonetics*, 314.

9.   McGregor, *Linguistics*, 4; Crystal, *Dictionary of Linguistics and Phonetics*, 471.

결정되는지를 본다.[10] 히브리어와 아람어는 둘 다 단어와 문법 구조를 통해 의미를 나타내고 그 의미는 자연스럽게 특정한 맥락에서 어떻게 사용되느냐에 따라 달라진다. 예를 들어, 히브리어 단어 סֵפֶר는 일반적으로 기록된 문서를 말하지만 문맥에 따라 그것이 나타내는 기록된 문서의 유형은 두루마리(렘 36:8), 편지(삼하 11:14-15), 법적 증서 및 증명서(신 24:1,3) 또는 왕실 칙령(에 9:25)의 형태를 취할 수 있다.

1.2.3 언어학의 다른 분야

위에서 언급한 핵심 분야의 중요성을 넘어서는 몇 가지 다른 주요 분야가 있는데 그것들 또한 언어학에서 중요하며 그중에서 많은 부분이 다른 분야와 겹친다. 이러한 것들에는 언어 유형론(language typology), 역사 언어학(historical linguistics), 사회 언어학(sociolinguistics), 담화 분석(discourse analysis), 그리고 언어 습득론(language acquisition)이 포함되어 있다.[11] 핵심 분야의 경우와 마찬가지로 이러한 추가적인 분야들도 성서 히브리어와 아람어 학습을 위해 그 자체로 중요하다.

언어 유형론(Language Typology)은 유형 언어학(typological linguistics)으로[12] 알려져 있는데 그것은 언어의 역사와 상관없이 다른 언어들 사이의 구조적 유사성을 연구하는 분야다. 이 언어학 분야의 목표는 언어를 분류하

---

10. McGregor, *Linguistics*, 4; Crystal, *Dictionary of Linguistics and Phonetics*, 428.
11. 인류 언어학, 컴퓨터 언어학, 법 언어학, 신경 언어학, 심리 언어학, 계량 언어학, 통계 언어학, 텍스트 및 언어 자료와 같은 다른 분야들이 있지만 여기에 언급된 목록은 선별적이고 히브리어와 아람어 발전과 직접적으로 관련 있는 분야에만 국한한다. 참조, Crystal, *Dictionary of Linguistics and Phonetics*, 285
12. 역주, 언어의 구조와 기능적 특징에 따라 언어를 연구하고 분류하는 언어학의 하위분과를 말한다.

여 유형학을 확립하는 것이다.[13] 언어 유형론은 히브리어와 아람어에서
중요한데 이는 두 언어의 기능을 전 세계 언어가 작동하는 방식과 비교
해 볼 수 있기 때문이다.

　　역사 언어학(Historical Linguistics)은 언어가 시간이 지날수록 어떻게 변화
되는지 연구하는 분야다. 역사 언어학은 언어가 변하는 이유를 탐구하여
다른 언어들의 역사와 다른 언어들 사이의 관계를 재건하려고 시도한
다.[14] 히브리어와 아람어를 셈어라는 더 넓은 맥락에 배치시키면 우리는
이 언어들을 더 잘 이해할 수 있다. 그렇게 함으로써 구체적으로 적용할
수 있는 부분은 히브리어와 아람어 단어들의 의미를 결정하고, 동사 체
계의 발전과정을 추적하며, 성서에 보전되어 있는 히브리어와 아람어의
초기와 후기의 배경을 구분할 수 있는 것이다.

　　사회 언어학(Sociolinguistics)은 사회적 맥락에서 사용되는 언어를 연구하
는 분야다. 그것은 순수한 역사적 요소보다는 사회를 통해 설명될 수 있
는 언어의 변화를 탐구한다. 따라서 사회 언어학은 사용역(register),[15] 방언,
그리고 언어 문체의 변화와 같은 주제들을 다룬다.[16] 이 사회 언어학 분
야가 히브리어와 아람어에 적절히 적용될 수 있는데 그것은 히브리 성
서가 많은 사회 언어학적인 변이를 가지고 있기 때문이다. 사회 언어학
에 관한 지식은 우리가 이러한 변이들을 파악하고 그러한 변이의 이유

13.　McGregor, Linguistics, 5; *Crystal, Dictionary of Linguistics and Phonetics*, 499.

14.　McGregor, *Linguistics*, 5; Crystal, *Dictionary of Linguistics and Phonetics*, 440-41.

15.　역주, 사회 언어학의 용어 중 하나로 방언이나 특정 문서의 문체와 비슷한 의미를
　　지니지만 더욱 특정한 상황이나 개인적인 상황에서 사용하는 언어라는 의미가 강
　　하다. 어역, 언어 사용역, 위상어, 특수어, 특정 용어, 상황 변이어 등 여러 가지로
　　번역될 수 있는 이 용어를 역자는 『언어학 사전』(이정민 외, 박영사, 2000)에 따
　　라 '사용역'이라고 번역했다. 예를 들어, '기독교 사용역'(Christian register)이라고
　　하면 기독교 문화에서 사용되는 기독교적 표현이나 특별한 용어를 말한다.

16.　McGregor, *Linguistics*, 5; Crystal, *Dictionary of Linguistics and Phonetics*, 229.

를 결정하는 데 도움을 준다. 그리고 이것은 역사적 언어 변화로 말미암아 발생하는 변이와 구분할 수 있게 해 준다.

담화 분석(Discourde analysis)은 언어의 패턴과 그 패턴이 의미에 어떻게 영향을 주는지를 연구하는 분야다. 따라서 그것은 말로 사용되는 언어(구어)와 글로 사용되는 언어(문어)가 서로 연결되고 구조화되는 방식을 다룬다.[17] 담화 분석은 히브리어와 아람어 연구에 특히 중요한데 이는 히브리 성서가(문어와 구어가) 특정 방식으로 결합된 확장된 텍스트로 구성되어 있기 때문이다. 성서 텍스트가 결합되어 구조화된 방식을 이해하는 것은 그것의 의미를 더 잘 이해할 수 있게 해준다.

언어 습득론(Language acquisition)은 언어를 이해해서 사용할 수 있게 되는 습득 과정을 연구하는 분야다. 그것은 어린아이들이 어떻게 그들의 모국어를 배우는지 그리고 어떻게 성인들이 그들의 모국어가 아닌 다른 언어들을 배우는지를 다룬다.[18] 성서 히브리어와 성서 아람어를 배우는 것은 **제2언어 습득론**으로 알려진 후자 범주에 속한다. 이 분야는 히브리어 학자와 아람어 학자들에게 관련이 있는데 이것은 이러한 언어들을 어떻게 가르치거나 배워야 하고 또는 어떻게 가르치지 말거나 배우지 말아야 하는지에 대한 통찰을 제공해 주기 때문이다.

1.3 주요 언어학 이론

언어는 고대부터 4,000년 이상 동안 연구되어 왔다. 고대 메소포타미아어, 인도어 및 중국어에 관한 문법적 논의는 매우 초기의 언어 연구를 보여주며 그리스인들과 로마인들은 서구 언어학의 기초를 놓았다[19].

---

17. McGregor, *Linguistics*, 5; Crystal, *Dictionary of Linguistics and Phonetics*, 148.

18. McGregor, *Linguistics*, 5; Crystal, *Dictionary of Linguistics and Phonetics*, 8.

19. Bodine, "Linguistics and Biblical Studies," 4:327.

그러나 현대 언어학 연구는 18, 19세기 후반부터 시작됐으며, 현대 언어학은 20세기부터 그 기원을 찾을 수 있다.

시난 몇 세기 동안 몇몇 중요한 언어학 연구 방법들이 확립됐다: 비교 언어학, 구조주의 언어학, 생성 문법이론, 기능주의, 인지 언어학. 일부 이론들은 자연스럽게 겹쳐지는 부분이 있을지라도 각 연구 방법은 다른 방법들과 구별되는 독특한 특징을 가지고 있다. 이 각각의 언어학 연구법들은 현대 언어학을 이해하고 히브리어와 아람어에 그것을 적용하는 데 있어서 특히 중요하다.

1.3.1 비교 언어학(Comparative Philology)

1.3.1.1 비교 언어학의 개관과 역사

16세기가 시작되면서 유럽인들은 여행과 정복, 무역 그리고 식민지로 인해 여러 다른 언어에 노출됐고 그러면서 문법과 어휘를 가지고 다른 언어들을 비교하게 됐다.[20] 18세기에 이르러 다양한 아프리카 언어, 아시아 언어, 미국 언어를 비교하는 것에서 인도-유럽 언어를 비교하는 데로 관심이 옮겨졌다. 윌리엄 존스 경(Sir William Jones, 1746-1794), 크리스찬 제이콥 크라우스(Christian Jacob Kraus, 1753-1807), 라스머스 라스크(Rasmus Rask, 1787-1832), 프란츠 봅(Franz Bopp, 1791-1867), 그리고 제이콥 그림(Jacob Grimm, 1785-1863) 같은 사람들은 언어를 서로 연관시켜 비교하는 것의 의미가 무엇인지를 탐구했다.[21]

이러한 탐구로 인해 비교 언어학이 발전하게 됐고 이는 20세기까지

---

20. Campbell, "History of Linguistics," 100–1; Jankowsky, "Comparative, Historical, and Typological Linguistics," 635–37.

21. Campbell, "History of Linguistics," 101–5; Jankowsky, "Comparative, Historical, and Typological Linguistics," 637–50; Seuren, *Western Linguistics*, 79–89.

언어학 연구를 지배하게 됐다. 이 접근 방식은 히브리 성서 및 고전 문학과 같은 고대 문서를 연구하여 역사와 문화를 배우고 이러한 텍스트들을 더 잘 이해하기 위해 텍스트가 쓰인 언어의 역사를 재구성하려고 했다. 그래서 비교 언어학은 언어의 통시적(diachronic) 특성을 강조하고 문법과 어휘를 더 잘 이해하기 위한 도구로 언어 비교 방법을 사용한다.[22]

　비교 언어학은 20세기가 시작될 무렵에 다른 언어학 연구법에 새로운 길을 열어주었는데 이것은 주로 그 시대에 통시적(diachronic) 언어 연구보다는 공시적(synchronical) 연구가 더 강조됐기 때문이었다. 그러나 역사-비교 방법은 오늘날에도 계속해서 중요하게 남아있다. 더 많은 언어학자들이 역사 언어학—비교 언어학 방법의 많은 부분을 공유하는 언어학 분야—을 다른 어떤 언어학의 하위 분야가 아니라 전문적인 분야 중 하나로 나열한다.[23] 이 방법의 지속적인 영향력은 최근 문법화에[24] 대한 관심을 보면 분명히 알 수 있다.[25]

1.3.1.2 비교 언어학의 핵심 원리

　비교 언어학은 통시적 언어 연구를 강조하는 데 세 가지 중요한 원리가 있다: 문헌학, 언어 변화의 강조, 비교 방법론의 사용. 이 세 가지 개념은 비교 방법을 통해 문서 자료에서 입증된 바와 같이 과거의 언어 변화를 재구성할 수 있다는 점에서 직접적으로 다른 개념들과 관련이 있다.

---

22. Jankowsky, "Comparative, Historical, and Typological Linguistics," 648; Seuren, *Western Linguistics*, 79.

23. Campbell, *Historical Linguistics*, 2.

24. 역주, 단어에 문법적인 기능이 부여되는 과정을 말한다. 1.3.1.2.3 언어 변화를 참고하라.

25. Campbell, "History of Linguistics," 113-14.

1.3.1.2.1 문헌학(Philology)

문헌학(Philology)이라는 이름이 내포하고 있는 것처럼 비교 언어학 (comparative philology)은 문헌에 최우선을 둔다. 원래 그리스어 '필로로기 아'(φιλολογία)라는 말에서 유래된 **문헌학**이라는 용어는 "배움과 문학에 대한 사랑"이라는 의미였지만 이후로 텍스트의 역사적 연구와 관련됐다.[26] 문헌학은 특히 고대 텍스트에 초점을 맞추고 있는데, 그것은 오늘날에는 고대 언어를 구사하는 사람이 단 한 사람도 없기 때문에 특별한 도전을 던져준다. 문헌학이 이러한 도전을 해결하는 한가지 방법은 고대 텍스트를 통해 언어의 역사적 변화를 재구성하는 것이다. 이것은 본문 비평이나 문학 비평과 같은 다른 연구 분야 뿐 아니라 역사 언어학에 대한 관심을 불러일으킨다.[27]

1.3.1.2.2 비교 방법

비교 언어학에서는 비교 방법이 또한 중요하다. 몇몇 언어들 사이(예, 영어와 독일어 사이)에 있는 유사성은 그것의 공동 기원설에 의해 가장 잘 설명된다. 언어 계통도(family tree)는 언어를 비교하는 데 유용해서 흔하게 사용된다: 동일한 언어 계열에 속하는 언어들은 단일한 원언어(original language)에서 "유전적으로 내려온" 것이다. 비교 방법은 언어에서 발생하는 다양한 변화들이나 언어의 역사를 재구성하기 위해 유전적으로 관련된 언어들을 비교하는 방법론이다. 언어의 역사를 재구성하는 것이 문헌학의 과제이고 이것은 우리가 고대 문서를 더 잘 이해할 수 있도록 도와준다.[28]

---

26. Koerner, "Linguistics vs Philology," 168.
27. Campbell, *Historical Linguistics*, 391-92.
28. Campbell, *Historical Linguistics*, 107-44; Hock and Joseph, *Language History,*

1.3.1.2.3 언어 변화

비교 언어학의 가장 기초적인 개념은 언어는 변한다는 사실이다. 언어 변화는 물리적, 심리적 요인으로 인해 언어 내에서 발생하고 다른 언어들과의 접촉으로 인해 그 변화는 더욱 촉진된다. 언어 변화의 원인과는 상관없이 언어학자들은 다양한 언어 변화를 발견하는데 이러한 변화들은 음운론, 형태론, 통사론, 의미론과 같이 여러 방면에서 언어에 영향을 미친다.[29] 최근에 언어학 연구에 중요한 주제가 된 통사적 변화의 한 유형은 문법화, 즉 단어에 문법적 기능이 부여되는 과정이다(예, 'will'은 원래 "want"의 의미지만, 지금은 미래 시제는 나타내는 표시다).[30]

1.3.1.3 성서 히브리어와 성서 아람어와의 관련성

비교 언어학은 18, 19세기 때보다 오늘날에는 덜 유행하지만 성서 언어학의 전문적인 연구가 비교 언어학의 번창 시기에 출현했기에 히브리어와 아람어 연구에 중요한 영향을 미친다.[31] 많은 히브리어/아람어 학자들은 비교 언어학을 배워왔기 때문에 히브리 성서를 이해하기 위해 비교 셈어학에 대한 중요성을 강조한다. 에머튼(J. A. Emerton), 존 휴너가르드(John Huehnergard), 스티븐 카우프만(Stephen A. Kaufman)같이 잘 알려진 셈어 학자들이 바로 이러한 유형에 속하는 사람들이다.[32]

Language Change, and Language Relationship, 427-54.

29. Hock and Joseph, *Language History, Language Change, and Language Relationship*, 8-14.
30. Campbell, *Historical Linguistics*, 281-85.
31. Thompson and Widder, "Major Approaches to Linguistics," 91-93.
32. Emerton, "Comparative Semitic Philology and Hebrew Lexicography," 1-24; Kaufman, "Classification of the North West Semitic Dialects," 41-57; idem,

역사-비교 전통은 많은 현대 문법과 어휘 뒤에도 놓여있다. 즉 많은 현대 문법과 어휘도 비교 언어학에 대한 결과다. 이것은 부분적으로 오늘날에도 여전히 표준적인 참고 자료로 사용되는 빌헬름 게제니우스(Wilhelm Gesenius)의 『히브리어 문법』(Hebräische Grammatik)과 『히브리어 아람어 사전』(Hebräisches und aramäisches Handwörterbuch über das Alte Testament)의 지속적인 영향 때문이다. 비교 언어학의 영향력은 게제니우스에서 멈추지 않는다. 비교 언어학은 히브리 동사 체계에 대한 최근의 논의에 여전히 영향을 미치고 두 개의 가장 인기 있는 사전, 프란시스 브라운(Francis Brown), 드라이브(S. R. Drive), 찰스 브릭스(Charles A. Briggs)의 BDB(A Hebrew and English Lexicon of the Old Testament)와 루드비히 쾰러(Ludwig Köhler), 발터 바움가르트너(Walter Baumgartner)의 HALOT(The Hebrew and Aramaic Lexicon of the Old Testament)는 비교 언어학의 기초 위에 만들어졌다.

1.3.2 구조주의

1.3.2.1 구조주의 개관과 역사

구조주의는 비교 언어학에 대한 반작용으로 출현했다. 두 개의 구조주의 학파가 하나는 유럽에서, 하나는 미국에서 일어났다. 비록 서로 다르지만 두 학파 모두는 언어를 과학적으로 배우고 기술되어야 할 시스템으로 보았고 언어를 구성하는 구조—음운소(phonemes), 형태소(morphemes)와 같은 언어적 요소—를 강조했다. 이 접근법은 언어학에 중요한 전환점이 됐는데 이는 초점을 통시적인 분석에서 공시적인 분석으로 전환시켰기 때문이다.[33]

"Semitics," 273-82; Huehnergard, "Early Hebrew Prefix-Conjugations," 19-23; idem, "Hebrew Relative še-," 103-25.

33. Campbell, "History of Linguistics," 107.

유럽에서 구조주의는 스위스 언어학자 페르디낭 드 소쉬르(Ferdinand de Saussure, 1857-1913)로 거슬러 올라간다. 그의 책 『일반 언어학 강의』(*Course in General Linguistics*)는 1906년부터 1911년까지 제네바 대학교에서 행했던 그의 일반 언어학 강의를 들은 한 학생의 노트 필기에서 만들어졌다.[34] 소쉬르는 언어 구조가 다른 언어 단위들과의 관계 체계에 의해서만 정의될 수 있다고 생각했다. 그래서 소쉬르의 구조주의는 아래에서 자세히 설명하게 될 몇 개의 이항 대립 용어로 요약될 수 있다. 공시성 대 통시성, 랑그(*langue*, "언어") 대 파롤(*parole*, "말"), 그리고 결합 관계(syntagmatic) 대 연상 관계(associative relations).[35]

미국에서는 언어 인류학자인 프란츠 보아스(Franz Boas, 1858-1942)와 에드워드 사피르(Edward Sapir, 1884-1939)가 구조주의를 발전시킨 첫 번째 인물이었다. 그러나 미국 기술주의(descriptivism)라고도 알려진 미국 구조주의에 기초 형식을 부여한 사람은 바로 레너드 블룸필드(Leonard Bloomfield, 1887-1949)였다. 그는 그의 전임자들처럼 언어구조의 과학적 기술(description)을 강조했지만 행동주의에도 영향을 받았고 언어와 심리주의(mentalism) 사이의 연결성을 부인하기도 했다. 따라서 블룸필드는 언어는 뇌에 부여돼있는 선천적인 어떤 것이 아니라 외부 자극에 대한 반응이라고 보았다.[36]

20세기 전반기 동안 구조주의는 언어학에 엄청난 영향을 주었다. 유럽에서 에밀 벵베니스트(Émile Benveniste, 1902-1976)는 소쉬르의 개념을 차용하여 그것을 더욱 발전시켰고, 소쉬르 언어학에 영향을 받은 제네바 학

---

34. Seuren, Western Linguistics, 146-47.
35. Graffi, "European Linguistics since Saussure," 470-71; Campbell, "History of Linguistics," 107-8.
36. Campbell, "History of Linguistics," 109-11; Sampson, *Schools of Linguistics*, 57-64.

파, 프라하 학파, 코펜하겐 학파와 같은 몇몇 언어학파들도 유럽에서 나타났다.[37] 미국에서는 찰스 프란시스 호켓(Charles Francis Hockett, 1916-2000), 젤리그 해리스(Zellig S. Harris, 1909-1992), 버니드 블로흐(Bernard Bloch, 1907-1965) 같은 언어학자들이 블룸필드의 구조주의를 대중화시켰다.[38] 오늘날 거의 모든 언어학 연구 방법은 적어도 소쉬르에 의해 형성된 구조주의의 영향을 보여준다.[39]

1.3.2.2 구조주의 핵심 원리

구조주의의 핵심 원리는 소쉬르에 의해 확립된 이항 대립 개념을 통해 가장 잘 나타난다. 우리의 목적에 가장 잘 부합되는 것은 **랑그** 대 **파롤**, 통시성 대 공시성 그리고 결합 관계(syntagmatic) 대 연상 관계(associative relations)다.[40] 이러한 핵심 원리들은 언어를 그 언어 구조들이 각각 서로의 관련성 가운데 정의되는 체계로 보는 구조주의 언어관을 잘 보여준다.

1.3.2.2.1 랑그(언어) 대 파롤(말)

소쉬르의 이항 대립 개념의 출발점은 랑그와 파롤 사이의 구분이다. **랑그**(*langue*, 프랑스어로 "언어")는 추상적인 언어 체계 또는 언어를 사용하는 모든 화자가 공유하는 공통 규범을 나타내고, **파롤**(*parole*, 프랑스어로 "말")은 구체적인 개인들이 쓰는 실제적인 말의 사용을 나타낸다. 소쉬르에 의하면, 구체적인 언어의 사용 즉 **파롤**이 아니라 추상적인 언어 시스템인 랑

37. Graffi, "European Linguistics since Saussure," 473-81; Seuren, *Western Linguistics*, 157-67.
38. Blevins, "American Descriptivism," 419-37; Seuren, *Western Linguistics*, 207-19.
39. Campbell, "History of Linguistics," 108.
40. 참조, Robins, *Short History of Linguistics*, 224-25.

그가 언어학 연구의 대상이 되어야 한다.[41]

1.3.2.2.2 공시성 대 통시성

소쉬르는 공시성과 통시성을 구분했다. 이 두 개념의 차이점은 시간과 관련이 있다. 공시적 분석은 특정 시점에서 언어를 전체 체계로 보는 반면, 통시적 분석은 시간에 따라 발전된 언어를 추적한다.[42] 비교 언어학에 대한 반작용으로 소쉬르는 통시적 분석이 아니라 공시적 분석이 언어 분석에서 우선적이라고 말했다. "공시적 관점이 우세하다. 이는 화자 공동체에게는 사실이고 유일한 현실이기 때문이다. … [만약 언어학자가] 통시적 관점을 취한다면, 그는 더 이상 언어(랑그)를 관찰하는 것이 아니라 오히려 언어를 한정하는 일련의 사건들을 관찰하게 된다.[43]

1.3.2.2.3 결합 관계(syntagmatic) 대 연상 관계(associative relation)

소쉬르는 그의 마지막 이항 대립 개념인 결합 관계와 연상 관계를 구분한다. 결합 관계는 함께 결합되는 두 개나 그 이상의 기호(sign) 사이의 관계이다. 예를 들어, a, good, teacher라는 단어들이 결합되어 a good teacher라는 구(phrase)가 된다. 연상 관계는 하나의 기호와 비슷한 다른 기호들과의 관계다. 예를 들면, teacher라는 단어는 복수 명사 teachers, 동사 teach 및 동의어 professor와 같은 다른 단어들과 연결될 수 있다. 이와 같은 연상 관계는 언어의 실제 사용(파롤)이 아닌 언어 체계(랑그)내에서 언어 구조들을 서로 연관시킨다. 따라서 소쉬르는 연상 관계가 언어 연구

---

41. Graffi, "European Linguistics since Saussure," 471.

42. Graffi, "European Linguistics since Saussure," 471-72.

43. Saussure, *Course in General Linguistics*, 90.

의 적절한 대상이라고 주장했다.[44]

1.3.2.3 성서 히브리어와 성서 아람어와의 관련성

구조주의는 지속적으로 히브리어와 아람어 연구에 영향을 주었다. 가장 영향력 있는 구조주의 성서학자 중 한 사람이 제임스 바(James Barr)이다. 그는 비교 언어학이 유용하다는 것을 알았지만 그의 책 『비교 언어학과 구약성서』(*Comparative Philology and Texts of the Old Testament*)와 『성서 언어의 미론』(*The Semantics of Biblical Language*)에서 이 접근법이 자주 남용되는 것을 비판했다.제임스 바는 성서 언어에 대해 주로 공시적 접근을 할 것을 주장했다. 그는 언어가 사람들의 세계관과는 분리되어 있는 관념적인 체계라고 보았고 이 부분에서 소쉬르가 (파롤보다는) 랑그를, (통시성보다는) 공시성을 강조한 것을 그대로 따랐다. 제임스 바의 제자 중 한 사람인 모세 실바(Moisés Silva)는 『하나님, 언어, 성서』(*God, Language, Scripture*)에서 언어학에 대한 비슷한 구조주의적 이해를 발전시켰다.

오늘날 히브리어 아람어 연구를 보면 구조주의로부터 영향을 받고 있다는 것을 알 수 있다.[45] 오늘날 가장 많이 사용되는 문법책 두 권, 브루스 왈트키(Bruce K. Waltke)와 마이클 오코너(Michael O'Connor)의 『성서 히브리어 통사론 개론』(*An Introduction to Biblical Hebrew Syntax*)과 폴 주옹(Paul Joüon)과 타카미추 무라오카(Takamitsu Muraoka)의 『히브리어 문법』(*A Grammar of Biblical Hebrew*)은 구조주의 언어학의 원리를 적용한 것이다.[46] 그러나 구조주의는 어휘 분석에 가장 큰 영향을 미쳤으며, 소쉬르가 언어 분석의 대상으

---

44. Graffi, "European Linguistics since Saussure," 472; Seuren, *Western Linguistics*, 243–44.
45. Merwe, "Some Recent Trends," 14–15.
46. 참조, *BHRG* §3.4.

로 단어에 초점을 맞추고 있었다는 점을 감안할 때 놀라운 일이 아니다.[47]
널리 사용되고 있는 데이비드 클린스(David J. A. Clines)의 『고전 히브리어
사전』(*Dictionary of Classical Hebrew*)은, 비교 정보가 부족하고 단어가 서로 관련
되어 사용되는 방식에 초점을 맞춘 데서 알 수 있는 것처럼, 구조주의적
관점이 반영된 작품이다. 실바는 『성서 단어와 의미』(*Biblical Word and Their
Meaning*)에서 특히 기독교인들에게 구조주의 의미론을 널리 알리기 위해
많은 노력을 해왔다.

1.3.3 생성 문법(Generative Grammar)

1.3.3.1 생성 문법의 개관과 역사

생성 문법은 블룸필드의 구조주의의 대안으로 미국에서 발생했다.
생성 문법의 창시자는 노암 촘스키(Noam Chomsky)였고 1957년 그의 『통사
구조』(*Syntatic Structures*)가 출간됐을 때 언어학계에는 대변혁이 일어났다.
촘스키는 블룸필드와는 대조적으로 언어는 생득적(innate)으로 내재되어
있는 선천적 능력으로부터 온다고 주장했다. 모든 사람은 배우지 않아도
그들의 언어를 알 수 있는 기본적인 언어 역량(competence)을 가지고 있고
이 언어 능력은 모든 사람이 무제한으로 언어를 조합할 수 있도록 해준
다.[48]

촘스키에 따르면 언어학의 과제는 "보편 문법"을 정하는 것이다. 보
편 문법은 우리의 뇌에 내재되어 있는 생득적 능력을 나타낸다. 촘스키
는 모든 인간이 공유하는 내재적인 보편 문법만이 왜 개인이 어떠한 공
식적인 훈련이 없이도 언어 능력을 소유할 수 있는지를 설명할 수 있다

---

47. Thompson and Widder, "Major Approaches to Linguistics," 100.
48. Campbell, "History of Linguistics," 111.

고 본다.[49] 촘스키는 언어를 단지 외적이며 자율적이 시스템이 아니라 지성 속에 있는 일부라고 보았기 때문에 블룸필드의 기술주의뿐 아니라 소쉬르에 의해 형성된 구조주의도 떠났다.

촘스키 업적의 중요성은 아무리 강조해도 지나치지 않다. 그는 자신의 이력 전반에 걸쳐 생성 문법의 여러 다른 형태들(versions)을 만들어 냈다. 표준 이론(Standard Theory), 확대 표준 이론(어휘 가설, The Lexicalist Hypothesis), 흔적 이론(Trace Theory), 지배-결속 이론(Government and Binding) 그리고 최소주의 이론(The Minimalist Program), 그 외에도 촘스키의 원리를 공유하는 수많은 다른 파생적인 이론들도 등장했다(예, 핵중심 구 구조 문법[head-driven phase structure grammar], 어휘-기능 문법[lexical-functional grammar], 관계 문법[relational grammar]).[50] 오늘날 촘스키는 "인문학 전분야에서 가장 많이 인용되는 10명의 작가들 중 하나로 꼽힌다(헤겔[Hegel]과 키케로[Cicero]를 제치고 마르크스[Marx], 레닌[Lenin], 셰익스피어[Shakespeare], 성경, 아리스토텔레스[Aristorle], 플라톤[Platon], 그리고 프로이드[Freud]의 뒤를 잇는다)".[51]

1.3.3.2 생성 문법의 핵심 원리

촘스키에 의해 처음 형성된 생성 문법은 세 가지 기본 원리로 특징지어진다: 보편 문법, 변형(transformations) 그리고 언어 능력(competence) 대 언어 수행(performation). 이 개념들은 논리적으로 서로 연결되어 있고 자연스럽게 언어가 인간 뇌에 선천적으로 주어진 것이라는 촘스키의 언어관에서 비롯됐다. 생성 문법에는 오늘날 다양한 관점이 많이 있지만 이 세 가지 원리는 이 접근법에 여전히 기본적인 토대로 남아있다.

---

49.   Wasow, "Generative Grammar," 122–23.

50.   Campbell, "History of Linguistics," 113.

51.   Pinker, Language Instinct, 23.

1.3.3.2.1 보편 문법(Universal Grammar)

이미 언급한 것처럼 생성 문법은 보편 문법의 전제 위에 세워져 있
다. 이 개념은 모든 언어에는 공통적인 어떤 특징들이 있다는 것이다(예,
명령을 할 수 있는 동사의 존재). 세상 모든 언어의 이면에는 언어들이 공통적으
로 가지는 보편적인 특징이 있다. 이러한 보편성으로 인해 보편 문법이
만들어지고 언어들 사이에 존재하는 어떠한 차이점이라도 일련의 규칙
으로 인해 설명될 수 있다.[52] 촘스키에 의하면 보편 문법이 존재하기 때
문에 어린아이가 공식적인 훈련이 없이도 그들의 모국어를 말할 수 있
는 이유를 설명할 수 있다.[53]

1.3.3.2.2 변형(transformations)

생성 문법 대부분의 이론에 기본 토대가 되는 두 번째 원리는 변형이
다. 언어들이 보편적인 특징들을 공유하고 있고 언어 안에 있는 문장들
도 그렇다. 예를 들어, 'I read a book'라는 문장과 'The Book was read by
me'라는 문장은 각각 다른 태(voice)를 사용하지만 "책을 읽는다"라는 같
은 의미를 나타낸다. 두 문장의 유사점은 내재하는 심층 구조를 가지고
있다는 것이고, 차이점은 다른 표층 구조를 반영한다는 것이다. 여기서
변형이 온다. 각 언어는 하나의 심층 구조가 다양한 표층 구조에서 어떻
게 나타날 수 있는지를 결정하는 일련의 변형이나 수학적 규칙을 가지
고 있다. 언어를 말하는 사람들은 선천적으로 이러한 변형을 알고 있으

52. Wasow, "Generative Grammar," 122.
53. Wasow, "Generative Grammar," 124-25; Freidin, "Noam Chomsky's Contribution,"
    453.

며, 이로 인해 잠재적으로 무한한 수의 문장을 만들 수 있다.[54]

1.3.3.2.3 언어 수행(performance) 대 언어 능력(competence)

생성 문법의 세 번째 원리는 언어 능력과 언어 수행을 구분하는 것이다. 언어 능력은 잠재적으로 무한하게 다른 언어 표현을 만드는 선천적 능력을 말한다. 언어 수행은 언어 사용자가 실제로 문장을 발설한 것을 말하는데 이것은 인간 언어(human speech)의 오류로 인해 실제로는 분명하지 않을 수 있다. 촘스키에 의하면 언어 수행보다 언어 능력—이상화되고, 잠재적으로 무한한—이 언어 연구의 적절한 대상이다.[55] 따라서 언어가 실제로 어떻게 사용되는지 이해하려면 해당 언어에 대한 화자의 무의식적인 지식을 이해해야 한다.[56]

1.3.3.3 성서 히브리어와 성서 아람어와의 관련성

생성 문법은 언어학에서 엄청난 영향력을 가지고 있음에도 불구하고 언어학의 다른 접근법만큼 그렇게 히브리어와 아람어에 영향을 미치지는 못했다. 그러나 소수의 히브리어 학자들은 다작의 저술 작업을 통해 생성 문법을 활성화했고 히브리어 문법을 이해하는 데 중요한 영향을 미쳤다.[57] 그들의 작업도 통사론에 대한 생성 문법의 관심과 마찬가지

---

54. Wasow, "Generative Grammar," 122-23; Freidin, "Noam Chomsky's Contribution," 447-51.
55. 촘스키가 언어 능력과 언어 수행의 차이를 구분하는 것은 소쉬르가 랑그와 파롤을 구분하는 것과 다소 유사하다. 또한 소쉬르와 마찬가지로 촘스키도 추상적인 언어 체계가 실제 언어 사용보다 더 우선한다고 주장한다. Thompson and Widder, "Major Approaches to Linguistics," 113.를 보라.
56. Wasow, "Generative Grammar," 121.
57. 참조, Merwe, "Some Recent Trends," 15-17; BHRG §3.4.

로 특히 단어 순서와 절의 구성 요소 배치에 집중됐다. 여기에 해당하는 중요한 학자들은 빈센트 드카엔(Vincent DeCaen), 로버트 홈스테드(Robert D. Holmstedt), 자코버스 나우데(Jacobus A. Naudé)이다.[58] 소수의 학자들만이 히브리어 음운론과 같은 다른 주제에 대한 생성 문법 방식을 연구한다.[59]

생성 문법적 개념이 히브리어와 아람어 연구를 위한 몇몇 중요한 자료에 나타나는데 생성 문법은 왈트키와 오코너의 『성서 히브리어 통사론 개론』(Introduction to Biblical Hebrew Syntax)과 같은 몇몇 표준적인 저작에도 나타난다. 이 책은 히브리어 통사론에 표층 구조 대 심층 구조의 중요성을 강조하고 보편 문법의 영향도 나타난다.[60] 여타 다른 자료들에서도 생성 문법의 영향을 받은 것을 볼 수 있는데, 한 예로 홈스테드-아베그의 고대 히브리어 구문 데이터베이스(holmstedt-abegg syntactic database of ancient hebrew)가 바로 그것이다. 이것은 히브리어 구문을 전자 데이터베이스로 구축한 것인데 이때 생성 문법 원리에 기초했다.[61]

1.3.4 기능주의(Functionalism)

1.3.4.1 기능주의의 개관과 역사

기능주의 언어학의 뿌리는 구조주의 프라하 학파, 특히 빌렘 마테시우스(Vilém Mathesius, 1882-1945)의 연구에 놓여 있다.[62] 그와 다른 프라하 학

---

58. DeCaen, "Hebrew Linguistics and Biblical Criticism," 1-32; idem, "Unified Analysis of Verbal and Verbless Clauses," 109-31; Holmstedt, *Relative Clause in Biblical Hebrew*; idem, "Word Order and Information Structure," 111-39; Naude, "Government and Binding," 2:72-76; idem, "Syntactic Analysis of Dislocations," 115-30.
59. 예, Malone, *Tiberian Hebrew Phonology*.
60. *IBHS* §§3.5c, e.
61. http://individual.utoronto.ca/holmstedt/Ancient_Hebrew_Syntax_Database.html.
62. Siewierska, "Functional and Cognitive Grammars," 485-86.

파(Prague School) 회원들은 언어가 의사 소통에 사용될 때 언어의 구성 요소가 갖는 기능을 강조했다.[63] 동유럽의 언어학자들은 2차 세계대전 이후에 이 계열의 사상을 계속해서 발전시켜 나갔지만 기능주의는 서쪽으로 특히 유럽쪽으로 더욱 퍼져나갔다. 네덜란드의 시몬 딕(Simon C. Dik)과 영국의 할리데이(M. A. K. Halliday)와 같은 학자들의 연구는 이를 대중화시키는 데 일조했다. 오늘날 기능주의는 비록 미국 태평안 연안 지역에 많은 이론가들을 가지고 있음에도 유럽에서 가장 인기 있는 사조로 남아 있다.[64]

그 기원에 충실한 기능주의는 의사 소통에서 언어의 역할이 언어 연구 및 분석의 중심이라고 주장한다.[65] 기능주의자들은 언어가 정보 전달, 질문하기, 명령하기와 같은 다양한 발화 행위(speech acts)를 다른 방식으로 표현하는 방법을 연구한다. 그들은 다양한 발화 행위를 사용하기 위한 조건과 그것의 의미를 조사하고 또한 문법과 단어가 말하는 데 사용되기 위해 어떻게 선택되는지 탐구한다. 하나의 발화 행위나 언어 구조가 사용될 수 있는 이유를 결정하기 위해 기능주의자들은 종종 교차 언어 비교와 언어 유형학으로 방향을 전환한다.[66]

이 간략한 설명이 기능주의가 구조주의와 생성 문법 이론과는 다르다는 것을 보여준다. 실제 삶에서 언어를 사용하는 것에 대한 기능주의의 관심은 실제 삶과는 동떨어진 추상적인 체계로서 언어에 초점을 맞추는 구조주의에서 벗어났다.[67] 기능주의는 실제 삶의 맥락에서 언어를 사용하는 것에 주목하는데 이것은 언어를 실제 삶과는 별개인 추상적인

---

63. Sampson, Schools of Linguistics, 103.

64. Siewierska, "Functional and Cognitive Grammars," 486.

65. Van Valin, "Functional Linguistics," 141.

66. Van Valin, "Functional Linguistics," 142–45.

67. Van Valin, "Functional Linguistics," 146–47.

체계로써의 언어에 초점을 두는 구조주의와도 다르다. 언어의 목적을 의사 소통이라고 보는 기능주의의 관점은 의사 소통의 기능을 언어분석에 부적절한 것으로 보는 생성 문법과는 매우 다른 출발점을 제시한다.[68] 따라서 기능주의는 20세기 이래 주류 언어학 이론이 가지는 두 가지 접근법에 대한 대안으로 존재한다.

1.3.4.2 기능주의의 핵심 원리

오늘날 기능주의에는 주요한 세 가지 종류가 있다: 기능 문법(Functional Grammar)과 그것의 더 새로운 형태(versions)인 기능 담화 문법(Functional DiscourseGrammar); 체계 기능 문법(Systemic Functional Grammar); 역할 지시 문법(role and reference grammar).[69] 이 세 종류는 기능주의 안에 존재하는 다양성을 보여준다. 그러나 여러 가지 다양한 기능주의도 적어도 세 가지 핵심 원리로 정리될 수 있다. 의사 소통의 도구로서의 언어, 문법의 비자율성(non-autonomy of grammar), 그리고 의미 중심성이다.[70]

1.3.4.2.1 의사 소통의 도구로서의 언어

먼저 기능주의는 언어의 첫 번째 목적이 의사 소통이라고 주장한다. 기능주의는 언어가 의사 소통의 도구만으로 사용되지는 않음을 부인하지 않지만 언어의 첫 번째 기능이 의사 소통이라고 말한다. 모든 언어적 행동에는 의사 소통과 관련된 공통된 여러 기능들이 있다. 기능주의에서 말하는 그러한 언어의 기능들은 정보를 제공하고(언어는 의사 소통 상황과 관련된 특정 현실을 만든다), 의도를 가지고 있으며(언어는 사용자가 현실에 대한 의사 소

---

68. Van Valin, "Functional Linguistics," 152–54.

69. Van Valin, "Functional Linguistics," 149.

70. Butler, Structure and Function, 29.

통 의도를 추구할 수 있도록 한다), 사회적 맥락(언어는 의사 소통이 발생하는 구체적인 배경에 맞게 조정될 수 있다)을 가진다.[71]

1.3.4.2.2 문법의 비자율성(non-autonomy of grammar)

기능주의는 문법을 비자율적인 것으로 본다. 언어 체계는 우리가 어떻게 의사 소통하는가에 관련된 다양한 외부 요소에 의해 형성되기 때문에 실제 세계로부터 나오지 않는다. 이러한 인지적, 사회 문화적, 생리적(physiological), 통시적 요소들은 실제 세계에서 실제 언어 사용을 반영한다. 여기에서 생태계의 비유가 도움이 될 것이다. 예를 들어, 열대우림과 같은 생태계가 자동적으로 존재한다는 것은 있을 수 없는 일이다. 왜냐하면 그것은 다른 생태계와 상호의존적이기 때문이다. 이와 동일하게 문법도 다른 언어 체계로부터 떨어질 수 없고 반드시 다른 언어 체계와의 관계 속에서 보아야 한다.[72]

1.3.4.2.3 의미 중심성

마지막으로 기능주의는 언어가 우선적으로 의미를 전달한다고 본다. 따라서 기능주의는 특히 의미론(단어와 문장이 의미하는 것)과 화용론(말하는 사람들이 특정 형태와 구조를 사용하여 소통하고자 하는 것) 영역에 초점을 맞춘다. 통사론(syntax)은 이 두 영역에 종속되는데 그것은 의미를 전달하는 한 가지 가능한 방법을 제공하기 때문이다. 따라서 통사론은 담화 분석과 같은 상위 개념에도 종속된다. 이것은 의미 전달이 독립된 문장이 아니라 담화의 맥락 안에서 발생하기 때문이다.[73]

---

71.   Butler, Structure and Function, 2-4.

72.   Butler, Structure and Function, 5-15.

73.   Butler, *Structure and Function*, 27-28.

1.3.4.3 성서 히브리어와 성서 아람어와의 관련성

모든 언어학 이론 중에서 기능주의가 현대 성서 히브리어와 성서 아람어 연구에 가장 중요한 영향을 주었다. 일반적인 부분에서나 특정한 부분 모두에서 히브리어와 아람어에 적용할 수 있는 기능주의의 가장 중요한 두 가지 부분은 화용론(pragmatics)과 담화 분석(discourse analysis)이다. 이것은 기능주의가 의사 소통의 도구로서 언어를 강조하는 점을 감안할 때 자연스러운 적용이다. 지난 몇 십 년 동안 학자들은 이 주제를 탐구했고 어떤 문법조항에는 기능주의라는 이름표를 붙였다. 어떤 학자들은 딕의 기능 담화 문법(Functional Discourse Grammar)과 같은 특정한 기능주의 모델을 히브리 성서의 언어 연구에 적용했다.[74] 여기에 해당하는 중요한 학자들은 랜달 부스(Randall Buth), 크리스토 판 데어 메르웨(Christo H. J. van der Merwe), 니콜라이 뷘터-닐센(Nicolai Winther-Nielsen)이 있다.[75]

비록 기능주의가 최근 히브리어 아람어 연구에 많이 나타나지만 표준 참고 문헌 중 일부만이 기능주의를 실제적으로 포함시킨다. 주목할 만한 작품이 크리스토 판 데어 메르웨(Christo H. J. van der Merwe)와 자코부스 나우데(Jacobus A. Naudé), 그리고 잔 크로제(Jan H. Kroeze)의 『성서 히브리어 문법』(A Biblical Hebrew Reference Grammar)이다. 이것은 담화 분석 및 어순 문제에 중요한 관심을 기울인 최초의 문법책이다. 그것이 가능한 이론적 중립을 지키는 방법으로 히브리어 문법을 제시하기 원하지만 담화 분석과

---

74. Merwe, "Some Recent Trends," 17–20; BHRG §3.4.

75. Buth, "Word Order in Aramaic"; idem, "Functional Grammar, Hebrew and Aramaic," 77–102; Merwe, "Discourse Linguistics and Biblical Hebrew Grammar," 13–49; idem, "Overview of Hebrew Narrative Syntax," 1–20; idem, "Explaining Fronting in Biblical Hebrew," 173–86; Winther-Nielsen, *Functional Discourse Grammar of Joshua*.

어순의 기능주의적 개념으로 기울어진 것은 명백하다.[76]

1.3.5 인지 언어학(Cognitive Linguistics)

1.3.5.1 인지 언어학의 개관과 역사

인지 언어학은 한 사람의 창시자나 하나의 이론을 가지지 않았고 1970년 중반에 점진적으로 언어학 학파로 등장했다. 그것은 조지 레이코프(George Lakoff, 1941-)가 자신의 언어학 이론을 묘사하기 위해 "인지적"이라는 용어를 사용하고[77] 마크 존슨(Mark Johnson, 1949-)과 함께 『우리는 은유로 살아간다』(Metaphors We Live By)를 저술하기 시작했을 때였다. 그것은 또한 로날드 랭개커(Ronald W. Langacker, 1942-)와 레너드 탈미(Leonard Talmy, 1942-) 같은 학자들이 인지 언어학의 기초를 놓기 시작한 대략 그때이기도 하다. 그 이후 인지 언어학은 번성하는 학파로 발전했다.[78]

인지 언어학 이면에 있는 기초 원리는 언어학은 언어에 관한 지식일뿐 아니라 그 자체가 지식의 한 형태라는 것이다. 인지 언어학은 언어를 심리적인 실제 현상으로 보고 뇌의 정보 처리 및 저장을 언어에 중요한 것으로 간주한다.[79] 다른 말로 하면, 언어는 뇌가 세상과 상호 작용하는 것을 처리하고 범주화하는 방식을 포함한다.[80] 따라서 인지 언어학에서는 언어가 의미에 관한 모든 것이다.[81]

이 간략한 요약에서 알 수 있듯이, 인지 언어학은 구조주의 및 생성

---

76. *BHRG* §§46–48.
77. Lakoff and Thompson, "Introducing Cognitive Grammar," 295–313. 인지 언어학이라는 용어는 Lakoff의 책 *Women, Fire, and Dangerous Things*에서 처음 나왔다.
78. Nerhlich and Clarke, "Cognitive Linguistics and the History of Linguistics," 591–92.
79. Geeraerts, "Rough Guide to Cognitive Linguistics," 3.
80. Geeraerts, "Rough Guide to Cognitive Linguistics," 3.
81. Geeraerts, "Rough Guide to Cognitive Linguistics," 3.

문법과는 분명하게 다르다. 이 두 가지 언어학 모델은 언어를 뇌와는 별
개인 자율적 실체 또는 추상적 관념으로 보지만 인지 언어학은 언어를
인지와 밀접하게 연결되어있는 것으로 본다.[82] 이 관점은 인지 언어학을
구체적인 용례와 연결하는 기능주의와 가깝게 한다. 일반적으로 기능주
의가 언어의 의사 소통적 사용에 대해 더 광범위하게 초점을 맞추지만,
인지 언어학과 기능주의는 중요한 부분을 공유한다.[83]

1.3.5.2 인지 언어학의 핵심 원리

인지 언어학은 원형 이론(Prototype Theory), 개념적 은유 이론(Conceptual
Metaphor Theory) 그리고 틀 의미론(Frame Semantics)과 같은 다양한 연구 주제
를 가져온다. 또한 이러한 개념을 통합하기 위한 (인지 문법과 같은) 여러 가
지 인지 골격(framework)이 존재하지만 이러한 개념과 관점을 통합하는 것
은 최소한 세 가지 기본 원칙이다: 관점적 의미(perspectival meaning), 백과사
전적 의미(encyclopedic meaning), 사용 기반 의미(usage-based meaning).[84]

1.3.5.2.1. 관점적 의미(perspectival meaning)

인지 언어학의 첫 번째 원리는 의미가 단지 세계에 대한 객관적인 반
영일 뿐 아니라 실제로 세계를 형성한다는 것이다. 언어의 범주화 기능
은 실제로 세계에 구조를 제공하는 것, 즉 세계관의 구현이다.[85] 동일한

---

82. Taylor, "Cognitive Linguistics and Autonomous Linguistics," 574-81.

83. 참조, Nuyts, "Cognitive Linguistics and Functional Linguistics," 548-52.

84. Geeraerts and Cuyckens, "Introducing Cognitive Linguistics," 5; Geeraerts, "Rough
    Guide to Cognitive Linguistics," 4-6; 참조, Croft and Cruse, *Cognitive Linguistics*,
    1-4.

85. Geeraerts and Cuyckens, "Introducing Cognitive Linguistics," 5; Geeraerts, "Rough
    Guide to Cognitive Linguistics," 4.

상황을 묘사하는 두 개의 문장을 생각해보자: **자전거는 그 집 뒤에 있다.**
그리고 **자전거는 그 집 앞에 있다.** 이 두 문장은 세상을 보는 다른 관점을
보여준다. 한편으로 당신이 앞마당 쪽에서 뒷마당을 보고 있다면 자전거
는 당신의 관점에서 집 뒤에 있다. 다른 한편으로 집이 앞마당을 향하고
있다고 생각하기 때문에 자전거는 집의 관점에서 집 앞에 있다.[86]

1.3.5.2.2 백과사전적 의미(encyclopedic meaning)

인지 언어학의 두 번째 원리는 의미는 뇌와 별개로 추상적으로 존재
하지 않는다는 것이다. 이것은 의미가 관점에 따라 다르다는 원리를 자
연스럽게 따른다. 만약 언어의 의미가 관점에 따라 달라진다면 그때 의
미는 세계에 대한 인간의 관점과 연결되어 있다. 따라서 의미는 간단한
사전적 의미로 축소될 수 없다. 차라리 그것이 세계에 대한 이해를 포함
한다는 점에서 백과사전적이다. 또한 그 백과사전적 지식은 자신이 삶의
경험에 의해 직접 영향을 받는다. 예를 들어, house라는 단어는 집에 대
해서 가지고 있는 그들의 경험에 따라 다른 의미를 가질 것이다.[87]

1.3.5.2.3 사용 기반 의미(usage-based meaning)

인지 언어학의 세 번째 원리는 실제 사용을 기반(usage based)으로 해
서 의미를 이해하는 것이다. 인지 언어학에서 문법과 어휘는 단순히 "저
기 밖에"(out there)에 존재하지 않게 때문에 결코 추상적일 수 없다. 오히
려 문법 구조와 단어들은 항상 실제 발화(utterance)와 대화의 한 부분으로
사용된다. 그것들은 실제 세계에서 실제 사용을 떠나서는 의미를 지니지

---

86. Geeraerts, "Rough Guide to Cognitive Linguistics," 4.
87. Geeraerts and Cuyckens, "Introducing Cognitive Linguistics," 5; Geeraerts, "Rough Guide to Cognitive Linguistics," 4–5.

않는다. 따라서 인지 언어학에서 언어 연구는 언어를 추상적이고 이상화된 체계(즉, 소쉬르의 랑그 그리고 촘스키의 언어 능력)로 보고 수행하기보다는 언어의 문법 구조와 단어들이 실제 생활에서 사용되는 것을 포함해야 한다.[88]

1.3.5.3 성서 히브리어와 성서 아람어와의 관련성

인지 언어학은 다른 언어학 이론들에 비해 신생 이론임에도 히브리어와 아람어 연구에서 상당히 많은 추종자를 가지고 있다. 인지 언어학은 자연스럽게 의미에 초점이 맞춰지기에 주로 어휘 측면에서 히브리어와 아람어 연구에 영향을 주었다.[89] 크리스토 판 데어 메르웨(Christo H. J. van der Merwe)와 헤이니에르 드 블루아(Reinier de Blois)는 인지 언어학의 개념들 특히 백과사전적 의미와 사용 기반 의미는 히브리어 단어의 의미를 이해하는 데 큰 가치가 있다고 평가했다.[90] 블루아의 온라인 히브리어 사전(*The Semantic Dictionary of Biblical Hebrew*)은 인지 언어학을 출발점으로 삼았다.[91] 또한 히브리어와 아람어에 대한 인지 언어학의 다양한 적용, 특히 원형 이론, 틀 의미론 및 개념 은유 이론을 통합하는 응용 프로그램도 최근 몇 년 동안에 나왔다.[92]

인지 언어학은 히브리어와 아람어 문법 연구에도 영향을 주었다. 인

---

88. Geeraerts and Cuyckens, "Introducing Cognitive Linguistics," 5; Geeraerts, "Rough Guide to Cognitive Linguistics," 5-6.

89. 참조, Thompson and Widder, "Major Approaches to Linguistics," 131-32; Blois, "Cognitive Linguistic Approaches," 1:471-72.

90. Merwe, "Biblical Hebrew Lexicology," 87-112; idem, "Lexical Meaning," 85-95; Blois, "New Tools and Methodologies," 203-16.

91. http://www.sdbh.org/dictionary/main.php?language=en.

92. Shead, *Radical Frame Semantics and Biblical Hebrew*; Kotze, "Cognitive Linguistic Methodology," 105-17.

지 언어학을 히브리어 문법에 적용한 가장 주목할 만한 학자는 엘렌 판 월데(Ellen J. van Wolde)일 것이다. 그녀는 성서 히브리어 문법과 통사론이 인지 언어학 문법 위에 세워져야 한다고 제언했다.[93] 다른 학자들은 인지 언어학에 기초한 이론을 동사 체계, 담화 분석과 같은 히브리어와 아람 어 연구의 다양한 측면에 적용시켰다.[94] 좀 더 많은 성서 학자들이 인지 언어학에 익숙해지면서 우리는 히브리어와 아람어 연구에 인지 언어학 이 적용되는 것을 계속적으로 볼 수 있다.

1.4 결론

1장에서 살펴본 주제는 나중에 이 책에서 논의하게 될 많은 논점들 을 이해하는 데 꼭 필요하다. 이러한 논점들을 깊이 다루기 전에 히브리 어와 아람어 연구의 역사도 살펴보아야 한다. 여러 해 동안 성서 히브리 어와 성서 아람어 연구는 다양한 언어학 이론과 변하는 언어학 개념의 이해에 의해 직접적으로 영향을 받아왔다. 따라서 1장에서 설정한 언어 적 틀을 염두에 두고 이제 히브리어와 아람어 연구의 역사를 살펴보려 한다.

1.5 더 읽을 자료

Akmajian, Adrian, Ann Kathleen Farmer, Lee Bickmore, Richard A. Demers, and Robert M. Harnish. *Linguistics: An Introduction to Language and Communication*. 7th ed. Cambridge: MIT Press, 2017.

Allan, Keith, ed. *The Oxford Handbook of the History of Linguistics*. Oxford: Oxford University Press, 2013.

---

93. Wolde, *Reframing Biblical Studies*, 104-200.

94. Robar, *Verb and the Paragraph in Biblical Hebrew*.

Aronoff, Mark and Janie Rees-Miller, eds. *The Handbook of Linguistics*. 2nd ed. Blackwell Handbooks in Linguistics. Malden, MA: Wiley-Blackwell, 2017.

Bodine, Walter R. "Linguistics and Biblical Studies." *ABD* 4:327–33.

Campbell, Lyle. "The History of Linguistics: Approaches to Linguistics." Pages 97–117 in *The Handbook of Linguistics. Edited by Mark Aronoff and Janie Rees-Miller*. 2nd ed. Blackwell Handbooks in Linguistics. Malden, MA: Wiley-Blackwell, 2017.

Cook, John A. and Robert D. Holmstedt. *Linguistics for Hebraists*. LSAWS. University Park, PA: Eisenbrauns, forthcoming.

Goldenberg, Gideon. "The Contribution of Semitic Languages to Linguistic Thinking." *JEOL* 30 (1987–1988): 107–15.

Heine, Bernd and Heiko Narrogk, eds. *The Oxford Handbook of Linguistic Analysis*. 2nd ed. Oxford Handbooks in Linguistics. Oxford: Oxford University Press, 2015.

McGregor, William B. *Linguistics: An Introduction*. 2nd ed. London: Bloomsbury Academic, 2015.

Robins, Robert H. *A Short History of Linguistics*. 4th ed. Longman Linguistics Library. London: Routledge, 1997.

Sampson, Geoffrey. *Schools of Linguistics*. Stanford, CA: Stanford University Press, 1980.

Seuren, Pieter A.M. *Western Linguistics: An Historical Introduction*. Oxford: Blackwell, 1998.

Silva, Moises. God, *Language, and Scripture: Reading the Bible in the Light of General Linguistics*. Foundations of Contemporary Interpretation 4.

Grand Rapids: Zondervan, 1990.

Thompson, Jeremy P. and Wendy Widder. "Major Approaches to Linguistics."
Pages 87–133 in *Linguistics and Biblical Exegesis*. Edited by Douglas
Mangum and Joshua R. Westbury. Lexham Methods Series 2. Bellingham,
WA: Lexham, 2017.

제2장
성서 히브리어와 성서 아람어 연구의 간략한 역사

구약성서의 언어는 2천년 동안 집중적으로 연구되어 왔으며 세부적인 사항
들은 몇 번이나 면밀하게 검토됐다. 그러한 주제들 가운데 새로운 것들이 있
을 수 있을까? 그러나 사실 그와는 반대로 새로운 주제에 대한 연구 속도가
빨라지고 있다.

—제임스 바(James Barr)[1]

2.1 소개

과거는 현재를 푸는 열쇠다. 현재 우리의 모습은 주로 우리의 배경,
경험, 그리고 그 외 여러 다른 것들에 의해 형성됐다. 학문 분야와 마찬
가지로 성서 히브리어와 성서 아람어 연구에서도 예외는 아니다. 만약
히브리어와 아람어 연구의 발전을 이해하려면 먼저 히브리어와 아람어
연구의 역사를 이해해야 한다.

그래서 이 장에서는 히브리어와 아람어 연구가 시작된 중세 유대 학

---

1.   Barr, "Semitic Philology and the Interpretation of the Old Testament," 31.

문으로부터 시작하여 성서 히브리어와 성서 아람어 연구의 짧은 역사를 개관할 것이다. 거기서부터 르네상스와 계몽주의 시대에 학문 분야로서 출현한 성서 언어학, 19세기와 20세기 초 히브리어와 아람어의 역사-비교 연구 그리고 마지막으로 현대의 성서 언어학 연구 동향을 추적해 나갈 것이다. 그 과정에서 언어학을 히브리어/아람어 연구에 결합한 핵심 자료들을 강조할 것이다.

대부분의 학자들이 성서 아람어보다는 성서 히브리어에 관심을 가지기 때문에 자연스럽게 아람어보다는 히브리어에 좀 더 집중할 것이다. 그래서 이 장은 선별적(selective)일 수 밖에 없다. 나의 목표는 포괄적이지 않고 대신에 1장에서 논의한 언어학의 발전을 따라 성서 히브리어와 성서 아람어 연구에서 가장 중요한 발전을 이룬 부분만을 강조하는 것이다. 그렇게 함으로써 이 책의 나머지 부분의 배경을 설정하고, 논의하게 될 여러 주제에 맥락을 제공하게 될 것이다.

2.2 성서 히브리어와 성서 아람어 연구: 시작부터 현재까지

히브리 성서 언어학에 대한 간략한 개관은 표준적인 문법책에서도 찾아볼 수 있지만, 이에 대한 탁월한 개관은 『유대 백과사전』(Encyclopaedia Judaica)의 언어학 문헌(linguistic literature) 항목에서도 볼 수 있다.[2] 다음 내용에서 중세 시대 성서 언어학의 기원부터 현재까지의 성서 언어학 문헌을 전적으로는 아니지만 『유대 백과사전』에 밀접하게 의존하여 설명할 것이다.

---

2.   Téné, Maman, and Barr, "Linguistic Literature," 13:29–61; 참조, GKC §3; Joüon §4; *IBHS* §2; *BHRG* §3. 이 단락의 제목은 『유대 백과사전』에서 부분적으로 발췌한 것이다.

2.2.1 중세 유대 학문(기원후 10-16세기)

2.2.1.1 첫 번째 시도(10세기)

랍비 문헌에서 방향의 헤(ה)와 여러 가지 의미를 가지고 있는 불변화사(particle) 키(כִּי)와 같은 특징들을 문법적으로 어휘적으로 생소한 방식으로 다루는 것을 관찰할 수 있지만(*b. Yebam*. 13b; *Git*. 90a)[3] 성서 히브리어와 성서 아람어의 진정한 언어학적 연구는 20세기가 되어서야 비로소 시작됐다. 그것은 10세기 맛소라 학자들에 의해 모음 부호가 붙은 고정된 텍스트가 확정되기 이전에 진정한 언어학적 논의를 가지는 것이 불가능했기 때문이다. 맛소라 학자들의 작업으로 인해 성서 언어 문법과 어휘의 믿을 만한 출처로서 역할을 할 수 있는 성서 본문의 공식적인 발음이 만들어졌다. 아랍어 문학이 당시 유대인 학자들에게 미친 영향으로 인해 히브리어와 아람어 언어 연구가 더욱 촉진됐으며, 성서를 연구하려면 성서가 말한 내용을 언어학적으로 이해해야 한다는 유대인의 인식이 커졌다.[4]

그 결과 10세기에 최초의 진정한 언어학 문헌이 (동유럽과 북아프리카에서) 아랍어와 (스페인에서) 히브리어로 나타나기 시작했다. 그 당시 출현했던 언어학 문헌은 문법책과 사전을 모두를 포함하고 있었지만 주로 후자에 초점이 맞춰졌다. 사아디아 벤 요세프 가온(Saadiah ben Joseph Gaon, 882-942)은 최초의 성서 히브리어 문법책인 『히브리어에 관한 책』(*Kutub al-Lugha, Books on the [Hebrew] Language*)과 최초의 성서 히브리어 사전인 『어휘집』(*Sefer ha-Egron, Book of the Vocabulary*)을 만들었다. 오늘날 문법 이해에 중요한 영향을 미친 사아디아(Saadiah)의 두 가지 공헌이 있는데 첫째는 품사별 단어의 구분(명사, 동사, 불변화사 등)이고 둘째는 문법적 특징의 다양한 형태와

---

3. *IBHS* §2.1b.
4. Téné, Maman, and Barr, "Linguistic Literature," 13:30, 34–35.

기능을 연관시킬 필요성을 제시했다는 것이다.[5]

사아디아의 연구는 10세기에 이어져 언어학 문헌의 표준을 세웠다. 특히 하팍스 레고메나(*hapax legomena*)에 대한 연구가 포함되어 있는 『70개 단어 해석에 관한 책』(*Kitāb al-Sab ʿīn Lafẓa al-Mufrada, Book of the Interpretation of Seventy Words*)으로 알려진 사아디아의 어휘 연구는 성서 어휘에 대한 상당한 관심을 불러 일으켰고 다른 사전의 출판을 촉진시켰다. 이 중에는 유다 이븐 쿠라쉬(Judah Ibn Quraysh)의 서신(epistle)과 두나쉬 이븐 타밈(Dunash ibn Tamim)의 사전(지금은 분실됐기 때문에 이름이 알려지지 않음)이 있었는데, 둘 다 성서에 나오는 히브리어 단어를 동족어인 아람어 및 아랍어와 비교했다.[6] 이러한 초기 사전들은 성서 히브리어 어휘에 초점을 맞추었지만 성서 아람어도 포함하는 데이비드 벤 아브라함(David ben Abraham)의 『단어 모음집』(*Alfāsi's Kitāb Jāmiʿ al-Alfāẓ, Book of Collected Meanings*)이나 메나헴 벤 사루크(Menaḥem ben Saruq)의 『단어장』(*Mahḥeret, Notebook*)과 같은 몇몇 작품들도 나타났다.[7]

2.2.1.2 창조적 시기(1000-1150년)

사아디아의 유산 위에 새로운 유대인 학자들이 11세기에 등장했다. 그들 대부분은 스페인에서 살았고 아랍어를 사용했다. 이 새로운 시대에 등장한 첫 번째 학자가 유다 벤 데이비드 하유즈(Judah ben David Ḥayyuj, 약 945-1010년)였다. 기원후 1,000년경에 하유즈는 히브리어 동사에 관한 중요한 두 권의 책을 썼다: 『약자음(weak) 동사에 관한 책』(*Kitāb al-Afʿāl Dhawāt Ḥurūf al-Līn, The Book of Weak Letter Verbs*)과 『이중자음(geminate) 동사에 관한 책』

---

5. Téné, Maman, and Barr, "Linguistic Literature," 13:31, 38-39.

6. Téné, Maman, and Barr, "Linguistic Literature," 13:31.

7. Téné, Maman, and Barr, "Linguistic Literature," 13:31.

(*Kitāb al-Afʿāl Dhawāt al-Mithlayn, The Book of Geminate Verbs*)이다. 이 책에서 하유즈
는 8세기 이후에 아랍 언어학 문헌에서 자주 나타났던 세 자음 어근
(three-letter root)에 대한 개념을 소개했고 동사가 가지고 있는 자음의 종류
에 따라 약동사를 공식적으로 분류했다.[8] 이 두 가지는 히브리어를 공부
하는 학생들도 인정하는 것처럼 오늘날까지 매우 중요한 개념으로 남아
있다.

하유즈의 작업은 논란이 많았고 여러 반응을 불러 일으켰다. 그의 가
장 중요한 반대자는 요나 이븐 자나(Jonah ibn Janāḥ, 약 990–1050년)로서 두 부
분으로 된 그의 책 『상세한 조사의 책』(*Kitāb al-Tanqīḥ, Book of Minute Research*)에
서 성서 히브리어에 대해 명쾌하게 설명했다. 이 책의 1부 문법 부분인 『
다채로운 꽃밭의 책』(*Kitāb al-Lumaʿ, Book of Colored Flowerbeds*)은 그것이 다루는
범위로 인해 최초의 포괄적인 히브리어 문법을 제시했고, 2부 어휘 부분
인 『[히브리어] 어근에 관한 책』(*Kitāb al-Uṣūl, Book of [Hebrew] Roots*)은 세 자음 어
근으로 단어들을 분류하고 항목을 알파벳 순서로 제시한 최초의 사전으
로 오늘날 대부분의 히브리어 사전에서 계속 이어지고 있는 전통이다.[9]

하유즈와 이븐 자나의 책들은 11세기와 12세기 이후의 언어학 문헌
에 경로를 설정했으며 대부분은 어휘보다는 문법에 중점을 두었다. 이
시대의 중요성은 데이비드 테네(David Téné)에 의해 잘 요약됐다. "이 시기
의 저자들은 히브리어 언어학의 위대한 창조자들이다. 히브리어의 범위
를 결정하고 체계를 만들며 규칙을 세운 사람들이 바로 그들이다. 그리
고 용어와 어법을 정한 것도 바로 그들이다."[10]

---

8. Téné, Maman, and Barr, "Linguistic Literature," 13:32, 39–40; Valle Rodríguez, "Grammarians: Medieval Spain," 2:95–96.
9. Téné, Maman, and Barr, "Linguistic Literature," 13:32, 37, 40–41; Valle Rodríguez, "Grammarians: Medieval Spain," 2:96–97.
10. Téné, Maman, and Barr, "Linguistic Literature," 13:33.

2.2.1.3 전파 시기(1150-1250년)

알모하드 칼리프(Almohad Caliphate)가 1148년에 남 스페인을 정복했을 때 많은 유대인 지성인들이 이탈리아와 남 프랑스로 도망했다. 그곳에서 그들은 이전의 언어학 저작들, 특히 하유즈(Hayyuj)와 이븐 자나(ibn Janāḥ) 의 저작을 번역하고 적용하여 이 두 사람의 아이디어를 전파했다. 이 시기의 가장 영향력있는 학자들 중에는 아브라함 벤 마이어 이븐 에즈라 (Abraham ben Meir ibn Ezra, 1089-1164년), 조세프(Joseph, 약 1105-1170년)와 그의 아들들인 모세(Moses, 1190년경에 사망)와 데이비드(David, 약 1160-1235년)가 속해 있는 킴히(Kimḥi) 가문이 있다.[11]

그들의 저작들 중에 가장 중요한 것은 데이비드 킴히(David Kimḥi)의 『완벽의 책』(Sefer Mikhlol, Book of Completeness)일 것이다. 이븐 자나의 『상세한 조사의 책』의 전통을 따르는 이 책은 두 부분으로 나뉘어져 있다: 문법 부분인 **헬레크 하 디크두크**(Ḥeleq ha-Diqduq, 나중에는 독립적으로 『미크롤』[Mikhlol]이라고 알려짐)와 어휘 부분인 **헬레크 하 인얀**(Ḥeleq ha-ʿInyan, 나중에는 독립적으로 '세페르 하 쇼라쉼'[Sefer ha-Shorashim] 즉, 『[히브리어] 어근에 관한 책』[Book of the [Hebrew] Roots] 으로 알려짐)이다. 이름에서 알 수 있듯이 킴히의 『미크롤』(Mikhlol)은 포괄적이고 완전하다. 『미크롤』의 중요한 공헌은 동사를 중심으로 문법을 체계화시킨 것이다. 특히 다양한 동사 어간(בניינים, binyanim)과 활용(conjugations), 그리고 패러다임으로 동사 어간의 형태를 제시하는 데 집중했다.[12]

이 시기의 저작들이 언어적 발전에 독창적인 기여를 거의 하지 않았

---

11. Téné, Maman, and Barr, "Linguistic Literature," 13:33; Valle Rodríguez, "Grammarians: Medieval Spain," 2:98-100.

12. Téné, Maman, and Barr, "Linguistic Literature," 13:33, 41-42; Valle Rodríguez, "Grammarians: Medieval Spain," 2:99-100.

지만 이 시기는 히브리어와 아람어에 대한 현대적 이해를 위해서 반드시 필요하다. 테네(Téné)는 이렇게 요약한다.

> 히브리어 언어학을 망각에서 구하고 그것을 유대 문학사에서 영구적인 분야로 만든 것은 번역자들과 사용자(adaptors)들이었다. 그들은 또한 하유즈와 이븐 자나의 저작들에 사용된 아람어 문법 용어들을 히브리어로 번역했으며, 오늘날까지 히브리어를 연구하고 가르치고 히브리 성서를 주해하는 데 존재했던 문법적, 사전적(lexicographical) 쟁점들을 설명하는 방식을 정했다.[13]

2.2.1.4 정체기(1250-1500년)

데이비드 킴히의 『미크롤』의 출판은 중세 유대 학문이 마지막 시기로 접어들게끔 하는 역할을 했다. 이 기간 동안 『미크롤』은 그것을 그대로 따르거나 때로는 수정하거나 때로는 의존하면서 히브리어와 아람어 연구를 지배했다. 그로 인해 이 분야는 거의 발전하지 않고 정체됐다.[14] 그럼에도 이 시기에 오늘날에도 히브리어와 아람어 연구에 영향을 주는 몇몇 중요한 발전이 있었다. 이러한 발전들은 프로피앗 두란(Profiat Duran, 약 1414년에 사망)과 아브라함 드 발메스(Abraham de Balmes, 약 1440-1523년)의 저작에서 확인할 수 있다.

두란(Duran)의 주요 공헌은 『마아세 에포드』(Maʿaseh Efod, Work of Ephod, "에포드"[에봇]는 두란의 가명이다)라고 불리는 포괄적인 히브리어 문법책이었다. 두란은 킴히의 언어에 대한 기계적인 이해에 반발하여 그의 『미크롤』을 비판했다. 대신에 두란은 이븐 자나의 『다채로운 꽃밭의 책』의 특징처럼 좀 더 언어에 대한 이론적인 관점을 주장했다. 두란은 언어 기획(enterprise)

---

13. Téné, Maman, and Barr, "Linguistic Literature," 13:33.
14. Téné, Maman, and Barr, "Linguistic Literature," 13:33-34.

을 재구성함으로써 논리학의 언어 연구를 더욱 강조했고 이로 인해 언어 분석에서 이론의 역할을 강조했다.[15]

드 발메스(De Balmes)는 『아브람 모음집』(Miqneh Avram, Collection of Abram)에 라틴어 문법 개념을 통합시켰는데 이것은 드 발메스까지는 아랍 문법가들의 경향에 따라 히브리어와 아람어에 대한 언어적 이해가 다르게 형성됐기 때문에 중요한 발전이었다. 그의 『아브람 모음집』의 또 다른 주요 공헌은 인도-유럽어족 전통을 따라 언어학 연구에 3자(tripartite) 체계—음운론, 형태론, 통사론—를 세운 것이다. 이 세 가지는 오늘날까지 히브리어와 아람어의 기본적인 범주로 남아있다.[16]

2.2.2 성서 히브리어/아람어의 학문적 연구의 출현(1500-1800년)

16세기 초에 히브리어와 아람어 언어학에 중요한 변화가 있었다. 종교개혁은 성서에 대한 개인 연구의 필요성을 강조했고 고대 문명에 대한 르네상스의 관심은 원문과 그 언어에 대한 관심을 불러일으켰다. 그 결과 중세 기독교 세계에서 무시됐던 성서 히브리어와 성서 아람어가 기독교 학문의 핵심 요소로 부상했다. 그때 더 이상 히브리어와 아람어 연구가 유대인들만의 독점적인 과업이 아니였다.[17]

이 시기에 가장 중요한 기독교 히브리어 학자는 요하네스 로이힐린(Johann Reuchlin, 1455-1522)이다.[18] 1506년에 그는 『히브리어 언어학 기초』(Rudimenta linguae hebraicae)를 출판했다. 이 책은 문법과 어휘 두 부분으로 구

---

15. Téné, Maman, and Barr, "Linguistic Literature," 13:34, 42; Valle Rodríguez, "Grammarians: Medieval Spain," 2:100.
16. Téné, Maman, and Barr, "Linguistic Literature," 13:34, 42-43; Charlap, "Grammarians: Medieval Italy," 2:91-92.
17. Téné, Maman, and Barr, "Linguistic Literature," 13:54.
18. Campanini, "Christian Hebraists: Medieval Period," 1:443.

성되어 있고 그것이 『미크롤』에 연결되어 있다는 점에서 데이비드 킴히
의 영향을 받았다. 동시에 로이힐린은 라틴어 용어를 히브리어 문법 현
상에 적용시켰고 그중 일부는 오늘날에도 여전히 사용되고 있다(예, 명사
의 절대형[status absolutus]). 로이힐린의 가장 중요한 공헌은 기독교인들에게
히브리어와 아람어를 대중화시켰다는 점이다. 그는 기독교인들에게 히
브리어를 가르칠 목적으로 『히브리어 입문』(Rudimenta linguae hebraicae)을 썼
고 이후에 마르틴 루터(Martin Luther)와 같은 교회 지도자들도 그의 책을
통해 히브리어를 배웠다.[19]

유대인 엘리야 레비타(Elijah Levita, 1468[69]-1549)도 이 시기 동안에 기독
교 히브리어 학자들에게 중요한 영향을 미쳤다. 그는 자신의 문법책 『바
후르의 책』(Sefer ha-Baḥur, Book of the Baḥur, "바후르"는 그의 별칭 중 하나다)을 썼다.
레비타는 당시 인문주의 운동을 잘 흡수했으며 세바스찬 뮌스터(Sebastian
Münster, 1489-1552)에게 킴히의 히브리어 문법을 가르쳤다. 1529년부터 죽
을 때까지 스위스 바젤 대학의 교수로 가르쳤던 뮌스터는 레비타의 작
품을 라틴어로 번역했으며 그것을 자신의 『완전한 문법』(Melekhet ha-Diqduq
ha-Shalem, Work of Complete Grammar)과 함께 출판했다. 이러한 방식으로 뮌스터
는 기독교인들에게 히브리어 문법에 대한 중세 유대적 관점을 널리 퍼
트렸다.[20]

기독교 히브리어 학자들에 대한 유대인의 영향은 요하네스 벅스토
프 1세(Johann Buxtorf, 1564-1629)와 요하네스 벅스토프 2세(Johann Buxtorf, 1599-
1664)의 작품에 명백하게 나타난다.[21] 유럽에서 유대인에 대한 박해로 인

---

19. Téné, Maman, and Barr, "Linguistic Literature," 13:34, 53, 55.

20. Téné, Maman, and Barr, "Linguistic Literature," 13:54-55; Campanini, "Christian
    Hebraists: Medieval Period," 1:446-47.

21. 예를 들어 Buxtorf, Epitome grammaticae hebraeae; idem, Tiberias.

해 유대인의 학문 연구가 어려워지면서 기독교 히브리어 학자들에 대한
유대인의 영향력이 약화되기 시작했다. 이러한 시기에도 유럽 대학에서
히브리어와 아람어 학과가 설립됐나. 예를 들어, 1540년에 옥스퍼드와
케임브리지에서 흠정 교수직(Regius Chairs)—나중에 드라아버(S. R. Driver), 에
머튼(J. A. Emerton), 제임스 바(James Barr)와 같은 이 분야의 거인들이 차지
한—이 헨리 8세에 의해 설립됐다. 서구에서 히브리어와 아람어의 학문
연구가 발전하면서 유대적 전통과 분리됐다.[22]

이 시기에 다른 고대 근동 언어에 대한 학문 연구도 발전했다. 대학
에서 아람어와 아랍어와 함께 시리아어와 고전 에티오피아어(Geʿez)도 공
부할 수 있게 됐다. 이로 인해 히브리어와 아람어가 셈어 배경 안에 점진
적으로 다시 연결됐는데, 드 발메스(de Balmes)와 그의 후계자들이 라틴어
범주를 사용하기 시작했을 때 대부분 잃어버린 것들이었다.[23] 18세기 말
까지 알버트 슐텐스(Albert Schultens, 1686-1750), 요한 데이비드 미카엘리스
(Johann David Michaelis, 1717-1791), 그리고 니콜라우스 빌헬름 슈뢰더(Nikolaus
Wilhelm Schröder, 1721-1798)와 같은 동양(oriental) 언어 교수들이 고대 근동 배
경에 히브리어와 아람어를 두었다.[24] 그들은 이러한 언어들이 셈 어족에
속해 있고 다른 셈어에 대한 지식이 히브리어와 아람어를 이해하는 데
필수적이라는 것을 강조했다.[25]

18세기 말에 제임스 바는 히브리어와 아람어 연구 상황을 잘 요약했
다.

22. Téné, Maman, and Barr, "Linguistic Literature," 13:55.

23. Téné, Maman, and Barr, "Linguistic Literature," 13:56-57.

24. Schultens, *Institutiones ad fundamenta linguae Hebraea*; Michaelis, *Grammatica Chaldaica*; Schroeder, *Institutiones ad fundamenta linguae Hebraeae*.

25. Téné, Maman, and Barr, "Linguistic Literature," 13:57.

히브리어 학자는 동양학자(Orientalist)가 될 것으로 예상됐다. 이것은 아랍어 지식뿐 아니라 동양에서 온 여행자들이 풍습, 삶의 물리적 환경, 그리고 기본적인 형태의 고고학에 대해 가져온 새로운 정보의 인식을 의미했다. 이 시기에 기독교 히브리어 학자들은 전통적으로 교의에 관여하는 교의주의자라기보다는 반대로 합리주의자가 될 가능성이 더 컸다.[26]

2.2.3 비교 언어학과 성서 히브리어/아람어 연구(1800-1950년)

이러한 발전은 오늘날에도 큰 영향을 미치고 있는 19세기 가장 위대한 히브리어 학자들 중의 한 사람인 빌헬름 게제니우스(Wilhelm Gesenius, 1786-1842)의 작업을 위한 배경을 만들어 주었다. 게제니우스는 할레 대학에서 가르쳤다. 그가 남긴 많은 공헌들이 있지만 그중에서도 특히 중요한 것은 오늘날까지도 표준적인 참고 문헌으로 남아있는 문법책과 사전을 출판한 것이다. 오늘날 게제니우스는 성서 히브리어를 신학적인 교의주의에서 해방시키고 대신 그것을 합리적인 언어학적 방식으로 설명한 것으로 알려져있다.[27]

게제니우스의 히브리어 문법은 『히브리어 문법』(*Hebräische Grammatik*)이라는 제목으로 1813년에 처음 출판됐다. 이후에 게제니우스 자신과 다른 사람들에 의해 여러 차례 개정됐다. 가장 최근의 영어 개정판은 『게제니우스의 히브리어 문법』(*Gesenius' Hebrew Grammar*)이라는 제목으로 1910년에 출판됐고 그것은 에밀 카우취(Emil Kautzsch)가 만든 28번째 독일어 개정판을 코울리(A. E. Cowley)가 번역한 것이다. 최종판은 히브리어의 역사적 발전에 비추어 가능한 완벽하게 히브리어를 설명하는 포괄적인 문법

---

26. Téné, Maman, and Barr, "Linguistic Literature," 13:57.

27. Téné, Maman, and Barr, "Linguistic Literature," 13:57-58; Merwe, "Major Contributions," 162-64; Rabin, "Hebrew," 308.

책이다.

성서 히브리어와 성서 아람어 모두를 포함하고 있는 게제니우스의 사전은 『구약성서 히브리어-독일어 사전』(*Hebräisch-deutsches Handwörterbuch über die Schriften des Alten Testaments*)이라는 제목으로 1810-1812년에 독일에서 처음 출판됐다. 이후에 여러 사람들에 의해 개정됐고[28] 프란시스 브라운 (Francis Brown), 드라이버(S. R. Driver)와 찰스 브릭스(Charles A. Briggs)의 BDB(*A Hebrew and English Lexicon of the Old Testament*)의 기초로 사용됐다. 그의 문법책과 마찬가지로 게제니우스의 사전도 언어 자료를 주의깊게 사용한 사례를 보여준다. 그 시대의 비교 언어학에 따라 어원과 동족어(cognate)에 대한 정보를 제시하는 데 중점을 두었다.

게제니우스의 영향은 19세기 후반에 나타난 문법책과 사전들에도 반영되어었다. 역사-비교 전통을 따르는 성서 히브리어 문법책 중에는 하인리히 에발트(Heinrich Ewald, 1803-1875), 저스터스 올스하우젠(Justus Ol- shausen, 1800-1882), 율리우스 프리드리히 뵈처(Julius Friedrich Böttcher, 1801-1863), 베른하르트 스타드(Bernhard Stade, 1848-1906), 에두아르트 쾨니히(Eduard König, 1846-1936)의 것들도 있다.[29] 가장 중요한 성서 아람어 문법책들 중에 는 에밀 카우취(Emil Kautzsch, 1841-1910), 슈트락(H. L. Strack, 1848-1922), 카를 마

28. 4권으로 된 라틴어판 *Thesaurus philologicus criticus linguae Hebraeae et Chaldaeae Veteris estamenti* (1829-1858)는 Gesenius의 제자 Emil Rödiger에 의해 마무리됐지 만 주로 Gesenius에 의해 완성된 것인 반면, 2권으로 된 독일어판 *Hebräisches und chaldäisches Handwörterbuch über das Alte Testament* (1834)는 전적으로 Gesenius의 손에 의해 완성된 마지막 판이다. 가장 최근에 만들어진 독일어 판은 Rudolf Meyer와 Herbert Donner에 의해 편집된 18판이다.
29. Ewald, *Kritische Grammatik der hebraischen Sprache*; Olshausen, *Lehrbuch der hebraischen Sprache*; Bottcher, *Ausfuhrliches Lehrbuch der hebraischen Sprache*; Stade, *Lehrbuch der hebraischen Grammatik*; Konig, *Historisch-kritisches Lehrgebaude der hebraischen Sprache*.

르티(Karl Marti, 1855-1925)의 것들도 있다.[30] 게제니우스와 마찬가지로 이 문
법책들도 문법 설명을 위해 셈어의 경험적 관찰과 역사-비교 재구성에
의존한다. 그들은 라틴어에 기반한 범주를 활용하여 라틴어와 같이 3부
분—음운론, 형태론, 통사론—으로 나누었다. 이것은 정체기(1250-1500)에
대중화됐다.[31]

칼 브록켈만(Carl Brockelmann, 1868-1956)은 20세기 초에 비교 셈어 작업
을 완전한 결실로 이끌었다.[32] 그의 연구는 이 시기에 히브리어와 아람어
문법의 토대가 됐다. 가장 영향력 있는 것 중에 한스 바우어(Hans Bauer,
1878-1937)와 폰투스 레안더(Pontus Leander, 1872-1935)의 문법, 고트헬프 베르
크슈트래서(Gotthelf Bergsträsser, 1886-1933)의 문법도 있다.[33] 바우어와 레안더
는 원(proto) 셈어의 비교 재구성을 통해 알게된, 특히 동사에 대해 상세한
문법 설명을 제공하는 성서 히브리어 문법과 성서 아람어 문법을 공동
집필했다.[34] 게제니우스에 기초한 베르크슈트래서의 문법은 바우어와
레안더의 것과 비슷하지만 좀 더 역사 중심적이다.[35] 또한 역사-비교 전
통에서도 통사론에 좀 더 관심을 가진 것은 폴 주옹(Paul Joüon, 1871-1940)의
기술 문법(descriptive grammar)이다.[36]

---

30. Kautzsch, *Grammatik des Biblisch-Aramaischen*; Strack, *Grammatik des Biblisch-Aramaischen*; Marti, *Kurzgefasste Grammatik*.

31. Rabin, "Hebrew," 308-9.

32. Brockelmann, *Grammatik der semitischen Sprachen*. Brockelmann의 것보다 상세하지 않고 약간 다른 특성을 가지고 있지만 이 시기에 중요한 비교 셈어 문법으로는 Bergsträsser, *Einführung in die semitischen Sprachen*가 있다.

33. Tene, Maman, and Barr, "Linguistic Literature," 13:58; Merwe, "Major Contributions," 165-66; Rabin, "Hebrew," 309.

34. Bauer and Leander, *Historische Grammatik der hebraischen Sprache*; idem, *Grammatik des biblisch-Aramaischen*.

35. Bergstrasser et al., *Hebraische Grammatik*.

36. Jouon and Muraoka, *Grammar of Biblical Hebrew*.

비교 언어학은 구조주의가 20세기에 접어들면서 출현한 이후에도 계속해서 성서 히브리어와 성서 아람어 연구를 지배했다. 이것은 부분적으로 히브리이와 아람이 학자들이 새로운 언이 이론을 적용시기는 것을 꺼려했기 때문이다.[37] 1948년에 발견된 사해 사본 같은 새로운 히브리어 본문의 발견과 마찬가지로 1930년경에 발견되어 빠르게 해독된 우가릿어와 같은 새로운 셈어의 발견과 해독은 이러한 경향에 영향을 미쳤다. 주로 비교 언어학을 받아들였던 미국의 윌리엄 폭스웰 올브라이트(William Foxwell Albright, 1891-1971), 영국의 가드프리 롤스 드라이버(Godfrey Rolles Driver, 1892-1975), 이스라엘의 납달리 헤르쯔 투르-시나이(Naphtali Herz Tur-Sinai, 1886-1973)와 같은 이 시기의 거장들은 오늘날에도 여전히 잘 알려져 있다.[38]

역사-비교 접근법의 지속적인 영향, 특히 게제니우스의 책들은 이 시기의 중요성을 증명해 준다. 게제니우스의 문법은 오늘날에도 표준적인 참고 문헌으로 남아있고 모든 현대 성서 히브리어 문법의 구조와 내용을 결정했다. 이 시기에 동사에 대한 집중적인 연구는 동사 어간, 특히 시제(tense), 상(aspect), 법(mood)에 대한 현대적 논의의 기초를 놓았다.[39] 더욱이 게제니우스의 사전에 대한 역사-비교 접근 방식은 오늘날 가장 인기 있는 두 개의 사전, 프란시스 브라운, 드라이버, 찰스 브릭스의 BDB(A Hebrew and English Lexicon of the Old Testament)와 두드비히 퀼러(Ludwig Köhler)와 발터 바움가르트너(Walter Baumgartner)의 HALOT(The Hebrew and Aramaic Lexicon of the Old Testament)의 기초가 됐다.

---

37. Merwe, "Major Contributions," 168.
38. Téné, Maman, and Barr, "Linguistic Literature," 13:59-60.
39. 참조, Driver, *Tenses in Hebrew*.

2.2.4 현대 시대의 성서 히브리어/아람어 연구(1950년-현재)

2.2.4.1 현대 언어학 접근법의 적용

비교 언어학의 계속적인 관심에도 불구하고 20세기 중반에 오면서 히브리어와 아람어 학자들은 다른 언어학 방법을 채택하기 시작했다. 그렇게 한 초기의 학자들은 젤리그 해리스(1909-1992)와 노암 촘스키(1928-) 같이 부분적으로 히브리어 학자이기도 했던 언어 학자들이었다.[40] 그들은 언어학의 배경을 가졌기 때문에 많은 히브리어와 아람어 학자들이 가졌던, 언어학 이론을 성서 언어에 적용시키는 것에 대한 동일한 두려움을 가지지 않았다. 그러나 사실 공식적으로 어떠한 언어학 훈련을 받지 않았던 히브리어와 아람어 학자들은 현대 언어학 이론을 성서 언어 연구에 적용하기 시작했다.

이 학자들은 그 당시 비교 언어학의 주요 대안이었던 구조주의를 히브리어와 아람어 음운론에 처음으로 적용시켰다.[41] 그러나 그들은 구조주의를 셈어 동사 체계에 적용시킬 때 어려움에 직면했는데 이것은 동사 체계의 통시적(diachronical) 발전을 공시적(synchronic) 사용에서 완전히 분리시키는 것이 어려웠기 때문이다. 이러한 어려움으로 인해 우가릿어와 아마르나 아카드어(Amarna Akkadian)의 지속적인 연구와 결합하여 성서 히브리어 동사 체계에 대한 많은 연구가 이루어지게 됐다. 이러한 연구들 중 일부는 동사 어간과 관련이 있었지만 대부분은 시제, 상, 법 문제에 집중했다.[42] 이러한 논의에 기여한 핵심 학자들은 윌리엄 모란(William L. Moran, 1921-2000), 얀 요스텐(Jan Joosten, 1959-) 그리고 존 쿡(John A. Cook,

---

40. Téné, Maman, and Barr, "Linguistic Literature," 13:60.
41. 예를 들어 Birkeland, Akzent und Vokalismus; Harris, "Linguistic Structure of Hebrew," 143–67; Cantineau, "Phonologie de l'hébreu biblique," 82–122.
42. Rabin, "Hebrew," 310–12; Emerton, "Hebrew Language," 191–93.

1968-)이다.

　동사 영역과는 달리 구조주의는 사전학의 영역에서 쉽게 적용될 수 있다는 것을 발견하게 됐다. 제임스 바(James Barr, 1924-2006)는 이러한 접근에 있어서 최고로 중요한 대변자였다. 그는 그의 책 『성서 언어 의미론』 (The Semantics of Biblical Language, 1961)에서 단어의 의미를 결정하는 데 역사-비평 방법에 지나치게 많이 의존한다고 말했다. 성서 사전학에 대한 바의 영향력은 아무리 강조해도 지나치지 않으며 『고전 히브리어 사전』(Dictionary of Classical Hebrew, 1993-2011)과 같은 최근의 사전들은 주로 구조주의를 채택했다. 그럼에도 인지 언어학의 부상은 구조주의 대신 인지 언어학을 더 의존하는 중요한 소수의 학자들을 배출했다. 『성서 히브리어 의미 사전』(The Semantic Dictionary of Biblical Hebrew, 2000, 온라인 출시)이[43] 최근 이런 경향의 대표격이다.

　현대 성서 히브리어와 성서 아람어 연구의 또 다른 중요한 발전은 담화 분석에 대한 관심이다.[44] 최근 많은 히브리어 학자와 아람어 학자, 특히 구조주의와 인지 언어학에 영향을 받은 이들은 담화의 더 넓은 맥락 안에 단어가 가지고 있는 의미에 대한 관심을 보여준다. 그들은 특히 구체적인 구두 언어(verbal forms) 사용을 통해, 그리고 어순(word order)을 통해 문장 내에서 거시적인 관점에서 의미가 표현되는 방식을 조사한다. 담론 분석에 관한 일반 언어학의 더 큰 관심과 같은 이러한 발전은 로버트 롱에이커(Robert E. Longacre, 1922-2014), 랜달 부스(Randall Buth, 1950-) 그리고 로버트 홈스테드(Robert D. Holmstedt, 1972-)와 같은 학자들에 의해 개척됐다.

　사회 언어학에 대한 최근 관심은 히브리 성서에서의 언어 변이에 대

---

43. http://www.sdbh.org/dictionary/main.php?language=en.
44. *BHRG* §3.4.

한 조사로 이어졌다.[45] 비교 언어학이 쇠퇴하기 전에 대부분 히브리어 학자들은 연대적 관점으로 이러한 변이를 이해했지만 최근에 개리 렌스버그(Gary A. Rendsburg, 1954-)와 이안 영(Ian Young, 1962-)과 같은 학자들은 다른 대안적인 방법으로 이해해야 한다고 주장했다. 그들은 사회적 지위, 방언, 문체 변화와 같은 사회 언어학적 변수를 통해 히브리 성서의 언어 변이를 설명했다. 히브리 성서에서 사회 언어학적 변이의 존재는 언어의 특징이 성서 본문의 구성 연대를 나타낼 수 있는지에 대해 많은 논의를 낳았다. 영과 함께 로버트 레제트코(Robert Rezetko, 1967-)와 같은 몇몇 학자들은 최근 성서 본문의 언어의 연대 측정에 도전을 주었다.[46]

1950년 이후로 성서 히브리어와 성서 아람어의 중요한 참조 문법서(reference grammars)만이 몇 개 나왔다. 이러한 문법들 중에 브루스 왈트키와 마이클 오코너의 『성서 히브리어 통사론 개론』(*Introduction to Biblical Hebrew Syntax*, 1990), 크리스토 판 데어 메르웨(Christo H. J. van der Merwe), 자코버스 나우데(Jacobus A. Naudé), 잔 크로제(Jan H. Kroeze)의 『성서 히브리어 참조 문법』(*A Biblical Hebrew Reference Grammar*, 1999),[47] 그리고 주옹의 『성서 히브리어 문법』(*Grammaire de l'hébreu biblique*)의 번역 개정판으로 1991년에 출판된 타카미추 무라오카의 『성서 히브리어 문법』(*A Grammar of Biblical Hebrew*)이 있다.[48] 가장 중요한 성서 아람어 사전식 문법은 프란츠 로젠탈(Franz Rosenthal)의 『성서 아람어 문법』(*A Grammar of Biblical Aramaic*, 1961)이다.[49] 이러한 문법책들의 대부분은 주로 구조주의를 적용했고 담론 분석과 같은 좀 더 최근의

---

45. Emerton, "Hebrew Language," 173-75.
46. Emerton, "Hebrew Language," 175-90; *BHRG* §3.4.
47. 2판이 2017년에 출판됐다.
48. 개정판이 2006년에 출판됐다.
49. 2006년에 출판된 제7판이 가장 최근에 나온 것이다.

언어학 이론은 무시했다.[50] 담론 분석에 특별한 관심을 기울이는 이 시대의 유일한 문법책인 『성서 히브리어 참조 문법』(*A Biblical Hebrew Reference Grammar*)만이 예외디.

2.2.4.2 성서 히브리어, 성서 아람어, 그리고 언어학에 관한 현대 자료

성서 히브리어와 성서 아람어를 설명하기 위해 현대 언어학 이론을 사용하는 것은 현대 히브리어와 아람어 연구에 한가지 중요한 측면을 나타낸다. 또 다른 중요한 추세는 성서 히브리어, 성서 아람어, 그리고 언어학 자료들의 출현이다. 이러한 자료들은 단행본, 학술지, 브릴(Brill)의 『히브리어와 언어학 백과 사전』(*Encyclopedia of Hebrew Language and Linguistics*) 등 최소한 세 가지 형태로 존재한다.

2.2.4.2.1. 단행본(Monographs)

지난 50년 동안 언어학과 성서 언어에 관한 여러 책들이 출판됐다.[51] 이러한 단행본은 신약과 구약 모두를 포함하기 때문에 성서 히브리어와 성서 아람어 외에 성서 헬라어도 다룬다. 이 단행본들은 언어학의 발전과 이러한 발전들이 어떻게 주해에 영향을 미치는지를 이해하는 데 히브리어 학자와 아람어 학자에게 유용한 자료다. 이러한 것들 중에 가장 유용한 것은 더글라스 매그넘(Douglas Mangum)과 조슈아 웨스트버리(Joshua Westbury)가 편집한 렉섬 메서드 시리즈(Lexham Methods Series)인 『언어학과 성서 주해』(*Linguistics and Biblical Exegesis*)이다. 이 책은 언어학의 기초를 설명

---

50. 참조, *BHRG* §3.4.
51. 예를 들어 Mangum and Westbury, *Linguistics and Biblical Exegesis*; Cotterell and Turner, *Linguistics and Biblical Interpretation*; Silva, *God, Language, and Scripture*; Silzer and Finley, *How Biblical Languages Work*.

하고 주요 학파 및 언어학을 성서 언어에 적용하는 것에 대한 현재 논의
들을 다룬다.

최근에 발간된 단행본들은 특히 성서 히브리어 연구에 현대 언어학
방법론을 적용시켜왔다. 이것들 중 가장 접근하기 쉬운 것은 수잔 그룸
(Susan Groom)의 『성서 히브리어의 언어학적 분석』(Linguistic Analysis of Biblical
Hebrew)으로, 성서 히브리어에서 논의되는 쟁점들을 선택하여 언어학적
으로 적용한 내용을 제공한다. 게다가 월터 보딘(Walter R. Bodine)이 편집한
『언어학과 성서 히브리어 연구』(The Study of Linguistics and Biblical Hebrew), 아디나
모샤비(Adina Moshavi)와 타냐 노타리우스(Tania Notarius)가 편집한 『성서 히
브리어 언어학의 발전: 자료, 방법 그리고 분석』(Advances in Biblical Hebrew
Linguistics: Data, Methods, and Analyses)과 같은 논문 모음집은 현대 언어학 방법
론을 성서 히브리어 연구에 적용한다. 마지막으로 에이젠브라운스(Eisen-
brauns) 출판사의 고대 서셈어 언어학 연구 시리즈(Linguistic Studies in Ancient
West Semitic, LSAWS)는 현대 언어학의 틀 안에서 성서 히브리어와 성서 아
람어의 논의들을 탐구한다.[52] 이러한 단행본들은 언어학 이론을 성서 언
어에 적용하는 것에 대한 관심을 보여준다. 고대 서셈어 언어학 연구 시
리즈(LSAWS) 중 가장 중요한 단행본은 존 쿡과 로버트 홈스테드가 공동
편집한 『히브리어 학자를 위한 언어학』(Linguistics for Hebraists)이다. 이 책은
현대 언어학 이론과 모델에 대한 이해를 높이고 그것을 히브리 성서에
적용시키는 것을 목표로 한다. 이 책 안에 있는 논문들은 역사-비교 언어
학, 기능주의, 그리고 인지 언어학과 같은 중요한 언어학 이론을 명쾌하
고 이해하기 쉬운 방식으로 제시한 다음 해당 언어학 이론을 사용하여
여러 사례 연구를 보여준다. 『히브리어 학자를 위한 언어학』은 언어학적

---

52. https://www.eisenbrauns.org/books/series/book_SeriesLinguisticStudiesinSemitic.
    html.

배경이 거의 없는 사람들을 대상 독자로 삼은 것이다. 이 책은 학생, 목
사를 포함해서 언어학이 히브리 성서를 이해하는 데 얼마나 적절한지 알
기를 원하는 모든 사람들에게 접근하기 쉬운 귀중한 자료다.

2.2.4.2.2. 학술지

여러 학술지도 성서 히브리어와 성서 아람어에 언어학을 적용하는
것에 관심이 증가하고 있음을 증명한다.[53] 특히 언어학과 성서 히브리어
에만 전념하고 있는 유일한 학술지는 이스라엘 히브리어 학회에서 발행
한 『레쇼네누』(*Lešonénu*, לשוננו)지만 다른 많은 학술지는 히브리어, 아람
어, 언어학에 관한 학술 논문들이 포함되어 있다. 그것들 중에는 다음과
같은 셈어와 고대 근동학 학술지도 있다: *Aramaic Studies, Hebrew Ab-
stracts, Hebrew Studies, Journal of Near Eastern Studies, Journal of Northwest
Semitic Languages, Journal of Semitic Studies, Journal of the Ancient Near East-
ern Society of Columbia University, Maarav, Tarbiz, and Zeitschrift für Althebra-
istik*. 그러나 성서학 연구에 집중하는 다음과 같은 학술지에도 종종 가치
있는 논문들이 포함되어 있다: *Biblica, Catholic Biblical Quarterly, Journal of
Biblical Literature, Revue biblique, Vetus Testamentum, and Zeitschrift für die
alttestamentliche Wissenschaft*.

2.2.4.2.3 브릴(Brill) 출판사의 『히브리어와 언어학 백과 사전』

성서 히브리어를 연구하는 모든 학생들과 학자들에게 기념비적인
작품이 될 만한 최신 자료는 브릴 출판사에서 발간한 『히브리어와 언어
학 백과 사전』(*Encyclopedia of Hebrew Language and Linguistics, EHLL*)이다. 그것은 캠

---

53. 참조, Waldman, *Recent Study of Hebrew*, 2.

브리지 대학의 흠정 교수인 제프리 칸(Geoffrey Khan)과 그의 편집팀이 편집했다. EHLL은 온라인과 인쇄본 모두에서 사용 가능하고 950개 이상의 항목을 포함하고 있다. 이 항목들은 연구사, 주요 문법적 특징(음운론, 형태론, 통사론), 어휘, 문체론, 사회 언어학, 담화 분석, 다른 언어들과 히브리어와의 관계, 히브리어의 시대별 구분을 다룬다.

EHLL은 히브리어에 국한되어 있어서 성서 아람어와 일반 아람어에 대한 항목은 포함하지 않는다. 그러나 히브리어 학자들에게 아주 가치있는 항목들이 많이 포함되어 있다. 히브리어의 시대별 구분과 관련된 주제를 다루는 항목들조차도 성서 히브리어를 더 넓은 맥락에 두기 때문에 유용하다. EHLL은 히브리어, 일반언어학, 성서학, 히브리 유대문학 그리고 관련된 분야의 학생들과 연구자들에게 권위있는 참고 문헌이다.[54] 히브리어와 언어학에 관심이 있는 모든 학생, 목사, 그리고 교수들은 이 기념비적인 자료에 익숙해져야 하며 정기적으로 참조해야 한다.

2.3 결론

성서 히브리어와 성서 아람어 연구는 중세까지 거슬러 올라가는 오랜 역사가 있다. 중세 유대인 문법학자들과 사전 편찬자들은 오늘날에도 계속되는 히브리어와 아람어를 기술하는 데 필요한 전통을 확립했다. 르네상스 시대부터 시작된 히브리어와 아람어 연구는 더욱 발전했고 견고한 학문적 발판을 세워나갔다. 이로 인해 히브리어와 아람어의 역사-비교 연구가 이루어졌고 오늘날에도 계속 영향을 미치고 있다. 1950년 이래로 학자들을 히브리어와 아람어 연구에 다양한 언어학 이론을 적용시켰고 그 결과 언어학적인 방법으로 히브리어와 아람어를 기술하는 다양

---

54. https://referenceworks.brillonline.com/browse/encyclopedia-of-hebrew-language-and-linguistics.

한 자료들이 출판됐다.

이 장에서 논의한 연구의 역사적인 발전은 이 책 나머지 부분의 배경이 될 것이다. 특히 언어학 이론, 중요 인물, 그리고 발전 동향은 이어서 나올 장들에서 논의할 주제의 맥락을 제공해 준다. 어휘론과 사전학(3장), 동사 어간(4장), 시, 상, 법(5장), 담화 분석(6장), 어순(7장), 사용역, 방언, 문체 교체(style-shiftng)그리고 코드 전환(code-switching)(8장), 성서 히브리어와 성서 아람어 본문의 연대 결정(9장), 마지막으로 히브리 성서 언어 교수 학습법(10장). 이 장에서 제시한 연구 역사를 염두에 두면서 이어지는 다른 장들의 흥미진진한 논의들을 탐구해보자.

2.4 더 읽을 자료

Barr, James. "Semitic Philology and the Interpretation of the Old Testament." Pages 31–64 in *Tradition and Interpretation: Essays by Members of the Society for Old Testament Study*. Edited by G. W. Anderson. Oxford: Clarendon, 1979.

Campanini, Saverio. "Christian Hebraists: Renaissance Period." *EHLL* 1:440–49.

Delgado, Jose Martinez. "Lexicography: Middle Ages." *EHLL* 2:510–14.

———. "Phonology in Medieval Grammatical Thought." *EHLL* 3:122–30.

Emerton, J. A. "The Hebrew Language." Pages 171–99 in *Text in Context: Essays by Members of the Society for Old Testament Study*. Edited by Andrew D. H. Mayes. Oxford: Oxford University Press, 2000.

Hirschfeld, Hartwig. *Literary History of Hebrew Grammarians and Lexicographers*, Accompanied by Unpublished Texts. Jews' College Publications 9. London: Oxford University Press, 1926.

Kutscher, E. Y. "Aramaic." Pages 347–412 in *Linguistics in South West Asia and North Africa*. Edited by Thomas A. Sebeok. Vol. 6 of Current Trends in Linguistics. 14 vols. The Hague: Mouton, 1970.

Maman, Aharon. "Morphology in the Medieval Rabbanite Grammatical Tradition." *EHLL* 2:712–21.

Merwe, Christo H. J. van der. "A Short Survey of Major Contributions to the Grammatical Description of Old Hebrew since 1800 A.D." *JNSL* 13 (1987): 161–90.

———. "Some Recent Trends in Biblical Hebrew Linguistics: A Few Pointers towards a More Comprehensive Model of Language Use." *HS* 44 (2003): 7–24.

Rabin, Chaim. "Hebrew." Pages 304–46 in *Linguistics in South West Asia and North Africa*. Edited by Thomas A. Sebeok. Vol. 6 of Current Trends in Linguistics. 14 vols. The Hague: Mouton, 1970.

Tene, David, Aharon Maman, and James Barr. "Linguistic Literature, Hebrew." EncJud 13:29–61.

Valle Rodriguez, Carlos del. "Grammarians: Medieval Spain." *EHLL* 2:94–101.

Waldman, Nahum M. *The Recent Study of Hebrew: A Survey of the Literature with Selected Bibliography*. Bibliographica Judaica 10. Cincinnati: Hebrew Union College Press, 1989.

제3장
어휘론과 사전학

모든 성서 해석자들은 그들이 신뢰할 만한 방식으로 언어 자료를 사용하려 면 사전학적 방법에 노출되고 이를 경험할 필요가 있다.

—모세 실바(Moisés Silva)[1]

3.1 소개

의미에 관한 연구인 의미론(semantics)은 언어학에서 가장 기본이 되는 영역 중 하나다. 의미는 여러 단위에서 나타날 수 있지만 가장 기본적으로 의미가 나타나는 단위는 단어다. 이는 단어가 모든 언어의 기본 요소이기 때문이다. 단어들은 추상적인 개념과 실제 세계 사이에 다리를 놓아서 인간들이 서로 의사 소통이 가능하도록 만든다.

단어가 중요함에도 불구하고 단어의 의미는 성서 학자들에게 어떤 어려움을 주는 것 같다. 단어는 설교, 대중적인 책, 심지어 학문적인 책에서도 반복적으로 남용됐고 이러한 상황이 1960년 초에 너무 심각해

---

1. Silva, *Biblical Words and Their Meaning*, 32.

서 제임스 바(James Barr)는 단어의 의미를 이해하는 것과 그것을 히브리 성
서에 적용시키는 것에 대해 상당한 개혁이 필요하다고 말했다. 그 이후
에 많은 진진이 있었지만 많은 문제들이 완진히 해결되지는 않았다. 그
로 인해 히브리 성서의 어휘론과 사전학은 오늘날에도 잘못 이해되거나
잘못 사용되고 있다. 정확한 해석을 위해서는, 그리고 다양한 주석적 오
류와 실수를 피하기 위해서는 단어의 의미를 올바르게 이해해야 하기 때
문에, 이는 불행한 현상이다.[2]

   그래서 이번 장에서 단어의 의미를 살펴보고 이 주제가 성서 히브리
어와 성서 아람어를 이해하는 데도 관련성이 있다는 것을 보여줄 것이
다. 어휘의 의미를 다루는 언어학의 분과인 어휘론을 조사하는 것을 시
작으로 하여, 그 다음에 성서 단어의 의미를 파악하기 위해 어휘론을 적
용해 보고, 마지막으로 성서 히브리어와 성서 아람어 사전을 참조하여
어휘론의 실제적인 적용인 사전학에 대해 논의해 볼 것이다.

3.2 어휘론을 위한 현대 언어학적 기초(framework)

   이 단락에서는 어휘론의 핵심 부분과 히브리 성서 해석과의 관련성
에 대해 살펴본다. 구체적으로 어휘의 의미, 어휘의 관계, 어원과 의미 변
화 그리고 다의성(polysemy)에 대해 논의한다. 이 주제는 어휘론이 성서 히
브리와 성서 아람어에 적용될 때 어휘론을 검토할 수 있는 기초(frame-
work)를 제공한다.

3.2.1 어휘적 의미(Lexical Meaning)

   단어의 의미를 연구하는 어휘 의미론은 반드시 단어, 지시어(refer-

---

2.   Carson, *Exegetical Fallacies*.

ence),³ 의미(sense)를 구분한다. 단어는 하나의 기호로 기능하는 문자들의 연속이고 그 자체로 그리고 그 안에는 의미를 가지고 있지 않다. 이 기호는 그것이 말하고자 하는 지시물(reference), 즉 세계 안에 있는 어떤 것을 가리킨다. 단어와 그 지시어는 서로 정확하게 동일한 것이 아니지만 단어와 그 지시어가 공통적으로 가지고 있는 추상적인 진술인 의미로 서로 연결되어 있다.⁴ 의미와 지시어를 구분하는 것은 다른 단어들이 어떻게 동일한 지시물을 나타내는지를 설명한다. 예를 들어, '책'은 영어로 book, 독일어로 *Buch*, 프랑스어로 *livre*, 히브리어로 סֵפֶר로 지시될 수 있고 이 모든 단어들은 공식적으로 "책"이라는 의미를 표현한다.

전통적으로 어휘적 의미(lexical meaning)는 어휘적 함의(lexical entailment)를 통해 설명됐다. 이 개념에 따르면 단어의 의미를 안다는 것은 그 단어에 관한 다른 어떤 것이 참(true)이라는 사실을 안다는 뜻이다―만약 한 단어에 대해 A가 참이라면 그때 관련된 B는 반드시 참이여야 한다.⁵ 예를 들어 '책'의 경우 그것은 기록된 텍스트를 뜻하기 때문에, book이라는 영어 단어의 어휘적 함의는 기록된 텍스트다. 단어의 어휘적 함의는 이진 기능(binary features)의 존재 여부에 따라 의미를 분석하는 구성 분석(componential analysis)을 통해 드러난다.

예를 들어, 영어 단어 woman은 [+인간], [+여성], [+성인]이라는 성분 분석을 통해 분석될 수 있고, 영어 단어 girl은 [+인간], [+여성], [-성인]으

---

3. 역주, 현실 세계에 실재하는 어떤 특정한 지시물을 가리키는 언어적 표현(이름, 단어)를 말한다. 예를 들어, '철수는 좋은 선생님이다'에서 철수는 실제 세계에서 그 이름을 가진 사람으로 지시어라고 할 수 있다(김정우 외, 『문법용어집』, 한국신학정보연구원, 818).
4. Murphy, *Lexical Meaning*, 34-37.
5. Murphy, *Lexical Meaning*, 31-32; Hovav, "Lexical Semantics," 2:499.

로 분석될 수 있다.[6] 유용하긴 하지만 전통적으로 이해되어 온 어휘적 함의의 개념은 한계가 있다. 그것은 단어의 의미(meaning)에서 어떤 요소가 가장 중요한지를 구분하지 않아 단어의 온전한 의미(sense)를 드러낼 수 없다.[7] 이것은 부분적으로 의미가 단순히 사전적 정의로 제한될 수 있기 때문이다. 의미는 또한 단어에 대한 백과사전적(경험적) 지식에서 파생된 정보, 즉 개념을 수반한다. 예를 들어, 영어 단어 in-law는 좋든 나쁘든 여러 가지 관념적 연관성을 가질 수 있다. 이러한 연상적 의미(associative meanings)는 사전적 정의와 마찬가지로 단어 in-law의 이해에 영향을 주는 일종의 문화적 사고방식인 상식을 반영한다.

어휘적 함의의 한계로 인해 인지 언어학은 단어의 모호한 경계를 이해하기 위한 판단 기준으로써 의미론 범주의 **원형**(prototype, 또는 범형[exemplar])을 사용하는 원형 이론(Prototype Theory)을 선호한다.[8] 예를 들어, 영어 단어 bird의 의미는 그 원형에 비추어 이해할 수 있다. 이러한 방식은 bird라는 단어의 중심 특징(두 다리와 깃털을 가짐)과 주변 특징(날아다니고 나무에서 서식)을 나타내어 그 의미를 더 잘 이해할 수 있도록 한다. 더욱이 전통적인 어휘적 함의와는 달리 원형은 문화에 따라 다르다는 점에서 경험적 지식을 통합한다. 울새(robin)와 참새(sparrow)와 같은 새(펭귄이나 닭은 아님)는 미국 대부분의 영어 사용자들에게 bird라는 단어의 원형이 될 것이

---

6. Murphy, *Lexical Meaning*, 45-47; Geeraerts, *Theories of Lexical Semantics*, 70-80. 성분 분석은 20세기 중반에 구조주의자들에 의해 대중화됐다.

7. 참조, Taylor, *Linguistic Categorization*, 35-39.

8. Murphy, *Lexical Meaning*, 51-54; Geeraerts, *Theories of Lexical Semantics*, 183-203; Taylor, *Linguistic Categorization*, 41-83. 전형성(prototypicality)은 1970년 중반 Elenaor Rosch의 책에서 유래한다("Internal Structure," 111-44; "Principles of Categorization," 27-48).

지만 다른 나라에서는 다른 새들이 원형이 될 것이다.[9]

3.2.2 어휘 관계(lexical relations)

어휘의 의미는 한 단어의 의미를 다른 단어의 의미와 비교함으로써 더 잘 이해할 수 있는데, 이러한 개념을 **어휘 관계** 또는 **화용론**(pragmatics)이라고 한다. 어휘 관계에서 우선적인 관심은 특성에 따라 의미를 분류하는 것이다.[10] 가령 어휘 관계에는 의미장 이론(semantic field theory)뿐 아니라 동의어(synonym), 반의어(autonomy), 포함 관계(inclusion relations)가 포함되어 있다. 어휘 관계의 핵심 개념은 서로 다른 단어들의 의미가 서로를 정의해 준다는 것이다.

동의어는 다른 단어이지만 같은 의미를 지니고 있는 반면 반의어는 다른 단어의 의미와 양립할 수 없는 의미를 나타낸다.[11] 의미의 변화 없이 하나의 단어를 다른 단어와 교환할 수 있는 **절대 동의어**는 거의 없다. 내포(connotation)를 포함한 의미의 차이로 인해 모든 문맥에서는 아니지만 동일한 문맥에서 두 단어들이 서로 대체될 수 있는 **유사 동의어**(near-synonym)가 좀 더 흔하다.[12] 작가가 그들이 염두해 둔 특정한 의미를 표현하기 위해 다른 모든 단어를 제외하고 특정 단어를 선택하는 것은 자연스러운 일이다. 이것을 위해서는 담화(discourse)에서 어떤 단어가 사용되는지뿐 아니라 어떤 단어가 사용되지 않는지에 주의를 기울이는 것이 필요하다.

계열 관계(paradigmatics)의 다른 측면은 포함 관계(inclusion relations), 즉 다

---

9. 참조, Rosch, "Internal Structure," 131-34.
10. Murphy, *Lexical Meaning*, 108-9; Geeraerts, *Theories of Lexical Semantics*, 80-91.
11. Murphy, *Lexical Meaning*, 110-12, 117-22.
12. Murphy, *Lexical Meaning*, 108-13.

른 의미를 포함하거나 포함되는 의미의 계층적 범주화다.[13] 예를 들어, **튤립**(tulip)은 그 의미가 꽃(flower)이라는 일반적인 의미에 속한다는 점에서 꽃의 **하위 집합**(subset)이고 꽃은 **식물**(plant)의 **하위 집합**이다.[14] 이러한 분류에서 종속적인 의미를 가지는 단어를 **하위어**(hyponym)라고 하고, 상위의 의미를 가진 단어를 **상위어**(hypernym)라고 하며, 가장 일반적인 범주의 단어는 가장 기본적인 항목을 나타낸다. 포함 관계에 대해 인지 언어학의 가장 중요한 공헌은 대부분의 사람들이 기술적이고 과학적으로 단어들을 분류하기보다는 대중적인 수준의 **통속적인 분류법**에 따라 분류한다는 것을 알게 해준 것이다.

동의어, 반의어, 그리고 포함 관계 모두는 구조주의에서 유래된 개념인 **의미장**(semantic field)에 따라 의미 분류를 수월하게 해준다.[15] 비슷한 의미를 가진 단어들은 함께 분류된다. 가령 steam, boil, fry, broil, roast, bake와 같은 단어들은 상위어인 cook 아래 의미장을 형성한다.[16] 어떤 것을 이해하는 데 있어서 그것을 다른 것, 특히 유사한 것과 비교하고 대조함으로 이해를 향상시킬 수 있다. 따라서 이러한 방식으로 단어의 의미를 병치시킴으로써 의미장 이론은 단어 각각의 개별적 의미 이해를 향상시킨다.[17]

---

13. Murphy, *Lexical Meaning*, 113–17.
14. Lyons, *Semantics*, 1:291.
15. Murphy, *Lexical Meaning*, 125–27; Geeraerts, *Theories of Lexical Semantics*, 53–70. 이 주제에 대한 가장 영향력 있는 첫 번째 책은 Jost Trier, *Deutsche Wortschatz im Sinnbezirk des Verstandes*이다.
16. Lehrer, *Semantic Fields and Lexical Structure*, 30–35.
17. 구성 분석은 단어의 구성 요소를 동의어와 반의어로 쉽게 표현하여 다른 단어와 비교할 수 있다는 점에서 어휘 관계를 수월하게 하지만 그런 접근 방식은 단어 의미의 미묘한 뉘앙스를 고려하지 않기 때문에 현재 방식 이상으로는 사용하기 어렵다.

3.2.3 어원과 의미 변화

더 나아가 단어와 그 의미를 공시적으로 논의하겠지만 단어를 통시적으로 다루는 것 또한 중요하다. 어원은 단어의 역사를 조사하는 것인데 그것은 단어의 기원뿐 아니라 연속적인 발전이나 변화까지도 조사하는 것이다.[18] 단어와 그 의미는 연결되어 있기 때문에 어원은 자연스럽게 단어 의미의 역사 조사를 포함한다. 어원에 대한 연구의 기원을 고대 시대(Plato, *Cratylus*, 390-427)에서 찾을 수 있지만 현대 학문으로서는 18, 19세기의 비교 언어학에서 출발했다.[19]

단어는 세 가지 길 중 하나에서 기원한다. 첫째로, 어떤 단어는 원언어(proto-language)로 알려진 선조 언어(linguistic ancestor)로부터 유래된다. 동일한 부모 언어에서 파생된 연관된 의미를 가지고 있는 단어들을 동족어(cognate)라고 한다(예, 영어의 house, 독일어의 *Haus*, 네덜란드어 *huis*, 덴마크, 노르웨이, 스위스어 *hus*, 그리고 아이스랜드어 *hús*는 모두 원 독일어에서 유래된 것이다.).[20] 둘째로, 어떤 단어는 한 언어 안에서 단어 형성 과정을 거쳐 만들어진다. 단어를 만드는 흔한 방법은 접사(affixes)를 붙이고(예, slow라는 단어에 접미사 -ly를 붙여서 부사 slowly가 만들어진다) 단어들을 합치는 것이다(예, skyscraper는 sky와 scraper가 합쳐져서 만들어진다.).[21] 마지막으로 밖에서부터 차용된 외래어가 한 언어로 들어온다. 어떤 언어가 새로운 것이나 개념을 표현할 수 있는 단어가 없을 때 이미 그러한 것들과 개념을 가지고 있는 언어에서부터 단어를 가져온다. 예를 들어, 유럽인들은 신세계에서 초콜렛을 먼저 경험했지만 그

---

18. Durkin, *Oxford Guide to Etymology*, 1-2.
19. Geeraerts, *Theories of Lexical Semantics*, 2-4.
20. Campbell, *Historical Linguistics*, 107-44.
21. Durkin, *Oxford Guide to Etymology*, 94-131; Campbell, *Historical Linguistics*, 238-45.

것을 표현할 단어를 가지고 있지 못했다. 그래서 그들은 초콜렛을 뜻하는 나와틀어[22] *čokolātl*에서 가져왔다. 그래서 영어로 **초콜렛**(chocolate)이 됐다.[23]

시간이 지날수록 단어는 원래의 의미가 아닌 다른 의미를 가지게 된다. 단어가 새로운 의미를 얻게되는 몇 가지 방법이 있다.[24] **환유**(Metonymy)는 어떤 단어가 그것과 관련된 다른 의미를 가지게될 때 생긴다(예, 할리우드[Hollywood]는 단지 지리적인 위치만을 말하는 것이 아니라 미국의 영화 산업을 말한다). **메타포**(metaphor)는 두 단어 사이에 비유를 통해 한 단어가 마치 다른 단어인 것처럼 묘사하는 것이다(예, 시계 바늘[hands of a clock]이라는 어구에서 시간을 가리키는 뾰족한 막대를 바늘[people's hands: 영어에서는 '사람의 손']에 비유한다). 단어의 의미는 확장될 수도 있고(예, cupboard는 접시를 쌓아놓는 장소의 의미였지만 지금은 작은 선반을 말한다) 좁아질 수도 있다(예, meat는 원래 일반적인 음식을 의미했지만 지금은 고기를 뜻한다).

이렇게 의미는 변할 수 있기 때문에 어원은 단어의 현재의 의미를 결정적으로 정할 수 없다.[25] 예를 들어, deer(사슴)은 "동물"을 의미하는 원독일어 *deuza-*에서 왔다. 독일어 *Tier*와 네덜란드어 *dier*는 원래의 의미를 보존하고 있는 반면 영어는 네 다리와 뿔을 가지고 있는 구체적인 동물의 한 종류를 말하는 것으로 의미가 좁아졌다. 단어의 의미를 정하기 위해 어원을 사용하는 다른 문제는 단어가 항상 단어의 구성 요소나 어근으로 분석될 수 없다는 점이다. 예를 들어, microbiology의 의미는 두 구성 요소 micro와 biology로 이해할 수 있지만 butterfly는 그렇지 않다. 그

---

22. 역주, 멕시코 남부와 중부 일부 지방의 원주민인 나와틀족이 사용하는 언어.
23. Durkin, *Oxford Guide to Etymology*, 132-78; Campbell, *Historical Linguistics*, 56-75.
24. Murphy, *Lexical Meaning*, 94-98; Campbell, *Historical Linguistics*, 222-38.
25. Durkin, *Oxford Guide to Etymology*, 26-30.

럼에도 어원의 핵심 기능은 단어들의 형식적 의미적 관계를 밝혀준다는 것이다.[26] 특히 다른 증거들이 없을 때는 단어의 의미를 결정적으로 정할 수 없더라도 어원으로 그 의미를 명확하게 할 수 있는 가능성이 있다.

3.2.4 다의성(Polysemy)

어원을 조사하면 많은 단어가 여러 의미를 갖는 이유를 설명할 수 있다. 어떤 경우에는 한 단어가 **동음이의성**(*homonymy*)으로 인해 여러 의미를 가지는데 이는 관련없는 별개의 두 단어가 역사적인 이유로 동일하게 보일 때 발생한다.[27] 그러나 대부분의 경우에 여러 의미는 **다의성**(*polysemy*) 때문에 발생한다고 볼 수 있는데 이는 여러 의미가 어원의 차이보다는 의미의 변화 때문에 생기는 것이다. 한 예로, coat는 "소매가 있는 야외복", "동물의 모피", "페인트나 이와 유사한 재료로 표면을 덮는 것"을 의미한다. Coat의 다양한 의미는 기존의 의미를 다른 의미로 확장시킴으로써 설명할 수 있다. 원래 의복(garment)이라는 의미가 동물의 모피나 페인트처럼 무엇인가를 덮는 유형의 것이라는 의미로 확장됐다.[28]

다의성이 발생하게 되면 하나의 중심 의미는 거의 찾아보기 어렵다. Coat의 경우에 원래 의미인 의복(garment)은 이 단어의 부차적인 의미에서 더 이상 중요한 역할을 하지 않는다. 각각의 의미가 덮는 개념을 가지고 있다고 주장할 수 있지만 이 단어 coat는 특정 종류의 덮는 것을 가리키

---

26. Durkin, *Oxford Guide to Etymology*, 24-26.
27. Murphy, *Lexical Meaning*, 87-88. Murphy는 "구두 밑창"(the bottom surface of a shoe)이나 "유일한"(sole)을 뜻하는 sole을 예로 든다. 이 두 단어는 역사적 변화로 인해 동일한 것으로 보게 된 동음이의어다. "구두 밑창"을 뜻하는 sole은 라틴어 *solea*(sandal)에서 왔고 반면 "유일한"을 뜻하는 sole은 라틴어 *solus*(alone)에서 왔다.
28. Murphy, *Lexical Meaning*, 88-89.

기 때문에 이러한 주장은 받아들여질 수 없다. 따라서 coat와 covering은 완전히 서로 교환될 수 없다.[29] 비록 어떤 의미가 다의성을 가지고 있는 단어에서 의심의 여지 없이 중심 의미가 될 수 있너라도, 불가능하시는 않겠지만 그것을 중심 의미로 결정하는 것은 어렵다.

이런 어려움으로 인해 인지 언어학은 다의성을 이해하는 데 유용한 관점을 제공한다. 찰스 필모어(Charles J. Fillmore)의 틀 의미론이나[30] 로날드 랭개커(Ronald W. Langacker)의 인지 문법과[31] 같은 인지적 접근 방식에서는 **틀**이나 **영역** 형태의 백과사전적 의미는 단어의 다양한 의미를 이해하기 위한 네트워크를 만든다.[32] 예를 들어, **어머니**(mother)라는 단어는 출산, 유전자 전달, 양육 그리고 아버지와의 결혼과 관련해서 사용될 수 있다. 이런 다른 의미들은 원형 개념인 **어머니**(mother)를 확립하는 네트워크 또는 틀을 만든다. 어머니라는 단어를 사용하는 모든 용례들이 이러한 각 의미들을 활성화시키는 것은 아니지만 비원형적 용례를 포함하여 다양한 용례들을 설명하는 데 도움이 되는 일반적인 구조(framework)를 제공한다.[33]

이 모든 것의 중요한 결과는 하나의 단어가, 그런 경우가 있다고는 해도, 한 번 사용될 때 단어에 포함되어 있는 모든 의미를 동시에 갖는 경우는 거의 드물다는 것이다. 때로는 언어유희(word play)나 이중 의미를 만들기 위해 의도적으로 모호한 단어를 사용하는 경우가 있는 것은 사실이지만 이러한 현상은 비교적 드물다. 어떤 단어의 의미가 특정한 용

---

29. Murphy, *Lexical Meaning*, 89.

30. Fillmore, "Scenes-and-Frames Semantics," 55-81.

31. Langacker, *Cognitive Grammar*.

32. Murphy, *Lexical Meaning*, 101-4; Geeraerts, *Theories of Lexical Semantics*, 222-29; Taylor, *Linguistic Categorization*, 87-93.

33. Lakoff, *Women, Fire, and Dangerous Things*, 74-76.

례에서 의도적으로 사용된 것이라는 것을 아는 유일한 방법은 문맥을 고려하는 것이다.[34] 문맥은 더 넓은 담화내에서 단어의 배열인 **문학적 맥락**(literary context)뿐 아니라 발화에서 다른 단어들과의 관계인 **결합 관계**(syntagmatics)를 가지고 있는 **인접 본문**(cotext)을 포함하고 텍스트의 역사-문화적 배경인 **상황적 문맥**(context of situation)도 포함한다.[35]

3.3 어휘론과 히브리 성서

모세 실바(Moisés Silva)의 『성서 단어와 그것의 의미』(Biblical Words and Their Meaning) 그리고 제임스 바(James Barr)의 『성서 언어 의미론』(The Semantics of Biblical Language)은 히브리 성서 어휘론을 이해하기 위해 위에서 언급한 이론들의 몇 가지 중요한 의미를 요약해주는 탁월한 출발점을 제공한다. 주로 그 책들로부터 도움을 받아 앞으로 논의를 진행하겠지만 최근 어휘론, 특히 인지 언어학의 발전에 비추어 그들의 결론의 일부를 확대하고 수정할 것이다.[36]

3.3.1 의미 정하기

어휘론이 히브리 성서를 이해하는 데 영향을 주는 가장 중요한 영역 중 하나는 단어 의미와 관련된 부분이다. 실바는 성서 단어의 의미를 결정하기 위한 문맥의 중요성을 특히 강조한다.[37] 단어가 여러 가능한 의미들을 가지고 있더라도 "문맥이 단어 의미를 이해하는 데 도움을 줄 뿐 아

---

34. Murphy, *Lexical Meaning*, 30-31.
35. 참조, Murphy, *Lexical Meaning*, 30-31.
36. 참조, Merwe, "Biblical Hebrew Lexicology," 87-112.
37. Silva, *Biblical Words and Their Meaning*, 137-69; 참조, Cotterell and Turner, *Linguistics and Biblical Interpretation*, 175-78.

니라 실제로 단어의 의미를 **설정하기** 때문이다."[38] 우리는 단순히 원하는
단어의 의미를 선택할 수 없고 단어가 표현 가능한 모든 의미들을 동시
에 전달한다고 가정할 수도 없다.[39] 단어의 가능한 의미들 중에서 어떤
의미가 성서 본문에 사용된 의미인지 알기 위해서 성서 저자가 우리에
게 준 문맥에서의 실마리에 의존해야 한다.[40] 히브리 성서에서 문맥은 언
어적으로 그리고 언어 외적으로 다층적인 차원에서 존재한다.

언어적으로 성서 단어의 인접 본문(cotext)을 조사할 수 있다. 이것으
로 인해 단어가 포함되어 있는 본문 단위의 더 넓은 문학적 맥락뿐 아니
라 성서 단어와 그 주변 단어 사이의 결합 관계(syntagmatic relationship)도 알
수 있다. 가장 이상적인 인접 본문 조사 방법은 바로 인접한 문맥에서부
터 시작해서 다른 문맥, 즉 단락, 주요 문학 단위, 전체 구조, 동저자의 다
른 모든 성서 본문, 그리고 마지막에는 전체 히브리 성서로 확장해 나가
는 것이다.[41] 예를 들어, 창세기 6:8의 단어 '헨'(חֵן)의 의미를 조사하고 싶
다면 창세기에 나타난 모든 '[마쩨] 헨 베에이네이'(מָצָא חֵן בְּעֵינֵי)를 찾아보
고 그런 다음에 개념적으로 평행하고(출33:12-13, 16-17; 34:9) 문맥상 가까운
것들에 우선순위를 부여하면서 점차적으로 창세기 밖에 나타나는 어구
를 찾아보는 것이다.

---

38. Silva, *Biblical Words and Their Meaning*, 139.
39. 단어의 표현 가능한 모든 의미가 하나의 용례에서 나타난다고 가정하는 것을 '부
    당한 전체 이양'(illegitimate totality transfer)이라고 부른다(Barr, *Semantics of
    Biblical Language*, 217-18). 언약 체결 문맥에서 때때로 신실함으로 사용되는 헤쎄
    드(חֶסֶד)라는 단어를 생각해보자(신 7:9, 사 55:3). 하지만 언약이 헤쎄드(חֶסֶד)의
    모든 용례에 나타난다고 가정하는 것은 실수다. 많은 구절에서는 그렇지 않다(창
    19:19, 스 7:28).
40. 참조, Widder, "Linguistic Fundamentals," 30-31; Cotterell and Turner, *Linguistics
    and Biblical Interpretation*, 175–78.
41. Silva, *Biblical Words and Their Meaning*, 156–59.

언어 외적으로는 성서 주해의 역사에서 단어가 해석된 방식과 그 본
문단위가 형성된 역사-문화적 환경을 조사할 수 있다. 다시 창세기 6:8
의 חֵן의 예로 돌아가서 고대 이스라엘을 포함해서 고대 근동 세계의 관
대함과 호의의 관습에 관한 문화적 연관성을 살펴보고 또한 보통 과거
의 해석사를 통해 신학적으로 축적된 개념들을 이해하기 때문에 단계별
수용의 역사(reception history)도 살펴볼 수 있을 것이다. חֵן의 경우 종교개
혁자들이 은혜와 행위 의(works-righteousness)를 나누는 이분법은 이 단어에
대한 성서 저자의 이해로부터 멀어지게 할 수도 있고 그렇지 않을 수도
있다.

실바는 어휘 관계의 측면에서 성서 단어의 의미를 조사할 수 있는 방
법에 대해 논의하는데 이는 특히 동의어에 해당된다. 저자가 같은 것을
지칭하기 위해 몇몇 다른 단어들을 사용할 수 있는 선택권을 가질 때 다
른 단어들보다 특정 단어를 선택하면 자연스럽게 다른 단어들은 그렇지
못하는 특정한 연관성을 가지게 된다.[42] 예를 들어, 여호수아 1:7-8에서
사용된 תּוֹרָה 라는 단어는 시내산에서 주어진 법과 연관성, 즉 동일한 의
미장에 있는 용어들(מִצְוָה 또는 חֹק)이 가지고 있지 않은 함의(connotations)를
가지게 된다. 동일하게 טוֹב("좋은")라는 의미는 반의어, רַע("나쁜", "악")를
조사함으로 파악할 수 있다. 따라서 해석자들은 "저자가 사용한 이 단어
의 의미는 무엇입니까" 라는 질문만이 아니라 "왜 저자는 다른 것들과
반대되는 이 특정한 단어를 사용했을까요?"라는 질문을 통해서도 유익
을 얻는다.

실바는 이러한 분석을 통해 어휘의 의미가 어떻게 상호 정의되는지
를 옳바르게 지적했고 성서 단어의 의미를 결정하기 위해 문맥이 얼마

---

42. Silva, *Biblical Words and Their Meaning*, 120-26, 159-61; 참조, Cotterell and Turner,
    Linguistics and Biblical Interpretation, 159-61.

나 중요한지 옳바르게 제시했다. 그의 이러한 접근 방법은 언어를 내적 체계로 보는 구조주의를 반영한다. 따라서 비록 실바가 단어를 이해하기 위해 본문의 역사-문화적 배경과 같은 상황의 문맥의 중요성을 주장하지만 단어의 의미를 이해하기 위해 결합 관계(syntagmatics)와 계열 관계(paradigmatics)를 강조함으로 백과사전적 지식이 의미를 결정하는 데 있어서의 역할을 경시했다. 이와 같은 단점은 20세기 후반 성서 히브리어와 성서 아람어 의미론에 관한 많은 저작들, 특히 성서 단어의 결합 관계와 의미장에 초점을 맞춘 저작들에서 분명히 나타난다.[43] 인지 언어학을 따르는 성서 의미론에 관한 최근 연구는 백과사전적 지식을 의미에 통합시려고 노력한다. 이러한 연구들은 원형 이론, 틀 의미론과 같은 인지적 접근 방식을 사용한다.[44] 이러한 저작들이 가지고 있는 잠재적인 문제점은 인지 언어학에 대한 배경 지식이 필요하기 때문에 대부분의 성서 학자들이 접근할 수 없게 만든다는 것이다. 그리고 성서 학자들은 최근에 와서야 인지 언어학을 성서 히브리어와 성서 아람어에 적용하기 시작했기 때문에 그들의 방법론과 적용은 반드시 개선되어야 한다. 그럼에도 이러한 저작들은 특히 백과사전적 지식을 제대로 통합시켰기 때문에 어휘 의미를 이해하는 데 중요한 발전을 보여준다.[45] 이러한 발전이 계속적으로 이루어지기를 기대한다.

---

43. Botha, "Measurement of Meaning," 3-22; Brenner, "Semantic Field of Humour, Laughter and the Comic," 39-58; Fox, "Words for Wisdom," 149-65; idem, "Words for Folly," 4-15; Sawyer, *Semantics in Biblical Research*. 전통적인 방법을 옹호하는 최근 저작으로는 Zanella, *Lexical Field of the Substantives of "Gift."*

44. Burton, *Semantics of Glory*; Peters, *Hebrew Lexical Semantics and Daily Life*; Shead, *Radical Frame Semantics and Biblical Hebrew*; Widder, *"To Teach" in Ancient Israel*.

45. 참조, Merwe, "Biblical Hebrew Lexicology," 87-112.

3.3.2 어휘론과 성서 신학

실바(Silva)는 성서 의미론에 언어학적 기초를 세우기 위해 많은 노력
을 기울인 반면 바(Barr)는 어휘 의미론을 성서 히브리어와 성서 아람어에
적용하는 것에 대해 비판적이었다. 그가 연구하는 주제 중 하나는 언어
와 세계관의 동일시에 관한 것이다.[46] 그는 언어를 기초로 해서 히브리적
사고와 그리스적 사고를 구분하는 것이 얼마나 일반적인 방법인지에 대
해 주목한다.[47] 둘을 구분하는 자들은 고대 이스라엘인들의 사고 방식은
성서 히브리어가 남성과 여성을 가지고 있기 때문에 구체적이고 역동적
인 반면 중성도 가지고 있는 그리스어는 좀 더 추상적이고 정적인 언어
라고 생각한다. 언어와 세계관을 동일시하는 것은 아주 오래된 것이지만
현대에는 언어가 실제로 세계관을 결정한다고 주장하는 소위 사피어-워
프 가설(Sapir-Whorf hypothesis)로 대중화됐다.[48] 그러나 이 관점은—〈컨택트〉
(*Arrival*)와[49] 같은 공상과학 영화에는 미안하지만—다양한 과학적 연구에
의해 대체로 신뢰를 얻지 못했다.[50] 따라서 특정 사고 방식과 히브리 성
서의 언어 간에 중요한 연관성이 있다고는 볼 수 없다. 언어와 세계관 사
이의 직접적인 연관성이 없다는 것을 확인한 후에 바는 단어를 사용해
서 성서 신학을 구성하는 것에 대해 비판적이었다. 여기서 바는 신학사
전, 특히 『신약 신학사전』(*Theological Dictionary of the New Testament*)을 심각하게

---

46. Barr, *Semantics of Biblical Language*, 8-20; 참조, Silva, *Biblical Words and Their Meaning*, 18-19; Cotterell and Turner, *Linguistics and Biblical Interpretation*, 110-13.
47. Boman, *Hebrew Thought Compared with Greek*.
48. Hoijer, "Sapir-Whorf Hypothesis," 92-105. 이 가설의 이름이 '사피르-워프 가설'(Sapir-Whorf Hypothesis)이긴 하지만, 이것은—적어도 공식화된 것은—미국 언어학자 Edward Sapir와 Benjamin Lee Whorf에서 시작된 것이 아니다.
49. 역주, 우리나라에서도 2017년 개봉된 외계 생물체와 대화를 시도하는 언어와 시간, 그리고 소통에 관한 공상 과학 영화다.
50. 참조, McWhorter, *Language Hoax*.

비판한다.[51] 그의 비판은 단어와 개념을 적절히 구분하지 못한 이러한 사전의 실패에 집중됐다. 예를 들어, 모든 표준 히브리 성서 신학사전은 אמן이라는 단일 항목 아래 믿음(faith)과 신실함(faithfulness)의 개념을 설명하여 אמן과 이러한 개념들이 일 대 일로 대응한다는 인상을 준다.[52] 그러나 이것은 이러한 개념들이 다른 단어들(예, בטח)과도 연관될 수 있고 אמן이나 그 파생어를 명시적으로 사용하지 않는 구절에 문맥상 나타날 수도 있기 때문에 사실이 아니다.

이러한 비판은 중요하고 주목할 만한 가치가 있다. 그럼에도 바(Barr)가 단어와 개념 사이를 엄격하게 구분하는 것은 주로 오늘날의 구조주의자들의 영향을 받은 것이다. 구조주의는 최초로 신학사전을 만든 언어학파인 비교 언어학에 과민한 반응을 보였다.[53] 그러나 인지 언어학의 출현으로 언어학자들이 다시 언어와 세계관 사이의 연관성을 인식함에 따라 추는 중간으로 돌아왔다.[54] 단어와 개념이 동일하지 않는 것은 사실이지만 그것들이 서로 전혀 관련 없는 것도 아니다. 이미 논의한 것처럼 백과사전적 지식은 단어의 의미가 무엇인지 이해하는 데 기여하기 때문이다.

이러한 연관성은 주로 문화와 관련이 있다. 예를 들어, 고대 이스라

---

51. Barr, *Semantics of Biblical Language*, 8-45, 263-87; idem, "Semantics and Biblical Theology," 11-19; 참조, Silva, *Biblical Words and Their Meaning*, 22-28; Cotterell and Turner, *Linguistics and Biblical Interpretation*, 115-23.

52. Jepsen, "אָמַן ʾāman; אֱמוּנָה ʾemunāh; אָמֵן ʾāmēn; אֱמֶת ʾemeth," 1:292-323; Wildberger, "אמן ʾmn firm, secure," 1:134-57; Moberly, 1:427-33.

53. 최초의 신학사전은 비교 언어학이 어휘 의미론에서 지배적인 패러다임이었을 때 쓰인 크레머(Cremer)의 『성서 신학 사전』(*Biblisch-theologisches Worterbuch*)이다.

54. Geeraerts가 언급한 것과 같이 인지 언어학은 언어의 심리학적 차원, 구조주의에서 대개 무시됐던 차원으로 돌아가는 것을 의미한다(*Theories of Lexical Semantics*, 277-80).

엘 문화에서 성서 히브리어 단어 מֶלֶךְ("왕", "통치자")는 오늘날 미국, 그리고 특히 영국의 왕(king)과는 연관되어 있다고 볼 수 없는 다른 의미들을 관념적으로 상기시켰을 것이다. 언어와 문화 사이의 연관성을 인식하면 단어와 성서 신학의 관계를 탐구할 수 있는 기회가 다시 열린다.[55] 일부는 이러한 중요한 작업을 수행할 것이라고 기대한다.

3.3.3 어원의 사용

현대 어휘론이 히브리 성서를 이해하는 데 영향을 미치는 마지막 방법은 어원과 관련된 것이다. 바는 특히 성서 단어의 의미를 정하기 위해 어원을 사용하는 것을 비판한다.[56] 그는 어원이 아니라 용례가 단어의 의미를 정하고, 성서 히브리어나 성서 아람어 단어는 그것의 복합어나 어근으로 쉽게 분석할 수 없다는 점을 옳바르게 지적했다. 예를 들어, 성서 히브리어 단어 מַלָּח("선원"[sailor])와 מֶלַח("소금")는 같은 어근을 가지고 있기 때문에 연관성이 있는 것 같지만 실제로 두 단어 사이에 연결점은 없다. 바는 셈어 단어의 의미가 성서 히브리어와 성서 아람어와는 다르게 변할 수 있기 때문에 같은 어원을 가지고 있더라도 셈어들과 비교하는 것은 잘못된 결론으로 이끌 수 있다고 말했다. 예를 들어, 성서 히브리어 단어 אמר는 "말하다", "생각하다"라는 의미를 가지고 있지만 그것과 같은 어원인 아카드어 *amāru*는 "보다"라는 의미를 가진다. 두 단어가 모두 궁극적으로 지각(perception)과 관련이 있지만 각 언어 내에서 의미가 다르게 발전해 나갔기 때문에 다른 의미를 가진다.

---

55. 참조, Joosten, "Hebrew Thought and Greek Thought," 125-33.
56. Barr, *Semantics of Biblical Language*, 107-60; idem, "Etymology and the Old Testament," 1-28; idem, "Limitations of Etymology," 41-65; 참조, Silva, *Biblical Words and Their Meaning*, 35-51; Cotterell and Turner, *Linguistics and Biblical Interpretation*, 131-35.

동시에 바가 말하는 것은 어원이 절대 유용하지 않다는 것이 아니라 어원이 항상 믿을 만한 것이 아니며 오용의 역사를 고려할 때 주의깊게 그것을 사용해야 한다는 것이다. 바가 인정하는 것처럼 어원은 문맥을 거의 가지고 있지 않는 단어의 의미를 정할때 유용한 도구로 남아있다. 이것은 특별히 히브리 성서 어휘의 약 15%를 차지하고 있는 대략 1,500 개의 **하팍스 레고메나**(hapax legomena)를[57] 포함하며, 사용 빈도가 낮은 단어 일수록 더욱 그렇다. 학자들은 빈도수가 매우 낮고 문맥이 거의 없는 희귀 단어들의 의미를 정하기 위해 비교 정보(data)에 의존해야 한다.[58] 만약 이러 경우에 학자들이 비교 정보를 옳바르게 사용하려면 관련된 다른 언어에 대한 전반적인 지식이 있어야 한다. 제시된 관련성은 잘못된 제안을 피하기 위해 증명된 건전한 상응성을 반영해야 한다. 또한 비교 테이터를 통해 제시된 관련성은 오류를 피하기 위해 두 언어 자료 사이의 올바른 상응성이 있다는 것을 고려해야 한다.[59]

열왕기상 10:22과 병행 구절인 역대하 8:21에 단 한번 나오는 단어인 תֻּכִּי라는 희귀 단어를 이해하기 위해 어원을 사용한 것은 좋은 예다.[60] 이 단어는 고대 역본들(불가타역 pavo, 타르굼 טווס)에서 "공작"(peacock)이라는 의미로 번역됐고, 이 번역은 KJV을 포함 ESV, NASB, NRSV와 같은 다른 현대 역본들에서도 받아들여졌다. 그러나 열왕기상 10:22에 솔로몬이 수입한 다른 품목인 금, 상아, 원숭이(תֻּכִּי)는 아프리카의 뿔 지역(Horn of Af-

---

57. 역주, *Hapax*(once, 한번), *lego*(speak, 말하다), *mena*(수동분사). 성서에서 단 한 번 말해진 것이라는 의미다.

58. Barr, "Etymology and the Old Testament," 2; Silva, *Biblical Words and Their Meaning*, 41–44.

59. Groom, *Linguistic Analysis of Biblical Hebrew*, 62–63.

60. 참조, Noonan, *Non-Semitic Loanwords in the Hebrew Bible*, 221.

rica)에서[61] 들여온 것으로 보이며 공작은 그곳에 살지 않기 때문에 이 번역은 맞지 않다. 이 단어의 의미는 20세기 초 이 단어가 아프리카 원숭이 종류를 뜻하는 이집트어 *t3-ky*와 관련이 있다고 제안한 올브라이트 (William Foxwell Albright)에 의해 해결됐다.[62] 올브라이트가 제안한 의미는 열왕기상 10:22 문맥에 적합하고 따라서 이 희귀 단어의 의미를 정하는 데 도움이 됐다.

3.4 히브리 성서 사전학

사전학은 사전 제작을 수반한다는 점에서 어휘론 이론의 실천이라고 볼 수 있다.[63] 아래서 히브리 성서 사전과 관련된 몇 가지 문제들에 대해 간략히 설명하고 가장 중요한 히브리 성서 사전, 의미론 영역 사전 (semantic domain dictionaries), 그리고 신학 사전을 평가한다.

3.4.1 히브리 성서 사전 제작의 도전들

히브리 성서 사전이 사어(dead languages) 사전의 범주에 속한다는 것은 분명하지만 늘 염두에 두는 것이 좋다. 이러한 사실로 인해 자동적으로 중요한 어려움에 직면하게 된다. 보통 사전 사용자들은 사전에서 취급하는 언어를 말하는 사용자들이다. 그러나 히브리 성서 사전은 거기에 해당되지 않는다. 왜냐하면 히브리 성서 사전은 더 이상 사용되지 않는 언

---

61. 역주, 아프리카의 뿔 지역(Horn of Africa)은 이디오피아·소말리아·지부티가 자리 잡고 있는 아프리카 북동부를 가리키는 용어로 이 곳의 지형이 마치 코뿔소의 뿔과 같이 인도양으로 튀어나와 있는 데서 유래한 이름이다.

62. Albright, "Ivory and Apes of Ophir," 144.

63. 엄밀히 말하면, 사전학은 두 하위 분야로 나눌 수 있는데 첫째는 사전 제작에 관한 이론(이론적 사전학)이고 둘째는 사전을 만드는 실제 행동학(실제적 사전학) 이다.

어를 다루기 때문이다. 이러한 사실은 사전 편찬자들이 사전에서 취급하
는 언어를 말하는 사용자들에게 직접 접근해야 한다는 점에서 어려움을
준다.[64]

이러한 근본적인 문제는 성서 사전 편찬자가 반드시 직면하게 되는
어떠한 설제적인 결정으로 인해 더욱 복잡해진다. 사어 사전을 만드는
모든 사전 편찬자들이 직면하는 이러한 결정은 범위와 내용 모두에 있
어서 문제를 가져온다.[65]

첫째, 언어 자료(corpus)의 문제다. 사전은 히브리 성서 단어들로 제한
되어야 하는가? 아니면 동시대 자료들도 포함되어야 하는가? 사해 사본
이나 히브리어/아람어 비문은 사전에 포함될 수 있는 성서 외 단어들도
포함되어 있다.

둘째, 형식의 문제다. 어휘소(lexemes)는 어떻게 제시되어야 하는가?
일부 성서 히브리어와 성서 아람어 단어들은 철자 변이(완전서법 또는 불완
전서법)가 나타나기 때문에 사전 편찬자들은 어떤 형태를 표제어로 사용
해야 하는지를 결정해야 한다. 여기에서 특히 셈어와 관련된 다른 중요
한 결정 사항은 어휘소를 세 자음 어근으로 배열할지 아니면 완전히 알
파벳 순서로 배열할지 여부다.[66]

셋째, 의미의 문제다. 단어의 의미는 어떻게 제시되어야 하는가? 여
기서 사전 편찬자는 두 가지 기본 옵션 중 하나를 선택해야 한다.[67] 가장

64. Ashdowne, "Dictionaries of Dead Languages," 350-54.
65. Ashdowne, "Dictionaries of Dead Languages," 354-66; 참조, Barr, "Hebrew Lexicography," 137-51; O'Connor, "Semitic Lexicography," 175-87; Clines, "Hebrew Lexicography Today," 87-98.
66. O'Connor, "Semitic Lexicography," 178-82; Barr, "Three Interrelated Factors," 33-36.
67. Ashdowne, "Dictionaries of Dead Languages," 362-65.

기본적인 원형적 의미에서부터 시작해서 덜 빈번하고 은유적인 의미로 단어의 의미를 나열해야 하는지? 이러한 접근 방식은 현대 어휘 의미론과 더 일치한다. 아니면 단어의 의미가 구문적 구조에 의해 구성되어야 하는가? 언어학적으로 건전하지는 않지만 이러한 접근법은 사전 이용자에게 더 유익할 수 있다.

넷째, 추가 정보의 문제다. 어휘소의 의미에 관한 정보 외 어떤 정보가 포함되어야 하는가? 어휘소의 의미를 밝혀주기 위해 포함될 수 있는 정보는 통합 관계(syntagmatics)에 관한 정보 ,상황 문맥(context in situation), 문체론(stylistics)이다. 그리고 포함될 수 있는 다른 정보는 같은 어원을 가지고 있는 동족어(아카드어, 우가릿어, 아랍어)와 어원(차용어이거나 신조어인 경우)이다.

이러한 도전들을 염두에 두면서 성서 히브리어와 성서 아람어의 가장 일반적인 사전들을 조사할 것이다. 이러한 사전에는 어휘사전, 의미론 영역 사전, 신학 사전이 포함되어 있다.[68]

3.4.2 성서 히브리어와 성서 아람어 사전

3.4.2.1 BDB

BDB(*A Hebrew and English Lexicon of the Old Testament, with an Appendix Containing the Biblical Aramaic*)는 빌헬름 게제니우스의 저작에 그 기원을 둔다. BDB의 세 명의 저자—프란시스 브라운(Francis Brown), 드라이버(S. R. Driver), 찰스 브릭스(Charles A. Briggs)—는 그들 사전의 기초를 게제니우스의 『구약성서 히브

---

68. 여기서 다루지 않는 중요한 성서 히브리어와 성서 아람어 사전은 Alonso Schokel, Morla-Asensio, and Collado, Diccionario biblico hebreo-espanol; Kaddari, מילון העברית המקראית [*Dictionary of Biblical Hebrew*]; Zorell, *Lexicon hebraicum et aramaicum*. 또한 게제니우스의 최근 개정판 (*Hebraisches und aramaisches Hand-worterbuch uber das Alte Testament*)이 있다.

리어 갈데아어 사전』(*Hebräisches und chaldäisches Handwörterbuch über das Alte Testament*)을 영어로 번역한 에드워드 로빈슨(Edward Robinson)의 영역본에 두었다. BDB는 20세기 초 미국(1906년)과 영국(1907년)에서 출판됐고, 두 번째 판은 거의 반세기 후에(1952년) 나타났다.[69] 텍사스-오스틴 대학의 조 안 해켓(Jo Ann Hackett)과 존 휴너가르드(John Huehnergard)는 현재 BDB의 개정판을 만들고 있고, 이것이 완성되면 인쇄본과 온라인 모두에서 사용할 수 있다.[70]

BDB는 그것이 출판된 시대와 게제니우스에 대한 의존성을 고려해볼 때 예상할 수 있는 것처럼 비교 언어학의 전통에 속해 있다. 서문에서 사전의 목적이 "성서 외의 역사와 관계" 그리고 "동족 언어"에 비추어 히브리 단어의 적절한 의미를 확립하는 것이라고 했다.[71] 이 목적에 맞게 각 어휘소(lexeme)는 어근에 따라 배열되고 대부분의 항목(entries)은 표제어(headword) 뒤에 관련 어원 및 같은 어원의 동족어를 나열했다. 단어의 용례는 의미에 따라 묶었고, 해설과 대표적인 예문을 제공했다.

BDB는 지금도 성서 히브리어와 성서 아람어 연구에 주목할 만한 사전으로 남아있다. BDB는 그 당시의 중요한 학문적 성취를 보여준다. 그러나 성서 히브리어와 성서 아람어 단어를 정의하기보다는 해설하는 방식의 번역은 그 의미를 적절히 나타낼 수 없다. 더욱이 BDB는 어근에 의해 구성된 사전이기에 분명한 어근을 가지고 있지 않은 단어인 경우에는 문제가 있을 수 있다. 마지막으로 BDB의 문헌 자료는 우가릿 문헌과 사해 사본이 발견되기 전, 그리고 아카드어와 같은 다른 셈어에 대한 지

---

69. BDB의 출판과 그것의 게제니우스에 대한 의존성에 대해서는 Hunziker-Rodewald, "Gesenius/Brown-Driver-Briggs Family," 219-23을 참조하라.

70. Hackett and Huehnergard, "Revising and Updating BDB," 227-34.

71. BDB vi.

식이 아직 초기 단계였을 때 만들어진 것이기 때문에 이미 기한이 지난 것이다.

3.4.2.2 HALOT

이 사전(*The Hebrew-Aramaic Lexicon of the Old Testament*)은 긴 출판 역사를 가지고 있다. 초판은 1948년과 1953년 사이에 루드비히 쾰러(Ludwig Köhler)에 의해 독일어로 출판됐다. 그 후 1957년에 성서 아람어 단어가 보충되고 추가 및 수정 목록이 포함된 발터 바움가르트너(Walter Baumgartner)가 편집한 2판이 출판됐다. 1956년 쾰러가 사망한 후에 바움가르트너는 3판 작업을 시작했고 그것을 완성하기 위해 특히 요한 야콥 슈탐(Johann Jakob Stamm)과 같은 다른 학자들의 도움을 받았다. 최종적으로 1995년에 완성됐고 그 시기에 바움가르트너와 슈탐은 사망했다. 영어판의 필요성이 생기게 되자 리차드슨(M. E. J. Richardson)에 의해 번역된 영어판이 1994년에서 2000년 사이에 출판됐다.[72] 현재 한 권으로 된 요약판이 베른(Berne) 대학교 연구팀에 의해 만들어지고 있고[73] 영어 보충판이 벤구리온 대학 하임 코헨(Chaim Cohen)에 의해 준비 중이다.[74]

서문(preface)에서 언급된 것처럼 *HALOT*은 "히브리어 단어의 의미를 현대 언어로 정확하게 번역하려고 한다."[75] 또한 *HALOT*은 "언어학의 가

---

72. *HALOT*의 출판 역사에 대해서는 "Koehler-Baumgartner Family," 235-36.를 보라.
73. Hunziker-Rodewald, "KAHAL—the Shorter HALAT," 243-49. 세 개의 독일어판과 동시에 학생들을 위한 영어 요약판이 출판됐다: Holladay, *Concise Hebrew and Aramaic Lexicon of the Old Testament*. 그러나 이것은 크게 개정된 3판이 출판되기 전의 것이며 Holladay판에는 비교 자료와 어원 자료가 포함되어 있지 않다.
74. Kaltner, "Koehler-Baumgartner Family," 239-40.
75. *HALOT* lxx.

장 중요한 부분은 … 언어 비교"로 여긴다.[76] 따라서 *HALOT*은 BDB와 유사하게 비교 언어학 방법을 사전 편찬에 적용시켰지만 BDB가 만들어질 때 사용할 수 없었던 비교 언어 자료들을 사용할 수 있었다. 다른 중요한 차이점은 *HALOT*은 어휘소의 알파벳 순서로 사전의 항목을 구성한다는 점이다. 각 항목에 있는 단어의 용례는 의미별로 묶여지고 해설 형식(glosses)으로 나타난다.

*HALOT*에서 단어가 알파벳 순서로 배열되어 있는 것은 BDB보다 사용하기 쉽다는 분명한 장점을 가진다. 원래 문자가 아닌 음역된 형태로 제시되는 증강된 어원 자료도 상당한 장점이지만 약점도 없지는 않다. *HALOT*은 특히 아람어와 관련하여 성서 본문 자체의 의미론적 구문적 증거를 가리는 여러 가지 의심스러운 어원과의 비교가 포함되어 있다.[77] 마지막으로 BDB와 마찬가지로 *HALOT*도 정의(definitions)보다는 해설 형식(glosses)의 사용으로 어려움을 겪고 있다.

3.4.2.3 DCH

8권으로 된 『고전 히브리어 사전』(*Dictionary of Classical Hebrew*, 이하 *DCH*)은 1983년에 처음으로 기획됐다. 이 프로젝트에 대한 작업이 1988년에 시작되고 완성됨에 따라 1993년과 2011사이에 쉐필드 아카데미 출판사(Sheffield Academic Press)에서 출판됐다. 이 사전은 쉐필드 대학의 데이비드 클라인(David J. A. Clines)의 지도 아래 만들어졌고 세계구약학회(Society for Old Testament Study)의 후원을 받아 주로 영국에서 출판됐다.

클라인이 1권의 소개에서 언급한 것처럼 *DCH*는 이전의 사전들과 두

---

76. HALOT lxxi.
77. Kaltner, "Koehler-Baumgartner Family," 236–42.

가지 측면에서 중요한 차이가 있다.[78] 첫째, 그것은 구약성서 히브리어 뿐 아니라 벤 시라, 사해 사본, 성서 외 비문들을 포함한 기원후 200년 이전의 텍스트에 나타난 히브리어도 다룬다. BDB와 *HALOT*과는 달리 성서 아람어는 포함하지 않는다. 둘째, "한 단어의 의미는 오직 그 언어에서의 사용일 뿐이다"(The meaning of a word is its use in the language)라는 신념에 따라[79] *DCH*는 비슷한 의미가 아니라 결합적 구조(syntagmatic constructions)에 따라 모든 단어의 용례들을 해설 모음(glosses)으로 나열한다. 전적으로 단어의 용례에만 초점의 맞춘다는 것은 *DCH*가 어떠한 비교나 언어 자료가 포함되지 않다는 것을 의미하며 그것으로 인해 결과적으로 *DCH*는 BDB와 *HALOT*과는 매우 다른 사전이 됐다.

　*DCH*는 문맥 안에 단어의 용례에 중점을 두어 풍부한 정보를 저장할 수 있지만 한 단어가 나오는 모든 경우를 다 나열하기에 정보의 양이 너무 많아져 분류하기가 어렵고 그것이 반드시 도움이 되는 것은 아니다. 이러한 정보는 문헌 정보를 완전히 빼버림으로 제시되는 것이며[80] 백과사전적 의미에 대해서는 어떠한 정보도 제공하지 않는다. 더욱이 *DCH* 의 언어 자료(corpus)는 문제가 있다. 바로 기원후 200년경의 히브리어를 마치 이전의 것들과 일치하는 것처럼 포함시키면서 그 안에서 발생한 변화들은 무시한다.[81] 성서 아람어를 제외시킨 것은 상대적으로 적지만 성서에서는 중요한 부분이라는 것도 무시한 것이다.

3.4.2.4 SAHD

---

78. Clines, *DCH*, 1:14.
79. Clines, *DCH*, 1:14.
80. Muraoka, "New Dictionary of Classical Hebrew," 89–90, 93–94.
81. Muraoka, "New Dictionary of Classical Hebrew," 88–89; O'Connor, "Semitic Lexicography," 193–94.

『고대 히브리어 의미론 데이터베이스』(Semantics of Ancient Hebrew Database, 이하 SAHD)는 고대 히브리어의 의미론 데이터베이스의 이론적 실제적 측면을 탐구하기 위해 1992년부터 1994년끼지 개최된 세 개의 워크숍에서부터 출발했으며[82] 이 프로젝트는 1994년 유럽 과학 재단(European Science Foundation)의 후원으로 공식적으로 시작됐다. 현재 라이덴 대학교(Leiden University)의 홀저 그젤라(Holger Gzella)가 의장을 맡고 있으며 유럽 전역의 대학에서 설립된 센터 네트워크에서 운영된다. 프로젝트 웹사이트에 따르면 SAHD의 목적은 "더 많은 의미론 연구를 유발시킬 수 있는 유용한 도구를 준비하는 것"이며 "학술 문헌에서 발표된 결과와 논점들에 대해 절실히 요청되는 개괄적인 내용을 제공하는 것"이다.[83] DCH와 마찬가지로 여기에도 구약성서 히브리어 단어뿐 아니라 비문, 벤 시라, 사해 사본도 포함되지만 성서 아람어는 포함되지 않는다.

SAHD의 표제어에는 여러 항목들이 포함되어 있다. 이 항목들에는 비교 셈어, 어원 정보, 중요 형태론적 특징, 결합론(syntagmatics), 고대 역본들과 동등한 번역, 의미장에 따른 분류, 특정한 사용에 대한 주석적 통찰, 요약, 참고 문헌이 포함되어 있다.[84] 아직 완성되지는 않았지만 이 프로젝트는 잘 진행되고 있으며 많은 항목들이 완성됐고 온라인으로도 제공된다. 이 프로젝트로 인해 많은 출판물들이 나오게 됐다.[85]

SADH는 미래 히브리어 사전의 모델로 중요한 성취를 보여준다. 그것은 전통적인 역사-비교 방법(예, 고대 역본으로부터 얻을 수 있는 어원과 그외 정보)과 구조주의적 방법(예, 통합적 정보와 의미장 자료) 사이의 균형을 잘 맞춘

---

82. http://www.sahd.div.ed.ac.uk/info:lexeme_index.
83. http://www.sahd.div.ed.ac.uk/info:description.
84. Williamson, "Semantics and Lexicography," 328-32.
85. http://www.sahd.div.ed.ac.uk/info:publications.

다. 그러나 그렇게 하면서 백과사전적 지식은 대체로 무시한다. 각 항목
에 정보가 분명하게 나열되어 있지만 사용자들은 특히 설명이나 평가없
이 그 많은 양의 정보로 무엇을 해야할지 모를 수 있다. 마지막으로
*SAHD*는 성서 아람어가 제외됐기 때문에 히브리어에만 유용하다.

3.4.2.5 SDBH

『성서 히브리어 의미론 사전』(*Semantic Dictionary of Biblical Hebrew*, 이하 *SDBH*)
은 미국 성서 협회(the United Bible Societies)의 후원으로 2000년에 온라인에
서 시작됐다.[86] 현재 *SDBH*의 편집장인 헤이니에르 드 블루아(Reinier de
Blois)의 암스테르담 자유 대학 박사학위 논문은 이 프로젝트의 초창기 연
구가 됐다.[87] 이 프로젝트의 목적은 로우(Louw)와 나이다(Nida)의 『신약 성
서 그리스-영어 사전』(*Greek-English Lexicon of the New Testament*)에 필적할 만한
의미론 영역에 기초한 새로운 성서 히브리어 사전을 만드는 것이다.[88] 현
재도 사용 가능하지만 진행중이며 아직 완성되지 않은 사전이다.

로우와 나이다의 『신약 성서 그리스-영어 사전』과는 달리 *SDBH*는
인지 언어학을 기반으로 하여 단어의 의미를 나타내는 데 있어 구성 요
소 분석보다 더 나은 모델을 제공하고 있다.[89] 물론 그것의 의미론 영역
은 로우와 나이다의 의미론 영역과는 다르다. 왜냐하면 성서 히브리어는
신약 성서 그리스어와 다른 범위의 어휘들을 포함하기 때문이다.[90] 각 히

---

86. http://www.sdbh.org/dictionary/main.php?language=en; 참조, Blois, "Semantic Dictionary of Biblical Hebrew," 275-95.
87. Blois, "Towards a New Dictionary of Biblical Hebrew."
88. http://www.sdbh.org/home-en.html.
89. 참조, Blois, "Semantic Domains for Biblical Greek," 265-78.
90. Blois, "Semantic Domains for Biblical Hebrew," 214. SDBH는 Swanson의 *Dictionary of Biblical Languages*의 오류를 피한다.

브리어 단어는 세 가지 종류—사물(objects), 사건(events), 또는 관계(relationals)—중 하나에 속하며 비슷한 의미 영역의 다른 단어들과 하위 단위로 분류된다. 사물과 사건 종류에 속하는 단어들은 어휘적(언어 외적) 의미와 문맥적 의미 모두를 가진다. 따라서 의미 구분이 품사에 의한 문법적 분류보다 우선한다.[91]

  *SDBH*의 한 가지 강점은 해설 모음(glosses)보다 실제 정의를 사용한다는 점이다. 또한 *SDBH*는 인지 언어학의 여러 이해들을 잘 통합한다. 가장 주목할 만한 것은 어휘적 의미와 문맥적 의미의 구분, 즉 백과사전적 지식과 단어의 사전적 정의 모두를 설명하려는 시도일 것이다. 그럼에도 불구하고 *SDBH*의 의미 영역이 블루아 자신의 고유 범주와는 달리 고대 이스라엘인의 범주를 정확하게 나타내는지는 의문스럽다.[92] *SDBH*는 의미 영역에 초점을 맞추기 때문에 결합론(syntagmatics)에는 거의 주목하지 않고 어원에도 관심이 없다.[93]

3.4.2.6 신학 사전들

  가장 널리 사용되는 신학 사전은 『구약 신학 사전』(*Theological Dictionary of the Old Testament, TDOT*), 『구약 신학 용어 사전』(*Theological Lexicon of the Old Testament*, 이하 *TLOT*), 『신 국제 구약 신학 및 주해 사전』(*New International Dictionary of Old Testament Theology and Exegesis*, 이하 *NIDOTTE*)이다. *TDOT*와 *NIOTTE*는 그 범위에서 상대적으로 포괄적인 반면 *TLOT*는 주요 신학 용어에 국한된다.

---

91. http://www.sdbh.org/framework/index.html.
92. Van Steenbergen, "Hebrew Lexicography and Worldview," 302; 참조, Merwe, "Towards a Principled Working Model," 133.
93. Merwe, "Towards a Principled Working Model," 132–33.

각각의 이 프로젝트들은 신학 사전에 대한 바(Barr)의 비판 이후에 시작됐다. 따라서 편집자들은 그들의 서론에서 분명히 밝힌 바와 같이 신학사전 제작에 내재되어 있는 함정에 대해 적어도 어느 정도 인식하고 있었다. 전반적으로 *TDOT, TLOT, NIDOTTE*는 단어와 개념을 구분한다. 하지만 부분적으로는 이 사전들의 구조가 기본적으로 특정 개념을 각 단어 세트와 연관시키기 때문에 항상 그렇게 성공적으로 구분하는 것은 아니다. 동시에 궁극적으로 단어는 개념과 분리될 수 없고, 우리의 역사적·문화적 거리로 인해 해석자로서 우리는 고대 이스라엘의 백과사전적 지식이 부족하기 때문에 신학 사전은 정보의 유용한 저장소로 남아 있다.[94]

좀 더 문제가 되는 것은 의미장에 관한 것이다. 각 프로젝트가 의미장을 기반으로 사전을 제공한다고 하지만 완전히 전달되는 것은 아무것도 없다. *NIDOTTE*는 의미장의 목록(index)을 제공한다는 점에서 가장 가깝게 그렇게 한다. 그럼에도 각 프로젝트에서 의미장은 잘 정의되지 않고 명확한 기준에 기초하지도 않는다. 더욱이 표제어에는 동의어와 반의어에 대한 적절한 내용이 담겨 있지 않다.[95] 여기에는 특히 성장할 수 있는 상당한 여지가 남아있으며, 미래의 신학 사전은 이 의미론 영역에 더 많은 관심을 기울일 것이다.

3.4.2.7 평가
위의 개관은 히브리 성서 사전학의 풍부하고 다양한 역사를 보여준

---

94. 성서 히브리어와 성서 아람어와 함께 신약 그리스어도 포함하는 지금까지 최고의 신학 사전은 더글라스 매그넘(Douglas Mangum)에 의해 편집된 *The Lexham Theological Wordbook*이다. 이 신학 사전은 성서에서 발견된 다양한 개념들을 분석하고, 그것의 항목이 각 개념 아래에 나열된 관련 히브리어, 그리스어, 아람어 어휘소와 함께 개념에 의해 나열된다는 점에서 성서 사전과 비슷하다.
95. 참조, Van Steenbergen, "Hebrew Lexicography and Worldview," 307-8.

다. BDB와 *HALOT*과 같은 전통적인 사전들은 여전히 유용한 도구로 남아 있고 *SADH*와 *SDBH*와 같은 전자 데이터베이스의 출현은 특히 고무적이다. 더욱이 신학 사전(Theological lexicons)은 잠재적인 함정이 있음에도 불구하고 여전히 살아있고 건재하다. 동시의 위의 개관은 대부분 히브리 성서 사전이 몇몇 방법론적 문제점을 가지고 있음을 보여준다.

첫째로, 현재 대부분의 히브리 성서 사전의 중요한 문제점은 해설 모음(glosses)의 사용이다.[96] 해설 모음(Glosses)은 성서 히브리어 및 성서 아람어 단어와 현대의 해설 사이의 일대일 대응을 의미한다. 이것은 단어의 의미가 완전히 일치하지 않을 때 잘못될 수 있고 게다가 현재 사전학의 관행과도 일치하지 않는다. 특히 사전을 사용하는 사람들이 원언어의 문화적 세계를 알지 못할 때 사전 편찬자들은 이에 상응하는 설명을 제공할 것을 권장한다. 이것은 백과사전적 용어로 단어의 의미를 설명하는 확장된 정의를 제공해야 한다.[97] 여기서 어려운 점은 사용자들에게 얼마나 많은 설명이 필요하고 실용적인지를 아는 것이다. 그럼에도 성서 사전 편찬자들은 적어도 일부 백과사전적 지식이 있는 정의를 사전에 통합하는 것이 좋을 것이다.[98]

둘째로, 어원에 대한 바의 강한 비판에 따라 일부 최근 히브리 성서 사전들은 어원 정보(data)를 전적으로 무시한다. 어원 자료는 일반적으로 히브리 성서 사전이 아닌 통시적(역사적 또는 어원적) 사전에만 포함된다는 것이 사실이고 성서 사전편집자들이 BDB나 심지어 최근 *HALOT*이 보여주는 것처럼, 어원 정보를 자주 오용한다는 것도 사실이다. 그러나 앞에

---

96. Barr, "Hebrew Lexicography," 119-20.

97. Adamska-Sałaciak, "Explaining Meaning in Bilingual Dictionaries," 150-52; 참조, Aitken, "Context of Situation in Biblical Lexica," 182-88.

98. 참조, Van Steenbergen, "Hebrew Lexicography and Worldview," 306-7.

서 언급했듯이 히브리 성서에 나오는 희귀 단어들은 어원을 사용해야 하
며 남용한다고 해서 적절하게 사용되는 것을 방해하지는 않는다. 더욱이
어원은 통시적 사전에서도 동음이의어(homonyms)를 구분하는 데 도움이
되며[99] 셈어를 비교하는 방법을 좀 더 쉽게 만든다. 따라서 어원 정보를
전부 무시하는 것은 경솔한 일이다.[100] 그럼에도 어원 정보를 포함시키는
가장 좋은 방법에 대해서는 논쟁의 여지가 남아있다.[101]

　　마지막으로 실제적인 차원에서 성서 사전의 구조와 표현방식에 좀
더 많은 주의를 기울일 필요가 있다. BDB, *HALOT*와 *DCH*는 사전을 좀
더 쉽게 사용하기 위한 "사전 가이드"가 생략되어 있다. 일반적으로 이
러한 사전들은 직관적이고 세부적인 구성(예, 명확하게 구분된 항목과 중요성과
기여도를 반영하는 정보의 구성)이 부족하다.[102] 반면에 *SAHD*와 *SDBH*의 온라인
데이터베이스는 이러한 특징들을 포함하고 있고 기술을 사용하여 정보
에 빠르게 접근하기 쉽도록 했다. 미래의 사전 프로젝트는 개방형 온라
인 데이터베이스 형식을 활용하여 선례를 따를 것이다.[103]

　　이러한 비판에도 불구하고 기존의 히브리어 성서 사전들은 유용한
자료라는 점을 다시 한번 강조하고 싶다. 중요한 핵심은 사전이 단어의
의미에 대한 최종 권한의 도구가 되는지, 그렇지 않은지를 인식하는 것
이다. 여기서 사어 사전에 대한 리차드 아슈돈(Richard Ashdowne)의 결론에
귀를 기울이는 것이 좋다.

---

99. Koskela, "Homonyms in Different Types of Dictionaries," 459.

100. 참조, Emerton, "Comparative Semitic Philology and Hebrew Lexicography," 1-24;
　　　Kogan, "Semitic Etymology in a Biblical Hebrew Lexicon," 83-102.

101. Barr, "Hebrew Lexicography," 140-43.에서 어원 데이터를 히브리 성서 사전에 통
　　　합하는 데 도움이 되는 몇몇 제안을 참조하라.

102. Imbayarwo, "Biblical Hebrew Lexicon for Translators," 108-41.

103. 참조, Kaufman, "Semitics," 279.

사전 편찬자들은 살아남은 증거에 대해 공정하게 설명하고, 그 증거들을 부지런히 분석하면 사전에 어느 정도 권위를 부여하게 된다: 사용자들은 제공된 정보를 신뢰할 수 있지만 ··· 사전의 편집자들은 증거를 넘어 원래 그 언어 사용자에 대한 지식과 언어 능력이 유일한 권위의 원천이 되는 영역으로 가도록 반복적으로 초대된다. 이것이 없을 때 사전 사용자들은 사전이 필요한 정보를 제공해 줄 수 있고, 제공해 줄 것이며, 이 정보가 일관되게 확실하다고 가정하면서 사전으로 접근한다는 것은 놀랄 일이 아니다. 그러나 그러한 사전이 어떻게 스스로를 나타내는지에서 우리는 이러한 태도를 단념하는 방식을 보았다: 대신에 사어 사전 편찬자들은 사용자들이 다른 기대를 가지고 사전에 접근하여 사전에 의존하지 않고 자신에게 **도움을 받아** 해석에 대한 견해에 도달하도록 권면한다.[104]

3.5 앞으로의 방향

학자들이 어휘 의미론을 히브리 성서에 적용하는 것에 대한 제임스 바(James Barr)의 비판은 절실히 필요한 것이었다. 그의 분명한 요청은 히브리 성서 학자들에게 어휘 의미론을 성서 히브리어와 성서 아람어에 적용하기 위한 견고한 토대를 제공했으며, 다른 많은 사람들, 그중에서도 특히 가장 주목할 만한 모세 실바는 이러한 맥락을 계속 이어갔다. 이 모든 것이 성서 히브리어와 성서 아람어 단어의 의미를 이해하는 데 도움이 되는 많은 도구와 자료들의 생산으로 이어졌다. 그리고 그 결과로 언어학적 지식을 바탕으로 하는 주해와 궁극적으로는 히브리 성서 본문에 대한 더 나은 이해를 가져오게 됐다.

---

104. Ashdowne, "Dictionaries of Dead Languages," 365-66. 고딕은 본래의 강조다.

그러나 항상 그렇듯이 개선의 여지는 있다. 주로 구조주의와 시대적 요소에 기반을 둔 바(Barr)와 실바의 접근법은 인지 언어학에 의해 더 가치있게 다듬어졌다. 특히 주목할 만한 점은 백과사전적 지식이 단어 의미에 중요한 역할을 한다는 개념을 최근에 다시 깨달은 것이다. 앞으로의 연구는 성서 히브리어와 성서 아람어 단어의 의미에 대한 백과사전적 지식의 역할을 계속해서 탐구해 나갈 것이다. 이러한 노선을 따라 계속 연구하게 되면 방법론을 개선하고 향상된 이해를 가져올 수 있다. 그러나 이러한 방식으로 연구가 발전함에 따라 단어의 의미를 이해하기 위해 어원 뿐 아니라 통합론과 화용론(syntagmatics and pragmatics)의 가치를 잊어서는 안 된다. 오직 이러한 전통적인 접근 방식과 결합될 때 인지 언어학의 통찰이 어휘 의미를 잘 이해할 수 있도록 도와서 충실한 주해와 사역이 가능하도록 우리를 준비시킬 수 있다.

3.6 더 읽을 자료

Barr, James. *The Semantics of Biblical Language*. Oxford: Oxford University Press, 1961.

Clines, David J. A. "The Challenge of Hebrew Lexicography Today." Pages 87–98 in *Congress Volume: Ljubljana, 2007*. Edited by Andre Lemaire. VTSup 133. Leiden: Brill, 2010.

Holtz, Shalom E. "Lexicography: Biblical Hebrew." *EHLL* 2:507–10.

Hovav, Malka Rappaport. "Lexical Semantics." *EHLL* 2:499–504.

Kedar-Kopfstein, Benjamin. *Biblische Semantik: Eine Einfuhrung*. Stuttgart: Kohlhammer, 1981.

Merwe, Christo H. J. van der. "Biblical Hebrew Lexicology: A Cognitive Linguistic Perspective." *Kleine Untersuchungen zur Sprache des Alten*

Testaments und seiner Umwelt 6 (2006): 87–112.

———. "Towards a Principled Working Model for Biblical Hebrew Lexicography." *JNSL* 30.1 (2004): 119–37.

O'Connor, Michael. "Semitic Lexicography: European Dictionaries of Biblical Hebrew in the Twentieth Century." Pages 173–212 in *Semitic Linguistics: The State of the Art at the Turn of the Twenty-First Century*. Edited by Shlomo Izre'el. IOS 20. Winona Lake, IN: Eisenbrauns, 2002.

Silva, Moises. *Biblical Words and Their Meaning: An Introduction to Lexical Semantics*. 2nd ed. Grand Rapids: Zondervan, 1994.

Tropper, Josef. "Lexikographische Untersuchungen zum Biblisch-Aramäischen." *JNSL* 23.2 (1997): 105–28.

Walton, John H. "Principles for Productive Word Study." *NIDOTTE* 1:161–71.

다른 활용, 특히 칼과 관련해서 피엘의 기능이 어떻게 정의되어야 하는지에 대한 문제는 히브리어와 셈어 언어학이 직면한 주요 도전 중 하나로 남아 있다.

—타카미추 무라오카(Takamitsu Muraoka)[1]

4.1 소개

성서 히브리어와 성서 아람어를 포함하여 셈어의 중요한 특징 중 하나는 동사 어간, 즉 **빈야님**(*binyanim*)이다. 동사 어간의 주된 역할은 세 자음으로 된 동사 어근을 바꾸어 새로운 단어를 만들어서 어휘를 확장시키는 것이다. 어두 형태소(preformative)의[2] 결합, 모음, 그리고 중복 자음으로 어근의 기본 패턴을 바꾸어 새로운 의미를 만든다. 히브리어와 아람

---

1. Joüon §52d.
2. 역주, 어두 형태소(premative)는 단어나 어근의 첫 음절 앞에 붙여 새로운 단어를 파생시키는 형태소를 말한다. 예를 들어, 동사 어근 앞에 어두 형태소 ה를 붙여 히필 동사를 만들거나, 어두 형태소 מ을 붙여 명사를 형성하게 되는 경우이다(『고전 히브리어 및 아람어와 코이네 헬라어 문법용어사전』 [한국신학정보연구원, 2015], 755)

어는 주로 의미를 변화시키기 위해 단어를 추가하는 영어와는 상당히 다르다.

셈어의 중요성과 인도-유럽어와 비교해 셈어의 독특성을 감안할 때 어간이 연구에 중요한 부분을 차지하는 것은 놀라운 일이 아니다. 비교 언어학의 전성기에 학자들은 아카드어와 우가릿어의 발견으로 동사 어간에 대한 이해가 더 성장했다. 오늘날 동사 어간은 성서 히브리어/아람어 연구에서 가장 일반적인 주제다. 현대 언어학이 발전함에 따라 동사 어간에 대한 논의에 도움을 주었다.

소수의 학자만이 성서 아람어의 동사 어간을 다루기 때문에 이번 장에서는 주로 성서 히브리어에 초점을 맞춰 동사 어간의 최근 발전에 대해 설명할 것이다. 성서 히브리어 동사 어간에 빛을 던져주는 현대 언어학 개념을 논의하고 주요 어간(니팔[N stem], 피엘[D stem,] 히필[C stem], 히트파엘[tD stem])에 대한 중요 학자들의 견해를 대략 그려본 다음에 성서 아람어 동사 어간을 살펴볼 것이다. 마지막으로 앞으로의 방향을 제안하면서 평가와 결론을 내릴 것이다.

4.2 동사 어간을 위한 현대 언어학적 틀

스티븐 보이드(Steven W. Boyd)는 동사 어간에 대한 현대 언어학적 틀을 탁월하게 요약했다.[3] 그는 동사 어간과 관련된 세 가지 주제를 논의한다: 논항(Arguments)과 타동성(transitivity), 의미역(semantic roles)과 문법태(grammatical voice), 그리고 상황상(situation aspect)과 단계상(phasal aspect). 이제 이러한 개념을 살펴보고 그 과정에서 성서 히브리어와 성서 아람어에서 그 개념들의 중요성을 보여줄 것이다.

---

3.   Boyd, "Binyanim (Verbal Stems)," 85-125; 참조, Widder, "Linguistic Issues in Biblical Hebrew," 138-40.

4.2.1 논항(Arguments)과 타동성(Transitivity)

논항(argument)의[4] 개념은 1980년대의 지배 결속 이론(Government and Binding framework), 특히 에드윈 윌리엄스(Edwin Williams) 같은 언어학자들의 연구에서 유래한다.[5] 논항은 술어와 연관되어 있는 절의 명사적 구성 요소다. 모든 동사는 적어도 하나의 논항을 가지고 있지만 어떤 것들은 직접 목적어나 추가 논항도 가질 수 있다. 예를 들어, **소녀가 그림을 그렸다** (The girl drew a picture)라는 문장은 두 개의 논항을 가지는데, 주어인 소녀 (girl)와 직접 목적어인 그림(picture)이 그것이다. 언어학자들은 프랑스 언어학자 루시앵 테니에르(Lucien Tesnière)에서[6] 유래한 결합가(valency)라는[7] 용어를 사용하여 동사와 관련된 논항의 수를 나타낸다.

위에서 언급한 것처럼, 동사는 주어 외에 추가로 논항을 가질 수 있고, 그렇지 않을 수도 있다. 동사가 주어 외의 논항을 가지는지 여부는 그것의 타동성, 즉 직접 목적어의 유무에 달려있다. 몇몇 동사(예, 그는 달렸다)는 자동사이고 직접 목적어를 가지지 않는다. 다른 몇몇 동사는 타동사로 하나의 직접 목적어(예, 그녀는 책을 썼다)를 가지거나 두 개의 목적어 (예, 그녀는 그 남자에게 책을 주었다)를 가진다. 동사가 자동사인지 타동사인지는 동사가 설명하는 상황의 종류에 따라 달라진다.

이러한 개념은 동사 어간을 이해하는 데 중요하다. 왜냐하면 셈어는

---

4.   역주, 어떤 술어가 그 의미를 성립시키기 위해 구조상 필요로 하는 요소로 주로 명사(또는 명사구)다.

5.   Williams, "Argument Structure and Morphology," 81-114.

6.   Tesniere, *Elements de syntavxe structurale*, 238-82.

7.   역주, 동사나 어떤 어휘가 의미의 최소한의 전달을 위해 필수적으로 가지는 논항의 수를 말한다. 예를 들어, give와 put은 각각 주어, 직접 목적어, 간접 목적어 그리고 주어, 목적어, 부사어구를 필요로 한다.

동작 동사(행동을 나타내는 동사)와 상태 동사(특성을 나타내는 동사)를 구분하고 둘다 타동사나 자동사가 될 수 있기 때문이다. 또한 파생 동사 어간은 어근의 기본적인 의미를 변형시켜 타동성과 논항의 수를 증가시키거나 감소시키기 때문에 이러한 개념을 이해하는 것이 중요하다.[8]

4.2.2 의미역과 문법태

의미 관계(thematic relation)로 알려진 의미역(Semantic Roles)의 개념은 생성 문법에 그 기원을 둔다. 의미역은 제프리 그루버(Jeffery Gruber)와 찰스 필모어(Charles J. Fillmore)에 의해 1960년대에 처음으로 소개됐다.[9] 그러나 그것은 생성 문법에 매이지 않고 이후에 로버트 반 발린(Robert D. Van Valin) 같은 구조주의자들에 의해 크게 발전됐다.[10] 의미역은 논항이 동사와 가지는 관계를 설명한다. 의미역에는 두 개의 큰 범주가 있다. 행위자(Actor)는 상황이나 사건을 발생시키는 사람이고 피행위자(Undergoer)는 상황에 의해 영향을 받는 사람이다.

의미역과 밀접하게 관련되어 있는 것은 문장의 논항들의 문법적 기능을 묘사하는 **문법태** 또는 **태**다. **능동** 구조에서 동사의 주어는 행위자(the Actor)이고 목적어는 피행위자(Undergoer)다(예, 소년은 공을 찼다). 그러나 **수동** 구조에서는 동사의 주어는 피행위자다(예, 공이 차졌다). 능동과 수동 사이에 중간태와 재귀태가 있다. 중간태 문장의 주어는 행동하지만 실제로는 어떤 상황을 일으키지 않는다(예, 문이 열렸다). 재귀 문장에서 행위자와 피행위자는 주어가 자신에게 영향을 미치기 때문에 동일하다(예, 그 여자는 자

---

8.   참조, Van Valin, "Semantic Macroroles," 62-82.
9.   Boyd, "Binyanim (Verbal Stems)," 89; 참조, Bjøru, "Transitivity and the Binyanim," 48-63.
10. 참조, Van Valin, "Semantic Macroroles," 62-82.

신을 씻었다).

이 개념은 동사 어간을 이해하는 데 중요하다. 왜냐하면 동사 어간의 중요한 기능 중 하나는 동사 어근의 문법태를 가리키는 것이기 때문이다. 예를 들어, 푸알(Pual)과 호팔(Hophal)은 각각 피엘과 히필의 수동을 나타낸다. 동작 동사는 자연스럽게 능동을 표현하는 반면 상태 동사는 수동을 표현하는 점에서 문법태는 항상 그렇지는 않지만 자주 칼의 동작 대 상태라는 이항 대립 체계로 표현된다.[11]

4.2.3 상황상(Situation Aspect)과 단계상(Phasal Aspect)

어휘상으로 알려져 있고 종종 **동작류**(*Aktionsart*, "동작 유형"을 뜻하는 독일어)와 동일시되는 **상황상**의 개념은 아리스토텔레스의 책(*Metaphysics* 1048b.27-34)에서 찾아볼 수 있다. 그러나 이 개념에 현대적인 이해를 덧입힌 사람은 지노 벤들러(Zeno Vendler)다.[12] 상황상은 동사가 표현하는 상황의 유형을 나타낸다. 동사는 사건이나 상태 모두를 묘사할 수 있다(역동성, dynamicity). 그리고 동사의 상황은 끝나는 시점을 가질 수도 있고 그렇지 않을 수도 있고(종결성[telicity]), 일정 기간 동안 발생할 수 있고 즉시로 발생할 수도 있다(지속성[durativity]).[13] 언어학자들은 이러한 범주들을 조합하고 분류하는 방법에 대해서는 동의하지 않지만 최대한 7개의 상황상이 있을 수

---

11. Boyd, "Binyanim (Verbal Stems)," 94-95. 동작 동사는 그것이 타동사든 자동사든 상관없이 항상 능동적이다. 상태 동사는 자동사일 때는 주로 수동적이지만 타동사일 때는 능동적이다.

12. Vendler, "Verbs and Times," 143-60.

13. 지속성의 범주는 일부 언어학자들에 의해 거부됐다(Rothstein, *Structuring Events*, 28-29). 그러나 많은 언어학자들은 부분적으로 어떤 상황은 짧은 순간에 발생하는 반면 다른 어떤 상황은 시간의 간격을 두고 발생한다는 것이 상식적이기 때문에 그것이 타당하다고 여긴다(Comrie, *Aspect*, 41-44; Smith, *Parameter of Aspect*, 41-42). Boyd, "Binyanim (Verbal Stems)," 91.을 보라.

있다고 본다.

상황 종류	역동성	종결성	지속성	예
특성(Property)	-	-	+	작다, 빨갛다(be small, be red)
시점(Point State)	-	+	-	12시다(It is 12 o'clock)
일시적 상태(Transitory State)	-	+	-	젊다, 뜨겁다(Be young, be hot)
일회적(Semelfactive)	+	-	-	노크하다, 두드리다, 기침하다, 재채기하다(knock, tap, cough, sneeze)
활동성(Activity)	+	-	+	걷다, 읽다, 놀다(walk, read, play)
완성(Accomplishment)	+	+	+	집을 짓다, 성장하다(build a house, grow up)
성취(Achievement)	+	+	-	실현하다, 발견하다, 시합에서 이기다(realize, find, win a contest)

이름에서 알 수 있듯이 단계상은 상황의 단계를 나타내고 시간에 따른 상황의 과정을 묘사한다. 동사는 상황의 시작, 중간, 끝에서 진행될 가능성이 있어서 단회적(순간적)[14] 또는 지속적(비순간적)일 수 있다.

단계상	설명	예
기동상(Inchoative)	상태로의 진입	화가 나게 되다.
기시상(Inceptive)	사건의 시작	걷기 시작하다.
순간상(Punctiliar)	순간적, 비지속적 사건	노크하다.
반복상(Iterative)	비지속적 사건의 반복	30초 동안 노크하다.
빈번상(Frequentative)	지속적 사건의 비습관적 반복	앞뒤로 걷다.
습관상(Habitual)	지속적 사건의 습관적 반복	걷곤 하다.
휴지상(Cessative)	상태의 중지	화내는 것을 멈추다.
종결상(Completive)	사건의 종결	걷기를 마치다.

---

14. 역주, "['단회적'이라고 번역된 punctiliar는] 문자적으로 '순간적인 어느 시점'을 뜻하는 것으로, 어떤 동사의 시상이 puctiliar하다는 것은 해당 동사로 표현되는 동작이나 상황이 지속적이냐 반복적이냐에 관심을 가지지 않고 마치 스냅사진을 촬영하듯이 단순히 어느 시점의 동작이나 상황을 순간적으로 묘사하고 있다는 뜻이다"(정성민, "미래 직설법: 신약성경 헬라어 문법 지상특강(5)," 『성서마당』 85 (2008), 각주 3에서 인용).

상황상은 동사 어간의 주기능 이면에 있는 어휘의 의미와 직접적으로 연결되어 있다. 더욱이 파생 어간들은 단계상 범주 안에 놓여 있는 어떤 상황의 유형을 나타낸다. 가능한 상황 유형들은 피엘에서 반복상(iterative)과 빈번상(frequentative) 그리고 니팔에서 기시상(inceptive)을 포함한다.

4.3. 성서 히브리어의 동사 어간

이러한 언어학적 개념들은(논항과 타동성, 의미역과 문법태 그리고 상황상과 단계상)은 동사 어간의 다른 기능들과 직접적으로 관련되어 있다. 이러한 개념들을 염두에 두고 성서 히브리어의 동사 어간들, 특히 니팔, 피엘, 히필, 히트파엘을 살펴볼 것이다.

4.3.1 니팔

니팔은 그것이 여러가지 (의미론적) 태(diathesis)를 나타내는데 그중 하나를 재귀태라고 보는 것이 가장 일반적인 견해다. 많은 현대 문법학자들은 이 관점을 지지한다.[15] 하지만 지난 몇 십 년 동안 니팔은 재귀태라기보다 다른 것을 나타낸다고 보는 학자들이 증가했다.

이번 장에서는 니팔이 재귀형이라는 전통적인 개념에서 최근 이탈한 것을 강조하면서 니팔에 대한 주요 연구를 조사할 것이다. 니팔의 기능을 다음 세 가지 중 어떤 것으로 보느냐에 따라 학자들을 분류할 수 있다: 수동-재귀적(passive-reflexive), 결과적(resultative), 중간-수동적(medio-passive).

---

15. 예, GKC §51c; Bauer and Leander, *Historische Grammatik der hebraischen Sprache*, 289 (§238w´); Joüon §51c; IBHS §23.4.b.

4.3.1.1 수동-재귀로서 니팔

4.3.1.1.1 마이어 램버트(Mayer Lambert)

니팔의 기능을 재귀적이라고 보는 학자군 중 한 명은 니필에 대한 초기 연구들 중 하나를 출간한 마이어 램버트이다.[16] 램버트는 니팔 형태가 나타나는 모든 어근을 체계적으로 나열하고 논의했다. 그는 니팔의 모든 용례를 분류하고 니팔의 기능을 다른 어간과 연결시켰다. 램버트는 니팔은 일반적으로 재귀형이나 칼, 피엘, 히필의 수동형으로 기능하지만 니팔만의 고유한 뉘앙스를 가지고 동작 동사처럼 사용될 수 있다고 결론지었다. 그는 니팔의 기본적인 의미는 재귀태이고 니팔의 수동적 기능은 그것의 재귀적 의미로부터 발전된 것이라고 보았다.[17]

램버트의 연구는 니팔에 대한 첫 번째 체계적인 분석이라는 점에서 중요하다. 그러나 램버트의 연구는 현대 언어학이 출현하기 이전에 수행된 것이기 때문에 그의 연구는 의미역과 태(diathesis)에 대한 현대 언어학적 통찰에 비추어 니팔을 이해한 것은 아니다. 결과적으로 그는 자신의 연구에서 중간태에 대해서는 거의 관심을 기울이지 않았고 더욱이 니팔 각 용례에 대한 램버트의 분류는 다소 임의적이고 대부분 번역 가능성에 의존했다.

4.3.1.1.2 조지 리남 클라인(George Linam Klein)

학자군 중 다른 한 명은 니팔은 때로는 재귀적일 수 있지만 주로 수동적이라고 주장한 조지 리남 클라인(George Linam Klein)이다.[18] 그는 모든 히브리 성서의 니팔형을 9가지 카테고리—재귀적(reflexive), 상호적(recipro-

---

16. Lambert, "Emploi du nifal en hébreu," 196–214.

17. 참조, Lambert, Traite de grammaire hebraique, 233–34 (§663).

18. Klein, "Niphal in Biblical Hebrew."

cal), 수동적(passive), 중간태(middle), 결과적(resultative), 허용적(tolerative), 명사
파생적(denominative), 능동적(active), 중의적(ambiguous)—로 분류했다. 분석 결
과, 니팔의 50% 이상이 수동태로 나타났고 재귀가 14.7%, 중간태가
1.6%로 나타났다. 따라서 클라인은 니팔은 주로 수동태이며 재귀태나
드물게 중간태로 사용되는 것은 수동적 기능에서 기인한다고 주장한다.

클라인의 연구는 현대 언어학적 통찰을 니팔의 체계적인 분석에 적
용시킨 첫 번째 연구다. 그러나 그는 수동태를 구문적(syntactic)이라기보
다는 어휘적이라고 여긴 조안 브레스난(Joan Bresnan)의 논쟁적인 연구에
주로 의존했다.[19] 그의 분류 체계는 어근을 재귀(자동성과 불특정 행위자로서 살
아있는 주어를 포함)로 분류하는 그의 기준이 중간태에도 동일하게 적용될
수 있다는 점에서 세밀한 차이의 구분은 부족하다.

4.3.1.1.3 세베스마(P. A. Siebesma)

니팔에 대한 연구 중 적어도 하나는 이 어간을 수동적이거나 재귀적
인 것으로 분류하지 않는다. 세베스마(P. A. Siebesma)는 수동태와 재귀태를
포괄하는 니팔의 단일한 핵심 의미에 대해 논의한다.[20] 세베스마의 접근
방식은 각 어근을 의미론적으로 칼, 피엘, 히필과 연결시키고 문법태로
그 의미론적 연결을 정의한다는 점에서 주로 램버트를 따르고 심지어 그
와 동일한 분류체계를 사용한다. 그러나 램버트와는 달리 세베스마는 이
데이터를 푸알, 호팔, 히트파엘의 유사한 데이터와 비교한다. 또한 램버
트와는 달리 세베스마는 니팔이 주로 재귀적이라는 개념을 거부한다. 그

---

19. Bresnan, "Passive in Lexical Theory," 3–86. 성서 히브리어에서 수동태는 어휘적인
    것만이 아니고 분명히 어휘적이면서 구문적이다. 어근이 수동적일 수 있는지에
    대한 여부는 단어(어휘)에 따라 다르지만 수동태는 구문 수준에서 표현된다. 참
    조, Keenan, "Passive is Phrasal," 181–213.
20. Siebesma, *Function of the Niphʻal in Biblical Hebrew*.

는 니팔은 히브리어가 수동과 재귀를 구분하지 않기 때문에 이 둘 모두가 될 수 있다고 주장한다. 따라서 세베스마에 따르면 수동태와 재귀태는—이 둘 다 니팔에서 가능한 의미이긴 하지만—니팔에서 우선될 수 없다.

램버트의 분석과 유사하게 세베스마 연구의 주된 공헌은 니팔과 관련된 데이터를 완전히 정리한 것이다. 그럼에도 세베스마는 현대 언어학적 틀에서 그의 분석을 수행하지 않았다. 그는 답하지 않은 몇 가지 질문, 특히 니팔과 칼 어간에 사이의 관계에 관한 질문을 남겼다.[21] 비록 그는 니팔에서 전통적인 수동적-재귀적 특징은 부적절하다고 보았지만 궁극적으로 니팔의 이 두 가지 기능들을 지지했고 니팔이 다른 태들(diatheses)을 표현할 수 있다는 가능성을 고려하지 않았다.

4.3.1.2 결과(Resultative)로서의 니팔

4.3.1.2.1 벨린다 진 비크넬(Belinda Jean Bicknell)

벨린다 진 비크넬은 모든 히브리어 수동 어간(칼 수동, 니팔, 푸알, 호팔)의 더 넓은 틀에서 니팔을 조사한다.[22] 그녀는 주어와 동작의 관계에서 수동태(passive)를 이해하려는 관례적인 시도를 거부하고 대신 동사 기능의 관점에서 수동태를 보았다. 그녀는 니팔이 행위자와 관련없이 행위 결과의 최종 상태를 표현한다는 점에서 나팔을 결과적이라고 보았다(예, לחם의 니팔은 "전투에 참여하게 되다"이다). 따라서 비크넬은 니팔의 기능을 문법태가 아니라 전적으로 상황상의 측면에서 보았다.

비크넬의 연구는 행위자와 수동적 구조와 관련해서 중요한 결론을 제공해준다. 비크넬은 동사 어간이 상황상과 관련되어 있다는 것을 올바

---

21.   참조, Boyd, review of *The Function of the Niphʻal in Biblical Hebrew*, 670.

22.   Bicknell, "Passives in Biblical Hebrew."

르게 인식했으며 이것은 니팔에 대한 많은 연구에서 주로 무시된 것이다. 동시에 비크넬은 문법태를 제외시키고 상황상을 특별한 것으로 보는 잘못을 범했다. 언어학자들은 상황상과 태(diathesis)는 상호 배타적인 범주가 아니라 자연스럽게 중복되고 교차한다는 것을 주목했다.[23]

4.3.1.2.2 리처드 밴톤(Richard C. Benton)

니팔이 상황상을 표현한다고 주장하는 다른 학자는 리처드 벤톤이다.[24] 일부 어근에서 니팔과 히트파엘이 명백히 중복되는 것을 관찰하면서 그는 니팔은 행동의 결과로부터 오는 상태를 표현하는 반면 히트파엘은 상태를 초래하는 과정을 표현한다고 생각한다(예, 니팔에서 בֹּרַךְ는 "복받다"[to be blessed]라는 의미이지만 히트파엘에서는 "복 받게 되다"[to become blessed]를 의미한다). 벤톤은 (스페인어나 따갈로그어[Tagalog]와 같은) 세상의 많은 언어들이 상황상과 수동태 사이의 상호 작용을 보여준다고 주장하면서 비크넬이 수동태를 상황상에서 분리시키는 것을 거부했다.

비크넬처럼 벤톤도 상황상이 동사 어간에서 가지는 중요한 역할을 올바르게 지적했다. 그는 상황상과 문법태 사이의 단순한 이분법을 피하고 두 가지가 자주 교차한다는 것을 인식했다. 그리고 언어 간의 관찰을 통해 니팔의 기능을 이해하려고 했다. 그럼에도 불구하는 벤톤은 문법태를 제외시키고 상황상에 너무 많은 강조를 두었다. 벤톤의 분석은 셈어의 N어간의 역할과 일반적으로 상호 작용하지 않는다.

4.3.1.3 중간-수동태로서의 니팔

---

23. 참조, Nedialkov and Jaxontov, "Typology of Resultative Constructions," 17.
24. Benton, "Aspect and the Biblical Hebrew Niphal and Hitpael"; idem, "Verbal and Contextual Information," 385–99.

4.3.1.3.1 에른스트 예니(Ernst Jenni)

니팔을 이해하는 데 있어서 중요한 진전은 1973년 니팔에 대한 수많은 번역 방안을 제시한 에른스티 예니에 의해 이루어졌다.[25] 각 동사 어간은 다른 어간과 반대되는 중심 의미를 가진다는 그의 관점에 따라 니팔은 수동도 재귀도 아니라고 주장했다. 오히려 니팔은 주어가 영향을 주는 것이 아니라 주어가 경험하는 사건을 표시한다고 주장한다. 그는 니팔의 기본 의미를 "자신을 무언가로 보여주는 것"(*sich als etwas erweisen*)이라고 했다.[26] 이에 따라 קדשׁ의 니팔은 "자신을 거룩한 자로 보여주는 것"을 의미한다.

비록 그가 그렇게 말하지 않았더라도 예니는 니팔의 기능을 중간태에 가까운 것으로 이해했다. 예니는 니팔을 그것의 어근을 자동사로 만듦으로 논항을 제거하는 어간, 즉 탈타동적 어간(detransitiver)으로 이해했고 그것은 중간태와 잘 맞는다.[27] 번역 가능성과는 별개로 니팔을 이해하고자 하는 그의 열망은 칭찬받아야 한다. 그러나 예니는 그의 결론에 대한 충분한 증거를 제시하지 않았고 그의 접근 방식은 현대 언어학적인 논거가 부족하다.

4.3.1.3.2 스티븐 보이드(Steven W. Boyd)

---

25. Jenni, "Zur Funktion der reflexiv-passiven Stammformen," 4:61-70; idem, "Nif'al und Hitpa'el," 131-303; 참조, idem, "Reflexive-Passive Stems in Biblical Hebrew," 15-16.

26. Jenni, "Zur Funktion der reflexiv-passiven Stammformen," 4:61-70; idem, "Nif'al und Hitpa'el," 131-303; 참조, idem, "Reflexive-Passive Stems in Biblical Hebrew," 15-16.

27. N. J. C. Kouwenberg는 아카드어 N 어간(stem)에 대해 비슷한 주장을 한다 (*Akkadian Verb and Its Semitic Background*, 294).

스티븐 보이드는 니팔이 중간태를 표현한다는 것을 강조했다.[28] 보이드는 대부분 니팔 연구가 주로 현대 인도-유럽어의 번역 가능성에 주로 의존한다고 주장한다. 이러한 함정을 피하기 위해 보이드는 의미역 개념으로 돌아간다. 그는 재귀태를 행위자(Agent)와 피행위자(Patient)를 동일한 논항으로 정의하고 중간태는 주어의 역할이 행위자(Actor)의 역할이 되는 논항으로 정의했다. 보이드는 니팔의 재귀적 용법은 거의 드물지만 대신 일반적으로 수동태와 함께 중간태를 표현한다고 결론지었다. 따라서 동작 동사에서 니팔은 기시적(inceptive)인 반면(예, קבר는 니팔에서 "매장 되다[to be buried]"를 의미한다),[29] 상태 동사에서 니팔은 기동적(inchoative)[30]이다(예, מלא는 니팔에서 "가득차게 되다"[to become full]를 의미하고, ראה는 니팔에서 "나타나다", "보이다"[to appear, become seen]를 의미한다).[31]

보이드의 연구는 니팔을 이해하는 데 있어서 중요한 돌파구를 제시한다. 그의 연구는 철저하고 번역 가능성보다 설득력있는 언어학적 방법론에 기반을 두고 있다. 일부는 보이드가 중간태와 재귀태를 뚜렷하게 구분한 것에 대해 이의를 제기할 수 있다.[32] 그렇지만 보이드는 니팔에 대한 이해를 탄탄한 언어학적 토대에 두었다는 것은 논쟁의 여지가 없

28. Boyd, "Medio-Passive-Reflexive in Biblical Hebrew." Boyd에 따르면 니팔은 수동태도 표현할 수 있지만 중간태의 기능은 칼 수동태가 점진적으로 손실되고 중간태와 수동태가 자연스럽게 연결되면서 비롯됐다.
29. 역주, 어떤 사태의 시작 국면을 나타내는 용어다. 예를 들면 "비가 오기 시작한다"
30. 역주, 상태의 변화를 나타내는 용어, 예를 들면, "날씨가 맑아졌다."
31. 이러한 결론은 N 어간, C 어간 그리고 t 삽입 어간들 각각이 대명사적 요소를 반영한다고 주장하는 스티븐 리버만의 결론과 일치한다. 그의 관점에서 N 어간의 대명사적 요소는 화자에게 보이지 않는 누군가를 말한다. 리버만의 "Afro-Asiatic Back-ground of the Semitic N-Stem," 577-628.을 보라.
32. 언어학자들마다 재귀태를 분류하는 것이 다르다. 일부는 그것을 중간태와 구분하는(Geniusiene, Typology of Reflexives) 반면 다른 일부는 중간태 아래에 재귀태를 포함시킨다(Kemmer, *Middle Voice*; Klaiman, "Middle Verbs," 35-61).

다.

4.3.1.4 평가

지금까지 살펴본 바로는 니팔의 기능을 고려함에 있어서 언어적 민
감성과 건전한 방법론이 필요하다는 것을 보여준다. 특히 보이드는 비셈
어 범주를 히브리어에 부과하는 것에 대해 경고한다. 대부분 현재 히브
리어 학자들 그리고 주로 독일인과 프랑스인이었던 과거 학자들의 모국
어는 인도-유럽어이다. 이러한 사실은 니팔을 분석하는 데 문제가 될 수
있다. 왜냐하면 중간태는 그들의 언어에 영향을 받지 않기 때문에 번역
가능성에 의존하기 쉽고, 니팔이 중간-수동태인 증거는 무시하기 때문
이다.[33]

앞으로 학자들은 자기 모국어의 문법적 범주를 히브리어에 부과하
지 않아야 한다. 오히려 히브리어는 셈어로서 있는 그대로 이해되어야
한다. 그렇지 않으면 니팔을 현대 인도-유럽어의 번역 가능성을 통해 보
게되는 과거의 실수만 계속 반복하게 될 것이다. 이 작업에서 중요한 것
은 히브리어 동사 체계에서 문법태가 하는 주요 역할을 인정하는 것이
다.

앞으로 니팔에 대한 연구는 재귀태가 아니라 중간-수동태 구조를 채
택해야 한다. 니팔의 중간-수동태와 동작류(*Aktionsart*), 행위자성(agentivity),
타동성(transitivity)과 같은 다른 범주 사이의 상호 작용에 대해 더 연구가
필요하다. 셈어의 N 어간과 다른 중간-수동태 어간 기능의 빛 아래서 니

---

33. 중간태에 친숙하지 않은 것은 신약 헬라어 연구에서 뿐 아니라, 특히 이태 동사
(deponent verb) 영역에서 혼란을 초래한다. 중간태의 재발견으로 점점 더 많은 학
자들이 이태성(deponency) 개념을 거부하게 됐다(참조, Pennington, "Setting aside
'Deponency,'" 181-203).

팔을 조사하는 것도 필요하다. 이 주제에 대한 특히 흥미로운 연구는 히브리어에서는 니팔에서 나타나지만 다른 셈어에서는 N 어간과 Gt 어간 모두 또는 Gt 어간에서만 나타나는 어근에 관한 것이다.[34]

4.3.2 피엘

살펴볼 두 번째 동사 어간은 피엘이다. 타카미추 무라오카(Takamitsu Muraoka)가 번역한 폴 주옹(Paul Joüon)의 히브리어 문법책에도 언급되어 있듯이 동사 어간 중에 가장 논란이 많은 어간은 피엘일 것이다: "다른 동사의 활용(conjugations), 특히 칼과 관련해서 피엘의 기능이 어떻게 정의되어야 하는지에 대한 질문은 히브리어와 셈어 언어학이 직면한 주요 도전 중 하나로 여전히 남아 있다."[35] 따라서 학자들이 피엘에 대한 다양한 기능을 제안하는 것은 놀라운 일이 아니다. 여기에서는 네 가지 범주에 따라 그들의 견해를 요약한다: 강의적(intensive), 복합 능동적(complex active), 결과적(resultative), 복수-작위적(pluralitive-factitive). 논의의 특성상 아래 언급된 많은 연구들은 히브리어 피엘에 해당하는 셈어의 D 어간을 다룬다.

4.3.2.1 강의(intensive)로서의 피엘

4.3.2.1.1 제이콥 와인그린(Jacob Weingreen)

피엘의 특징을 강의적(intensive), 즉 강하고 활기찬 형동의 표현으로 보는 것은 빌헬름 게제니우스 같은 19세기 유럽 셈어 학자들에게로 거슬러 올라간다.[36] 히필의 강의적(intensive) 기능에 대해 최초로 집중적으로 논

---

34. 참조, Gzella, "Voice in Classical Hebrew," 309-11.

35. Joüon §52d.

36. GKC §52f; 참조, Bauer and Leander, *Historische Grammatik der hebraischen Sprache*, 281 (§238g); Brockelmann, *Grammatik der semitischen Sprachen*, 1:508.

의한 사람은 제이콥 와인그린이다.[37] 와인그린은 피엘의 기능이 칼에서 어근이 동작인지 상태인지에 따라 다르다는 것을 주목했다. 그는 피엘이 동작 어근에 대해서는 강하고 습관적인 행동을(שבר의 피엘은 "흩어버리다, 완전히 깨다"를 의미한다.), 상태 어근에 대해서는 능동적인 촉진(קדשׁ의 피엘은 "거룩함을 촉진시키다"를 의미한다)을 나타낸다고 주장했다. 따라서 그는 동작 어근과 상태 어근을 구분하면서도 강의의 개념으로 피엘의 의미를 통일시켰다.

와인그린은 논의를 많이 진전시키지 않았다. 피엘에 대한 그의 연구는 결코 포괄적이지 않고 현대 언어학적 통찰을 피엘에 대한 그의 분석에 통합시키지 않았다. 그렇지만 히브리어뿐 아니라 다른 셈어에서도 기본적인 구분인, 동사의 어근을 동작과 상태로 구분하는 것에 대한 관심을 가져왔고 이것이 그의 중요한 공헌이다.

4.3.2.1.2 쿠웬버그(N. J. C. Kouwenberg)

쿠웬버그는 아카드어의 D 어간의 기능을 조사했지만 그것은 히브리어 피엘을 이해하는 데도 중요하다.[38] 그는 원셈어 형용사는 쌍으로—(어근의 두 번째 자음이) 중복되지 않는 단순 형용사(예, *rapašum* "넓은")와 풍부한 표현과 강렬함을 표현하기 위한 (어근의 두 번째 자음이) 중복되는 형용사(*rappašum* "매우 넓은")—존재한다고 주장한다. D 어간은 강화의 기능을 가지고 있는 두 번째 유형의 형용사에서 형성됐고(*ruppušu*, "매우 넓다"), 그 강화의 기능은 동사의 복수성을 포괄하는 것으로 확대됐다(*ruppušu*, "to be

---

37. Weingreen, "Piʻel in Biblical Hebrew," 21-29.
38. Kouwenberg, *Gemination in the Akkadian Verb*; idem, *Akkadian Verb and Its Semitic Background*, 268-87.

wide repeatedly")[39]. 실제로 D 어간 동사들은 형용사에서 파생된 것이 아니라 G 어간 동사들로부터 직접적으로 만들어진다. 그런 다음, 동사 복수성(verbal plurality)은 타동성의 증가와 관련되어 있기 때문에 D 어간은 자동사를 타동사로 바꾸는 작위성(factitive)을 표현하는 선호하는 방법이 됐다.[40]

쿠웬버그의 연구는 의미역에 대한 현대 언어학적 이해 위에 세워져 D 어간이 복수적(pluralitive)이고 작위적(factitive)인 이유를 설명할 수 있다. 더욱이 쿠웬버그는 증가되는 타동성이 D 어간에서 할 수 있는 역할을 올바르게 지적했다. 그러나 D 어간의 기원에 대한 그의 가설은 이론적이다. 또한 쿠웬버그는 D 어간의 원래 기능인 강화가 복수성을 포함하기 위해 확장된 것이라고 본다. 우리는 언어 간의 연구를 통해 중복이 강화가 아닌 동사의 복수성을 표시하는 데 사용되고[41] 세계의 언어들은 복수성에서 강화로 간다는 것을 알고 있다.[42] 복수성과 작위성을 연결시키고

---

39. Kouwenberg는 중복을 하나의 아이콘으로 보았는데 이것은 중복된 형태와 그것의 의미 사이에 논리적이고 직접적인 연결성이 있다는 것을 의미한다. Kouwenberg에 따르면 중복은 단어를 풍부하게 하고 강조형으로 만드는 논리적 도구로 발생한다. 그러나 원래 의미는 동사의 복수성 같은 다른 기능들을 포함하도록 초기에 문법화됐다. Kouwenberg, *Gemination in the Akkadian Verb*, 19-48.를 보라.

40. Kouwenberg에 따르면 G 어간과 D 어간은 원래 상태와 작위적 의미를 모두 표현할 수 있었으며, D 어간은 G 어간의 강의(intensive)를 나타내었다. 그러나 D 어간이 작위성을 전달하는 데 더 선호되는 방법이 되면서 G 어간은 작위적 기능을 상실하게 되면서 D 어간이 비작위적 기능(강화와 복수적[pluralitive] 기능을 포함해서)의 대부분을 잃어버리게 됐다.

41. Rubino, "Reduplication," 19-20; Newman, "Pluractional Verbs," 193-94; Wood, "Semantic Typology of Pluractionality," 37-38.

42. Dressler의 동사의 복수성에 대한 기초적인 연구는 반복상(iterative), 배분상(distributive) 그리고 계속적 행동과 함께 강화를 포함하고 있다(*Studien zur verbalen Pluralitat*, 62-84). 그러나 강화적 행동은 동사의 복수성과 본질적인 관계는 없다. 반복된 행동은 강화될 수 있기 때문에 이 둘 사이에는 자연스러운 연결

자 하는 쿠웬버그의 열정은 존중할 만하지만 D 어간의 다양한 기능이 하나로 통일될 필요가 있는지, 그리고 통일될 수 있는지는 의문이 든다.

4.3.2.1.3 얀 요스텐(Jan Joosten)

얀 요스텐도 강의적(intensive) 기능이 D 어간의 원래 기능이라고 생각한다.[43] 그러나 쿠웬버그와는 달리 요스텐은 원셈어에서 두 개의 다른 G 어간을 가정하는데 하나는 능동태를, 다른 하나는 중간태를 나타낸다고 본다. 원래 D 어간은 능동형과 중간형 모두에서 강화를 표현했다. 예를 들어, 능동형에서 "누군가를 실망시키다"를 뜻하는 *ḥtt*은 D 어간에서 "누군가를 크게 실망시키다"를, 중간형에서 "당황하다"를 뜻하는 *ḥtt*은 D 어간에서 "크게 당황하다"를 의미했다. 히브리어 연구가 계속해서 발전하면서 피엘에 다양한 기능을 부여할 수 있게 됐다. 특히 피엘은 칼에서 능동태 짝을 잃어버린 어근에 대해 강의의 의미를 잃어버렸지만 칼에서 능동태나 중간태 짝을 잃어버린 어근에 대해서는 강의의 의미가 남아있다.

유스텐은 히브리 성서에 나오는 모든 피엘에 대해 그의 가설을 테스트했고 그의 연구는 피엘의 여러 기능을 통일시키는 방법을 제공해 주었다. 그러나 유스텐은 종종 그의 가설을 데이터에 맞추기보다 데이터를 그의 가설에 맞추어 해석하는 것 같고 또한 쿠웬버그의 연구과 마찬가지로 그의 연구도 이론적이며 강화가 다른 방식이 아닌 복수성으로 이어진다는 동일한 가정으로 어려움을 겪었다. 그러나 비교 셈어 맥락에서

점이 있지만 그러한 경우에 반대가 아니라 강화는 동사의 복수성의 부차적 의미이다(Wood, "Semantic Typology of Pluractionality," 14-15; Newman, "Pluractional Verbs," 187).

43. Joosten, "Semitic D-Stem," 202-30.

피엘을 이해하려는 그의 노고에 감사해야 한다.

4.3.2.1.4 존 백맨(John C. Beckman)

존 백맨은 2012년 그의 하버드 대학 박사 논문에서 D 어간에 대한 쿠웬버그의 연구를 피엘은 결과적(resultative)이라는 개념과 비교했다.[44] 그는 쿠웬버그의 분석이 D 어간의 다양한 기능을 연결할 수 있기 때문에 더 우수하다는 결론을 내렸다. 백맨은 그의 평가에서 강화와 인과성 (causativity) 사이의 범언어적(cross-linguistic) 연결성에 주목함으로 쿠웬버그 의 작업을 좀 더 지지했다.[45]

강화와 인과성 사이의 연결 가능성에 주목한 백맨의 작업은 히브리 어 피엘에 대한 대화를 발전시켰다. 그러나 쿠웬버그와 요스텐의 연구와 같이 백맨은 복수성과 강화성의 개념을 하나로 합쳤다. 또한 피엘은 작 위적(factitive)이지만 사역적(causative)이지 않기 때문에 피엘의 경우 강화에 서 인과성으로의 어떠한 문법화의 경로도 적용되지 않을 수 없다. 마지 막으로 피엘의 다양한 기능이 단일한 의미로 통일되어야 한다는 것을 보 여줄 필요가 있다.

4.3.2.2 복합 능동(complex active)으로서의 피엘

리버풀 대학에서 완성한 케네스 래잉 해리스(Kenneth Laing Harris)의 박 사 논문은 피엘에 대한 훌륭한 연구다.[46] 해리스는 피엘을 "복합 능동"으 로 보았다. 즉 이것은 피엘이 칼의 동작 동사에서 묘사된 행동에 복합성 을 더하고(שלח가 칼에서 "보내다"지만 피엘에서는 "쫓아내다", "해고하다"를 의미한다),

44. Beckman, "Meaning of the Biblical Hebrew Piel Stem."
45. 예, Li, "Examination of Causative Morphology," 349–51.
46. Harris, "Function of the Pi'el."

상태 동사에서는 사역적으로 기능한다는 것(חזק가 칼에서는 "강하다"이지만 피엘에서는 "강하게 하다"를 의미한다)을 의미한다. 그는 "복합 능동"이라는 명칭이 피엘에 통일성을 준다고 보았다. 그러나 어휘화(lexicalization)로 인혜 모든 동사가 이러한 기능에 깔끔하게 일치하는 것은 아니라는 것을 인정했고 피엘의 의미가 다른 동사 어간과 겹치는 경우도 있다고 주장했다.

해리스의 연구는 피엘 어간으로 나타나는 모든 어근들을 체계적으로 분석했다. 그러나 피엘에 대한 "복합 능동"이라는 명칭은 매우 모호한데 이것은 그가 피엘을 유연하게 이해하고자 했기 때문이다. 그리고 그는 결론에 대한 일관된 방법론이나 언어학적인 틀을 제공하지 않았다.

4.3.2.3 결과(Resultative)로서의 피엘

4.3.2.3.1 알브레히트 괴체(Albrecht Goetze)

셈어의 D 어간을 분석한 알브레히트 괴체의 작품은 피엘의 특징이 강의적이라는 견해에 균열을 일으킨다.[47] 그는 "강의적"(intensive)이라는 표시가 D 어간의 모든 미세한 의미를 다 포괄하지 못한다고 보았다. 진정한 D 어간 동사는 그것들의 직접 목적어가 어근에 의해 묘사된 상태로 들어가게 한다는 점에서 결과적(resultative)이라고 주장했다. 괴체는 이러한 특징이 동작 동사와 상태 동사 모두에게 적용될 수 있다고 한다. 동작 동사는 행동의 결과를 강조하는 반면 상태 동사의 D 어간은 직접 목적어를 어근의 상태에 둔다. 괴체는 두 번째 어근 자음 앞에 n을 붙여서 D 어간처럼 보이게 만드는, 가상의 Gn 어간에 호소함으로써 예외를 설명했다.

괴체는 강화가 D 어간의 여러 기능을 다 설명할 수 없다고 지적한다.

---

47. Goetze, "So-Called Intensive," 1-8.

그러나 괴체는 D 어간이 결과적이라는 것을 증명하기보다는 주장했다. 괴체가 그의 이론을 주장하기 위해 가상의, 검증되지 않은 어간에 호소했다는 사실은 그의 연구를 뒷받침하지 않는다. 특히 그가 D 어간의 균일한(uniform) 기능을 찾고자 하는 자신의 욕구에 동기부여 받은 것처럼 보이기 때문이다.[48]

4.3.2.3.2 에른스트 예니(Ernst Jenni)

피엘에 대해 괴체가 이해한 것은 피엘을 포함하여 히브리 동사의 각 어간에 균일한 기능을 찾는 에른스트 예니에 의해 주로 수용됐다.[49] 괴체처럼 예니는 피엘이 결과적(resultative)이며 어근에 부과된 상태(state)를 표현한다고 주장했다. 따라서 피엘은 과정(process)을 묘사하는 히필과는 다르다(예, קדשׁ의 피엘은 "신성하게 하다", "거룩하게 하다"이지만, בוא의 히필은 "가져오다", "들어오게 하다"를 의미한다). 그러나 괴체와는 달리 예니는 "결과적"이라는 용어가 실제 사건을 문자 그대로 표현한 것이 아닌 어떠한 행동도 포함한다는 점에서 피엘의 모든 예가 "결과적" 틀에 적합하다고 주장했다.[50]

예니는 피엘을 하나의 균일한 기능을 가지는 것으로 깔끔하게 정리했다. 문제는 이 그림이 너무 완벽하다는 것이다. 이러한 예니의 결과적 범주는 그가 피엘에 예외가 있을 수 있다고 재정의하는 순간 그것의 의미를 잃어버리게 된다. 또한 피엘에 균일한 의미를 부과하려고 시도함으로 예니는 히브리 동사 체계에 기본이 되는 동작-상태의 이항 대립적(dichotomy) 관점을 잃어버린다.

---

48. 참조, Kaufman, "Semitics," 281.
49. Jenni, *Hebraische Pi'el*; idem, "Piel in verbesserter Sicht," 67-90.
50. 다른 표준인 히브리어 문법서와는 달리 왈트키와 오코너는 주로 예니의 피엘에 대한 관점을 수용했다(*IBHS* §24.1).

4.3.2.3.3 스튜어트 라이더(Stuart A. Ryder)

스튜어트 라이더는 1966년에 출판된 그의 박사 논문에서 D 어간이 강의적이라기보다는 주로 결과적이라고 보는 괴체와 예니에 동의했다.[51] 하지만 그들과 달리 스튜어트 라이더는 기꺼이 예외를 허용했고 모든 피엘의 예를 결과적으로 설명하려고 하지 않았다. 이것은 라이더가 D 어간을 G 어간과 반대되는 것으로 보지 않고 대신 D 어간이 명사에서 파생하여 G 어간과 독립적으로 생성됐다고 생각했기 때문이다.

라이더는 그가 결과적 패러다임에 예외가 있을 수 있다고 허용한다는 점에서 괴체와 예니의 연구를 발전시켰다. 라이더의 연구는 철저하고 세밀하지만 그의 결론은 설득력이 없다. D 어간이 명사에서 파생됐다는 그의 주장은 특히 설득력이 없다. 왜냐하면 명사 파생적 어간의 문법화를 통해 D 어간의 여러 기능을 설명하기는 어렵기 때문이다.

4.3.2.4 복수-작위(Pluralitive-Factitive)로서의 피엘

4.3.2.4.1 아르노 포벨(Arno Poebel)

D 어간이 강의적(intensive)이 아니라고 보는 괴체의 관점은 20세기 후반을 지배했지만 실제로 아르노 포벨이 D 어간의 강의적 기능을 거부한 첫 번째 현대 학자였다.[52] 포벨은 셈어의 D 어간은 동사의 복수성, 즉 반복된 동사의 행동이나 그 행동의 결과(예, D 어간에서 *šbr*는 "여러 조각으로 깨지다", "여러 번 깨뜨리다"를 의미한다)와[53] 또한 작위성 즉 상태의 부과(예, D 어간에

---

51. Ryder, *D-Stem in Western Semitic*.
52. Poebel, *Studies in Akkadian Grammar*, 65–68.
53. Paul Newman은 동사의 복수성을 지칭하기 위해 "복수행동(pluraction)"이라는 용어를 만들었다("Pluractional Verbs," 187–88).

서 *qdš*는 "신성하게 하다", "거룩하게 하다"를 의미한다)를 나타낸다고 주장했다. 그는 어휘적 증거를 통해 이 결론에 도달했지만 원셈어 동사 체계의 가상적 재구성을 통해 이를 뒷받침하려고 했다.[54]

포벨이 D 어간이 종종 동사의 복수성과 작위성과 관련이 있다는 것을 어휘적 증거로부터 관찰한 것은 옳았다. 이것이 특히 그의 중요한 공헌이다. 그러나 포벨은 원셈어 동사 체계의 이론적 재구성에 대한 증거를 거의 제시하지 않고 그의 방법론적 접근은 언어학적 정교함이 부족하다.

4.3.2.4.2 조셉 그린버그(Joseph H. Greenberg)

조셉 그린버그는 셈어학자가 아니라 언어학자의 관점으로 셈어의 D 어간에 접근했다.[55] 그는 다른 언어 군, 특히 아메리카와 아프리카 원주민 언어에서 동사의 복수성이 존재하고 중복(reduplication)이 동사의 복수성을 표현하기 위해 범언어적으로도 흔하게 사용된다는 것을 관찰했다. 그는 셈어의 D 어간이 유형학적으로 예상할 수 있지만 셈어의 용례에서도 분명히 나타나듯이 중복에 의해 특징지어지며 복수적이라고 주장한다.

그린스버그 논문의 중요한 공헌은 유형학적, 범언어적 틀에서 D 어간을 다룬 것이다. 그의 연구가 결코 포괄적이지는 않지만 그의 작업은 분명하고 논리적이며 간단명료하다. 따라서 그는 D 어간의 복수적 기능

---

54. Poebel 따르면(*Studies in Akkadian Grammar*, 65-68), 원셈어는 원래 두 개의 G 어간(하나는 자동사, 다른 하나는 타동사)과 이 두 개의 G 어간에서 파생된 두 개의 D 어간(하나는 작위 동사, 다른 하나는 복수 동사)을 소유했다. G 어간의 점진적 어휘화로 인해 D 어간이 발생했다. 그래서 원래 두 개의 분리된 D 어간이었던 것이 하나로 됐다.

55. Greenberg, "Semitic 'Intensive,'" 577-87.

을 견고한 언어학적 발판에 둔다.

4.3.2.4.3 스티븐 카우프만(Stephen A. Kaufman)

카우프만은 셈어학 연구를 평가하는 소논문에서 셈어의 D 어간이야
말로 셈어학자들과 언어학자들이 서로 배울 수 있는 방법에 대한 가장
적절한 사례 연구로 여겼다.[56] 그는 포벨의 방법론과 원셈어에 대한 그의
이론을 거절했지만 D 어간이 강화가 아니라 복수적이고 작위적이라는
포벨의 견해에는 동의했다. 그린버그와 마찬가지로 카우프만은 특히 차
드어(Chadic)와 쿠시트어(Cushitic)에서 입증된 것처럼 동사의 복수성이라는
광범위한 현상에 호소했다.[57] 그는 이 언어들과 다른 언어들에서, 타동사
어근이 복수 목적어를 가지고 자동사 어근은 반복된 행동을 표현한다는
점에서 동사의 복수성은 준-능동격(quasi-ergative)이라고 지적했다.[58] 카우
프만은 셈어의 동작-상태의 이항 대립적 특성에 비추어 D 어간의 단일
기능을 찾을 필요가 없고 D 어간은 상태 어근에 대해 복수적이라기보다
는 작위적이라고 주장했다.

D 어간에 대한 카우프만의 논의는 포괄적이지 않다. 일부 학자들은
카우프만이 하나의 의미로 D 어간의 다양한 기능을 통합하지 않으려는
것을 인정하지 않을 수도 있다. 그럼에도 카우프만은 셈어가 속해 있는
주요 언어 군인, 아시아-아프리카어(Afro-Asiatic)의 언어 유형론과 비교 데
이터를 사용해 명쾌한 결론을 내리는 근거로 삼았다.

4.3.2.4.4 압델카데르 파시 페리(Abdelkader Fassi Fehri)

---

56. Kaufman, "Semitics," 280–82.
57. 참조, Newman, *Nominal and Verbal Plurality in Chadic*.
58. 참조, Newman, "Pluractional Verbs," 193.

압델카데르 파시 페리는 아랍어 학자의 관점으로 D 어간의 기능에 접근했다.[59] 그는 D 어간을 복수적이며 작위적인 모두의 특징을 지니는 것으로 분류했다. 그러나 카우프만과는 달리 어떻게 이 두 개의 다른 기능이 타동성을 통해 연결되는지 설명하려고 했다. 페리는 동사의 복수성이 직접 목적어를 추가한다는 점에서 타동성을 증가시키는지에 대한 방법에 주목한다. 그리고 그는 작위적 구조(factive construction)가 직접 목적어를 자동사에 부여함으로써 자동사를 타동사로 만들기 때문에 타동성을 증가시키는 것도 관찰한다.

페리의 연구는 현대 언어학 및 타동성 이론과 잘 조화되지만 피엘의 통일된 기능을 주장하는 다른 학자들처럼 그러한 접근 방식이 필요한지에 대한 여부는 의심스럽다. 페리는 타동사의 복수성과 작위성을 연결할 수 있지만 그의 가설은 타동사의 복수성을 쉽게 설명하지 못하며 D 어간의 빈번한 명사 파생 동사(denominative) 사용을 설명하지 못한다.

4.3.2.5 평가

위의 논의에서 분명히 알 수 있는 것처럼, 피엘의 기능은 대단히 논쟁적이다. 하지만 위의 견해들은 피엘의 다양한 의미에 대해 통일된 설명을 찾으려는 사람들과 그렇지 않은 사람들에 따라 주로 분류된다. 피엘을 강의적이며 결과적이라고 보는 견해는 주로 전자에 의해 나온 것으로 보인다. 그러나 이러한 시도는 궁극적으로는 부족하다. 왜냐하면 "강의적", "결과적"이라는 별칭은 너무 일반화되어 중요한 의미를 잃어버렸기 때문이다. 카우프만이 지적한 것처럼, 이러한 접근 방식의 단점은 셈어의 동사 체계는 각 어간의 기능을 통일시킬 필요가 없기 때문에

59. Fehri, "Verbal Plurality, Transitivity, and Causativity," 151–85.

그리 놀랄 만한 것이 아니다.

따라서 피엘이 통일된 기능을 가져야한다고 가정하는 것보다 피엘을 유형학적으로 조사하는 것이 더 유익하다. 중복은 아시아-아프리카어(Afro-Asiatic)를 포함하여 주로 동사의 복수성을 나타내기 때문이다.[60] 그리고 피엘은 어근의 두 번째 자음의 중복으로 표시되기 때문에 학자들은 동사의 복수성을 피엘의 관점으로 통합시키는 것이 좋다. 여기서 연구의 중요한 영역은 동사의 복수성의 준-능동격적(quasi-ergative) 특징이고 그것이 어떻게 타동성과 논항의 증가와 관련되는가이다. 피엘의 작위적 기능에 대한 우리의 이해는 히필의 사역적 의미와 비교하고 작위성(factitives)과 사역성(causatives)의 유형적 비교를 통해 향상될 수 있다.

4.3.3 히필

모든 동사 어간들 중 히필은 학술문헌에서 가장 적은 관심을 끌었다. 히필은 전통적으로 동사의 주어가 대상(목적어)이 어떤 동작을 행하게 한다는 점에서 사역적이라고 간주됐다(예, בוא의 히필은 "가져오다", "들어오게 하다"를 의미한다).[61] 그러나 히필은 또한 사역성 외에도 다른 기능들을 표현할 수 있다. 그래서 학자들은 다른 기능들이 서로 어떻게 관련되어 있는지를 이해하려고 노력했다. 히필과 관련된 또 다른 핵심 이슈는 히필의 인과성이 어떻게 피엘의 작위성과 관련되는지에 대한 것이다. 다음에서 히필에 대한 몇 가지 주목할 만한 작품들을 검토할 것이다. 전체적으로 학자들이 히필의 비작위적 기능과 피엘에 대한 히필의 관계를 어떻게 이해하고 있는지를 특히 강조할 것이다. 학자들의 접근 방식을 네 가지 분

---

60. 이것과 관련해서, 동사의 복수성이 종종 파생어(derivational)이며 동사 어간의 고유한 속성이라는 것을 주목할 필요가 있다.
61. 예, GKC §53c; Joüon §54d; *IBHS* §27.1.e.

류—사역적(causative), 사역-작위적(causative-factitive), 힘 역동적(force dynamic), 사역-절대 최상격적(causative-elative)—으로 나눌 것이다.

4.3.3.1 사역(causative)으로서의 히필

각 어간의 단일한 의미를 찾고자 했던 에른스트 예니는 히필을 특징 짓는 하나의 특성은 "사역적"이라고 했다.[62] 그러나 예니는 피엘과 반대되는 히필의 다른 몇 가지 특징, 즉 주어에 의해 부과되는 행동(상태가 아닌), 지속적인(순간적이 아닌) 행동, 동사의 동작에 대한 주어의 간헐적(습관적이 아닌) 참여 그리고 목적어를 향한 실제적인 행동도 있다고 주장한다.[63] 예니에게 이러한 특성들은 히필의 사역적 기능의 부산물이다. 이것으로 인해 그는 더 넓은 사역성(causativity)의 범주아래 비사역적(non-causative) 의미를 포함할 수 있다.

예니는 히필과 피엘 사이를 너무 동떨어지게 구분했고 히필을 분석한 그의 결과는 논쟁의 여지가 있다.[64] 그는 히필이 통일된 하나의 기능을 가질 수 없고 경우에 따라 피엘과 겹칠 수 있다는 가능성은 무시한다. 예니는 사역성은 행동의 부과를 나타내는 반면 작위성은 상태의 부과를 나타낸다는 점에서 사역성은 작위성과 구문적으로 구분되어야 한다고 옳바르게 주장했다.

4.3.3.2 사역-작위로서의 히필

히필에 대한 유일한 단행본 수준의 연구서는 클라센(W. T. Claasen)의

---

62. Jenni, "Faktitiv und Kausativ," 143-57; 참조, idem, Hebraische Pi'el, 33-119.
63. Jenni의 영향으로 Leemhuis에 의해 동일한 내용이 고전 아랍어에도 논의가 됐다. *D and H Stems in Koranic Arabic.*
64. 참조, Claasen, "Distinction between Pi'el and Hiph'il," 3-10.

스텔렌보스 대학 박사학위 논문이다.[65] 클라센은 제임스 바의 영향을 받아 통시적 방식이 아닌 공시적 방식을 엄격하게 고수했다. 클라센은 히필과 피엘의 기능을 날카롭게 구분한 예니의 방식을 거부했다. 대신 그는 히필은 피엘과 같이 사역적이고 탈언적(delocutive)일 뿐 아니라 주로 작위적이며 심지어 칼과 같은 단순 행동도 표현한다고 주장했다. 클라센은 히필은 예측할 수 없는 의미를 가지는데 특히 칼과 피엘 모두에 반대되는 경우에 그렇다고 결론내렸다.

클라센은 예니의 히필과 피엘의 주관적인 구분을 반박한다. 그가 공시적 분석의 중요성에 주목한 것과 히브리어를 예측 가능하고 균일한 틀에 맞추려는 시도에 대해 경고한 것은 옳지만 히필에 대해 다른 설명이 가능할 때에도 히필을 작위적으로 본 것은 너무 멀리 나간 것이다. 또한 그의 접근 방식은 통시적 분석과 비교 셈어의 통찰 보다 공시적 분석을 강조한다.

4.3.3.3 힘 역동(force dynamic)으로서의 히필

랜달 가(W. Randall Garr)는 히필에 대해 매우 특별한 관점을 제시한다.[66] 그는 히필이 사역적이라는 의견에는 동의하지만 좀 더 통합된 기능을 찾으려고 한다. 이 기능은 명사 파생적 히필(명사에서 만들어진 히필)과 비사역적인 히필 어근(예, קשׁב, בין, 그리고 ערך)에서 분명하게 나타난다. 가(Garr)에 의하면 히필은 힘을 가하는 요소의 관점에서 문장 표현을 분석하는 언어학 개념인, 힘 역동(force dynamics) 측면에서 이해할 수 있다.[67] 명사 파생

65. Claasen, "Hiph'il Verbal Theme in Biblical Hebrew." 클라센은 그의 박사 논문을 기초로 두 부분으로 출판했다. "Distinction between Pi'el and Hiph'il," 3-10; "Declarative-Estimative Hiph'il," 5-16.

66. Garr, "Denominal, Lexicalized Hiphil Verbs," 51-58; idem, "Semantics of בין in the Qal and Hiphil," 536-45.

67. 힘 역동 개념은 인지 언어학자 Leonard Talmy에서 시작됐다. ("Force Dynamics in

적 히필의 주어는 즉각적인 효과가 있는 동사의 행동에 직접적인 원인
이 되고(예, 히필에서 צעק은 "비명을 지르다"를 의미한다) 비사역적 히필은 칼의 행
동보다 좀 더 적극적(agentive)이고 복잡한 행동을 표현한다(예, 칼에서 בין은 "
인지하다"이지만 히필에서는 "깊이 이해하다"를 의미한다).

그는 사역성에 대한 현대 범언어학적(cross-linguistic) 관점을 기반으로
하여 히필을 이해했다. 그러나 특정한 히필형에 대한 그의 해석은 의심
스럽다. 그는 데이터가 스스로 말하는 것을 허용하기보다는 힘 역동이
그의 이해에 영향을 미치도록 허용하는 것 같다. 또한 그는 히필의 통일
된 기능을 찾으려 하지만 셈어는 각 어간이 하나의 의미를 가질 필요는
없다.

4.3.3.4 사역-절대 최상격(Causative-Elative)으로서 히필

스파이저(E. A. Speiser)는 히필에 대한 가장 유익한 관점을 제공해 준
다.[68] 그는 셈어 전체에서 히필의 기능을 탐구한다는 점에서 비교 언어학
에서 실마리를 얻는다. 스파이저는 그가 히필의 "절대 최상격(elative)" 기
능이라고 부르는 것에 주목한다. 3인칭 인칭 대명사와 셈어 전반에 걸친
C 어간의 어두 형태소(preformative) 사이의 유사성을 언급하면서 스파이저
는 C 어간이 행동이나 상태를 표현한다고 주장한다. 스파이저에 의하면
이것은 C 어간이 색깔, 다른 지속적인 특성이나 조건 그리고 최상급 같
은 구조를 표현하기 위해 사용될 때 더욱 분명하다.

스파이저는 3인칭 인칭 대명사와 C 어간의 어두 형태소를 그럴 듯하

Language and Cognition," 409–70; "Force Dynamics as a Generalization over
'Causative,'" 67–85).
68. Speiser, "'Elative' in West-Semitic and Akkadian," 81–92; 참조, idem, "Studies in
Semitic Formatives," 23–33.

게 연결시킨다. 특히 N과 t 삽입 어간에도 대명사 요소가 포함되어 있는 것처럼 보이기 때문이다.[69] 스파이저는 절대 최상격이 특히 상태에 있어서 셈어 C 어간의 일반적인 기능임을 실득력있게 보여준다. 유일한 딘점은 그가 절대 최상격에 대해 현대 언어학 이론과 소통하지 않는다는 것이지만 이것은 그의 설득력 있는 논증을 고려해 볼 때 상대적으로 사소한 비판이다.

4.3.3.5 평가

이 조사에서 알 수 있듯이 히필을 이해하기 위한 가장 설득력있는 방법은 스파이저의 사역-절대 최상격(causative-elative) 방식의 접근이다. 이 이론만이 비교 셈어를 고려해 모든 데이터를 적절하게 설명한다. 앞으로 학자들은 절대 최상격이 형태론적으로 C 어간과 어떻게 연결되는지 그리고 유형적으로 어떻게 기능하는지를 조사해야 한다. 이와 관련된 추가 연구 주제는 절대 최상격과 탈언(delocutive) 히필과의 관계와 절대 최상격 히필과 동사 수식적(adverbial) 히필 부정사 절대형의 연결성이다.

히필과 다른 어간들의 관계는 중요한 것으로 남아있다. 언어학적 정보에 입각하여 사역성과 작위성을 구분하고 예니의 경직성을 피하면서 히필과 피엘을 비교하는 것은 여전히 필요하다. 히필과 다른 어간들의 관계는 칼에서 발생하지 않는 어근과 피엘이 작위적 기능이 아닌 어휘화된 기능을 갖는 어근에 있어서 특히 중요하다.

이러한 주제와 다른 주제들을 연구할 때 학자들은 히필에서 하나의

---

69. Lieberman, "Afro-Asiatic Background of the Semitic N-Stem," 604–10. 동일한 연결이 절대 최상격을 형성하기 위해 'af 'al 패턴을 사용하는 아랍어에도 분명하게 보인다. 아카드어는 접두사 ša- 나 šu-가 있는 단어가 절대 최상격의 의미를 갖는다.

통일된 기능을 찾는 것은 필수적인 것이 아니라는 것을 염두해야 한다. 힘 역동(force dynamics)과 같은 언어학 이론은 의심할 바 없이 히필을 더욱 정교하게 이해하는 데 도움이 된다. 그러나 셈어에서 동작 동사와 상태 동사의 기능이 반드시 같을 필요는 없다. 많은 경우에 히필은 단순히 새로운 의미를 나타내기 위해 사용되기도 한다.

4.3.4 히트파엘(The Hithpael)

살펴볼 마지막 성서 히브리어 어간은 히트파엘이다. 히브리어 문법에서는 일반적으로 히트파엘을 재귀적이라고 본다.[70] 그러나 히트파엘은 수동태를 나타낼 수 있고 반복적(frequentative) 의미도 나타낼 수 있다. 다시 한번 재기되는 중요한 질문은 그러면 이떻게 이 어간의 다른 기능들이 연결될 수 있는가이다. 학자들은 이 질문에 답하기 위해 여러 가지 해석틀을 제시한다.

아래서 히피파엘에 대한 중요한 연구들, 특히 이 어간의 여러 가지 기능들 사이의 관계를 어떻게 이해하는지를 중점적으로 살펴본다. 그리고 다섯가지 범주의 다른 관점들을 논의한다: 재귀적(reflexive), 강의적(intensive), 결과적(resultative), 도치적(inversative), 중간태(middle)

4.3.4.1 재귀로서의 히트파엘

4.3.4.1.1 폴 마자르(Paul Mazars)

히트파엘에 대한 최초의 체계적인 연구들 중 하나는 폴 마자르에 의해 이루어졌다.[71] 그는 히트파엘은 주로 재귀적이지만 칼과 비슷한 단순

---

70. GKC §54e; Joüon §53i; *IBHS* §26.2.a.
71. Mazars, "Sens et usage de l'hitpael," 351-64. 히트파엘에 대한 가장 이른 현대적 연구는 Stein의 *Stamm des Hithpael*이다. 불행히도 Stein은 그의 연구가 끝나기도 전

타동사의 의미로도 자주 사용된다는 것을 주목했다. 마자르에 의하면 히
트파엘의 재귀적인 그리고 다른 비재귀적인 사용은 문체 문제(특히 열왕기
서와 시편에서)와 특정 어간의 어휘 부족 때문이다. 그래서 마자르는 히트
파엘의 비재귀적 기능이 문법적 설명을 가진다고 생각하지 않았다.

무엇보다 마자르의 분석은 건전한 언어학적 방법론에 의해서 이루
어진 것이 아니다. 또한 문체를 위한 히트파엘의 사용에 관한 마자르의
결론 중 일부는 주관적인 것처럼 보인다. 이는 특히 같은 데이터를 보는
어떤 학자들에 의해 다른 결론에 이르기 때문이다.[72] 그러나 마자르의 연
구는 히트파엘이 비재귀적인 의미를 가진다는 것을 보여주기 때문에 중
요하다.

4.3.4.1.2 스파이저(E. A. Speiser)

스파이저는 히트파엘을 주로 재귀적인 것으로 보지만[73] 비재귀적으
로도 그리고 특히 어떤 어근에서는 빈번상(frequentative)으로도 사용된다고
본다(예, הָלַךְ가 칼에서는 "걷다"이지만 히트파엘에서는 "돌아다니다"이다). 그는 빈번상
기능을 아카드어에서 발견되는 빈번상인 tan 어간과 평행한 tan- 삽입 어
간으로 설명한다. 스파이저는 이 가상의 삽입사 tan-이 히브리어에서 히
트파엘과 합쳐져 결과적으로 재귀적 기능과 함께 히트파엘의 빈번상 기
능이 됐다고 설명한다.

그러나 불행히도 셈어에서 tan- 삽입 어간이 존재한다는 증거는 없
다. 아카드어에서만 tan 어간들을 발생시킬 조건, 즉 중간 자음이 중복되

에 사망했다. 첫 번째 권(volume)은 히브리 성서에 나오는 어근으로 분류된 모든
히트파엘의 목록이지만 자세한 분석은 두 번째 권에 논의될 예정이었기 때문에
그것에 대한 논의는 거의 없다.

72. 예, Bean, "Hithpaʻel Verbal Stem," 169-70.
73. Speiser, "Durative Hitpaʻel," 118-21.

고 *n*이 일관적으로 동화하는 현재 시제를 가지고 있다.[74] 스파이저의 가설은 어근의 첫 번째 자음과 삽입사 *tan-* 사이의 모음 *a*의 손실을 적절히 설명할 수 없고 첫 번째 자음과 *t*의 전환(metathesis)을 설명할 수 없다. 그러나 스파이저는 히트파엘의 빈번상 기능에 주의를 기울이고 아카드어에서 빈번상 *tan* 어간과 히브리어에서 히트파엘의 빈번상의 평행에 주목한 것은 옳았다.

4.3.4.1.3 앨버트 프레드릭 빈(Albert Fredrick Bean)

앨버트 프레드릭 빈은 남침례교 신학교에서 완성한 그의 박사학위 논문에서 히트파엘에 대한 중요한 연구를 제공해주었다.[75] 그는 히트파엘에서 재귀적 기능이 유일하지는 않지만 일반적인 특징이라고 했다. 비록 히트파엘이 재귀적, 수동적, 기원적(desiderative), 상호적(reciprocal) 의미를 나타낼 수 있지만 히트파엘의 주요한 기능은 단순 동작을 나타내는 것이라고 주장했다. 그는 히트파엘은 특정 구문적 기능에 제한되지 않으며 그것을 사용하는 것은 순수하게 장르, 지리적 위치 또는 통시성에 기인할 수도 없다고 결론지었다.

빈의 히트파엘에 대한 연구의 주요 강점은 히트파엘이 쉽게 재귀적으로 분류되지 않는다는 점에 주목했다는 것이다. 그러나 빈은 의미가 모호하다고 생각한 히트파엘의 거의 1/3을 제외시키면서 데이터의 중요한 부분을 무시했다. 빈의 분석은 현대 언어학 및 비교 셈어학과 상호 작용하지 않기 때문에 결과적으로 언어학적 근거가 부족하다.

4.3.4.2 강의(intensive)로서의 히트파엘

---

74. 참조, Kouwenberg, *Gemination in the Akkadian Verb*, 79.
75. Bean, "Hithpaʿel Verbal Stem."

밀턴 보일(Milton L. Boyle)은 그의 박사학위 논문에서 히트파엘을 재귀로 분류하지 않았다.[76] 그는 셈어의 삽입사-*t*를 조사해서 히브리어에서 히트파엘의 기능은 강렬한 감정, 긴급함에 대한 의식, 동작의 반복 또는 지속적인 동사의 활동이라고 정의한 강화(intensification)를 표현하는 것이라고 결론지었다. 보일은 히트파엘에서 재귀적 용법이 기본적인 것이 아니고 오히려 강의적(intensive) 기능의 부산물이며, 주어의 깊은 개인적 관심과 동사의 행동에 대한 참여에서 발전된 것이라고 보았다.

보일의 중요한 공헌은 비교 셈어의 더 넓은 맥락에서 히트파엘을 조사한 것이다. 그러나 셈어의 *t* 삽입 어간은 보일이 말한 것처럼 강화의 기능을 가지지 않는다. 그리고 보일은 "강의적"(intensive)이라는 용어를 적절히 정의하지 않고 아무런 증거 없이 강화가 재귀태로 나타날 수 있다고 가정한다.

4.3.4.3 결과(Resultative)로서의 히트파엘

4.3.4.3.1 리처드 벤튼(Richard C. Benton)

히트파엘의 통일된 그렇지만 재귀적이지 않은 기능을 찾으려고하는 다른 학자는 리처드 벤튼이며,니팔에 대한 그의 연구는 이미 위에서 언급됐다.[77] 벤튼은 히트파엘은 그것이 행동의 결과로 인한 상태와 관련된다는 점에서 결과적 의미를 가진다고 주장한다. 위에서 언급한 것처럼 그는 히트파엘과 니팔의 주요한 차이점은 상황의 측면(situation aspect) 중 하나라고 주장한다. 히트파엘은 결과적 상태 이면에 있는 과정에 초점을 맞추는 반면 니팔은 결과적 상태 그 자체에 초점을 맞춘다. 벤튼은 상황

---

76. Boyle, "Infix-*t* Forms in Biblical Hebrew."

77. Benton, "Aspect and the Biblical Hebrew Niphal and Hitpael"; idem, "Verbal and Contextual Information," 385–99.

상을 분류함으로 히트파엘에 대한 여러 가지 다른 번역 가능성을 가장
잘 설명할 수 있다고 말한다.

벤튼이 히트파엘을 보는 관점의 강점과 약점은 그가 니팔을 보는 관
점의 강점과 약점과 비슷하다. 그는 상황상이 히브리어 동사 어간에 가
지는 중요한 역할을 옳바르게 인지하지만 문법태(grammatical voice)를 희생
시키면서 이러한 특징을 과도하게 강조한다. 그리고 다른 셈어에서 *t* 삽
입사의 역할을 논의하지 않는다.

4.3.4.3.2 클라우스-피터 아담스(Klaus-Peter Adams)

클라우스-피터 아담스도 히트파엘의 기능이 결과적이라고 주장한다.[78]
그는 히트파엘의 재귀적 기능을 거부한다. 그리고 학자들이 히트파엘을 재
귀로 이해하는 것은 단지 현대 인도-유럽어의 번역 가능성 때문이라고 주
장한다. 대신 아담스는 히트파엘은 행동이 아니라 행동의 결과로 인한 상태
를 표현한다고 본다. 또한 많은 히트파엘 동사가 특별히 사람들의 사회적
지위를 강조한다고 한다. 예를 들어, נבא의 히트파엘은 같은 어근의 니팔이
말하는 "예언자가 되다"가 아니라 "예언자로써 행동하다"를 의미한다.

아담스는 히트파엘이 자주 사회적 지위를 묘사한다고 말한다. 벤튼
처럼 그는 히브리 동사 어간을 이해하는 데 있어서 상황상이 가지는 중
요한 역할에 주목하지만 또한 벤튼과 마찬가지로 상황상으로 인해 문법
태를 소홀히 여긴다. 아담스가 히트파엘을 사회-지시적(socio-demonstrative)
으로 이해하는 것에 대한 다른 약점은 그것이 모든 히트파엘 형태를 설
명하는 것이 아니라 히트파엘 동사들의 일부만을 설명할 수 있다는 것
이다.

---

78.   Adam, "(Socio-)Demonstrative Meaning of the Hithpael," 1–23.

4.3.4.4 도치(Inversative)로서의 히트파엘

브루노 돔브로스키(Bruno W. W. Dombrowski)는 유일하게 히드파엘의 t 삽입사는 주로 도치적(Inversative)이라고 주장한다.[79] 이것으로 인해 그는 히트파엘이 주어와 관련하여 동사에서 방향의 변화를 가리키고, 이 기능은 재귀와 상호태(reciprocal)로 나타난다고 보았다(예, ראה의 히트파엘은 "서로 바라보다"를 의미한다). 이러한 결론을 뒷받침하기 위해 돔브로스키는 아카드어의 2인칭 대명사 및 동사의 접사(affixes)에서 발견되는 t 요소와 여성 명사에서 발견되는 마지막 t를 지적한다. 그는 이 두 가지 요소가 "다른 것들"을 대표한다고 제안한다. 스파이저와 비슷하게 돔브로스키는 히트파엘의 빈번한(frequentative) 사용은 히트파엘이 다른 어간과 병합됐기 때문이라고 본다. 그러나 그는 그 어간이 tan 삽입 형태가 아니라 Gt 어간이라고 생각한다.

돔브로스키의 연구가 결코 포괄적인 것이 아님에도 비교 셈어의 맥락에서 히트파엘을 이해하려고 했다. 그의 가설은 동사 접사의 t 요소의 기원이 대명사일 가능성이 높기 때문에 대단히 큰 장점이 있다.[80] 그러나 돔브로스키의 분석은 "도치"(inversative)라는 용어에 대한 주의 깊은 정의가 부족하고 또한 재귀 및 상호태와 도치와의 연결 가능성을 자세히 탐구하지 않는다.

4.3.4.5 중간태(middle)로서의 히트파엘

---

79. Dombrowski, "Remarks on the Hebrew Hithpaʿel and Inversative -t-," 220–23.
80. 참조, Lieberman, "Afro-Asiatic Background of the Semitic N-Stem," 610–19. 그러나 여성형 t가 "다른 것을" 나타내는 이것과 동일한 형태소를 나타내는 것 같지는 않다.

4.3.4.5.1 마크 아놀드(Mark A. Arnold)

마크 아놀드는 하버드 대학에서 그의 박사학위 논문을 완성했고 이 논문에서 히트파엘의 주요한 기능은 중간태를 표현하는 것이라고 했다.[81] 수잔 케머(Suzanne Kemmer)의 연구[82]에 의존하여, 그는 히트파엘의 흔하지 않은 기능(몸동작, 감정적 상태 그리고 사고의 변화를 묘사하는 동사) 중 많은 부분이 중간태의 범주 아래 범언어학적으로 분류될 수 있다고 주장한다. 아놀드에 의하면 중간태는 재귀를 포함하기 때문에 중간태는 히트파엘의 다양한 기능들을 단일한 의미로 통일시킨다.[83] 아놀드는 히트파엘이 한때 히브리어에서 손실된 Gt와 $\check{S}t$ 어간의 기능을 취한다고 가정함으로 예외들을 설명한다.

아놀드의 연구의 중요한 공헌은 히트파엘을 이해하기 위해 적절한 언어학적 틀을 제공한다는 것이다. 아놀드는 히트파엘의 다양한 용례들이 중간태로 분류될 때 그것들이 그다지 다르지 않을 수 있다는 것을 알고 있다. 그러나 중간태와 재귀태에 대한 다른 학자들의 정의와 상호 작용하는 부분에 대해서는 정교하게 다듬어야 한다. 더욱이 아놀드의 연구는 셈어의 t 삽입사 어간에 대해 더욱 철저한 분석으로 보완되어야 한다.

4.3.4.5.2. 에른스트 예니(Ernst Jenni)

아놀드와 마찬가지로 에른스트 예니도 히트파엘은 주로 중간태라고 주장한다.[84] 그러나 아놀드와는 달리 예니는 중간태와 재귀태 사이를 분

---

81. Arnold, "Categorization of the Hitpaʿel of Classical Hebrew."
82. Kemmer, *Middle Voice*.
83. Rainer Maria Voigt는 t 삽입사가 아시아-아프리카어에서 발견될 때 중간태를 표현한다고 주장하지만 특별히 히트파엘에 초점을 맞추지는 않는다. ("Derivatives und flektives t," 85-107).
84. Jenni, "Nifʿal und Hitpaʿel," 131-303.

명하게 구분하고 중간태에 재귀태를 포함시키지 않는다. 예니는 히트파엘이 중간태를 표현하는 정확한 방법은 순전히 동사가 사용되는 맥락에 따라 다르며 현대 언어에서 그 뉘앙스를 표현하는 것이 항상 쉬운 것은 아니라고 말한다. 예니는 히트파엘과 니팔의 차이는 주로 실용적인 차원에서 존재한다고 본다: 니팔은 이미 주어진 정보를 표현하는 반면 히트파엘은 완전히 새로운 정보를 소개한다.

예니는 히트파엘의 중간태 특성에 주목한다. 또한 히브리어에서 히트파엘의 의미와 현대언어로의 번역 가능성 사이를 옳바르게 구분한다. 그러나 예니는 겉으로 재귀태를 나타내는 것 같이 보이는 히트파엘을 통합하는 데 어려움을 겪는다. 실용적 차원에서 니팔-히트파엘을 구분하는 예니의 한계는 히브리어 동사 형태가 항상 의미론 차원에서 의미를 전달하기 때문에 문제가 된다.

4.3.4.6 평가

돔브로스키의 연구는 히트파엘을 이해하는 데 탄탄한 출발점을 제공한다. 그의 가설은 t 삽입사와 2인칭 인칭대명사가 형태론적으로 연결된다는 것에 의해 뒷받침된다. 그리고 도치적(inversative) 기능이 어떻게 히트파엘의 재귀적 상호적 그리고 중간태의 의미를 포괄할 수 있는지를 아는 것은 쉽다. 그러나 아놀드의 연구에 비추어 이러한 다양한 문법태가 어떻게 서로 어울릴 수 있는지를 알려면 더 많은 연구가 필요하다. 셈어에서 도치(inversative)가 어떻게 다르게 발전했는지 탐구하는 것은 유익할 것이다.[85]

계속해서 또 다른 유익한 연구 주제는 히트파엘과 다른 t 삽입사 어

---

85. 예, 히트파엘이 히브리어에서는 재귀적이지만 아람어에서 t 삽입사 어간은 재귀태일 뿐 아니라 종종 수동태이기도 하다.

간들의 관계이다. 히트파엘은 피엘에 반대되는 것으로 여겨지지만 히트
파엘의 실제 사용에서 항상 분명하게 반대되는 것은 아니다. 히트파엘이
다른 t 삽입사 어간들과 합쳐졌을 가능성과 히트파엘이 빈번상으로 사
용되는 이유도 조사되어야 한다.

연구되어야 할 마지막 영역은 니팔과 히트파엘의 차이점이다. 중간-
수동태와 도치(inversative) 어간으로서 당연히 많은 부분이 기능적으로 겹
치지만 히브리어에서 이 두 어간들은 형태론적으로 구분되며 심지어 서
로 함께 사용되기도 한다(예, 창 3:8, 10; 레 11:43-44). 이것은 두 어간이 경우에
따라 겹치지만 각 어간은 특정한 뉘앙스를 전달할 수 있다는 것을 의미
한다. 상황상에 의존하는 것은 도움이 되지만 궁극적으로는 만족스럽지
못하며 좀 더 연구가 필요하다.[86]

4.4 성서 아람어의 동사 어간

앞에서 성서 히브리어 동사 어간을 살펴보았는데 이제 마지막으로
성서 아람어 동사 어간을 살펴볼 것이다. 학자들의 큰 관심을 받는 성서
히브리어 동사 어간과는 달리 성서 아람어 동사 어간에 대해 실제적으
로 논문/책으로 쓰인 것이 없다. 존재하는 약간의 논의도 아람어 문법에
서 언급하는 것들로 제한되어있다. 성서 아람어 동사 어간에 대한 무관
심은 상대적으로 매우 적은 성서 아람어 자료들과 성서 아람어가 아니
라 후기 아람어 방언의 다양한 특징에 초점을 맞추는 아람어 학자들의
경향 때문이다. 이러한 사실로 인해 성서 아람어 동사 어간에 관한 논쟁
과 불일치의 여지가 거의 없게 됐다.

그럼에도 이 주제에 관한 어떤 연구들이 존재하는지를 조사하는 것

---

86. Boyd에게서 이 주제에 대한 간략하지만 훌륭한 탐구를 찾아볼 수 있다. "Medio-
Passive-Reflexive in Biblical Hebrew," 239-72.

은 가치있는 일이다. 그것은 특히 아람어에 관한 소수의 현대적 논의는 성서 히브리어 동사 어간의 최근 발전과 자주 일치하기 때문이다. 따라서 어떤 아람어 문법 요소가 성서 아람어의 주요 파생 어간—파엘(Pael), 하펠(Haphel) 그리고 *t*가 삽입된 히트피엘(Hithpeel)과 히트파알(Hithpaal)—에 대해 설명할 수 있는지를 알아 볼 것이다. 나의 논의에서 언급되는 것은 한스 바우어(Hans Bauer)와 폰투스 레안더(Pontus Leander), 칼 마티(Karl Marti), 그리고 프란츠 로젠탈(Franz Rosenthal)의 문법과 스티븐 카우프만(Stephen A. Kaufman)과 홀저 그젤라(Holger Gzella)의 최근 문법 연구다.

4.4.1 파엘

성서 아람어의 파엘 어간은 일반적으로 성서 히브리어의 피엘과 일치한다. 마티는 파엘을 스테게룽스탐(*Steigerungsstämme*), 즉 "증가시키는 어간"이라고 표시하고 그것의 사역적(causative), 반복적(iterative), 선언적(declarative), 명사 파생적(denominative) 사용이 강의적(intensive) 기능 아래 포함될 수 있다고 말한다.[87] 로젠탈은 이와 비슷하게 파엘을 "강의적" 또는 "사역적"이라고 표시한다.[88] 그러나 바우어와 레안더는 좀 더 미묘한 이해를 보여준다. 그들은 동작 동사의 파엘은 "강의적", "광범위적" 의미 모두를 가진다고 말한다: "강의적"은 행동의 철저함을 말해주고(예, קצץ의 파엘은 "절단하다"가 아니라 "완전히 절단하다"를 의미한다). "광범위적"이란 복수 행동(pluraction)을 말한다(예, הלך의 파엘은 "걷다"가 아니라 "함께 걷다"를 의미한다.). 바우어와 레안더는 상태 동사의 경우 파엘은 작위적 경향이 있다고 말한다.[89]

카우프만과 그젤라는 그들의 최근 문법 연구에서 바우어와 레안더

---

87. Marti, *Kurzgefasste Grammatik*, 27-28 (§31a).
88. Rosenthal, *Grammar of Biblical Aramaic*, 46 (§99).
89. Bauer and Leander, *Grammatik des biblisch-Aramaischen*, 272-73 (§§276d-h).

에 크게 동의한다. 그러나 중요한 것은 그들은 파엘이 "강의적"이라는 어떠한 언급도 생략한다는 것이다. 대신 그들은 파엘이 동작 동사에 대해서는 복수적이고 상태 동사에 대해서는 작위적이라고 말한다.[90] 카우프만과 그젤라는 동작 동사와 상태 동사를 구분하고, 파엘을 "강의적"이라고 보는 잘못된 이해를 거부하며, 그리고 대신 파엘의 복수적(pluralitive) 기능을 강조함으로써 성서 히브리어 피엘 어간에 대한 이해를 발전시켰다.

4.4.2 하펠

성서 아람어의 하펠은 본질적으로 성서 히브리어의 히필과 유사하다.[91] 마티와 로젠탈은 하펠 어간의 대한 그들의 논의를 비교적 간단하게 제시한다. 그들은 많은 설명없이 하펠이 사역적이라고 말한다.[92] 그러나 바우어와 레안더는 하펠의 의미와 관련해서 주어진 어근의 동작-상태 분류에 다시 한번 주의를 기울인다. 하펠은 파엘의 작위적 기능과 겹치는 방식으로 타동사이든 자동사이든 동작 어근에 대한 사역성을 표현한다.[93]

카우프만과 그젤라는 하펠을 사역적 어간으로 본다.[94] 따라서 그들은 적어도 동사 어간에 관한 그들의 출판물에서는 동작 어근에 대한 하펠

---

90. Kaufman, "Aramaic," 125; Gzella, "Language and Script," 99.
91. 성서 아람어에는 헤(*he*) 대신 알레프(*aleph*) 또는 쉰(*shin*)이 접두사로 붙은 특이한 아펠(Aphel)과 샤펠(Shaphel) 어간이 있다. 그러나 둘 모두 하펠보다 드물게 나타난다. 아펠은 초기의 헤(*he*)의 약화를 나타내며(후기 아람어에서 일반적임) 샤펠은 주로 아카드어(Š 어간에서 왔음)의 영향에서 비롯된다.
92. Marti, *Kurzgefasste Grammatik*, 28 (§31b); Rosenthal, *Grammar of Biblical Aramaic*, 46 (§99).
93. Bauer and Leander, *Grammatik des biblisch-Aramäischen*, 273–74 (§§276i–m).
94. Kaufman, "Aramaic," 125; Gzella, "Language and Script," 99.

의 기능과 상태 어근에 대한 하펠의 기능을 구분하지 않는다. 그러나 그
들이 사용하는 용어에서 알 수 있듯이, 그들은 파엘의 작위적 기능과 하
펠의 사역적 기능을 구분한다. 이점에서 그들은 그들의 선임자들과 나르
고 많은 현대 히브리어 학자들이 성서 히브리어 피엘과 히필에 적용하
는 작위성과 사역성 사이의 구분을 통합시킨다.

4.4.3 히트페엘과 히트파알

성서 아람어에서 두 개의 t 삽입 어근은 히트페엘(페알에 t가 삽입된 형태)
와 히트파알(파엘에 t가 삽입된 형태)이다. 마티와 로젠탈에 의하면, 히트페엘
과 히트파알은 각각 페알과 파알의 재귀와 수동을 나타낸다.[95] 바우어와
레안더도 t 삽입 어근들은 수동 뿐 아니라 동사의 행위자(Agent)와 수동자
(Patient)가 동일한 진정한 재귀를 표현할 수 있다고 비슷하게 주장한다. 그
러나 그들은 t 삽입사가 때로는 여격(dative case: 행동이 주어를 위해 행해짐)처럼
기능하거나 상호적 행동을 표현할 수 있다는 것을 덧붙였다.[96]

카우프만과 그젤라는 t-삽입사를 재귀, 중간태나 수동태의 표시로 이
해한다. 그것은 원래 재귀와 중간태를 가리켰지만 아람어에서 (내적 모음
수정으로 표현되는) 수동태의 점진적 손실로 인해 수동태의 역할을 수행하는
t 삽입 형태의 필요가 생겼다.[97] T-삽입 형태를 재귀-중간태로 본 그들의
출판물에서 카우프만과 그젤라는 히브리 성서에서 히트파엘(성서 아람어의
t 삽입 어간과 가장 가까운 히브리어 어간)을 이해하는 것과 다시 한번 일치한다.

---

95. Marti, *Kurzgefasste Grammatik*, 28 (§31c); Rosenthal, *Grammar of Biblical Aramaic*,
     46 (§99).

96. Bauer and Leander, Grammatik des biblisch-Aramaischen, 275–76 (§§276o–x).

97. Kaufman, "Aramaic," 125; Gzella, "Language and Script," 99–100.

4.4.4 평가

성서 히브리어 동사 어간의 기능에 관한 상당한 논의가 있는 반면 성서 아람어 어간에 관한 논의는 훨씬 적다. 한 세기 전에 성서 아람어 어간을 이해한 방식은 지금 그것들을 이해하는 방식과 거의 동일하다. 그럼에도 현재 성서 아람어 어간에 대한 이해와 이전의 이해를 비교했을 때 좀 더 미묘한 차이가 있다는 점에서 진전이 있다. 두 가지 중요한 발전은 동작어근과 상태어근의 기능을 구분하고 파엘을 "강의적"이라고 표시하지 않는다는 것이다.

동시에 연구되어야 할 부분들이 많이 남아있다. 가장 중요한 부분은 성서 아람어 동사 어간에 대한 포괄적인 연구다. 모든 아람어 동사 어간을 조사해서 그 데이터를 일관된 그림으로 종합하는 것이다. 앞으로 이러한 연구가 문법태, 결합가(valency), 의미역과 같은 현대 언어학적 논의에 의해 이루어져야 하고 좀 더 일반적으로 아람어 동사 체계의 발전 내에서 성서 아람어의 동사 체계를 고려해야 하는 것이 가장 이상적이다.

4.5 앞으로의 방향

위에서 살펴본 성서 히브리어와 성서 아람어 동사 체계에 관한 조사는 특히 성서 히브리어와 관련해서 그것들의 정확한 기능에 대한 계속되는 불일치를 반영한다. 그러나 동시에 동사 어간이 무엇인지에 대한 이해는 과거 몇세기 동안 확실히 발전되어 왔다. 앞으로 더 많은 연구와 논의가 진행됨에 따라 동사 어간에 접근하는 방법론이 개선되고 그 기능들에 관한 더 명료한 이해가 이루어지기를 희망한다. 이러한 희망을 염두에 두고 앞으로 나아가기 위한 일반적인 몇 가지 방법을 제안하고자 한다.

첫째, 학생들과 학자들은 동사 어간에 관한 현대 언어학적 개념에 익

숙해질 필요가 있다. 특히 여기서 중요한 것은 동사 어간을 이해하는 데
있어서 가장 중요한 두 가지 개념인 문법태와 동작류(*Aktionsart*)의 개념이
다. 대부분의 히브리를 배우는 학생들과 히브리어 학사들은 언어학자로
훈련되어있지 않기 때문에 이것은 위협적으로 들릴 수 있다. 그러나 이
러한 주제에 익숙해지는 것은 과거의 많은 실수를 피하고 동사 어간을
더 잘 이해하기 위해서 반드시 필요하다. 동사 어간에 대한 보이드의 일
반적인 논의는 접근하기 쉬운 출발점을 제공해주고 향후 동사 어간을 탐
구하기 위한 기초가 되어야 한다.

　　둘째, 카우프만의 중요한 통찰을 따라, 동사 어간의 가장 중요한 패
러다임은 동작-상태의 이항 대립 체계(dichotomy)로 제한되어야 한다. 연
구의 역사는 학자들이 동사 각 어간이 다른 어간에 반대되는 하나의 기
능을 가진다고 가정할 때 어떻게 잘못된 개념이 발생하는지 보여준다.
따라서 향후 어간에 대한 논의는 동사 어간을 깔끔하게 정돈된 틀에 맞
추는 것을 피하는 방향으로 나아가야 한다. 각 어간은 대표적인 기능을
가지고 있지만 반드시 예외도 존재한다. 동사 어간은 새로운 의미를 만
들기하기 위해 존재하기 때문에 단지 그것이 유일하게 사용할 수 있는
어간이라는 이유로 사용되곤 했다.

　　마지막으로, 이해하기 쉽고 정확한 방법으로 동사 어간을 가르치고
배우는 방법을 발전시킬 필요가 있다. 많은 히브리어 문법책들이 니팔을
재귀로, 피엘을 강의로 분류함으로 동사 어간에 대한 철 지난 이해를 고
수하고 있다. 감사하게도 이러한 경향에 예외가 되는 하나의 문법책이
존재한다. 브라이언 웹스터(Brian L. Webster)의 『히브리 성서 읽기: 문법개
론』(*Reading Biblical Hebrew: Introduction to Grammar*)은 피엘 어간에 대한 짧지만 언
어학적 정보를 담고 있는 논의를 제공해준다.[98] 그의 분석은 대부분 다른

---

98. Webster, *Reading Biblical Hebrew*, 160-61. Webster는 그의 문법책에서 모든 장에 걸
　　쳐 피엘에 관해 논의하고 있는데 그의 분석은 광범위하고 훌륭하다(*Cambridge*

문법책보다 동사 어간에 대한 세밀하고 정확한 이해를 보여준다. 앞으로
문법은 이것을 따를 것이다.

4.6 더 읽을 자료

Bjoru, Oyvind. "Diathesis in the Semitic Languages: Exploring the Binyan
System." MA thesis, University of Oslo, 2012.

Boyd, Steven W. "The Binyanim (Verbal Stems)." Pages 85–125 in *"Where
Shall Wisdom Be Found?" A Grammatical Tribute to Professor Stephen A.
Kaufman*. Edited by Helene M. Dallaire, Benjamin J. Noonan, and
Jennifer E. Noonan. Winona Lake, IN: Eisenbrauns, 2017.

Cook, John A. "Actionality (Aktionsart): Pre-Modern Hebrew." *EHLL* 1:25–
28.

―――. "Verbal Valency: The Intersection of Syntax and Semantics." Pages
53–86 in *Contemporary Examinations of Classical Languages (Hebrew,
Aramaic, Syriac, and Greek): Valency, Lexicography, Grammar, and
Manuscripts*. Edited by Timothy Martin Lewis, Alison G. Salvesen, and
Beryl Turner. Perspectives on Linguistics and Ancient Languages 8.
Piscataway, NJ: Gorgias, 2017.

Creason, Stuart Alan. "Semantic Classes of Hebrew Verbs: A Study of

---

Introduction to Biblical Hebrew, 247-52). 그 책에서 그는 히브리어 동사 어간에 관
한 일반적이면서도 현명한 조언을 준다. "화자들은 하나의 의미에 대해 제한된 몇
가지 형태 중 하나를 사용하고 만약 공동체에서 그것을 허용한다면 그때 그 의미
가 그 형태가 의미하는 바가 된다. 어떤 것이 화자가 하나의 어간이나 다른 어간
을 사용하도록 하지만 이 어간이 무엇을 의미하는가?라고 단순히 묻는 것은 언어
가 마치 다른 영향력 없이 동일한 방식으로 동일한 것들을 해왔던 것처럼 언어가
실제로 할수 있는 것보다 훨씬 더 견고하고 단단한 소리를 내도록 만든다.

Aktionsart in the Hebrew Verbal System." PhD diss., University of Chicago, 1995.

Dan, Barak. "Binyanim: Biblical Hebrew." *EHLL* 1:354–62.

Gzella, Holger. "Voice in Classical Hebrew against Its Semitic Background." *Or* 78 (2009): 292–325.

Sinclair, Cameron. "The Valence of the Hebrew Verb." *JANES* 20 (1991): 63–81.

Verheij, Arian J. C. *Bits, Bytes, and Binyanim: A Quantitative Study of Verbal Lexeme Formations in the Hebrew Bible.* OLA 93. Leuven: Peeters, 2000.

——. "Stems and Roots: Some Statistics Concerning the Verbal Stems in the Hebrew Bible." *ZAH* 5 (1990): 64–71.

제5장
시제, 상, 법

고대 이스라엘 농부는 자신의 소에게 젖을 주어야할 때를 확실히 알았고 그의 언어는 자신의 아들에게 일과를 설명해 주기에 적절했다.

—앤슨 레이니(Anson F. Rainey)[1]

5.1 소개

이전 장에서 나는 성서 히브리어와 성서 아람어의 동사 어간을 개관했다. 히브리어와 아람어의 동사 체계를 이해하는 데 있어서 동사의 어간이 중요한 것처럼 시제(tense), 상(aspect), 법(mood)의 개념도 중요하다. 이세 가지 개념은 범언어적으로 동사의 기본적인 특성을 나타냄으로 주목할 만한 가치가 있다. 특히 주해할 때가 그러한 경우인데 그것은 동사의시제, 상, 법을 어떻게 이해하느냐에 따라 주해에 영향을 미치기 때문이다.

성서 헬라어의 시제와 상에 관한 논의가 계속되어지는 것과 비슷하

---

1.   Rainey, "Ancient Hebrew Prefix Conjugation," 7.

게 최근 성서 히브리어와 성서 아람어의 시제, 상, 법에 관한 논의도 상당히 많이 찾아볼 수 있다. 이 주제를 복잡하게 만드는 몇 가지 문제가 있지만 한가지 중요한 어려움은 다양한 시제, 상, 법을 표현하기 위해 **카탈**(qatal)과 **이크톨**(yiqtol) 모두를 사용하는 경우이다. 더욱 혼란하게 만드는 것은 **카탈**과 **이크톨**의 반대로 보이는 **베카탈**(weqatal)과 **바이크톨**(wayyiqtol)의 사용이다.[2] 성서 언어에서 시제, 상, 법의 복잡함은 "성서 히브리어 언어학에서 가장 까다로운 문제는 동사 체계가 시제, 상, 법을 부호화(encode)하는 방식이다" 라고 말한 웬디 위더(Wendy Widder)의 최근 평가에 잘 반영되어있다.[3]

　이번 장에서 나는 이 주제가 얼마나 어렵고 복잡한지에 대해 살펴볼 것이다. 먼저 시제, 상, 법을 이해하기 위한 현대 언어학적 틀의 윤곽을 그려보고 학자들이 이 세 가지 중 어느 것을 가장 우세하게 보는지와 관련해서 성서 히브리어와 성서 아람어의 동사 체계를 어떻게 설명하는지를 논의할 것이다. 다음 장에서는 동사의 담론 기능, 다른 말로 하면 동사 체계에서 시제, 상, 법보다 담론이 더 우세하다는 관점에 관한 연구를 살펴볼 것이다.

5.2 시제, 상, 법을 위한 현대 언어학적 틀

　지난 백 년 동안 언어학자들은 시제, 상, 법에 대한 개념을 더 잘 이해하기 위해 많은 노력을 기울였고 범언어학적(cross-linguistic) 틀에서 이 중요한 개념을 정의하기 위해 노력했다. 그리고 언어학자들은 시제, 상, 법의 관계와 이 세 개의 범주 중 어떤 것이 해당 언어에서 더 우세한지 구분하는 기준을 조사했다. 이제 순서대로 각 주제를 살펴볼 것이다.

2.　Widder, "Linguistic Issues in Biblical Hebrew," 145-46.

3.　Widder, "Linguistic Issues in Biblical Hebrew," 144.

5.2.1 시제(Tense)

시제는 시간 안에서 상황의 위치를 나타내는데, 기준점(point of refer-ence)과 관련해서 사건의 시간(the event time), 즉 상황의 시간을 위치시킴으로써 그렇게 한다.[4] 많은 경우에 기준점은 발화의 시간(time of speech)과 동일하여 시제는 발화의 시점과 관련해서 상황의 위치를 나타낸다. 따라서 과거 시제는 발화 시점보다 앞선 상황의 위치를 표시하고(나는 이 책을 썼다) 현재 시제는 발화 시점과 동시적 상황을 말하며(나는 이 책을 쓰고 있다) 미래 시제는 발화 시점 이후의 상황을 나타낸다(나는 이 책을 쓸 것이다).[5]

그러나 기준점과 발화의 시간이 다를 때도 있다. 이러한 경우에 동사의 시제는 상대 시제(relative tense)가 된다.[6] 다른 절(clause)과 시간적으로 관련된 시제를 설명하려면 세 번째 추상적 기준점(abstract reference point)을 추가해야 한다. 영어에서 상대 시제의 예는 완료(나는 성탄절까지 이 글을 썼다[had witten])와 미래 완료(나는 내년까지 이 집필을 마칠 것이다[will have finished])이다. 한스 라이헨바흐(Hans Riechenbach)는 (때로는 "R-Point Theory"라고 불리는) 응집 이론(coherent theory)을 발전시킨 최초의 학자였다.[7] 이 후에 언어학자들은 계속해서 다양한 방식으로 이 이론을 개선해 왔지만 그 본질과 시제를 이해하는 데 있어서 세 번째 기준점의 주된 공헌은 변하지 않았다.

전통적으로 시제는 성서 히브리어 동사 체계를 이해하는 중요한 부분으로 자리잡고 있었다. 그러나 **카탈**과 **이크톨**은 각각 과거와 미래 시제를 주로 나타내더라도 다양한 시제를 표현할 수 있고 거기에 **바이크톨**과

4.　Comrie, *Tense*, 2-13.

5.　Comrie, *Tense*, 36-55.

6.　Comrie, *Tense*, 56-82.

7.　Reichenbach, *Elements of Symbolic Logic*, 287-98.

베카탈이 시제로 기능하는지에 대한 의문도 있다. 이러한 어려움으로 인해 시제와 성서 히브리어 동사에 관한 대부분 최근의 연구는 시제를 상과 법성(modality), 특히 후사에 연결시키려고 한다. 요즘 학자들은 예외직인 것들을 설명하기 위해 절대 시제보다는 상대 시제에 더 주목한다. 나는 아래에서 관련 연구들을 요약하면서 이러한 경향과 또한 다른 경향들을 강조할 것이다.

5.2.2 상(Aspect)

상이라는 용어는 언어학에서 여러 가지를 나타낼 수 있지만 시제, 상, 법과 관련해서 논의가 될 때 상은 특별히 관점상(viewpoint aspect, 또는 문법상[grammatical aspect])을 말한다. 그것이 상황의 외부든 내부든 그리고 그 상황의 시간의 끝이 보이든 그렇지 않든, 화자의 관점에서 상황의 시간적 구조를 묘사한다.[8] 외부에서 본 상황, 즉 화자의 관점에서 (시간적 끝점이 보이는) 완성된 상황은 완료상이라 하고 내부에서 본 상황, 즉 화자의 관점에서 완성되지 않은 상황(시간의 끝점이 보이지 않는)은 미완료상이라고 한다.[9] 나는 이 책을 썼습니다라는 문장은 완료상을 나타내고 나는 이 책을 쓰고 있었습니다는 미완료상을 나타낸다.

이러한 영어 문장의 예 외에도 관점상(viewpoint aspect)의 고전적 예를 고려하는 것이 도움이 될 수 있다. 이 관점상의 예는 오스트리아계 러시아 언어학자인 알렉산더 이사첸코(Alexander V. Isačenko)가 소개하고 신약 헬라어 학자들의 성서 연구로 대중화된 것으로 두 명의 다른 사람과 사건의 흐름(a parade)을 포함한다.[10] 완료상(Perfective aspect)은 한 지점에서 사

---

8.   Comrie, *Aspect*, 1–6.

9.   Comrie, *Aspect*, 16–40.

10.   Isačenko, *Грамматический строй русского языка [Grammatical Structure of the*

건의 흐름을 보는 사람에 의해 묘사된다. 즉 그녀는 사건의 흐름의 밖에
서 있어서 처음부터 끝까지 전체 사건을 본다. 미완료상(Imperfective aspect)
은 사건 안에서 행진하는 참여자에 의해 묘사된다. 즉 그녀는 사건의 흐
름 안에 있어서 사건의 시작이나 끝을 보지 못하기 때문에 전체 사건을
경험하지 못한다. 이러한 설명이 가지는 공간적인 특성에도 불구하고 상
은 화자가 염두에 두고 있는 시간적 국면은 나타내기 때문에 시간과 직
접적으로 관련이 있다는 것을 기억하는 것은 중요하다.[11]

　　상에 대한 관심은 성서 히브리어 연구에서 비교적 최근 현상이다. 많
은 현대 학자들은 **카탈**과 **이크톨**이 다른 시제 보다 하나의 시제만을 독
점적으로 나타내는 것이 아니기 때문에 각각 완료상과 미완료상을 표현
한다고 주장한다. 이것은 **카탈**과 **이크톨**의 "핵심" 상적 의미에서 비-상적
사용을 도출하는 방법에 대한 의문을 제기하고 많은 학자들은 문법화를
통해 그렇게 한다. 그리고 히브리어에서 다른 동사 활용(바이크톨과 베카탈)
이 상을 표현하는지에 대한 여부와, 만약 그렇다면 그것들이 어떻게 **카
탈**과 **이크톨**의 대립 기능인 완료-미완료와 관련될 수 있는지에 대한 의
문이 있다. 나는 이 질문들과 다른 질문들을 아래의 논의에서 다룰 것이
다.

5.2.3 법(Mood)

　　법은 상황(또는 사건)의 사실적 상태에 대한 화자의 태도라고 정의할
수 있다.[12] 상황은 두 가지 법 중 하나를 가진다 : 현실(realis)과 비현실(irre-

　　Russian Language], 2:132–33. Stanley Porter는 상이 시간과 분리된다는 Isačenko의
　　해석을 널리 알렸다(*Verbal Aspect*, 91). 그러나 이는 현대 언어학자들이 상과 시간
　　을 분리시키지 않기 때문에 잘못된 것이다(참조, Thomson, "What Is Aspect?" 24).

11.　Johnson, "Unified Temporal Theory," 145–75; Klein, *Time in Language*, 99–119.
12.　Palmer, *Mood and Modality*, 24.

alis). 현실적 서법(realis mood)은 발생했거나 실제로 발생하고 있는 상황을 묘사하고 반대로 비현실적 서법(irrealis mood)은 가능하지만 아직 실현되지 않은 상황을 묘사한다.[13] 두 개의 문장을 생각해보자. **나는 존디반 출판사를 위해 이 책을 썼다. 그리고 나는 존더반 출판사를 위해 다른 책을 쓸 것이다.** 첫 번째 문장은 실제의 시공간에서 발생한 어떤 사건을 묘사하기 때문에 현실법을 나타내고 두 번째 문장은 아직 발생하지 않은, 존더반 출판사를 위해 다른 책을 쓰는 것은 적어도 이 시점에서는 순수하게 상상 속에 존재하는 사건이기 때문에 비현실법을 나타낸다.

그것이 성서 히브리어와 성서 아람어에 적용될 때 대부분의 학자들은 비현실적 서법과 관련해서 법(mood)과 법성(modality)이라는 용어만을 사용한다. 비현실이라는 표현은 두 가지 다른 범주에서 생각해 볼 수 있다. 의무 법성(deontic modality)과 인식 법성(epistemic modality)이다.[14] 첫째, 명제 서법(propositional modality)이라고 알려진 인식 서법은 실제 상황에 대한 화자의 관점을 나타낸다. 그것은 가능성(벤은 지금 책을 쓸 수 있을 것이다)이나 추측에 대한 진술(벤은 지금 책을 쓸 것 같다)을 포함하고 있다.[15] 둘째, 사건 서법(event modality)이라고 알려진 의무 서법은 상황에 대한 화자의 판단을 표현하여 화자가 원하는 것이나 생각하는 것이 반드시 일어나야 된다고 주장한다. 의무 서법에는 명령(책을 쓰세요!), 간접적인 의무의 진술(책을 써야 한다)이나 허용(책을 써도 된다)을 포함한다.[16]

권유법(cohortative), 명령법(imperative), 지시법(jussive) 활용은 성서 히브리어에서 의무 서법을 표현하기 위해 사용된다. 그러나 학자들은 **카탈**(qa-

---

13. Palmer, *Mood and Modality*, 1.
14. Palmer, *Mood and Modality*, 7-8.
15. Palmer, *Mood and Modality*, 24-69.
16. Palmer, *Mood and Modality*, 70-106.

tal), **이크톨**(yiqtol), **베카탈**(weqatal) 그리고 심지어 **바이크톨**(wayyiqtol) 활용도 인식법성이든 의무법성이든 법성(modality)을 전달할 수 있는 범위에 대해서는 동의하지 않는다. 어떤 학자들은 이러한 형태들이 주로 법(modal)이라고 주장하는 반면 다른 학자들은 이러한 형태들이 특정 구문의 구조에서 법(modal)의 기능을 가진다고 주장한다. 이와 관련된 주제는 법성과 어순 사이에 연결 가능성이 있는지에 관한 것이다. 나는 다시 한번 이러한 논의와 다른 논의들을 아래에서 다룰 것이다.

5.2.4 시제, 상, 법의 우세성(prominence)

특히 샹카라 바트(D. N. Shankara Bhat)에 의해 논의된 바와 같이, 많은 언어들에서 시제, 상, 법 중 다른 두 개에 비해 하나가 더 우세하게 나타난다.[17] 우세성이라는 용어를 사용한 것은 시제, 상, 법 각각이 다른 두 개의 범주를 제외시킨다는 것이 아니라 다른 두 개의 범주가 우세한 하나의 범주보다 덜 중요하다는 것을 의미한다. 대신에 우세하다는 것은 단지 언어의 동사 체계를 이해하기 위해 하나의 범주를 중심에 둔다는 것을 말한다. 한 언어에서 가장 우세한 범주가 다른 범주를 구성할 수 있는 일종의 "중심" 역할을 한다.

언어에서 한 범주가 가지는 우세성은 그것의 문법화(grammaticalization), 패러다임화(paradigmatization), 필수성(obligatoriness), 침투성(pervasiveness)의 정도에 의해 정해진다.[18] 하나의 범주는 접사(affixes)—문법적 요소—가 그 범주를 표시하기 위해 사용될 때 문법화된다. 문법화와 직접적으로 관련이 있는 것은 필수성과 패러다임화이다. 한 범주가 문법화될수록 해당 언어에서 그 범주를 사용하는 것은 더 필수적이게 되고(obligatory), 동사 어형

---

17. Shankara Bhat, *Prominence of Tense, Aspect, and Mood*.
18. Shankara Bhat, *Prominence of Tense, Aspect, and Mood*, 95-97.

변화표(verbal paradaim)에 더 많이 나타나게 된다(그것이 패러다임화다). 이것은 자연스럽게 그 범주가 모든 주요 동사 형태에서 나타나는 정도, 즉 침투성으로 이어진나. 한 범주의 침투성을 측정하는 한가시 좋은 방법은 그것이 비-직설법(non-indicative moods)에서 어느 정도 나타나는지 보는 것이다. 이러한 틀에 비추어 볼 때 우리는 현대 영어를 시제-우세 언어로 간주할 수 있다.[19] 영어는 현재와 과거 시제를 표시하기 위해 각각 -s나 -ed 같은 어미를 사용하지만 상(예, 완료상: I wrote; 미완료상: I was writing)과 법(예, 현실법: I write; 비현실법: I could be writing)을 표현하기 위해 접사가 없는 조동사를 사용해야 한다. 따라서 영어 동사의 패러다임은 상이나 법보다는 주로 시제로 표시된다. 이것은 일반적으로 조동사가 추가된 직설법 패러다임과 같은 굴절 패러다임을 사용하는 영어의 비직설법에서도 마찬가지다.

5.3 성서 히브리어의 시제, 상, 법

시제, 상, 법을 범언어적으로 이해하기 위한 토대를 놓은 후에, 이제 이러한 개념에 대한 성서 히브리어 연구로 넘어간다. 19세기 이전에는 성서 히브리어 동사 체계에 대한 논의가 거의 없었다.[20] 사아디아 가온(Saadiah Gaon), 데이비드 킴히(David Kimḥi), 엘리사 레비타(Elias Levita)와 같은 중세 유대인 문법학자들은 히브리어 동사 체계에서 시제가 우세하다고 믿었다. 요하네스 로이힐린(Johann Reuchlin), 슈뢰더(N. W. Schroeder)와 같은 르네상스와 계몽주의 시대의 기독교 히브리어 학자들도 마찬가지로 히브리어 동사 체계에 대한 그들의 이해를 시제에 두었다. 따라서 카탈(qa-

---

19. Shankara Bhat, *Prominence of Tense, Aspect, and Mood*, 120.
20. Cook, *Time and the Biblical Hebrew Verb*, 83-86; McFall, *Enigma of the Hebrew Verbal System*, 26.

tal)은 과거 시제를 그리고 **이크톨**(*yiqtol*)은 미래 시제를 표현한다고 여겼다. 적어도 유대 문법학자들은 **베카탈**(*weqatal*)과 **바이크톨**(*wayyitol*)이 시제를 바꾸기 위해 **카탈**과 **이크톨**에 바브를 붙인 "전환"(converted) 형태라고 여겼다.

이러한 상황은 19세기 동안, 주로 에발트(Heinrich Ewald)와 드라이버(S. R. Driver)의 노력으로 크게 바뀌었다.[21] 에발트와 드라이버는 성서 히브리어 동사 체계는 시제가 아니라 상에 기초해야 한다고 주장했다. 그들은 **카탈**은 완료된 행동을 그리고 **이크톨**은 완료되지 않은 행동을 표현한다고 주장하면서 **카탈**은 라틴어 용어로 **페르펙툼**(*perfectum*), **이크톨**은 **임페르펙툼**(imperfectum)이라고 불렀다. 그들은 **베카탈**과 **바이크톨**에 대해 연속법(consecutive)이라는 용어를 사용했다. 왜냐하면 이 두 가지 형태는 각각 미래와 과거의 연속된 행동을 표현한다고 보았기 때문이다.

성서 히브리어 동사 체계에 대한 애발트와 드라이버의 관점은 20세기까지도 큰 영향력을 미쳤지만 아카드어와 우가릿어의 발견과 해독으로 이들 언어들과 다른 셈어의 동사 체계와 성서 히브리어의 동사 체계를 비교할 수 있게 됐다.[22] 이러한 역사-비교적 접근으로 성서 히브리어 동사 활용(conjugation)과 다른 셈어 형태를 다양하게 연결할 수 있게 됐다: **카탈**은 서셈어 형용사-전환-동사 **카탈라**(*qatala*)를 나타내고, **이크톨**(*yiqtol*)은 서셈어 **야크툴루**(*yaqtulu*)에서 왔고, **바이크톨**(wayyiqtol)은 서셈어의 과거형 **야크툴**(*yaqtul*)의 일부를 포함하고 있다.

학자들은 다른 방식으로 이러한 비교 셈어 데이터에 반응했다. 일부는 그것을 에발트와 드라이버의 상 이론에 통합시킨 반면, 다른 학자들

---

21. Cook, *Time and the Biblical Hebrew Verb*, 86–93; McFall, *Enigma of the Hebrew Verbal System*, 43–57, 60–77.

22. Cook, *Time and the Biblical Hebrew Verb*, 93–120.

은 성서 히브리어 동사 체계를 설명하기 위해 시제 또는 심지어 법으로 방향을 돌렸다.[23] 아래에서 나는 네개의 주요 범주—시제-우세 이론, 상-우세 이론, 법-우세 이론, 기능 이론—에 따라 다양한 관점을 대략 개관할 것이다. 그리고 이에 대한 문헌자료가 너무 방대하기 때문에 1980년대부터의 연구에 초점을 맞출 것이다.

5.3.1 시제-우세 이론

19세기와 20세기 초에 도입된 비교 셈어 데이터로 인해 성서 히브리어의 시제-우세 이론이 매우 큰 관심을 받게 됐다. 프랭크 블레이크(Frank R. Blake)와[24] 제임스 휴즈(James A. Hughes)[25] 같은 학자들의 연구도 시제-우세 이론 연구에 포함된다. 현대 시대에 많은 학자들, 특히 토론토 대학과 관련있는 학자들은 성서 히브리어 동사 체계의 시제-우세 이론을 제안했다.

5.3.1.1 리벨(E. J. Revell)

성서 히브리어 동사 체계에 대한 리벨의 이론은 특히 그들의 동사 연구에서 리벨의 개념을 더욱 발전시켜 준 토론토 대학 학생들에게 비교적 영향력이 있었다.[26] 현대 학자들이 상에 대해 관심을 가지는 것과는 대조적으로 리벨은 시제의 우세성을 주장했다. 리벨에게 시제의 우세성

---

23. Cook, *Time and the Biblical Hebrew Verb*, 120-49.

24. Blake, *Resurvey of Hebrew Tenses*; idem, "Hebrew Waw Conversive," 271-95; idem, "Form of Verbs after Waw," 51-57.

25. Hughes, "Problems of the Hebrew Verbal System"; idem, "Imperfect with Waw Conjunctive and Perfect with Waw Consecutive"; idem, "Another Look at the Hebrew Tenses," 12-24.

26. Revell, "System of the Verb," 1-37.

은 성서 히브리어 이전과 이후 랍비 히브리어 동사에서 시제가 표현되었다는 관찰에서부터 자연스럽게 나온 것이다. 즉, 만약 성서 히브리어 이전과 이후의 히브리어 동사에서 시제가 표시되어 있었다면 그 사이의 히브리어 동사에서도 마찬가지였다는 것은 틀림없다. 리벨은 시제 우세성에 대한 예외들이 시제 기반 언어인 영어에서도 있는 것처럼 분명히 나타난다고 주장한다.

리벨은 **카탈**(qatal)이 과거 시제를 표현하는 반면 **이크톨**(yiqtol)은 현재와 미래 시제를 표현한다고 말한다. 그는 또한 **카탈**과 **이크톨**의 시간 기준은 그것들이 사용되어지는 문맥의 시간 기준에 의해 조정된다고 주장한다. 다른 말로 하면, 그는 동사 체계의 상대 시제 이론을 만든 것이다. 따라서 리벨에 의하면 **카탈**은 화자의 관점에서 과거의 사건을 나타내고 **이크톨**은 화자의 관점에서 현재나 미래의 사건을 나타낸다. 또한 법성(modality)과 같은 부차적 요소는 어순(word order)에 의해 표시된다. **베카탈**(weqatal)은 시작 위치가 아닌 부분에 나오는 **카탈**과는 달리 절의 시작 위치에서 나오기 때문에 법성을 표현하고 절의 시작 부분에 나오는 **이크톨**은 법(mood)의 가치를 가지는 반면 첫 시작이 아닌 위치에 나오는 **이크톨**은 그렇지 않다.

5.3.1.2 브라이언 페컴(J. Brian Peckham)

리벨과 같이 토론토 대학에서 가르쳤던 브라이언 페컴도 시제, 상, 법을 표시할 때 어순이 가지는 역할을 고려했다.[27] 그러나 리벨과는 달리 비록 어순이 때로는 법을 표시할 수 있다는 것을 허용하지만 그는 어순이 주로 법보다 시제를 표시하는 역할을 한다고 했다. 페컴은 리벨이 했

---

27. Peckham, "Tense and Mood in Biblical Hebrew," 139-68.

던 것 보다 더 많이 상을 통합시켰다. 페컴은 **카탈**과 **이크톨**에 중점을 두고 이 두 가지 동사 형태를 가지고 있는 절이 어떻게 절의 어순과 절이 앞에 바브와 연결되어 있는 여부에 따라 다른 시제를 나타내는지 조사했다.

그 조사에 대한 결과는 상대 시제는 매우 복잡한 체계를 가진다는 것이다. **카탈**이 접속사 없이 첫 시작 위치에 올 때 그것은 현재 완료 시제(I have written)를 나타내지만 첫 시작이 아닌 위치에 올 때 그것은 단순 과거(I wrote)나 과거 완료(I had written)를 나타낸다. **이크톨**이 접속사 없이 첫 시작 위치에 올 때 그것은 **현재**(I am writing)를 나타내지만 첫 시작이 아닌 위치에 올 때 그것은 **과거 습관**(I would write)이나 **지속**(I was writing)을 나타낸다. 또한 **바이크톨**과 **베카탈**의 연속 형태(consecutive forms)는 앞 절의 동사 시제를 그대로 지속한다. 따라서 **바이크톨**은 그것이 **카탈**에 뒤이어 나올 때 일반적으로 **과거 행동**(I wrote)을 표현하고 **베카탈**은 그것이 **이크톨**에 뒤이어 나올 때 보통 **과거 습관**(I would write)을 표현한다.

5.3.1.3 빈센트 드카엔(Vincent DeCaen)

빈센트 드카엔은 1995년 토론토 대학의 박사학위 논문에서 동사 체계는 시제-우세적이라는 이해를 제시했다. [28] 자연스럽게 그는 자신의 멘토인 리벨과 페컴의 연구 위에 그의 이론을 세웠지만 생성 문법, 특히 노엄 촘스키의 지배-결속 이론(Government-Binding Theory)의 관점에서 성서 히브리어 동사 체계에 대한 물음에 접근했다. 드카엔이 지적한 것처럼 순전히 시제 없는 언어를 생성 문법 틀에 통합시키는 것은 어렵다. 이것은 드카엔이 시제가—시제보다는 덜하지만 법도—성서 히브리어 동사

---

28. DeCaen, "Verb in Standard Biblical Hebrew Prose"; 참조, idem, "Ewald and Driver on Biblical Hebrew 'Aspect,'" 129–51.

체계의 핵심 요소라는 것을 주장하도록 동기를 부여해 주었다.

드카엔은 성서 히브리어의 거의 모든 동사 형태는 완료상(perfective aspect)을 가진다고 주장한다. 그에 따르면 분사(participle)만이 미완료상을 표현한다. 대신 성서 히브리어 동사는 시제에 대해 굴절되고(inflected) 그 때 각 형태는 시제 아래 포함된 특정 법과 결합된다. 접미사가 붙은 **카탈**은 과거 시제를 표시하고 현실법(realis mood)에 속하지만 접두사가 붙은 모든 형태는 비-과거 시제를 표시하고 현실이나 비현실(irrealis)을 나타낼 수 있다. "긴" 이크톨만이 현실법을 나타내는 반면, 지시형(jussive)과 권유형(cohortative)은 명령형(imperative)과 함께 비현실법을 표현하며, 가장 주목할만한 것은 **바이크톨**이다. 드카엔에 따르면 법성(modality)은 동사가 먼저 나오는 절이 현실법보다는 비현실법을 표현하는 경향이 있다는 점에서 직접적으로 어순과 연관된다.

5.3.1.4 탈 골드판(Tal Goldfajn)

탈 골드판은 토론토 학파에 직접적인 영향을 받지 않았지만 그녀도 성서 히브리어 동사 체계의 시제-우선 이론을 지지한다.[29] 그녀의 기본적인 논의는 성서 히브리어에서 동사 형태의 주요 역할은 본문에 나타난 사건들 사이의 시간적인 관계를 가리킨다는 것이다. 골드판은 여러 동사 형태에서 상이 존재한다는 것을 부인하지는 않는다. 그러나 그녀는 하인리히 에발트, 드라이버, 그리고 상이 시제보다 더 우세하다고 주장하는 학자들을 따르지 않는다.

골드판은 네 개의 동사 형태—**카탈, 이크톨, 바이크톨, 베카탈**—를 자세히 분석한다. 그녀는 **카탈**은 동작 동사에서 이전의 행동을 표현하지만

---

29. Goldfajn, *Word Order and Time*.

상태 동사에서는 동시동작을 표현한다고 주장면서 **카탈**에서 동작 동사와 상태 동사를 구분한다. 그러나 **이크톨** 형태는 이후의 행동을 표현한다. 골드판은 **바이크톨**과 **베카탈**은 각각 **카탈**과 **이크톨**의 연속형을 나타낸다고 보았기 때문에 과거 시제 **바이크톨**과 미래 시제 **베카탈**은 모두 내러티브의 기준 시점을 앞쪽으로 이동시킨다고 주장한다. 따라서 토론토 학파와 비슷하게 골드판은 어순이 시제를 표현하는 데 중요한 역할을 한다고 주장한다.

5.3.1.5 지오니 제비트(Ziony Zevit)

지오니 제비트도 비록 그의 이론은 위의 학자들과 조금 다르지만 성서 히브리어 동사 체계의 시제-우세 이론을 지지한다.[30] 그는 두 개의 가장 기본적인 동사의 형태, **카탈**과 **이크톨**은 각각 시제—**카탈**은 과거 시제, **이크톨**은 현재-미래 시제—를 표시한다고 말한다. 제비트에 의하면, **카탈**과 **이크톨**은 모두 상을 표현할 수 있지만 그것들은 시제 아래서만 그렇게 할 수 있지 실제로는 상을 표시하지는 않는다고 주장한다. 이 주장을 뒷받침하기 위해 제비트는 현재 사용되는 언어를 살펴보면서 상을 표현하는 언어는 항상 시제 체계의 틀 안에서 그렇다는 것을 주장한다.

제비트의 가장 주목할 만한 공헌 중 하나는 **카탈**과 **바이크톨**이 특정 구조에서 선행성(anteriority)을 표현한다고 주장한 것이다. 그는 성서 히브리어는 어떤 행동이 다른 행동(앞선 행동)보다 앞서 일어났다는 것을 나타내는 형태론적인 도구가 없기 때문에 상대적 과거 시제를 표현하기 위해 성서 히브리어는 구문과 어순에 의존한다고 말한다. 제비트에 따르면 앞에 나온 절은 명사나 대명사로 시작하고 **카탈**이 뒤이어 나오는 절이

---

30. Zevit, *Anterior Construction in Classical Hebrew*; idem, "Talking Funny in Biblical Henglish," 25-33.

다. 이 예에서 **카탈**은 **완료**(나는 썼다[I have written])나 **과거 완료**(나는 썼었다[I had written])를 나타낸다. **바이크톨** 형태도 완료나 과거 완료를 나타낼 수 있지만 그것은 같은 기능을 하는(such as) **카탈** 뒤에 나올 때만 그렇다.

5.3.1.6 프랭크 마테우스(Frank Matheus)

마지막으로 프랭크 마테우스는 시간과 성서 히브리어 동사에 대한 새로운 이해를 제시한다.[31] 마테우스는 동사 형태의 시제는 시간이 아니라 본문에서 그것의 특징을 나타낸다고 본다. 시제는 본문에 의존하기 때문에 그는 두 개의 다른 의사 소통 상황—능동(예, 말)과 수동(예, 내러티브)—을 반영하는 두 가지 유형의 본문을 구분한다. 이 두 가지 범주 안에서 마테우스는 주제의 시간('어제'와 같이 발화에서 핵심어에 의해 정해지는 시간)과 상황의 시간(사건이 실제로 발생하는 시간)을 더욱 구분한다. 이것은 독일 언어학자 볼프강 클라인(Wolfgang Klein)의 연구를 대부분 따른 것이다.[32]

마테우스에 의하면 주어진 동사 형태를 이해하는 방법은 상황의 시간이 주제의 시간과 겹치는지에 대한 여부에 따라 다르다. 구체적으로 성서 히브리어 동사는 상황의 시간이 주제의 시간 안에 있을때 시제를 표현한다. **카탈, 이크톨, 바이크톨, 베카탈** 모두는 수동적 의사 소통에서 과거 (내러티브) 시제를 표현하는 한편 능동적 의사 소통에서 **카탈**은 과거나 현재 시제를 나타내고, **이크톨**은 현재나 미래 시제를 그리고 **베카탈**은 미래 시제를 나타낸다. 마태우스는 상은 상황의 시제가 주제의 시간 밖에 있을 때만 작동한다고 본다.

5.3.1.7 평가

---

31. Matheus, *Jegliches hat seine Zeit.*
32. Klein, *Time in Language*; idem, "How Time Is Encoded," 39-82.

성서 히브리어의 동사 체계가 주로 시제를 표현한다고 믿는 현대 학자들은 대부분의 역사에서 그러한 관점을 지지했던 사람들과 잘 맞다. 이 학자들은 전통적 관점을 되살리는 동시에 발전시키는 훌륭한 일을 해냈다. 특히 최근 시제-우선 이론은 어순이 시제, 상, 법과 상호 연관되는 방식에 상당한 관심을 기울인다. 이것은 성서 히브리어가 동사 용례와 어순 사이의 분명한 연결성을 보여줌에도 불구하고 그 연결성은 시제, 상, 법에 관한 논의에서 거의 주목을 받지 못했기 때문에 중요한 발전이다.

그러나 어순이 주어진 동사 형태의 시제, 상, 법을 어느 정도 결정할 수 있는지는 아직 불명확하게 남아있다. 어순만으로 이러한 범주를 설명할 수 있을 것 같진 않다. 어순만으로 모든 것을 설명할수 있다면 다른 형태론적 형태를 사용할 필요는 없을 것이다. 또한 위의 시제-우세 이론은 비교 셈어학에 거의 관심을 기울이지 않고 셈어에 대해 알려진 것과 맞지 않는 성서 히브리어에 대한 관점을 강요하는 경향이 있다. 시제-우세 이론이 역사적으로 지배적이었던 주된 이유는 성서 히브리어가 시제를 훨씬 더 중요하게 여기는 후기 성서 히브리어에 비추어 해석됐기 때문일 것이다. 그러나 후기 성서 히브리어의 시제 표현은 우리가 셈어 동사 체계의 발전에 대해 알고 있는 것을 고려할 때 늦게 발전된 것 같다.

5.3.2 상-우세 이론

오늘날 성서 히브리어 동사 체계에 대한 가장 일반적인 견해는 시제가 아닌 상이 모든 동사 형태의 용례를 가장 잘 설명한다는 것이다. 이 이론은 비교 언어학의 전성기에 하인리히 에발트와 드라이버 같은 학자들에 의해 널리 알려지게 됐다. 칼 브록만(Carl Brockelmann)의 연구는[33] 결과적으로 전체 셈어 동사 체계에 상을 통합시키게 됐고 그의 이론은 20세기 중반에 프리시오프 룬드그렌(Frithiof Rundgren)[34]과 같은 학자들에 의해 더욱 발전하게 됐다. 현대 시대에 다른 학자들이 상-우세 논의에 기여하고 심지어 에발트와 드리아버의 원래 주장에 크게 벗어나기도 했지만 존 쿡(John A. Cook)이야말로 가장 중요한 목소리를 내는 상-우세 이론의 대변자다.

5.3.2.1 존 쿡(John A. Cook)

방금 언급한 것처럼, 성서 히브리어 동사 체계에서 상-우세 이론을 지지하는 현대의 가장 중요한 다작의 학자는 존 쿡이다.[35] 존 에발트와 드리아버처럼 그는 성서 히브리어에서 기본적인 대립개념은 완료 동작과 미완료 동작이라고 주장하고 이 관점에 시제, 상, 법에 대한 현대 언어학 개념의 견고한 토대를 마련해 준다. 또한 쿡은 성서 히브리어 동사 체계에 대한 그의 이론을 입증하기 위해 언어학적 유형론과 문법화 이론을 크게 활용한다. 따라서 쿡은 동사 체계의 어떤 실현 가능한 모델이 세계의 많은 언어들에서 관찰되는 추세와 패턴에 크게 벗어나서는 안 된다고 말한다. 쿡에 의하면 이러한 접근은 어떤 동사 형태를 분석할 때 그것이 주관적 분석이 되지 않도록 만들어 준다.

이러한 틀 안에서 쿡은 **카탈**은 완료로 그리고 **이크톨**은 미완료로 정

---

33. Brockelmann, "'Tempora' des Semitischen," 133-54.

34. Rundgren, *Althebraische Verbum*.

35. Cook, *Time and the Biblical Hebrew Verb*; idem, "Finite Verbal Forms in Biblical Hebrew," 21-35; idem, "Hebrew Verb," 117-43. Cook의 *Time and the Biblical Hebrew Verb*는 2002년 위스콘신-매디슨 대학교(University of Wisconsin-Madison)에서 그의 박사학위 논문을 완성하면서 시작됐다.

의한다. 그는 **카탈**은 원래 결과적(resultative)이었지만 점차 완료나 단순 과
거로 발전했다고 주장한다. 이러한 문법화는 전세계 언어에서 나타나는
공통적인 현상이다. 그는 **이크톨**이 원래 진행형이었지만 진행형 동작을
나타내는 분사로 바뀌면서 미완료로 발전했다고 본다. **베카탈** 뿐만 아니
라 **카탈**과 **이크톨**도 그것들이 절의 첫 번째 위치에 올 때는 법(modal)이다.
따라서 쿡에 의하면 법성(modality)은 형태론적으로가 아니라 구문론적으
로 표시된다. 이것은 항상 절의 첫 번째 위치에 나오더라도 성서 히브리
어 동사 체계에서 과거와 진정한 시제 역할을 하는 **바이크톨**과는 다르다.

5.3.2.2 질 지휴젠(Jill E. Zwyghuizen)

질 지휴젠은 쿡의 문법화 모델을 성서 히브리어 시(poetry)의 동사 체
계에 적용시켰다.[36] 쿡과 마찬가지로 그녀는 상 모델을 지지한다. **카탈**(<
서셈어 카탈라[*qatala])은 완료, **이크톨**(< 서셈어 야크툴루[*yaqtulu])은 미완료 그리
고 **바이크톨**과 그것의 드문 형태인 **이크톨**(<서셈어 야크툴[*yaqtul])은 둘 다 단
순 과거 시제(preterites)다. 그녀는 성서 히브리어에서 마지막 단모음의 손
실은 **이크톨** 미완료와 **이크톨** 지시형 및 **이크톨** 단순 과거 사이의 형태론
적 애매함을 일으켰다고 주장한다. 그러나 그녀는 쿡과는 달리 상과 상
황상 사이의 상호 작용과 그리고 이러한 상호 작용이 시간 기준을 세우
는 데 가지는 역할에 더 큰 관심을 가졌다. 그녀는 내러티브보다는 전적
으로 시에만 집중했다.

지휴젠은 모음 패턴에 따라 형태론적으로 구별할 수 있는 동작 동사
(능동[fientive] 동사)와 상태 동사를 기본적으로 구분한다. 시에서 각 동사의
시간 기준은 상(aspect)과 상황상(situation aspect)의 조합에 의해 결정된다. 완

---

36. Zwyghuizen, "Time Reference of Verbs."

료로서 **카탈**은 동작 동사에 대해 과거 시간을 기준으로 가지고 있지만 상태 동사에 대해서는 과거나 현재 시간을 기준으로 가지고 있다. 미완료로서 **이크톨**은 동작 동사에 대해 현재나 미래 시간을 기준으로 가지고 있지만 상태 동사에 대해서는 미래 시간을 기준으로 가지고 있다. 지휴젠에 따르면 이러한 구조는 긴 접두어(미완료)와 짧은 접두어(과거)를 형태론적으로 구분하는 데 도움이 된다. 진정한 과거 형태(< 서셈어 야크톨[*yaqtul])는 과거 시제를 표현하는 능동(fientive) 완료나 **바이크톨** 근처에서 나타나는 경향이 있는 반면, 미완료 **이크톨**(< 서셈어 야크톨루[*yaqtulu])는 그렇지 않다.

5.3.2.3 데이비드 안데르센(T. David Andersen)

데이비드 안데르센의 성서 히브리어 동사 체계의 상-기반 모델은 비교 셈어학에 상당히 의존한다.[37] 그는 성서 히브리어 동사의 상적 특성을 셈어 동사 체계의 발전이라는 더 넓은 맥락 안에서 살펴보았다. 원셈어 동사 체계에 대한 디아코노프(Diakonoff)의 재구성을 기반으로[38] 안데르센은 세 가지 동사 활용(conjugations)—**카탈라**(qatala)/**카틸라**(qatila), **야크톨루**(yaqtulu), **야크톨**(yaqtul)—에 초점을 맞추었다. 이것으로부터 그는 성서 히브리어 **카탈**, **이크톨**, **바이크톨**, **베카탈**의 다른 기원과 기능을 설명한다. 그 과정에서 용례의 변화를 설명하기 위해 문법화를 사용한다.

안데르센은 원셈어 **카탈라/카틸라**를 성서 히브리어 **카탈**의 기원으로 본다. 그는 이 형태가 원래 진행형(progressive)이었으나 이후에 두 개의 다른 용도로 사용됐다고 주장한다. 그것이 완료로 발전되어 성서 히브리어 **카탈**이 과거 시제로 사용됐고 다른 한편으로 그것은 반복되는 미래의 행

---

37. Andersen, "Evolution of the Hebrew Verbal System," 1–66.
38. Diakonoff, *Afrasian Languages*, 85–104.

동을 표현하기 위해 성서 히브리어 **베카탈**의 이면에 놓여 있는 미완료로 발전됐다. 안데르센은 또 다른 미완료 형태인 **야카탈**(*yaqattal*)이 나타났을 때 점차로 종속절에 제한됐던 원셈어 미완료 **야크툴루**를 복원했다. 안데르센은 원래 미완료인 야크툴루가 성서 히브리어 **이크톨**의 이면에 놓여 있는 것으로 보았고 마지막으로 원셈어 과거 야크툴을 성서 히브리어 **바이크톨**의 기원인 야크툴루에서 분리된 것으로 보았다. 과거로서의 바이크톨은 과거 완료 동작을 나타낸다.

5.3.2.4 울프 베르크슈트룀(Ulf Bergstroem)

울프 베르크슈트룀도 성서 히브리어 동사 체계를 설명하기 위해 비교 셈어와 문법화를 사용한다.[39] 안데르센과 마찬가지로 그는 서셈어 야크툴루에서 온 긴 **이크톨**과 서셈어 야크툴에서 온 짧은 **이크톨**에 상당한 관심을 기울였다. 하지만 그는 또한 성서 히브리어 분사를 그의 분석에 상당히 포함시켰다. 그 결과 그는 동사 체계를 네 부분—**카탈**(qatal), 긴 **이크톨**(long yiqtol), 짧은 **이크톨**(short yiqtol), 분사(participle)—으로 나눈다. 베르크슈트룀은 이 네 가지 형태를 두 가지 다른 원래의 기능으로 분류할 수 있다고 본다. **카탈**과 짧은 **이크톨**은 원래 결과상(resultative)이며 긴 **이크톨**과 분사는 원래 진행상(progressive)이었다.

베르크슈트룀은 각 상을 특정한 시제와 연결시켰고 상과 시제의 이론을 상의 재분석을 통해 시제가 발생하는 "시간화(temporalization)"라고 불리는 과정으로 발전시켰다. 따라서 히브리어 화자는 결과적 **카탈**과 짧은 **이크톨**을 과거 시제를 표현하는 것으로, 진행형은 미래 행동을 전달하는 것으로 재분석했다. 그리고 그는 상-시제를 공유하는 형태들의 차이점

---

39. Bergström, "Temporality and the Semantics of the Biblical Hebrew Verbal System."

은 "어필 기능"중 하나라고 주장한다. 즉 **카탈**과 분사는 청자가 즉시로 행동을 취하도록 유발시키는 반면 짧은 **이크톨**과 긴 **이크톨**은 그렇지 않다. 베르크슈트룀에 따르면 이러한 구분은 각 시제-상에 대해 다른 두 개의 활용(conjugations)이 있는 이유를 설명한다.

5.3.2.5 악셀 판 더 산드(Axel van de Sande)

악셀 판 데어 산드는 세 가지 핵심 동사 형태—**카탈**, 서셈어 야크톨에서 온 짧은 **이크톨**, 서셈어 야크톨루에서 온 긴 **이크톨**—를 분석하는 것을 성서 히브리어 동사 체계에 대한 그의 연구의 기초로 삼았다.[40] 이 점에서 그의 연구는 안데르센과 베르크슈트룀과 많은 부분이 겹친다. 그러나 이 두 사람 뿐 아니라 최근 학자들과는 달리 그는 **바이크톨**이나 **베카탈**에 큰 관심을 기울이지 않는다. 이것은 그가 **바이크톨**과 **베카탈**이 마소라 학자들이 인위적으로 만들어낸 것이라고 생각하기 때문이다. 따라서 그는 **바이크톨**이 서셈어 야크톨에서 왔다거나 **베카탈**이 조건절에서 **카탈**의 사용에서 시작됐다는 개념을 거부하고 대신 **바이크톨**과 **베카탈**은 단지 접속사를 가지고 있는 **이크톨**과 **카탈**이라고 보았다.

산드는 이 세 가지 형태의 틀 안에서 상이 **카탈**, 짧은 **이크톨**, 긴 **이크톨**의 우선적인 구성 요소이고 **카탈**은 완료상과 미완료상 모두를 표현할 수 있다고 말한다. 서셈어에서 접미사 활용이 일반적으로 흔하게 사용되기 때문에 **카탈**은 순간적인(punctual) 행동을 표현할 수 있지만 또한 동작 동사에서 의지법이나 기원법을 표현하거나 상태 동사에서 영구적으로 지속되는 상태(permansive)를 표현할 수 있다. 요제프 트롭퍼(Josef Tropper)를

40. Sande, *Systeme verbal de l' hebreu ancien*. 산드의 박사학위 논문에서 시작된 이 책은 2006년 L'Institut orientaliste de Louvain에서 완성됐다.

[41] 따라 산드는 짧은 **이크톨**과 긴 **이크톨**은 완료상과 미완료상 사이의 이항 대립(binary opposition)에서 유래된 다른 기능을 가진다고 주장한다. 직설법에서 짧은 **이크톨**은 과거와 순간적인 행동을 표현하는 반면, 긴 **이크톨**은 지속적인 행동, 미래 행동, 격언을 표현한다.

5.3.2.6 롤프 푸룰리(Rolf Furuli)

성서 히브리어 동사 체계에서 롤프 푸룰리의 상 모델은 독특하다.[42] 그는 상이 기준 시간(reference time: 보여지는 사건의 일부)과 사건 시간(event time: 전체 사건) 사이의 교차점이라고 주장하면서 마리 브로만 올슨(Mari Broman Olsen)을[43] 따라 기존에 정의된 것과 다르게 상을 정의한다. 결과적으로 진행 중인 행동의 관점에서 상을 재정의했다. 즉 푸룰리에게 완료된 행동은 진행 중인 행동이 보이지 않는 사건의 관점인 반면, 완료되지 않은 행동은 진행 중인 행동이 보이는 사건의 관점이다. 이로 인해 푸룰리는 전통적으로 동작류(Aktionsart)와 관련된 구성 요소를 상과 연결시킨다.

이 틀 안에서 푸룰리는 **카탈**과 **베카탈**을 모두 완료로 분류하고, **이크톨**과 **바이크톨**을 모두 미완료로 분류한다. 이것은 **바이크톨**을 완료로, **베카탈**을 미완료로 보는 전통적인 관점과 상당히 다르다. 대부분 현대 학자들은 푸룰리가 **바이크톨**과 **베카탈**을 그것들의 비연속적 상대(이크톨과 카탈)와 의미적으로 다르다고 생각하지 않는 점을 또 다른 중요한 출발점으로 삼는다. 오히려 산드와 마찬가지로 그는 **바이크톨**과 **베카탈**을 마소라 학자들의 인위적인 창조물로 본다. 푸룰리에 의하면 다른 형태에 대해

---

41. Tropper, "Althebräisches und semitisches Aspektsystem," 164–81.

42. Furuli, *New Understanding of the Verbal System*. 이 책은 2005년 오슬로 대학에서 완성한 Furuli의 박사학위 논문에서 만들어졌다.

43. Olsen, *Lexical and Grammatical Aspect*.

한가지 형태를 사용하는 유일한 이유는 성서 저자가 동사 앞에 단어를 배치시키기를 원했는지 아닌지에 대한 여부다. 즉 **바이크톨**과 **베카탈**은 동사가 절의 시작에 나올 때 사용되는 반면, **카탈**과 **이크톨**은 동사가 절의 첫 시작이 아닌 위치에 나올 때 나타난다.

5.3.2.7 데이비드 무모(David O. Moomo)

마지막으로 데이비드 무모는 성서 히브리어 동사 체계는 상이 우세하다고 주장하지만 다른 사람들이 하는 방식과는 다른 방식으로 그렇게 주장한다.[44] 그는 성서 히브리어 동사 체계를 이해하기 위한 신뢰할 만한 도구로써 비교 셈어와 문법화를 거부한다. 오히려 그는 시제, 상, 법에 대한 유형론적 범주를 설정할 수 있는 보편적이고 범언어적인 요소을 추구한다. 따라서 무모는 언어를 시제-우세, 상-우세, 법-우세 이론으로 분류하기 위해 앞에서 언급한 샹카라 바트(Shankara Bhat)의 이론뿐 아니라 심리언어학을 사용한다.[45]

무모는 성서 히브리어 동사는 사건과 상태를 상적으로 보는 방식을 표시하기 위해 굴절된다고(inflected) 주장한다. 무모는 **카탈**은 완료이고 **이크톨**과 **베카탈**은 미완료, 분사는 진행 중인 행동을 표현한다고 본다. 그는 성서 히브리어가 항상 지속적으로 상을 구분하지는 않는다는 개념을 거부하고 대신 그의 주장을 뒷받침하기 위해 범언어적인 예를 들면서 규칙에서 벗어나는 동사들은 상의 측면에서 완전히 설명될 수 있다고 주장한다.

5.3.2.8 평가

---

44. Moomo, "Meaning of the Biblical Hebrew Verbal Conjugation."

45. Shankara Bhat, *Prominence of Tense, Aspect, and Mood.*

위의 조사에는 성서 히브리어 동사 체계에서 상의 역할을 이해하는 데 있어 어떤 발전 과정이 있었는지 반영되어 있다. 상-우세 이론을 지지하는 많은 사람들은 여러 동사 형태를 비교 셈어와 현대 언어학이라는 더 넓은 언어적 맥락에서 찾는다. 특히 쿡이 문법화와 언어 유형론을 사용한 것은 주목할 만한 것이다. 이 두 가지 주제에 주의를 기울임으로써 개별 학자들의 문헌적 판단이 무엇인지를 외적으로 입증할 수 있는 필수적인 정보를 제공받는다. 따라서 존 쿡의 작업은 성서 히브리어 동사 체계의 가장 가능성 있는 이론으로서 상-우세 이론을 확립하는 데 특별히 도움이 되어왔다.

동시에 상-우세성을 지지하는 자들이 직면하는 가장 중요한 문제는 상을 정의하는 방법과 셈어 동사 체계를 이해하는 방법에 대한 그들의 합의가 부족하다는 것이다. 베르크슈트룀과 특히 푸룰리는 그들의 이론이 상에 대한 표준적인 정의가 아닌 것에 의존했기 때문에 그들이 해결한 것보다 더 많은 문제를 야기시켰다. 비교 셈어와 관련해서 안데르센, 산드 그리고 푸룰리는 셈어 동사 체계의 가설적이고 심지어 결함이 있는 재구성에 의존한다. 특히 문제가 되는 것은 **베카탈**과 **바이크톨**이 기능과 기원의 측면에서 실제로는 **카탈**과 **이크톨**과 다르지 않다는 산드와 푸룰리의 주장이다. 그러한 결론은 비교 셈어가 지난 세기 동안 여러 모양으로 우리의 셈어 동사 체계 이해에 기여한 공로를 거의 잘 알지 못한다는 것을 드러냈다.

5.3.3 법-우세 이론

시제-우세 이론과 상-우세 이론보다는 일반적이지 않지만 법이 성서 히브리어의 동사 체계를 가장 잘 설명한다고 제안하는 소수의 학자들이 있다. 이 관점을 지지하는 학자들은 법을 시제와 상에 연과시키는 방법에 동의하지 않는다. 일부는 법을 시제와 밀접하게 연결시키는 반면, 다른 사람들은 상을 법 아래에 포함시킨다. 옥스퍼드 대학의 권위있는 흠정(regius) 교수인 얀 요스텐은 오늘날 법-우세 이론의 가장 중요한 대변자이다.

5.3.3.1 얀 요스텐(Jan Joosten)

요스텐은[46] 자신의 이론을 셈어 동사 체계에서 주요 이항 대립(dichotomy)은 말하는 순간의 동시적 행동과 말하는 순간 이전의 행동 사이라고 주장하는 제르지 쿠리오비치(Jerzy Kuryłowicz)의 상대 시제 이론 위에 세웠다.[47] 요스텐은 시제 특히 법은 성서 히브리어 동사 체계를 설명하지만 상은 설명하지 못한다고 말한다. 또한 그는 상이 성서 히브리어 동사 체계의 주요 요소로 역할을 하기에는 너무 많은 변칙이 있다고 설명한다(예, 이크톨은 주로 미완료 행동이 아니라 미래나 비현실법을 표현한다). 요스텐은 또한 언어가 법과 시제 보다 상을 표현하는 것은 그다지 필수적이지 않다고 생각하여 동사 체계의 중요한 요소로서 상을 거부하게 됐다.

요스텐에 의하면 모든 성서 히브리어 동사는 현실(realis, 직설법)이나 비현실(irrealis, 법)로 분류할 수 있다. **카탈, 바이크톨,** 그리고 분사는 현실법(realis mood)에 속한다. 이 중에 **바이크톨**만 시제, 즉 과거 시제를 표현한다. **카탈**은 이전(anterior) 행동을 표현하고 분사는 동시적인 행동을 표현하지만 **카탈**과 분사는 시제가 없다. 반면에 **이크톨**과 **베카탈** 그리고 의지법(volitive)은 비현실법(irrealis mood)에 속한다. **이크톨**과 **베카탈**은 실제로 일어나지 않았지만 일어날 수 있는 것을 전달함으로 법(modal)이다. 그러나 그

---

46. Joosten, *Verbal System of Biblical Hebrew*; idem, "Indicative System of the Hebrew Verb," 51–71; idem, "Finite Verbal Forms in Biblical Hebrew," 49–70.

47. Kuryłowicz, "Verbal Aspect in Semitic," 114–20.

것들은 법이지만 희망과 욕망 또는 의도를 전달하지만 단지 일어날수 있는 것을 전달하지 않는 의지법(volitives)과는 다르다. 의지법은 법(modal)이지만 단지 일어날 수 있는 일이 아니라 소원, 욕망, 의도를 전달한다.

5.3.3.2 비트 주버(Beat Zuber)

비트 주버는 법이 성서 히브리어 동사 체계의 기초가 된다고 주장하지만 그의 분석은 요스텐의 것과 다르다.[48] 주버는 카탈, 이크톨, 바이크톨 그리고 베카탈을 법에 기초하여 두 개의 다른 범주로 나눈다. 카탈과 바이크톨은 현실법 범주에 속하여 직설법(indicative mood)를 표현하고 이크톨과 베카탈은 비현실법에 속하여 법성(modality)를 표현한다. 또한 주버에 따르면 연속형(consecutive forms)이 카탈과 이크톨의 시제의 문체적 변형으로 사용되기 때문에 각 범주에서 의미론적 차이는 없다. 따라서 현실법 형태들(카탈과 바이크톨)은 과거 시제를 나타내는 반면 비현실법 형태들(이크톨과 베카탈)은 미래를 나타낸다.

주버는 칠십인역과 불가타역으로 성서 히브리어 동사 체계에 대한 그의 이해를 뒷받침했다. 그는 두 역본들과 법성 사이에 90% 이상의 높은 연관성이 있는 것을 발견했다. 칠십인역과 불가타역은 카탈과 바이크톨을 번역하기 위해 비-미래 직설법 형태를 사용하지만 이크톨과 베카탈을 번역하기 위해 미래, 주관, 기원을 활용했다. 주버는 이 고대 역본들이 성서 히브리어가 실제로 사용됐던 시기와 더 가깝기 때문에 성서 히브리어 동사 체계에 중요한 통찰을 제공해준다고 생각했다. 두 역본들은 좀 더 동시대적일 뿐 아니라 오늘날 우리가 동사 체계를 아마도 주관적으로 이해하는 것보다 더 믿을 만한 안내자이다.

---

48. Zuber, *Tempussystem des biblischen Hebraisch.*

5.3.3.3 수잔 래트레이(Susan Rattray)

마지막으로 수잔 래트레이는 법성(modality)이 성서 히브리어 동사 체계를 이해하기 위한 중요한 범주의 역할을 한다고 주장한다.[49] 요스텐과 비슷하지만 주버와는 달리 그녀는 시제가 아니라 상을 부차적인 것으로 본다. 그리고 그녀는 성서 히브리어에서 주요한 대립 기능은 "즉시적 (immediate) 현실"(현실법)과 "비즉시적 현실/비현실"(비현실법)이라고 보았다. 각각의 법은 진행상이나 비진행상으로 표현될 수 있다. 또한 성서 히브리어 동사에는 시제가 표시되지 않기 때문에 형태보다는 상황이 주어진 형태가 과거, 현재, 미래인지를 결정한다.

래트레이는 세 가지 동사 형태―카탈, 베카탈, 분사―가 현실법 범주에 속해 있다고 말한다. 이 중에 카탈과 베카탈은 비진행상을 나타내는 반면, 분사는 진행상을 나타낸다. 그리고 나머지 세 가지 동사 형태―이크톨, 의지법(volitive), 바이크톨―는 비현실법에 속하게 된다. 래트레이는 의지법을 진행상으로 간주하지만 이크톨과 바이크톨은 비진행상으로 여긴다. 또한 그녀는 카탈과 이크톨 모두 배경 안에서 동작을 묘사하는 것과 같은 특수한 용도를 얻게 됐다고 본다. 이것은 베카탈과 바이크톨이 단순히 카탈과 이크톨과 상호 교환이 가능하지 않다는 것을 의미한다.

5.3.3.4 평가

법-우세 이론은 성서 히브리어 동사 체계에서 법성의 중요한 역할에 주의를 기울인다. 위 학자들은 성서 히브리어 연구에서 법과 법성에 대한 관심이 높아지는 데에 기여했다.[50] 법-우세 이론을 지지하는 사람들

---

49. Rattray, "Tense-Mood-Aspect System of Biblical Hebrew."
50. E.g., Dallaire, *Syntax of Volitives.*

은 위 학자들이 성서 히브리어 자료를 주의깊게 분석한 것에 대해 감사해야 한다. 그들은 모든 자료들을 정확하게 설명할 수도 있고 그렇지 않을 수도 있는 외부의 프레임 워크를 부과하는 것이 아니라 실제 동사 용례의 분석을 통해 "토대에서부터"(from the ground up) 성서 히브리어 동사 체계의 이론을 만들었다.

동시에 법-우세 이론을 발전시킨 학자들은 현대 언어학과 비교 셈어학의 증거로 그들의 이론을 뒷받침하는 데는 실패했다. 성서 히브리어 동사 체계에 대한 우리의 이해는 (성서) 히브리어를 말하는 원어민(native)이 없어 학자들이 개별 동사 형태의 기능을 결정하기 위해 불가피하게 자신들의 문헌학적 판단에 의지할 수밖에 없다는 점에서 한계가 있다. 칠십인역과 같은 고대 역본들은 그것들이 고대에 다른 동사 활용들이 어떻게 이해됐는지 보여준다는 점에서 도움이 될 수 있지만, 모든 성서 히브리어 동사에 대해 올바르게 이해할 수 있도록 해준다는 보장은 없다. 그래서 현대 언어학과 비교 셈어학이 적절히 범위를 정해주는 외적 수단으로 필요하다. 불행히도 법-우세 이론을 발전시킨 학자들은 현대 언어학이나 비교 셈어학을 성서 히브리어 동사 체계에 대한 그들의 이론에 상당 부분 통합시키지 않았다.

5.3.4 기능 이론(Functional Theories)

마지막으로 성서 히브리어 동사 체계에 대한 일부 이론들은 시제, 상, 법의 우세성을 주장하지 않는다. 오히려 그 이론들은 단지 성서 히브리어에서 시제, 상, 법이 어느 정도 존재한다는 것을 관찰한다. 이러한 이론은 주어진 동사가 시제, 상, 법이 다른 각각의 것보다 우위에 있다고 주장하지 않고, 시제, 상, 법의 관점에서 다양한 의미를 가질 수 있다는 것을 강조하기 때문에 기능 이론이라고 부른다. 최근 이러한 접근 방식

의 중요한 대변자는 알렉산더 앤드라슨(Alexander Andrason), 크리스토퍼 제
로(Christopher Jero) 그리고 로날드 헨델(Ronald S. Hendel)이다.

5.3.4.1 알렉산더 앤드라슨(Alexander Andrason)

알렉산더 앤드라슨은 성서 히브리어 동사 체계의 기능적 관점을 옹
호하는 다작의 학자이다.[51] 그는 자신의 이론을 "범시적"(panchronic) 관점
이라고 불렀다. 그것은 그가 다른 형태들의 발전을 설명하기 위해 문법
화를 사용한다는 점에서 쿡의 모델과 비슷하지만 쿡과는 달리 앤드라슨
은 각 동사 형태의 단일한 핵심 의미를 정하는 데 관심을 가지지 않는다.
오히려 앤드라슨은 통시적 용어로 공시성(synchrony)을 설명하려고 한다.
그래서 그는 주어진 동사 형태의 의미를 문법화 경로를 따라 다양한 단
계를 반영하는 여러 의미의 혼합물로 묘사한다. 그 결과 각 동사 형태에
광범위한 기능이 있다는 것을 제안한다.

앤드라슨에게 카탈은 세 가지 다른 문법화 경로를 통해 세 가지 다른
용례—과거/완료로 이어지는 선행성(anterior), 상태/현재로 이어지는 동
시성(simultaneous), 증거로 이어지는 추론성(inferential)—로 사용되는 결과상
이다. 또한 그는 베카탈과 바이크톨은 결과상으로 시작됐다고 주장한다.
즉 베카탈은 법적 변형(modal contamination)을 나타내고 (카탈과는 달리) 바이크
톨은 선행성(anterior)과 동시적 문법화 경로만 취한다. 이크톨과 관련해서

51. Andrason, *Sistema verbal hebreo*; idem, "Biblical Hebrew Verbal System," 19-51;
idem, "Performative qatal and Its Explanation," 1-58; idem, "Gnomic qatal," 5-53;
idem, "Future Values of the qatal," 7-38; idem, "Cognitive-Typological Approach to
the Precative qatal," 1-41; idem, "Panchronic yiqtol," 1-63; idem, "Biblical Hebrew
wayyiqtol," 1-58; idem, "BH weqatal (Part 1)," 1-26; idem, "BH weqatal (Part 2),"
1-30. Andrason의 *Sistema verbal hebreo*는 2011년에 콤플루텐세 국립대학교(Uni-
versidad Complutense)에서 완성된 박사 논문에서 비롯했다.

앤드라슨은 직설법적 사용과 법적 사용을 구분한다. 직설법 이크톨은 습관적이고 지속적인 용법으로 제한된 과거 맥락의 경우를 제외하고 미완료 행동에서부터 현재-미래 시제로의 문법화를 나타낸다. 능력에서 가능성 그리고 최종적으로 지시법으로 문법화된 법성 이크톨은 지시법 이크톨과는 다른 기원을 가지고 있어서 다른 사람들이 주장하는 것처럼 그것의 변형이 일어나지 않는다. 마지막으로 분사는 미완료상의 부분적 문법화를 반영한다.

5.3.4.2 크리스토퍼 제로(Christopher Jero)

크리스토퍼 제로는 성서 히브리어 동사 체계의 표현은 그것의 통시적 발전에 따라 각 형태를 설명해야 한다고 주장한다.[52] 이것은 그가 각 동사 형태의 단일 핵심 의미를 찾는 데 중점을 두지 않는다는 점에서 쿡과 같은 학자들보다 앤드라슨과 같은 선상에 서 있다. 그러나 제로는 주어진 의미가 발생하는 특정한 상황을 설명하는 데 좀 더 주의를 기울이는데 이것은 주로 제로가 성서 히브리어가 서로 다른 역사적 지리적 방언을 나타낸다고 인식했기 때문이다. 따라서 제로는 고대 성서 히브리어(주로 시에서)와 표준 성서 히브리어(주로 산문에서)의 각 동사 형태가 어떻게 사용됐는지 추적한다. 앤드라슨의 연구와 구별되는 제로 연구의 또 다른 중요한 특징은 지구위젠과 같이 동사 어근의 상황상과 그것의 시제와 상 표현 간의 관계를 강조한다는 것이다.

제로는 서셈어의 동사적 형용사(verbal adjective) 카탈라(qatala)에서 성서 히브리어 카탈을 추론한다. 제로에 따르면 카탈은 고대 성서 히브리어에서 원래 형용사의 의미를 대부분 유지하지만 다른 곳에서는 선행성(ante-

---

52. Jero, "Tense, Mood, and Aspect," 65–84; idem, "Verbal System of Biblical Hebrew Poetry."

riority)을 나타낸다. 접두사 활용의 경우 제로는 긴 **이크톨**(<서셈어 야크툴루 [*yaqtulu*])과 짧은 **이크톨**(<서셈어 야크톨[*yaqtul*])을 구분한다. 그는 긴 **이크톨** 은 원래 고대 성서 히브리어에서 여전히 확실히 나타나는 기능인 미완 료상을 표현했지만 미래 시제(문법화를 통해)와 법성(문법화와 서셈어 야크툴라 [*yaqtula*]와의 혼동을 통해)을 나타내게 됐다고 주장한다. 그는 긴 **이크톨**의 미 완료상이 사라진 것은 진행형 분사의 사용이 증가했기 때문이라고 생각 했다. 마지막으로 단순 과거 시제 **바이크톨**(*wayyiqtol*)의 기원인 짧은 **이크 톨**은 의지법에 속한다. 명령형과 권유형과 함께 그것은 상황과 관련된 화자의 의지를 전달하는 의무법(deontic modality)을 표현한다.

5.3.4.3 로날드 헨델(Ronald S. Hendel)

마지막으로 로날드 헨델도 성서 히브리어 동사 체계의 기능적 관점 을 지지한다. 그는 시제, 상, 법이라는 언어학 범주가 동사 체계에서 다 양한 정도로 존재한다고 주장한다.[53] 그는 또한 시제, 상, 법을 우선시하 는 이론적 모델이 무엇보다 잘 작동하지만 예외는 무시한다고 말한다. 따라서 헨델에 따르면 성서 히브리어 동사 체계를 완전히 이해하려면 시 제, 상, 법 이 세 가지 범주 모두에 주의를 기울여야 한다. 결론적으로 헨 델은 쿡과 같은 학자들과 유사하게 동사 체계를 설명하지만 그 설명을 종합하고 시제, 상, 법이 어떻게 서로 관련되어 있는지를 설명하려고 하 지 않는다.

시제와 관련해서 헨델은 세 가지 변수—화자, 사건, 기준점(the reference point)—에 비추어 시제를 고려함으로써 현대 언어학 이론을 따른다. 헨델 에 따르면 이것은 동사가 상태냐 동작이냐에 따라 다르게 나타난다. **카**

---

53. Hendel, "Margins of the Hebrew Verbal System," 152–81.

탈이 상태 동사일 때 미래가 아닌 현재나 과거를 나타내지만 동작 동사
일때는 과거를 나타내고 **이크톨**은 상태 동사일 때 미래를 나타내지만 동
작 동사일때는 과거가 아닌 현재나 미래를 나타낸다. 상과 관련해서 헨
델은 상을 기본적으로 완료상과 미완료상의 대립으로 본다. 이러한 대립
은 어떤 주어진 문맥에서 관련된 시제와 상관없이 각각 **카탈**과 **이크톨** 사
이의 차이에 해당한다. 마지막으로 법(mood)과 관련해서 헨델은 모든 동
사들을 직설법이나 법으로 분류한다. 헨델에 따르면 의지법(volitive)만 법
에 대해 명시적으로 표시된다. **카탈**과 **이크톨**은 법적(modally)으로 사용될
수 있지만 문맥에 의해 지시될 때만 가능하다.

5.3.4.4 평가

기능적 관점의 주된 강점은 시제, 상, 법 모두가 성서 히브리어 동사
체계에서 다양한 역할을 하는 것을 인정한다는 것이다. 동사 체계가 시
제, 상, 법 중 하나에서 지배적이여야 한다고 가정한다면 과도하게 단순
화시킬수 있고 데이터를 적합하지 않은 프레임워크에 강제할 수 있다.

동사 체계에서 시제, 상, 법 중 하나만이 우세해야 한다고 가정한다
면 과도하게 단순화시켜 데이터를 적합하지 않은 틀에 억지로 끼워넣으
려고 할 수 있다. 성서 히브리어를 포함하여 언어는 계속적인 변화를 반
영한다는 것을 기억해야 한다. 성서 히브리어 동사 체계에서 발생하는
변화의 유형은 의심할 바 없이 특정 문법화의 경로를 따른다. 그러나 시
제, 상, 법이 표현되는 방법은 사용된 동사가 언어의 역사에서 어디에 해
당하는지에 따라 자연스럽게 달라진다. 게다가 주어진 형태가 발단 단계
사이에 있을 가능성은 항상 있다.

제로의 방식만이 이러한 문제를 잘 해결한다. 헨델의 연구가 가진 문
제점은 해석자가 동사 형태가 특정 문맥에서 의미하는 것이 무엇인지 결

정하는 방법에 대한 지침이 거의 없다는 것이다. 모든 동사 형태의 다른 의미가 서로 어떻게 관련되는지를 설명할 수 있지만 앤드라슨의 관점은 비슷한 딜레마를 야기시킨다. 제로의 접근 방식이 헨델이나 앤드라슨의 것보다 훨씬 더 유용한 것은 그가 상황상과 동사 형태 간의 상관관계뿐 아니라 특정한 의미를 의도한 특정 문맥에 집중했기 때문이다. 성서 히브리어 동사 체계에 대해 기능적 관점을 취하는 앞으로의 연구는 제로의 것을 따르게 될 것이다.

5.4 성서 아람어의 시제, 상, 법

성서 히브리어 동사 체계가 활발한 논의의 주제인 것과는 달리 성서 아람어 동사 체계에 대한 연구는 거의 없다. 1927년 한스 바우어(Hans Bauer)와 폰투스 레안더(Pontus Leander)는 그들의 성서 아람어 문법책에서[54] 이 문제를 다루었지만 그것의 특성상 그들의 분석은 포괄적이지 않았다. 그 이후에 성서 아람어 동사 체계에 대한 중요한 연구 두 개가 나왔다. 하임 로젠(Haaim B. Rosén)의 것(1961)과 타르시 리(Tarsee Li)의 것(2008)이다. 먼저 성서 아람어 동사 체계에 대한 연구를 평가하기 전에 그들의 공헌을 요약할 것이다.

5.4.1 하임 로젠

셈어 저널(*Journal of Semitics*)에서 나온 그의 논문에서 하임 로젠(Haaim B. Rosén)은 성서 아람어 동사 체계를 포괄적으로 분석했다.[55] 로젠의 연구는 성서 아람어 연구에 중요한 돌파구가 됐고 이것은 특히 아람어 학자 쿠처(E. Y. Kutscher)가 그의 연구를 "훌륭한 혁신적인 논문"이라고 불렀기 때

---

54. Bauer and Leander, *Grammatik des biblisch-Aramaischen*, 276–300 (§§277–84).
55. Rosén, "Tenses in the Aramaic of Daniel," 183–203.

문이다.[56] 로젠은 바우어와 레안더를 그의 연구의 출발점으로 삼았지만 그들이 했던 것 보다 훨씬 더 상세한 성서 아람어 동사 체계에 대한 연구를 제공해 주었다.

로젠의 가장 중요한 공헌 중의 하나는 동사의 상황상의 관점에서 성서 아람어 동사의 여러 기능들을 고려한 것이다. 그는 동사의 두 가지 유형을 구분했다. 오늘날 능동(active)나 과정(fientive) 동사로 잘 알려진 "점상"(point aspect) 동사는 동작을 나타낸다. 로젠은 어근 נפל("떨어지다")을 점상 동사의 예로 사용한다. 오늘날 상태 동사로 잘 알려진 "선형상"(linear aspect) 동사는 계속적인 상태나 특성을 나타낸다. 로젠은 어근 דור("거주하다")를 이 유형의 예로 사용한다. 로젠에 따르면 점상 동사와 선형상 동사는 활용(conjugation)과 그 동사들이 나오는 담화의 유형에 따라 다른 기능을 가진다.

נפל 같은 점상 동사는 내러티브, 미래-의지(future-volitive), 현재, 종속 (subordinate) 이 네 가지 기능 중 하나를 가질 수 있다. 과거 시제 내러티브에 사용된 기본 형태는 계속되는 과거 동작을 표현하는 능동 분사다(단 5:5에서 וְכָתְבָן, "and they were writing"). 분사가 אִיתַי와 함께 올 때 그것은 현재 시제를 나타낸다(단 3:18에서 אִיתַנָא פָלְחִין, "we are serving"). 마지막으로 qtl은 종속절에서 기본형 동사로 사용된다(단 2:23에서 יְהַבְתְּ, "you gave").

로젠에 따르면 דור("거주하다") 같은 선형상 동사는 동일한 네 개의 기능을 가지지만 다른 구조(constructions)로 그것들을 표현한다. 대신 과거 시제 내러티브 형태는 과거의 습관이나 과거의 지속적인 행동을 표현하는 yqtl이다(단 4:33, 36에서 יְתוּב, "it was returning"). 단순 능동 분사는 현재 시제를 나타내고(단 3:31에서 דָּאְרִין, "are dwelling") הוה의 yqtl 활용 + 분사는 미래 시

---

56. Kutscher, "Aramaic," 379.

제나 법성을 나타낸다(단 2:43에서 לֶהֱוֺן בִּזְרַע, "they will be united"). 마지막으로 הוה의 *qtl* 활용 + 분사는 종속절에서 기본형 동사로 사용된다(단 6:4에서 הֲוָא מִתְנַצַּח, "he was distinguish himself").

5.4.2 타르시 리(Tarsee Li)

최근에 나온 성서 아람어 동사 체계에 대한 유일한 연구는 타르시 리의 것이다.[57] 그는 주로 다니엘서를 중심으로 문법화의 측면에서 동사 체계를 분석했는데 그것은 다니엘서가 성서 아람어의 가장 광범위한 자료를 제시하기 때문이다. 리의 기본적인 전제는 언어는 문법 형태가 새로운 기능을 얻기도 하고 옛 기능을 잃어버리기도 한다는 점에서 항상 변화의 과정 가운데 있다는 것이다. 이것은 성서 아람어가 동사의 옛 용례와 새 용례를 보여주는 스냅사진을 제공해준다는 것을 의미한다. 따라서리의 연구는 쿡(Cook)의 『시간과 성서 히브리어 동사』(*Time and the Biblical Hebrew Verb*)의 접근 방식과 유사하다.

*qtl*과 관련해서 리는 그것이 성서 히브리어 **카탈**(<서셈어 *qatala*)과 마찬가지로 동사적 형용사에서 유래했다고 말한다. 전세계 언어에서 입증된 공통된 문법화 경로를 따라 *qtl*은 결과적 기능으로 발전했고 최종적으로 단순 과거 시제가 됐다. 성서 아람어에는 *qtl*의 오래된 결과적 기능의 몇몇 예들이 보존되어 있지만(예, 단 4:28에서 עֲדָת, "it has depart") 발전된 마지막단계도 보존되어 있다(예, 단 2:35에서 דָּקוּ, "they were shattered"). 리는 원래 동사적 형용사로 기능했던 수동 분사가 성서 아람어에서 결과적 기능을 보여주는 것에 주목했다(예, 단 3:23에서 מְכַפְּתִין "bound").

*Yqtl*과 관련해서 리는 그것이 원래 성서 히브리어 **이크톨**(< 서셈어 **ya-*

---

57. Li, *Verbal System of the Aramaic of Daniel*.

qtulu)과 마찬가지로 미완료 동작을 나타낸다고 말했다. *Yqtl* 형태는 점차
적으로 미래 시제를 표현하게 됐고 전세계 언어에서 입증된 공통된 문
법화 경로—미래 시제의 미완료 동작에서 법성(modality)까지—를 따라 최
종적으로 법성이 됐다. 성서 아람어에는 *yqtl*이 진정한 미완료로 사용된
예도 일부 포함하고 있다(단 7:10에서 יָקְמוּן, "they were standing"). 하지만 대부분
*yqtl*의 예는 그것의 다른 기능인 미래 시제(단 7:23에서 תִשְׁנֵא "it will be different")
나 법성(단 6:9에서 תְּקִים "you should establish")을 반영한다. 리는 이러한 것이 발
생하는 이유는 진행동사를 나타내는 능동 분사가 점진적으로 미완료 행
동을 표현하기 위해 사용된 기본 형태로 *yqtl*을 대체하기 때문이라고 본
다.

리는 성서 아람어는 상-우세에서 시제-우세로 전환되는 흔적(sign)을
보여준다고 결론내린다. *Qtl*이 결과로, *yqtl*이 진정한 미완료로 사용된 용
례가 보존된 아람어의 초기 단계에서는 상이 시제보다 더 우세했다. 그
러나 과거 시제로 *qtl*이 사용된 것과 미래 시제로 *yqtl*이 사용된 것은 시
제로 전환됐다는 것을 증명해준다. 리는 이러한 전환이 능동 분사의 사
용에서 특히 분명하다고 본다. הוה의 *qtl* 활용 + 분사는 과거시간에서 미
완료 행동을 나타내고(단 6:11에서 הֲוֵא עָבֵד, "he would do") 반면, הוה의 *yqtl* 활
용 + 분사는 과거가 아닌 시간에서 미완료 행동이나 법성(modality)을 나
타낸다(단 6:3에서 לֶהֱוֵא נָזֵק, "he might suffer loss").

5.4.3 평가

로젠과 리의 연구는 성서 아람어 동사 체계를 이해하는 데 특별한 공
헌을 했다. 로젠의 주된 공헌은 점상(point aspect)과 선형상(linear aspect)의 구
분이다. 셈어는 동작 동사와 상태 동사 사이의 근본적인 이분법을 보여
주기 때문에 이러한 구분이 특히 중요하다. 그러나 그는 성서 아람어 동

사 체계의 통시적 발전을 자세히 탐구하지 않는다. 이와 관련해서 리의 분석은 특히 도움이 된다. 리의 문법화 접근 방식은 성서 히브리어 동사 체계에 대한 쿡의 접근 방식과 마찬가지로 동일한 강점—공통 언어 작동 방식과 언어 유형에 대한 관심—을 많이 가지고 있다.

지난 백 년 동안 성서 아람어 동사 체계에 대한 단 두 개의 중요 연구만 나타났다는 사실은 아직 연구해야 할 것들이 많이 남아있다는 것을 말해준다. 성서 아람어에서 시제, 상, 법의 역할은 동시대(제국) 아람어의 이 세 범주에 대한 이해의 발전에 비추어 더 탐구될 수 있다.[58] 동작 대 상태 그리고 동작 양태(*Aktionsart*)가 특정 동사 형태의 사용과 어떻게 상호 관련되는지 크게 주의를 기울이면서 더 넓은 셈어 맥락에서 성서 아람어 동사 체계를 탐구하는 것이 유익할 것이다.

5.5 앞으로의 방향

지금까지 살펴본 것처럼 성서 히브리어 동사 체계와 성서 아람어 동사 체계에 대한 다양한 관점이 있다. 한편으로 이것은 학자들이 이 중요한 주제에 관여하고 있다는 것을 보여주기 때문에 좋은 현상이지만 반면 다양한 의견들로 인해 여기에서 어디로 가야하는지 알기 어려울 수 있다. 앞으로 이 논의를 발전시키기 위해 필요한 것이 무엇인지에 관해 쿡이 제안한 몇몇 중요한 요점을 요약하고[59] 그 과정에서 나 자신의 생각을 추가할 것이다.

첫째, 성서 히브리어와 성서 아람어 동사 체계를 설명하려는 학자들은 시제, 상, 법에 대한 현재 언어학 정의를 활용할 필요가 있다. 이번 장에서 논의된 많은 연구들은 이 범주에 대한 현대 언어학적 이해에 기초

---

58. 참조, Gzella, *Tempus, Aspekt und Modalitat.*
59. Cook, "Current Issues," 79–108.

를 두고 있지만 그리 놀랄만한 수는 아니다. 일부는 시제, 상, 법에 대한 자신의 정의를 제시하거나 언어학자들 사이에서 일반적으로 가지고 있지 않은 관점을 채택하기도 한다. 대화가 진전되기 위해서 성서 히브리어와 성서 아람어 학자들은 현대 언어학자들이 지지하는 공통된 정의를 받아들이는 것이 반드시 필요하다.

둘째, 쿡이 지적한 것처럼, 동사 체계 이론을 더 넓은 언어학적 맥락에 둘 필요가 있다. 이것은 어떤 제안된 성서 히브리어나 성서 아람어 동사 체계 이론이 전 세계의 언어들이 일반적으로 가는 길에서 크게 벗어나지 않기 위해 언어 유형론과 문법화에 주목할 필요가 있다. 이러한 방식으로 동사 체계 이론을 평가하는 것은 특정 언어 형태가 어떻게 해석되는지 잘 조절해주는 외부 제어장치를 제공해주는 것이며 이것은 우리가 원어민이 아니기 때문에 중요하다. 성서 히브리어에 대한 쿡의 연구와 성서 아람어에 대한 리의 연구는 앞으로 동사 체계 연구할 때 적용할 수 있는 특별히 탁월한 모델을 제공해 준다.

셋째, 쿡은 이 부분에 대해 많이 논의하지는 않았지만, 나는 동사 체계 이론을 더 넓은 언어학적 맥락에 두려면 비교 셈어학에 주의를 기울이는 것이 필요하다는 것을 강조할 것이다. 다른 말로 하면, 성서 히브리어나 성서 아람어 동사 체계의 어떠한 이론도 우리가 셈어의 발전에 대해 아는 것과 궁극적으로 맞아야 한다. 셈어의 발전에 불확실성이 존재하지만 이 틀에 맞지 않는 이론을 공식화하는 것을 막기위한 기본적인 윤곽(picture)에 대해서는 충분히 알려져 있으며 이 기본 윤곽에 대한 지식은 위에서 언급한 몇 명의 학자들을 잘못된 오류에서 구할 수 있었을 것이다. 또한 비교 셈어학은 동작 동사와 상태 동사의 이분법과 상황상의 중요성을 입증하기 때문에 미래의 연구를 위해 나아가야할 방향을 제시해준다. 앞으로 동사 체계에 대한 연구는 지휴젠(Zwyghuizen)과 제로(Jero)의 선행 연구를 따르게 될 것이다.

만약 우리가 성서 히브리어와 성서 아람어 동사 체계를 좀 더 잘 이해하려면 이것은 결국 또 다른 사항들이 필요하게 될 것이다. 학자들은 성서 히브리어와 성서 아람어가 시간이 지나면서 변하는 실제 언어라는 것을 인식해야 한다. 이러한 사실은 시제, 상, 법을 지배적인 범주로 명시하는 것을 어렵게 만든다. 오히려 이 세 가지 각각의 범주는 제로와 같은 일부 기능주의자들에 의해 주장된 것과 같이 언어의 발전 단계에 따라 다양한 역할을 하게 된다. 따라서 최근 몇 가지 연구가 동사 체계 발전의 특정한 단계에 집중하는 것은 권장할 만한 것이다.[60] 이러한 추세가 계속된다면 우리는 앞으로 몇 년 동안 동사 체계에 대한 우리의 이해가 더욱 발전할 것이라고 기대할 수 있을 것이다.

5.6 더 읽을 자료

Buth, Randall. "The Hebrew Verb in Current Discussions." *JOTT* 5 (1992): 91–105.

Callaham, Scott N. "Mood and Modality: Biblical Hebrew." *EHLL* 2:687–90.

Cook, John A. "Aspect: Pre-Modern Hebrew." *EHLL* 1:201–5.

———. "Current Issues in the Study of the Biblical Hebrew Verbal System." *Kleine Untersuchungen zur Sprache des Alten Testaments und seiner Umwelt* 17 (2014): 79–108.

———. *Time and the Biblical Hebrew Verb: The Expression of Tense, Aspect, and Modality in Biblical Hebrew.* LSAWS 7. Winona Lake, IN: Eisenbrauns, 2012.

---

60. Notarius, *Verb in Archaic Biblical Poetry*; Cohen, *Verbal Tense System.*

Gzella, Holger. "Some General Remarks on Interactions between Aspect, Modality, and Evidentiality in Biblical Hebrew." *FO* 49 (2012): 225–32.

Hatav, Galia. "Tense: Biblical Hebrew." *EHLL* 3:736–40.

Jero, Christopher. "Tense, Mood, and Aspect in the Biblical Hebrew Verbal System." Pages 65–84 in "Where Shall Wisdom Be Found?" *A Grammatical Tribute to Professor Stephen A. Kaufman.* Edited by Helene M. Dallaire, Benjamin J. Noonan, and Jennifer E. Noonan. Winona Lake, IN: Eisenbrauns, 2017.

———. "The Verbal System of Biblical Hebrew Poetry: The Morphosyntactic Role of Internal Aspect (Aktionsart)." PhD diss., Hebrew Union College–Jewish Institute of Religion, 2008.

Joosten, Jan. "Verbal System: Biblical Hebrew." *EHLL* 3:921–25. Li, Tarsee. *The Verbal System of the Aramaic of Daniel: An Explanation in the Context of Grammaticalization.* Studies in the Aramaic Interpretation of Scripture 8. Leiden: Brill, 2009.

Zwyghuizen, Jill E. "Time Reference of Verbs in Biblical Hebrew Poetry." PhD diss., Dallas Theological Seminary, 2012.

제6장
담화 분석

담화 분석은 언어를 진지하게 공부하는 학생에게는 선택 사항이나 사치품이 아니라 필수품이다.

—로버트 롱에이커(Robert E. Longacre)[1]

6.1 소개

이전 세 개의 장에서 주로 의미론, 즉 구문(construction)이 특정한 문맥 밖에서 가지는 고유한 의미에 대해 다루었다. 이번 장에서는 의미론에서 화용론(pragmatics), 즉 구문이 구체적인 맥락 안에서 가지는 의미로 주제를 이동할 것이다. 여기에서 중요한 개념은 구문이 특정한 문맥 안에 나올 때 그 구문은 추가적인 의미를 가질 수 있다는 것이다. 예를 들어, "오늘은 월요일이다"라는 진술의 기본적인 의미(의미론)는 상당히 명확하다. 그러나 그것의 함축적인 의미는 대화의 특성에 따라 크게 달라진다. 만약 당신이 내가 월요일에 교수 모임이 있다는 것을 안다면, 오늘은 월요

---

1.   Longacre, *Discourse Grammar*, 1:2.

일이다 라는 진술은 실망을 표현하는 것일 수도 있고 만약 당신이 월요일이 새 학기의 첫날이라고 알고 있다면 같은 진술이라도 흥분을 표현하는 것일 수도 있다.

담화 분석은 언어를 추상적인 개념이 아니라 실제 사용되는 언어로 보기 때문에 화용론의 영역에 속한다. 그러나 담화 분석이라는 용어 자체는 누가 그것을 사용하느냐에 따라 다른 의미가 될 수 있다. 일부 학자들에게는 그것이 특정 사회 문화적 집단의 사람들이 의사 소통하는 방식을 다룬다는 점에서 강력한 사회 언어학적 성향을 가지고 있는 것이지만[2] 많은 언어학자들에게 담화 분석은 사람들이 의사 소통하기 위해 어떻게 언어를 사용하고 구성하는지를 좀 더 광범위하게 말해주는 것이다.[3] 모든 사람들이 담화 분석과 텍스트 언어학을 그렇게 엄밀하게 구분하는 것은 아니지만 의사 소통의 형태가 텍스트로 쓰인 경우는 텍스트 언어학이라는 용어가 담화 분석 대신 사용되는 경우가 있다.[4]

담화 분석은 언어학에서 비교적 새로운 분야다. 담화 분석의 현대적 뿌리는 1953년 이 용어를 널리 알린 셈어학자에서 언어학자가 된 젤리그 해리스(Zellig S. Harris)로 거슬러 올라간다.[5] 담화 분석이 가장 최신의 분야라는 것을 감안한다면 히브리어와 아람어 학자들이 최근에 그것을 히브리어 성서에 적용한 것은 그리 놀라운 일이 아니다. 그럼에도 과거 수십 년 동안 담화 분석을 히브리 성서에 적용하는 것에 있어서 흥미로운 발전이 있어왔다. 그래서 이번 장에서는 담화 분석을 위한 현대 언어학적 틀을 제시한 후에 히브리어 성서의 담화 분석을 위한 자료들과 다양

---

2.   참조, Paltridge, *Discourse Analysis*, 6–12.
3.   Brown and Yule, *Discourse Analysis*, vii–ix.
4.   참조, Georgakopoulou and Goutsos, *Discourse Analysis*, 3–4.
5.   Harris, "Discourse Analysis," 1–30.

한 접근 방식을 조사함으로써 담화 분석의 발전을 탐구할 것이다. 그리고 다음 장에 나오는 어순과 밀접하게 관련된 주제에 관한 논의를 언급할 것이다.

6.2 담화 분석을 위한 현대 언어학적 틀

담화 분석을 위한 현대 언어학적 틀은 세 가지 기본적인 개념—응집성(coherence)과 응결성(cohesion), 담화 단위(discourse units)와 담화 관계(relations), 정보 구조(information structure)—을 포함한다. 담화 분석과 히브리 성서에 관한 연구를 조사하기 위한 기초 작업으로 이 세 가지 개념들을 논의할 것이다.

6.2.1 응집성과 응결성

6.2.1.1 응집성

응집성이라는 용어는 텍스트의 다양한 요소들이 하나의 전체적인 정신적 표상(a mental representation)에 맞는지에 대한 여부를 말해준다.[6] 모든 사람들은 텍스트에 대한 지식을 알려주고 텍스트가 말하고자 하는 의미가 무엇인지를 예상할 수 있도록 해주는 세계에 대한 지식—정신적 표상—을 가지고 있다. 일관적인(coherent) 텍스트는 하나의 정신적 표상에 적합할 수 있는 반면, 일관적이지 않은(incoherent) 텍스트는 그렇지 않다. 아래 두 개의 텍스트를 살펴보자.

(1) 어제 나는 카누를 차의 지붕에 묶은채 거리를 달리는 자동차를 보았다. 그 자동차를 보고 개 한 마리가 개집에서 나와 그 차를 향해 짖기 시작했다.

---

6. Dooley and Levinsohn, *Analyzing Discourse*, 21-25; 참조, De Beaugrande and Dressler, *Text Linguistics*, 84-112; Brown and Yule, *Discourse Analysis*, 223-71.

그 차의 운전수는 짖는 개를 신경쓰지 않고 내가 좋아하는 팬케이크 가게 중 하나를 지나치며 그대로 차를 몰았다.

(2) 만약 당신이 타이어 네 개가 모두 펑크난 상태로 거리를 내려오고 있는 카누를 본다면 얼마나 많은 팬케이크가 개집을 덮을 수 있을까? 같은 양, 왜 냐하면 아이스크림에는 뼈가 없고 그는 어쨌든 토마토를 좋아하지 않기 때 문이다.

이 두 개의 텍스트는 문법적으로 맞다. 그러나 첫 번째 것만 하나의 정신적 표상에 맞기 때문에 일관성이 있는 반면, 두 번째 것은 그렇지 않 다.

6.2.1.2 응결성

응집성은 텍스트가 개념적으로 뜻이 통하는지 여부를 다루는 반면, 응결성은 텍스트에 응집성(일관성)을 주기 위해 언어적 수단을 사용하는 것이다.[7] 이 개념은 그것을 영어에 적용시킨 구조주의자 할리데이(M. A. K. Halliday)와 루카이야 하산(Ruqaiya Hasan)의 연구로 거슬러 올라 간다.[8] 그 러나 모든 언어는 텍스트의 일부분이 개념적으로 어떻게 다른 부분들과 연결되는지를 기호화하는 방법을 가지고 있기 때문에 응결성은 범언어 적으로 적용된다. 이러한 연결을 결속 장치(cohesive ties)라고 부른다.[9] 텍스 트에는 여러 유형의 결속장치가 있다. 담화 표지(discourse markers), 참여자

---

7.   Dooley and Levinsohn, *Analyzing Discourse*, 27-34.

8.   Halliday and Hasan, *Cohesion in English*; Halliday, *Halliday's Introduction to Functional Grammar*, 593-658.

9.   Dooley and Levinsohn, *Analyzing Discourse*, 27.

지시어(participant reference), 어휘의 패턴화(lexical patterning), 형태 구문의 패턴
화(morphosyntactic patterning).[10]

첫째, 담화 표시는 본문 단위들 사이의 관계를 알린다. 접속사와 다
른 유사한 언어 표시들이 이 목적으로 기능한다. 유형적으로 내러티브와
비내러티브 본문들은 서로 다른 유형의 담화 표시를 사용한다. 내러티브
에서 담화 표시는 시간이나 인과 관계에 초점을 맞추는 경향이 있지만(
예, 영어에서 meanwhile, then, afterward) 비내러티브에서 담화 표시는 논리적 순
서에 초점을 맞추는 경향이 있다(예, 영어에서 but, so, and now).[11] 성서 히브리
어에서 담화 표시의 예는 אַף(또한), עַתָּה(지금), כִּי(왜냐하면), עַל־כֵּן(따라서),
그리고 지시사(deictic particle) הִנֵּה 가 있다.[12]

둘째, 참여자 지시어는 본문의 요소들을 어떻게 확인하고 재확인하
는지와 관련이 있다. 사람이든 사물이든 같은 참여자를 다른 방식으로
지칭할 수 있다. 유형적으로 참여자에 대한 가장 분명한 지시어는 분문
이 시작될 때나 주요 본문의 경계에서 발견되는 반면, 덜 분명한 지시어
는 본문에서 나중에 나온다.[13] 예를 들어, 〈반지의 제왕〉에서 프로도 배
긴스(Frodo Baggins)라는 등장인물은 초반에 그의 이름 전체가 소개됐지만
이후에는 대부분 단순히 '프로도'나 '그'로 단순히 언급된다. 성서 히브
리어에서 인칭(הוּא, "그"; הִיא, "그녀"), 지시사(זֶה, "이것"), 관계 대명사(אֲשֶׁר, "who,
which") 그리고 다양한 칭호(הָאִשָּׁה, "여자"; הַמֶּלֶךְ, "왕")는 본문의 참여자를 다

---

10. 참조, Dooley and Levinsohn, *Analyzing Discourse*, 27-34; Georgakopoulou and
    Goutsos, *Discourse Analysis*, 90-128; De Beaugrande and Dressler, *Text Linguistics*,
    48-83; Brown and Yule, *Discourse Analysis*, 191-204.
11. Georgakopoulou and Goutsos, *Discourse Analysis*, 95-98.
12. Di Giulio, "Discourse Marker: Biblical Hebrew," 1:757-58.
13. Georgakopoulou and Goutsos, *Discourse Analysis*, 99.

시 재확인하기 위해 사용된다.[14]

셋째, 어휘의 패턴화는 응결성을 만들기 위해 유사한 어휘 항목을 사용하는 것을 말한다. 어휘의 패턴화는 정확히 같은 어휘 항목의 반복을 통해 이루어 질 수 있다. 그러나 동의어(유사한 의미를 가진 단어)와 하위어(다른 단어의 하위 단위를 나타내는 단어)도 응결성을 만들 수 있다. 예를 들어, '나는 나의 아내에게 꽃을 주었다'와 '그녀는 장미를 좋아한다'라는 문장에서 꽃과 장미 사이의 하위어 관계는 두 문장의 어휘적 연결성을 만들어 낸다. 성서 히브리어에서 어휘의 패턴화의 예는 먹어서는 안되는 구체적인 새의 종류(예, הַנֶּשֶׁר "독수리")를 나열하기 전에 일반적인 새(הָעוֹף)를 말하는 레위기11:13-19에서 찾을 수 있다.

넷째, 형태 구문의 패턴화는 응결성을 만들기 위해 유사한 구문을 사용하는 것을 말한다. 여기에는 시제나 상이 같은 동사, 비슷한 구문적 구조를 가지고 있는 명사구 그리고 반복되는 전치사구가 포함된다. 예를 들어, '나는 산에 올랐다. 그리고 정상에 도착했다'라는 문장에서 두 개의 과거 시제 동사 '올랐다'(hiked)와 '도착했다'(reached)는 응결성을 만든다. 왜냐하면 독자들은 자연스럽게 유사한 동사들을 서로 연결시키기 때문이다. 성서 히브리어에서 형태 구문의 패턴화의 매우 흔하고 좋은 예는 내러티브에서 과거 동작을 표현하기 위해 **바이크톨**을 사용하는 것이다. 내러티브에서 **바이크톨**을 반복적으로 사용하는 것은 독자들이 다른 사건들을 연결하도록 해준다.

6.2.2 담화 단위와 담화 관계(Discourse Units and Relations)

사람들은 한번에 음식 전체를 먹는 것보다 음식의 작은 덩어리를 삼

---

14. Regt, "Disjoining in Discourse," 3:30-33.

키는 것이 더 쉽고 건강에 좋기 때문에 음식을 꼭꼭 씹어서 먹는다. 마찬
가지로 사람들은 한 번에 모든 정보를 받아들이기보다 뇌가 좀 더 쉽게
처리할 수 있는 부분으로 정보를 받아들인다. 따라서 본문은 별개의 단
위 즉 생각의 "덩어리"로 구성된다.[15] 구별된 의미의 단위로 본문을 나누
는 과정을 분절(segmentation)이라고 한다.

　가장 기본적인 생각의 덩어리는 주제별 그룹(thematic grouping)이다. 주
제별 그룹은 그것이 하나의 통일된 주제를 다룬다는 점에서 내적 응결
성을 보여준다. 즉 비내러티브에서는 단일 주제를 나타내고 내러티브에
서는 특정 시간의 한 위치에서 단일한 일련의 인물군(characters)을 나타낸
다. 따라서 주제가 전환된다는 것은 새로운 주제별 그룹이 나타난다는
것을 말해준다. 주제별 그룹의 경계는 종종 언어 신호로 표시된다. 주제
별 그룹의 경계는 앞에 위치하는 표현(예, 결론적으로), 특수 연결사(예, then,
now, so) 또는 일반 연결사의 부재 그리고 요약 진술(예, 이것은 …임을 입증한다)
과 같은 언어 신호로 표시되기도 한다.[16] 성서 히브리어에서 자주 나타나
는 경계 표시어는 וַיְהִי("그리고 일어났다")나 וְהָיָה("그리고 일어날 것이다.")뿐 아
니라 접속사를 생략하는 것도 포함된다.

　주제별 그룹 그 자체 안에는 더 작은 생각의 덩어리를 포함하고 있
다. 이 수준에서 가장 기본적인 단위는 절에 해당하는 개념(idea)의 단위
다.[17] 하나의 절은 하나의 주어와 술어를 포함하고 두 가지 형태, 주절이
나 종속절 중 하나일 수 있다. 성서 히브리어에서 종속절은 부사(예, אַחַר,
"~후에")나 부정사 연계형(infinitive construct)에 의해 도입된 시간절이나,

15. Dooley and Levinsohn, *Analyzing Discourse*, 35-37.
16. Dooley and Levinsohn, *Analyzing Discourse*, 38-40; Georgakopoulou and Goutsos, *Discourse Analysis*, 66-68.
17. Georgakopoulou and Goutsos, *Discourse Analysis*, 66-68.

אֲשֶׁר("who, which")에 의해 도입된 관계절, 그리고 כִּי("because, for")에 의해 도입된 원인절을 포함한다. 의미론적으로 하나의 절은 일반적으로 하나의 명제, 즉 단일한 생각의 단위를 나타낸다.[18]

인접한 문단 뿐 아니라 인접한 개념의 단위는 다양한 방식으로 서로 연결될 수 있다. 본문 단위들의 상호 관계는 SIL의 존 버크만(John Beekman)에 의해 발전된 의미론과 구조 분석 그리고 윌리엄 만(William C. Mann)과 산드라 톰슨(Sandra Thompson)에 의해 발전된 수사 구조이론에 의해 알려진 개념인 담화 관계로 표현된다.[19] 담화 관계는 연속, 대조, 상세 그리고 결과를 포함하여 단위들 간의 여러 관계들을 설명할 수 있다.[20] 언어 신호는 독자들이 단위들 사이의 구문 관계를 결정하는 데 도움이 된다. 이것은 차례로 독자들이 의미론적 관계를 추론하여 본문의 사고의 흐름을 추적할 수 있도록 한다.[21] 담화 관계는 성서 학자들과 성서 번역자들에 의해 다양한 방식으로 성서에 적용되어 왔다. 성서 주해의 맥락에서 이러한 구체적인 적용이 "담화 분석"이 의미하는 것의 핵심이다.[22]

본문의 전경(foreground)이나 배경(background)에서 담화의 개별적 구성요소들의 위치를 보면 그것들이 어떤 방법으로 서로 연관되어 있는지 안

18. Dooley and Levinsohn, *Analyzing Discourse*, 87.
19. Beekman, Callow, and Koposec, *Semantic Structure of Written Communication*, 77–113; Mann and Thompson, "Relational Propositions in Discourse," 57–90; idem, "Rhetorical Structure Theory," 243–81.
20. 참조, Georgakopoulou and Goutsos, *Discourse Analysis*, 80–81.
21. Dooley and Levinsohn, *Analyzing Discourse*, 87–89; Beekman, Callow, and Koposec, *Semantic Structure of Written Communication*, 77–113; Georgakopoulou and Goutsos, *Discourse Analysis*, 80–84.
22. E.g., Beekman and Callow, *Translating the Word of God*, 287–342; Nida and Taber, *Theory and Practice of Translation*, 39–55; 참조, Cotterell and Turner, *Linguistics and Biblical Interpretation*, 188–229.

다. 본문의 어떤 요소는 독자들의 정신적 표상에서 지배적인 것으로 두드러지는 반면, 다른 요소는 그렇지 않다. 전경은 본문의 기본 윤곽을 설정하고 구조적 일관성을 만드는 본문의 일부를 나타내는 한편, 배경은 본문의 기본 윤곽을 상세하게 채운다.[23] 두 개의 문장, 캐시는 노래하면서 뛰어다닙니다; 그리고 캐시는 에너지가 넘치는 7살 소녀입니다를 생각해 보자. 담화에서 함께 연결될 때 첫 번째 문장은 우리가 앞서 이해할 수 있도록 하기 때문에 전경을 나타내고, 두 번째 문장은 전경을 이해하는 데 필수적인 정보를 제공해 주기 때문에 배경을 나타낸다.

6.2.3 정보 구조

문장 수준에서 담화 분석의 마지막 단계는 먼저 할리데이(M. A. K. Halliday)에 의해 알려지고 이후에 크누트 람브레히트(Knud Lambrecht)와 시몬 딕(Simon C. Dik)에 의해 발전된 개념인 정보 구조라고 불리는 것을 조사하는 것과 연관되어 있다.[24] 정보 구조는 독자가 이미 알고 있는 것과 작가가 독자가 알기 원하는 것에 비추어 정보 구조가 한 문장 안에서 "패킹"되고 배열되는 방식과 관련이 있다.[25] 이 정보 구조는 여러 다른 개념들을 필요로 한다. 여기에는 화제(topic)와 평언(comment), 초점(focus)과 다른 형태의 담화-화용적(discourse-pragmatic) 구조를 포함한다.

화제와 평언의 개념은 다양한 방식으로 이해되어져 왔다. 그러나 일반적으로 화제는 문장이 말하는 것이고 평언은 문장이 주제에 대해 말

---

23. Dooley and Levinsohn, *Analyzing Discourse*, 79.

24. Halliday, "Notes on Transitivty and Theme: Part 2," 199–244; Lambrecht, *Information Structure and Sentence Form*; Dik, *Theory of Functional Grammar*.

25. 참조, Chafe, "Givenness, Contrastiveness, Definiteness, Subjects, Topics and Point of View," 27–55.

하는 것이다.[26] 보통 문장의 화제는 주어이고 평언은 술어이다. 예를 들어, **모세는 산을 올랐다**라는 문장에서 **모세**가 화제이고 **산을 올랐다**가 우리에게 주제(모세)에 대해 말하는 평언이다. 쓰인 언어에서 화제와 평언은 형태론적으로(예, 특정한 문법 형태나 접사의 사용을 통해)나 구문론적으로(문장에서 어순이나 배치를 통해) 표시될 수 있다.[27]

또한 초점(focus)의 개념에 대한 몇 가지 다른 이해가 있지만 일반적으로 초점은 독자의 정신적 표상을 변화시키기 위해 제공되는 정보를 의미한다.[28] 그래서 문장의 초점은 독자가 이미 알고 있는 것에 따라 달라진다. **모세는 산을 올랐다**라는 문장으로 돌아가서 독자가 모세나 그가 했던 것에 대해 아무것도 모른다면 전체 문장이 초점이 될 것이지만 만약 독자가 이미 모세에 대해 알고 있지만 그가 했던 것에 대해서는 모르고 있다면 **산을 올랐다**가 초점이 될 것이다. 항상 그런 것은 아니지만 초점에서 자료는 일반적으로 새롭거나 대조적인 정보를 추가한다.[29]

많은 문장에는 정보를 제공하는 추가 요소가 포함되어 있다. 문장의

---

26. Dooley and Levinsohn, *Analyzing Discourse*, 63; 참조, Erteschik-Shir, *Information Structure*, 7-27; Lambrecht, *Information Structure and Sentence Form*, 117-31. 때로 프라하 학파의 용어 topic과 comment 대신 theme와 rheme라는 용어가 사용된다(예, Firbas, "Theme in Functional Sentence Perspective," 267-80; Beneš, "Verbstellung im Deutschen," 6-19). 특히 Halliday의 theme 정의는 그가 이를 문장의 첫 요소로 본다는 점에서 약간 다르다("Notes on Transitivty and Theme: Part 2," 199-244).

27. Erteschik-Shir, *Information Structure*, 40-42. 구어에서 억양은 화제와 평언을 표시하기 위해 자주 사용되지만 히브리 성서 본문의 정확한 억양은 지금 우리는 알 수가 없다.

28. Dooley and Levinsohn, *Analyzing Discourse*, 62. 일부 학자들은 초점은 새로운 정보를 의미한다고 주장한다(Lambrecht, *Information Structure and Sentence Form*, 206-18). 다른 학자들은 초점은 절에서 가장 중요하거나 두드러진 정보만을 말한다고 주장한다(Erteschik-Shir, *Information Structure*, 42-55; Dik, *Theory of Functional Grammar*, 1:326-28).

29. Dooley and Levinsohn, *Analyzing Discourse*, 62.

뜻이 통하기 위해 필수적이지 않은 단어나 구(phrase) 같은 부가요소를 추가함으로 그렇게 할 수 있다. 그러나 문장에서 정보를 패킹하는 다른 구체적인 방법도 있다. 준거틀(A frame of reference)과 좌향 전위(left-dislocation, 즉 고리형[casus pendens])는[30] 모두 독자들에게 주절 앞에 "닻"(anchor)이 되는 정보를 제공해 준다.[31] 그것들은 "닻"이 되는 정보를 제공함으로써 독자들이 다음에 나오는 내용을 이해하도록 돕거나(예, '내가 집에 도착했을 때 내 딸은 문 앞에서 기다리고 있었다'는 문장에서 '내가 집에 도착했을 때'가 그렇다.) 다음에 나오는 것에 주의를 집중하도록 돕는다(예, '저 책들, 그것들은 내가 가장 좋아하는 것들이다'는 문장에서 '저 책들'이 그렇다). 주절 뒤에 나오는 요소는 후미(tail)나 추가 배치(extraposition)라고[32] 부르고 우향 전위됐다(right-isolated)라고 한다.[33] 일반적으로 이러한 유형의 요소는 '나는 나의 아내, 제니에게 꽃을 주었다'라는 문장에서 '나의 아내'가 그런 것처럼 분명한 설명을 제공해 준다.

6.3 담화 분석에 대한 접근과 히브리 성서

담화 분석을 위한 언어학적 틀을 염두에 두고 이제 담화 분석을 히브리 성서에 적용해 볼 것이다. 몇몇 학자들은 담화 분석의 사회 문화적 형태를 히브리 성서에 적용한다.[34] 그러나 담화 분석을 히브리 성서에 적용한 많은 연구들은 그 용어의 보다 일반적인 언어학적 의미에서 그렇게 한다. 이 연구들은 응집성과 응결성, 담화 단위와 담화 관계 그리고 정보 구조의 개념이 히브리 성서를 이해하는 데 어떤 역할을 하는지를 조사

---

30. 역주, 명사나 대명사가 문장의 앞에 독립적으로 나타난 후, 뒤에 오는 명사나 대명사에 의해 다시 나타나는 문법적 형태를 말한다.
31. Dooley and Levinsohn, *Analyzing Discourse*, 68-70.
32. 역주, 일반 언어학에서는 '외치' 또는 '외치 변형'이라고 부른다.
33. Dooley and Levinsohn, *Analyzing Discourse*, 70-71.
34. 예, Matthews, *More than Meets the Ear*.

한다.

이렇게 담화 분석을 히브리 성서에 적용하는 학자들은 네 개의 기본 접근 방식—문법소 접근(the tagmemic approach), 분포적 접근(the distributional approach), 정보 구조적 접근(the information structure approach), 상호 절 접근(the inter-clausal approach)—으로 그렇게 한다.

6.3.1 문법소 접근

히브리 성서 담화 분석에 대한 한 가지 일반적인 접근법은 문법소 접근이다. 문법소론(Tagmemics)은 미국 구조주의에서 시작됐고 특히 하계 언어학 연구소(Summer Institute of Linguistics)의 초대 총장인 케네스 리 파이크(Kenneth Lee Pike)에 의해 대중화 됐다.[35] 본질적으로 문법소론은 계층적으로 배열될 수 있는 담론의 패턴을 찾는다. 로버트 롱에이커(Robert E. Longacre)는 문법소론을 히브리 성서의 담화 분석에 적용시킨 가장 잘 알려진 지지자이지만 일부 다른 학자들도 이 접근 방식을 받아들였다.

6.3.1.1 로버트 롱에이커(Robert E. Longacre)

로버트 롱에이커는 젤리그 해리스(Zellig S. Harris)의 지도 아래 그의 박사학위 논문을 썼다. 그런 다음 하계 언어학 연구소(the Summer Institute of Linguistics)의 성서 번역자로 파이크와 함께 일하면서 롱에이커는 문법소론에 상당한 영향을 받았다. 일반 담화 분석에 대한 여러 연구 외에도[36] 롱에이커는 실제로 문법소론을 성서 히브리어에 적용시킨 몇 권의 책을 출판했다. 이 주제에 대한 그의 책, 『요셉: 신적 섭리 이야기』(Joseph: A Story of Divine Providence)가 나왔지만 나중에 나온 그의 책 『성서 히브리어 동사

---

35. Pike, *Language in Relation to a Unified Theory*.
36. 예, Longacre, *Grammar of Discourse*.

형태의 이해: 장르 전반의 분포와 기능』(*Understanding Biblical Hebrew Verb Forms: Distribution and Function across Genres*)이 훨씬 더 포괄적이다.[37]

롱에이커는 성서 히브리어에서 과거 사건을 보고하는 내러티브 담화, 미래 사건을 말하는 예언 담화, 어떤 것을 행하는 방법을 알려주는 절차 담화, 상황을 설명하거나 묘사하는 해설 담화, 그리고 특정 반응을 이끌어내려는 권고(hortatory) 담화를 포함하여 여러 형태의 담화들을 확인한다. 각 유형의 담화에는 독특한 계층적 배열이 있는 여러 형태의 동사가 나열되어 있다. 계층 구조의 맨 위에 있는 동사 형태는 전경에서 행동을 표현하는 반면, 아래에 있는 동사 형태는 점점 더 배경 정보를 표현한다. 예를 들어, 롱에이커에 따르면 내러티브 담화에서 주된 연속 동작을 표현하는 기본 동사 형태는 **바이크톨**이다. 다른 구문(constructions)은 계층 구조 밑바닥에 있기 때문에 배경에서 가장 멀리 떨어져 있는 명사절로 배경 정보를 표현한다.

6.3.1.2 데이비드 앨런 도슨(David Alan Dawson)

데이비드 앨런 도슨은 내러티브와 비내러티브 담화 형태를 모두 포함시키기 위해 롱에이커의 『요셉: 신적 섭리 이야기』의 원래 초점을 확장시킨다.[38] 그는 내러티브 담화(삿2장), 권고 담화(레6:1-7:37; 14:1-32), 그리고 성막 건축에 대한 지침(출25-31)과 그것에 대한 설명(출35-40장)을 나타내는 출애굽기의 평행구절을 조사한다. 도슨은 입다 이야기(삿10:6-12:7)와 룻기에 포함된 직접 화법과 간접 화법도 조사한다.

롱에이커와 마찬가지로 도슨은 각 본문의 유형이 특정 유형의 절을 사용하여 전경(foregrounded) 동작을 표현한다고 주장한다. 그 유형에 속하

---

37. 참조, Longacre, "Discourse Perspective on the Hebrew Verb," 177-89.
38. Dawson, *Text-Linguistics and Biblical Hebrew.*

지 않는 절들은 배경(backgrounded) 정보를 표현한다. 도슨은 롱에이커와 유사하게 **바이크톨**은 내러티브에서 주절 유형이고, **베카탈**은 예언 담화에서 주절 유형이고, 의지법 형태는 권고 담화에서 주절 유형이고, 무동사 절은 해설 담화에서 주절 유형이라고 말한다. 더욱이 도슨은 간접 화법(reported speech)과 직접 화법(non-reported speech) 사이의 절 형태 측면에서 차이가 없다고 주장한다.

6.3.1.3 브라이언 테이스(Brian G. Toews)

1993년 로스 엔젤레스 캘리포니아 대학의 그의 박사학위 논문에서 브라이언 테이스는 특히 다니엘서를 중심으로 롱에이커의 문법소 분석을 성서 아람어에 적용시켰다.[39] 그는 담화 분석에 하향식 접근방법을 채택하고 특히 전경과 배경에서 기본 동사 형태를 확인하는 데 중점을 두었다. 동시에 테이스는 롱에이커의 모델을 확장하여 다른 관심들을 포함시켰고 무엇보다 그는 어순을 넘어 명사구와 문장의 차원에서 담화 패턴을 설명하려고 했다.

테이스는 אֱדַיִן / בֵּאדַיִן을 다수의 절들을 도입하는 주요 담화 표지(discourse marker)로 식별한다. 그때 절 유형은 전경 행동과 배경 행동을 표시하는 역할을 한다. 내러티브에서 *qtl*은 완료된 행동을 표시함으로 전경을 표현하는 반면, *yqtl*과 분사는 미완료로서 배경을 표시한다. 그러나 *yqtl*이 주류(mainline)를 형성하는 반면 분사는 배경을 형성하는 예언 담화에서는 다르다. 테이스는 연계적 연결(construct chain)이 반복적인 일상과 배경화된 명사구에서 사용되는 반면 דִי는 전경화된 명사구에서 나타난다고 주장한다. 따라서 이 두 구조들 사이의 선택은 문체가 아니라 담화

---

39. Toews, "Aramaic in the Book of Daniel."

요소에 의해 결정된다.

6.3.1.4 다른 목소리들

다른 학자들은 담화 분석을 위해 문법소 접근 방식을 취하지만 좀 더 구체적인 방식으로 그것을 적용한다. 이들 중 많은 학자들은 롱에이커의 기본적인 접근 방식을 따른다. 브라이언 라신(Bryan M. Rocine)은 담화 분석에 대한 롱에이커의 접근 방식을 주로 기초로 한 『성서 히브리어 문법 개론』(*An Introductory Biblical Hebrew Grammar*)을 썼다.[40] 로이 헬러(Roy L. Heller)와 하비에르 델 바르코(Javier del Barco)는 롱에이커의 담화 장르 유형 이론을 히브리 성서의 여러 부분에 적용시켰다. 헬러는 요셉 생활사(창 37-50장)와 승계 내러티브(삼하 9장-왕상 2장)를 분석하여 롱에이커의 접근 방식으로 바이크톨이 성서 내러티브에서 주된 연속 동사라는 결론을 내린다.[41] 반면, 델 바르코는 롱에이커의 접근 방식을 포로기 이전 소선지자들에게 적용하여 베카탈이 예언 자료를 지배하는 서술(predicative) 담화 유형의 기본 동사 형태라는 결론을 내렸다.[42]

그러나 문법소 접근 방식을 채택하는 모든 학자들이 롱에이커를 그렇게 밀접하게 따르는 것은 아니다. 대신 커크 로워리(Kirk E. Lowery)는 참여자들의 사례 역할(case roles)을 통합하는 문법소(tagmemic)로[43] 성서 히브

---

40. Rocine, *Learning Biblical Hebrew.*

41. Heller, *Narrative Structure and Discourse Constellations.*

42. del Barco, *Profecia y sintaxis.* 이 책은 2001년 콤플루텐세 국립대학교(Universidad Complutense)에서 완성한 del Barco의 박사학위 논문에서 시작됐다.

43. 역주, 형태소가 의미를 가지는 가장 작은 언어 단위로 더 쪼개면 더 이상 의미가 없어지는 것이라면 문법소는 의미를 가지는 가장 작은 단위의 문장으로 더 작게 쪼개도 형태소로써의 의미는 남아 있지만 문장으로서의 의미는 없다.

리어에서의 내러티브의 조직 구조를 조사한다.[44] 마찬가지로 마츠 에스컬트(Mats Eskhult)는 롱에이커를 의존하지 않고 문법소 접근 방식을 채택한다. 그는 각각 전경과 배경에 해당하는 (바이크톨로 표현되는) 상태성과 (카탈로 표현되는) 행동 간의 이항 대립으로써 내러티브의 동사 체계를 특성화한다.[45]

6.3.1.5 평가

담화 분석에 대한 문법소 접근 방식은 몇 가지 장점이 있다. 담화 유형에 대해 밀접한 관심을 가짐으로 언어가 장르에 따라서 다양하게 사용된다는 것을 알게 된다. 롱에이커와 그의 추종자들은 전환과 절정이 어떻게 특정 동사 형태에 의해 표시될 수 있는지 조사한 것에 대해 칭찬을 받아야 한다. 그러나 롱에이커가 절 유형에 집중했기 때문에 필연적으로 담화 관계나 정보 구조와 같은 다른 중요한 담화 특징들을 소홀히 하게 됐다. 롱에이커의 접근 방식의 또 다른 중요한 문제점은 전경이 항상 시간적 연속과 상응하는 것은 아니며 시간적 연속에서 벗어나는 것이 항상 배경을 나타내지는 않는다는 것이다.[46] 그리고 마지막으로 가장 문제가 되는 것은, 동사의 의미가 담화에서 동사의 사용에 의해 결정되기 때문에 동사 형태가 주요 의미론적 의미나 기능을 가지지 않는다는 점에서 문법소 접근 방식은 화용론이 의미론을 지배한다고 가정한다는 것이다.

그럼에도 불구하고 롱에이커의 문법소 접근 방식은 담화의 거시적

---

44. Lowery, "Toward a Discourse Grammar of Biblical Hebrew"; idem, "Theoretical Foundations of Hebrew Discourse Grammar," 103-30.

45. Eskhult, *Studies in Verbal Aspect and Narrative Technique.*

46. Cook, "Semantics of Verbal Pragmatics," 247-73; 참조, Robar, "Grounding: Biblical Hebrew," 2:152-53.

구조에 대한 몇 가지 유용한 관점을 제공해 준다. 그의 이론은 단지 히브리 성서의 담화 분석이 아니라 담화에 대한 더 넓은 언어학적 분석에 기초를 둔다. 문법소 접근 방식이 중요한 기여를 하는 것은 특히 다른 본문 유형의 범언어적 연구와 관련되어 있기 때문이다.

6.3.2 분포적 접근(distributional approach)

히브리 성서의 담화 분석에 대한 분포적 접근 방식은 1970년에 처음 등장했는데 이때는 롱에이커에 의해 문법적 접근 방식이 잘 알려진 때와 거의 비슷하다. 분포적 접근 방식은 오늘날 성서 히브리어와 성서 아람어를 모국어로 사용하는 화자가 없기 때문에 특정 형태의 통계적 분포가 그것의 기능과 실용적 효과를 결정한다는 전제를 근거로 삼는다. 따라서 롱에이커와 유사하게 분포적 접근 방식은 언어 패턴을 드러내는 데 중점을 둔다. 그러나 문법소 접근 방식과는 달리 분포적 접근 방식은 기능에서 형태가 아니라 형태에서 기능으로 이동한다. 이 접근 방식을 취하는 대부분의 학자들은 어느 정도 볼프강 슈나이더(Wolfgang Schneider)의 연구를 따른다.

6.3.2.1 볼프강 슈나이더(Wolfgang Schneider)

볼프강 슈나이더는 히브리 성서의 담화 분석에 상향식 분배 접근 방식을 실질적으로 적용한 최초의 학자였다.[47] 그의 접근 방식은 성서 본문의 구성과 경계를 해석함으로써 절의 경계를 넘어서려고 한다. 이 목표를 이루기 위해서 슈나이더는 통사론을 의사 소통의 상황에 따라 세계를 배열하는 문법적 신호로 보는 구조주의자 하랄트 바인리히(Harald

---

47. Schneider, *Grammatik des biblischen Hebraisch.*

Weinrich)의 텍스트 언어학 이론을 성서 히브리어에 직접적으로 적용시켰다.[48]

슈나이더는 히브리 성서의 동사 체계를 두 개의 범주—내러티브와 발화(speech)—로 분류한다. 내러티브에서 **바이크톨**은 전경을 표시하고 **카탈**은 배경을 표시하는 한편, 말에서 **이크톨**은 전경을, **카탈**이나 **베카탈**은 배경을 표시한다. 따라서 성서 본문은 그것이 사용하는 동사 형태에 따라 내러티브인지 말인지를 분류할 수 있다. **바이크톨**과 **이크톨** 간의 전환은 담론 유형의 전환을 나타낸다. 슈나이더에 따르면 **바이크톨**과 **이크톨**은 그것들이 다른 담론 유형에서 나타나더라도 이 기본 패턴에 적합하다. 따라서 **바이크톨**은 직접 화법에서 짧은 내러티브를 나타낼 수 있고, **이크톨**은 독자와 작가가 동일한 의사 소통 상황을 공유할 때 내러티브에서 말을 표현할 수 있다.

6.3.2.2 알비에로 니카시(Alviero Niccacci)

알비에로 니카시는 슈나이더의 연구 위에 자신의 이론을 세우기 때문에 담화 분석에 상향식 분포 접근 방식을 취한다.[49] 슈나이더와 마찬가지로 니카시는 히브리 성서의 동사 체계를 내러티브나 발화로 분류하지만 내러티브를 역사적 내러티브나 구도 내러티브로 더 세분화하고 발화는 직접 화법이나 간접 화법으로 다시 분류한다. 그는 주어진 동사 형태가 하나의 장르에 제한되지 않을 수 있다는 것을 인식하지만, 동사 형태가 하나의 장르 이상에서 나타난다면 그것은 각 장르에서 다른 기능을

---

48. Weinrich, *Tempus*.

49. Niccacci, *Syntax of the Verb in Classical Hebrew Prose*; idem, "On the Hebrew Verbal System," 117-37. *Syntax of the Verb in Classical Hebrew Prose*의 원래 이탈리아어판은 *Sintassi del verbo ebraico nella prosa biblica classica*로 출판됐다.

가지는 것이라고 주장한다.

니카시는 동사로 시작하는 절(동사절)과 그렇지 않은 절(명사절)을 구분한다. 니카시에 따르면 명사절은 때때로 새로운 정보를 표시하지만 그것은 종속(subordination)이나 화제화(topicalization)를 나타낼 수도 있다. 그는 동사 형태나 전경화(foregrounding)의 사용에 관해서는 슈나이더보다 더 유연하다. 니카시의 관점에서 **바이크톨**은 단순히 **바이크톨**이 아닌 형태의 시제와 상을 계속할 수 있다. 또한 **카탈**은 발화(speech)에서 절의 첫 번째 위치에 있을 때 발화에서 전경(foregrounded) 행동들을 표시할 수 있고 **베카탈**은 발화에서 전경화된 그리고 예상된 행동을 나타낼 수 있다.

6.3.2.3 입 탈스트라(Eep Talstra)

입 탈스트라도 슈나이더의 연구 위에 자신의 이론을 세운다.[50] 그는 분배 접근 방식을 지지하고 그 반대가 아니라 언어 형태에서 의사 소통 기능으로 움직인다는 것을 강하게 주장한다. 탈스트라의 접근 방식을 특히 독특하게 만드는 것은 특정 문법 형식의 구문적 기능을 식별하기 위해 컴퓨터 분석을 의존한다는 점이다. 자유대학교 정보 작업 그룹(Werkgroep Informatica Vrije Universiteit: 지금은 입 탈스트라 성경과 컴퓨터 센터[Eep Talstra Centre for Bible and Computer])에서 연구하고 구문적으로 태그가 지정된 히브리 본문을 만든 덕분으로 이 형태의 분석이 가능하게 됐다.

탈스트라의 컴퓨터 분석은 형태론과 품사에서 시작하여 개별 단어에서 구를 구성한 다음 그러한 구가 어떻게 절을 구성하는지를 결정하고 마지막에는 주요 본문 단위들의 경계를 정한다는 점에서 상향식 접근법을 반영한다. 탈스트라는 주어진 형태의 의미를 결정할 때 이러한

---

50. Talstra, "Elements of a Theory," 168-74; idem, "Syntax and Semantics," 26-38; idem, "Clause Types and Clause Hierarchy," 180-93.

서로 다른 계층 단계를 구별하는 것이 중요하다고 주장한다. 슈나이더에 이어 탈스트라는 시제와 상이 특정 형태에 내재되어 있는 것이 아니라 작가가 지향하는 것에서 파생되어 나온다고 주장한다.

6.3.2.4 마이클 쉐퍼드(Michael B. Shepherd)

분포 접근 방식을 사용하는 대부분의 학자들은 성서 히브리어에 초점을 맞추는 반면, 마이클 쉐퍼드는 그것을 성서 아람어에 적용한다.[51] 그는 성서 아람어의 *qtl*과 *yqtl* 사이의 대립은 시제, 상, 법의 관점에서 설명될 수 없다고 주장한다. 성서 아람어의 *qtl*과 *yqtl*의 대립을 설명하기 위해 그는 슈나이더의 연구에 기초한 분포 접근 방식으로 관심을 기울인다. 결론적으로 슈나이더와 탈스트라의 것과 매우 유사하지만 성서 아람어에 적용시켰던 접근 방식이다.

쉐퍼드는 그의 분포 분석을 실행하기 위해 종류에 따라 태그가 지정된 성서 아람어의 모든 절에 전자 데이터베이스를 사용한다. 쉐퍼드는 *qtl*이 내레이션(narration)에서 주요 동사 형태이지만 *yqtl*은 담화(discourse)에서 주요 동사 형태라고 말하고 더욱이 분사가 있든 없든 명사절은 내러티브와 담화 모두에서 이차적인 형태로 작용한다고 주장한다. 쉐퍼드에 다르면 *qtl*과 *yqtl*이 비슷하게 분포되어 있는 것은 탈굼과 이집트 아람어에서도 분명하다고 주장한다.

6.3.2.5 다른 목소리들

담화 분석에 대한 분포 접근 방법은 몇몇 다른 학자들의 연구에서도 나타난다. 니콜라이 빈터-닐슨(Nicolai Winther-Nielsen)은 여호수아서 전체에

---

51. Shepherd, *Verbal System of Biblical Aramaic*.

서 절(clauses)과 내러티브 단위의 관계를 결정하기 위해 기능주의의 역할 지시 문법(Role and Reference Grammar)을 탈스트라의 컴퓨터 분석과 결합시킨다.[52] 탈스트라의 지도 아래 그의 박사학위 논문을 완성한 덴 익스터 블록랜드(A. F. den Exter Blokland) 컴퓨터 분석을 사용하여 참여자 지시어(participant reference)를 추적하면서 열왕기상1-2장을 여러 담화 단위로 분할했다.[53] 마지막으로 네르나드 드 레르트(Lénart J. de Regt)는 신명기 1-30장에서 동사 순서를 포함하여 다수의 거시 구조의 패러다임적 특징을 확인했다.[54]

6.3.2.6 평가

이 분포 접근 방식은 담화 분석을 이해하기 위한 유용한 방법을 제공해 준다. 분포 접근 방식은 문법 구문들을 통계적으로 분석함으로 주목할 만한 패턴을 드러낸다. 동시에 분포 접근 방식은 주어진 담론 유형의 패턴만 찾을 수 있지 특정 형태가 다른 형태들 대신 사용되는 이유를 설명하지는 않는다. 이것이 문제가 되는 것은 담화 유형과 문법 형식 사이의 명확한 상관관계가 있는 것은 아니기 때문이다. 더욱이 위의 분포 접근 방식의 많은 부분들은 다른 중요한 담화 특징들, 특히 정보 분석과 담화 관계를 희생시키면서 동사 형태의 분포에 집중하는 경향이 있다. 마지막으로 문법소 접근 방식의 경우와 마찬가지로 분포주의자들은 각 동사의 의미는 의미론을 제외하고 화용론에 의해 결정된다고 가정한다. 이러한 단점에도 불구하고 분포 분석은 히브리 성서의 언어 패턴을 드러내는 유용한 방법을 제공한다. 흥미로운 것은 그것은 또한 성서 히브리

---

52. Winther-Nielsen, *Functional Discourse Grammar of Joshua*.

53. Exter Blokland, *In Search of Text Syntax*.

54. Regt, *Parametric Model for Syntactic Studies*.

어와 성서 아람어 연구에 컴퓨터 분석을 적용하도록 해준다.

6.3.3 정보 구조적 접근

히브리 성서의 담화 분석에 대한 정보 구조적 접근 방식은 특히 람브
레히트(Lambrecht)와 딕(Dik)이 만든 정보 구조, 즉 정보가 문장으로 패킹되
는 방식에 대한 현대 이론에 기초한다. 정보 구조에 대한 이 이론과 다른
이론들은 주로 구조주의에서 발전했다. 분포 및 문법소 접근 방식과는
달리 정보 구조적 접근 방식은 문장 수준에서 작동하는 경향이 있다. 정
보 구조는 람브레히트와 딕의 연구를 출판한 1990년 이후에 등장한 비
교적 새로운 이론이지만 담화 분석과 히브리 성서에 관한 다수의 책에
서 주목을 받고 있다.

6.3.3.1 카추오미 쉬마사키(Katsuomi Shimasaki)

히브리 성서의 담화 분석에 정보 구조를 적용한 한 가지 사례는 카추
오미 쉬마사키의 저서에서 찾아볼 수 있다.[55] 쉬마사키의 주요 관심사는
그가 람브레히트와 딕이 한 것과는 약간 다르게 정의한 초점(focus)에 있
다. 그는 초점을 정보로서 우세한 가치가 있다고 정보를 표시하는 것으
로 정의한다. 여기서 초점은 작가가 전달하고자 하는 것에 따라 오래된
정보와 새로운 정보를 모두 포함할 수 있다. 따라서 쉬마사키에게 초점
은 강조(두드러진 요소의 강조)나 대조(문맥상 암시된 반대)와 겹칠 수 있지만 동
일시되어서는 안된다.

쉬마사키에 따르면 성서 히브리어는 어순과 강세(pitch prominence)를 사
용하여 초점을 표현한다. 따라서 절의 첫 번째 위치에 있는 어떤 정보는

---

55. Shimasaki, *Focus Structure in Biblical Hebrew*; 참조, idem, "Information Structure:
    Biblical Hebrew," 2:279-83.

초점화된 정보를 나타낸다. 쉬마사키는 구조와 기능이 서로 다른 세 가지 유형의 초점을 정의한다. 술어 초점과 논항(argument) 초점 구조는 순차적으로 정보를 표시한다. 전자는 절의 주어에 대한 설명을 제공하고, 후자는 절의 논항을 술어와 연결시켜 확인한다. 그러나 절 초점 구조는 담화의 각 차원에서 다른(일반적으로 비순차적인) 실용적 기능을 한다. 그것들은 새로운 지시물(referent)를 도입하거나 오래된 지시물을 활성화시킬 수 있으며, 절 안에 정보를 고정시키거나 전체 본문 단위를 이해하기 위한 핵심 정보를 제공할 수 있다.

6.3.3.2 장-마르크 하이머딩거(Jean-Marc Heimerdinger)

장-마르크 하이머딩거는 정보 구조를 성서 히브리어 내러티브에 적용한다. 담화 분석에 대한 그의 접근 방식은 람브레히트의 정보 구조 공식을 기초로 한다.[56] 하이머딩거는 롱에이커의 그라운딩(grounding) 접근 방식에 대한 대안으로 그의 담화 분석 접근 방식을 제공한다. 그는 **바이크톨**과 전경화 사이의 간단한 공식을 거부하고 본문의 전경과 배경을 결정하는 롱에이커의 기준이 순환적이라고 주장한다. 오히려 하이머딩거에게 전경화(foregrounding)는 화제(topic)와 초점(focus)과 관련된 것이다.

하이머딩거에 따르면 전경화는 성서 저자가 의사 소통의 목적을 위해 본문의 특정 요소를 두드러지게 할 때 발생한다. 성서 저자는 반복적으로 그 실체를 언급하거나 그것을 동사의 주어로 만듦으로 독자들에게 분문의 주제에 대한 단서를 제공해 준다. 담화 내에 새로운 정보를 제공해 주는 것은 자료를 전경화하는 역할을 한다. 하이머딩거에게 본문 내에서 개체의 활성화와 사용된 초점 구조 유형에 따라 전치동사(verb-initial)

---

56. Heimerdinger, *Topic, Focus, and Foreground.*

로 **바이크톨**, 비전치동사(non-verb-initial)로 **카탈**, 또는 다른 구성을 사용할 것인지에 대한 여부가 결정된다.

6.3.3.3 니콜라스 룬(Nicholas P. Lunn)

하이머딩거의 지도 아래 그의 박사학위 논문을 완성한 니콜라스 룬은 정보 구조가 성서 히브리어 시에 어떻게 적용되는지 연구했다.[57] 하이머딩거와 마찬가지로 룬은 초점과 화제에 대한 람브레히트의 이해와 그의 정보 구조 이론을 취했다. 룬의 연구의 중요한 결론 중 하나는 성서 히브리어 시는 성서 히브리어 내러티브에서 볼 수 있는 것과 같이 다양한 어순이 나타난다는 것이다.

룬은 두 가지 다른 체계를 통해 성서 히브리어 시에서 동사-주어-목적어 어순에서 이탈하는 것에 대해 설명한다. 화제(topic)와 초점(focus)은 그것들이 내러티브에서도 그러한 것처럼, 다양한 어순의 대한 많은 예들에 대해 설명한다. 그러나 룬에 따르면 특히 성서 히브리어 시는 내러티브보다 표준적인 어순에서 이탈하는 경우가 두 배가 많기 때문에 이것이 모든 어순의 변형을 설명할 수는 없다. 룬은 "시적 낯설음"(문체나 수사적 장치의 사용)을 통해 어순이 바뀌는 나머지 예들을 설명할 수 있다고 주장한다. 시적 낯설음은 동의어로 평행한 두 개의 시행 중 두 번째 시행과 같은 특정 상황에서 발생하거나 시인이 더 높은 수준의 기능(즉, 열린 틈, 닫음, 절정)을 수행하기 위해 한 단위를 분리하기 원할 때 발생한다.

6.3.3.4 월터 그로스(Walter Gross)

다수의 출판물에서 월터 그로스는 성서 히브리어 담화를 분석하기

---

57. Lunn, *Word-Order Variation in Biblical Poetry*.

위해 정보 구조 모델을 제시한다.[58] 그로스의 분석은 세 가지 주요 개념 짝—테마(theme)와 레마(rheme), 화제(topic)와 평언(comment), 초점(focus)과 배경(background) —에 중점을 둔다. 그로스는 이 세 가지 짝 중 초점과 배경에 가장 주목한다. 그로스는 그가 동사 앞에 나오는 요소(Vorfeld)와 동사 뒤에 나오는 요소(Hauptfeld)를 구분한다는 점에서 주로 딕의 연구에 의존한다. 따라서 담화 분석에 대한 그로스의 접근 방식은 직접적으로 어순에 달려있고 그에게 성서 히브리어의 기본 순서는 동사-주어-목적어이다.

그로스는 동사 뒤에 나오는 구성 요소를 다루지만 대부분의 그의 연구는 동사 앞에 나오는 것에 집중한다. 그로스에 따르면 하나의 구성 요소가 절의 동사 앞에 올 때 전치(fronting) 된다. 전치(fronting)는 초점을 표시하거나 배경 정보 제공하고 내러티브에 대한 논평, 즉 본문 경계 표지와 같은 여러 가지 실용적인 기능을 한다. 특히 그로스는 전치와 좌향 전위(left-dislocation) 즉 고리형(casus pendens)을 구분한다. 좌향 전위는 전치된 요소에 초점을 맞추거나, 문장에 초점을 추가하거나, 문장의 주어 외의 주제를 나타내는 역할을 한다.

6.3.3.5 로버트 홈스테드(Robert D. Holmstedt)

이전의 모든 학자들은 기능주의자로서 정보 구조를 담화 분석에 적용하는 반면, 로버트 홈스테드는 생성 문법의 관점에서 그렇게 한다.[59]

---

58. Gross, *Satzteilfolge im Verbalsatz alttestamentlicher Prosa*; idem, *Doppelt besetztes Vorfeld*; idem, *Pendenskonstruktion im biblischen Hebraisch*; idem, "Compound Nominal Clause in Biblical Hebrew?" 19–49; idem, "Position des Subjekts im hebraischen Verbalsatz," 170–87; idem, "Vorfeld als strukturell eigenstandiger Bereich," 1–24; idem, "Syntaktischen Struktur des Vorfelds," 203–14.

59. Holmstedt, "Word Order and Information Structure," 111–39; idem, "Constituents at

그의 관심은 주로 문장에 있다. 따라서 그는 문장의 여러 구성 요소들이 정보 패킹에서 하는 역할을 조사한다. 그는 문장에서 패킹된 두 가지 기본적인 정보층—첫 번째 층에는 테마와 레마 그리고 두 번째 층에는 화제와 초점—을 발견한다.

홈스테드는 테마를 기존 정보(오래됐거나 이미 알고 있는)로, 레마를 추가되거나 재소환되는 정보로 간주한다. 그는 화제(topic)를 독자의 관심을 끌거나 장면을 설정하는 정보로 정의하고 초점(focus)은 다른 선택할 수 있는 것들과 대조되는 정보로 정의한다. 그렇게 하면서 홈스테드는 할리데이(Halliday)의 체계 기능 언어학(Systemic Functional Linguistics)과 프라하 학파(Prague School) 모두에서부터 이 접근 방식이 방법론적으로 구별됨에도 불구하고 이끌어 온다. 홈스테드의 정보 구조 모델은 주절 밖에 있는 구성요소에 상당한 주의를 기울인다. 따라서 그는 전치, 좌향-전위, 추가 배치(extraposition) [60]그리고 우향-전위 같은 현상을 논의한다.

6.3.3.6 아디나 모샤비(Adina Moshavi)

정보 구조를 성서 히브리어에 적용한 또 다른 중요한 공헌자는 아디나 모샤비이다.[61] 그녀는 성서 히브리어는 전통적으로 동사-주어-목적어 어순을 가진 언어로 분류된다고 가정한다. 그러나 위에서 언급한 다른 연구들과는 달리 그녀는 주어-동사-목적어 어순보다 이 순서가 통계적으로 더 우위에 있다는 것에 비추어 성서 히브리어 어순을 동사-주어-목적어로 분류한다. 성서 히브리어의 어순을 동사-주어-목적어로 보는 모샤비의 유형적 분류는 그녀의 분석이 본동사 앞에 놓여있는 비동사 구

---

the Edge in Biblical Hebrew," 110–58.

60. 역주, 일반 언어학에서는 '외치' 또는 '외치 변형'이라고 부른다.

61. Moshavi, *Word Order*.

성 요소에 초점을 맞추기 때문에 중요하다.

모사비의 중요한 공헌은 초점화(focusing)와 화제화(topicalization)를 발견한 것이다. 초점화는 구성 요소가 활성화되지만 반드시 전제되는 것은 아닌 독자의 주의 집중 상태의 상황과 절 사이의 관계를 나타낸다. 화제화는 담화 표지가 기능하는 방식과 유사하게 절과 그것을 수반하는 언어적 맥락 사이의 관계를 나타낸다. 모샤비는 발화(speech)에서 훨씬 놓은 비율로 전치된(preposed) 절을 포함하고 있고 그것들의 많은 부분의 실용적 기능이 불분명하기 때문에 그녀의 결론은 주로 내러티브에 적용된다라고 말한다.

6.3.3.7 일리야 야쿠보비치(Ilya S. Yakubovich)

일리야 야쿠보비치의 연구는 담화 분석을 히브리 성서의 아람어 부분에 적용하는 몇 안되는 연구 중 하나이며 유일하게 정보 구조를 사용한다.[62] 야쿠보비치는 다니엘서에 집중하면서 다니엘서에서 입증된 다양한 어순을 설명할 수 있는 구문적 패턴이 없다고 주장한다. 야쿠보비치에 따르면 대신 실용적 요소들이 이 변형들(다양한 어순)을 설명한다.

야쿠보비치는 담화 분석에 대한 자신의 이론을 세우기 위해 람브레히트의 정보 구조 이론을 사용한다. 람브레히트를 따라 야쿠보비치는 다니엘서의 절에 있는 요소들의 순서를 설명하기 위해 술어 초점, 문장 초점, 논항 초점의 범주를 채택한다. 그는 또한 다니엘서에서 화제화(topical-ization)를 조사하여 좌향 전위(eft-dislocation)가 독자의 마음에서 다시 활성화되어야 하는 화제(topic)를 표시하기 위해 어떻게 사용될 수 있는지를 언급한다.

---

62. Yakubovich, "Information Structure and Word Order," 373-96.

6.3.3.8 크리스토 판 데어 메르웨(Christo H. J. van der Merwe)

정보 구조 및 성서 히브리어와 관련하여 특히 중요한 목소리를 내는 학자는 크리스토 판 데어 메리웨이다.[63] 그는 딕(Dik)과는 대조적이고 주로 람브레히트의 정보 구조 모델에 의존함으로 이 문제를 인지 중심적 관점에서 접근한다. 또한 메르웨는, 어순은 성서 히브리어에서 정보가 구조화되는 주된 방식 중 하나를 나타낸다고 말한다. 그는 동사절에서 기본 어순은 동사-주어-목적어이지만 명사절과 분사절에서는 주어-동사-목적어라고 주장한다.

메르웨는 초점(focus)을 전제된 명제를 정보의 조각으로 바꾸는 요소로 정의하고 화제(topic)를 독자의 지식을 발전시키는 요소로 정의한다. 람브레히트를 이어 그는 전치(fronting), 즉 문장의 첫부분에 구성 요소를 배치하여 표현할 수 있는 세 가지 유형의 초점—논항 초점, 술어 초점, 문장 초점—을 확인한다. 전치는 새로운 주제를 나타내는 동사절에서 논항 초점이나 문장 초점을 나타낼 수 있지만 명사절과 분사절에서 전치는 논항 초점만을 나타낸다. 메르웨에 따르면 고리형 구조(casus pendens)는 그것이 비활성화 개체를 담화 활성 상태로 이동한다는 점에서 다르게 기능한다.

6.3.3.9 세바스티안 조나단 플로어(Sebastiaan Jonathan Floor)

마지막으로 메르웨(Merwe)의 지도 아래 완성한 세바스티안 조나단 플로어의 박사 논문은 히브리 성서 담화 분석에 정보 구조를 적용시킨 가

---

63. Merwe, "Explaining Fronting in Biblical Hebrew," 173-86; idem, "Better Understanding of Biblical Hebrew Word Order," 277-300; 참조, Merwe and Talstra, "Biblical Hebrew Word Order," 68-107.

장 표괄적인 연구를 보여준다.[64] 하이머딩거와 마찬가지로 플로어는 그가 화제와 초점을 정의하는 데에 있어서 람브레히트를 대부분 따른다. 그러나 하이머딩거와는 달리 플로어는 좀 더 실제적으로 다른 유형의 화제(주절 안에서 화제와 벗어난 화제)와 초점 구조(술어, 문장, 논항)를 그의 담화 접근 방식에 통합시킨다.

플로어 연구의 또 다른 독특한 요소는 화제와 초점을 담화 주제(discourse theme)와 연결시킨다는 것이다. 그는 그 요소를 고려하여 담화의 테마를 확인하는 방법론을 제시한다. 이러한 요소에는 주제별 그룹의 개별 문장의 화제와 초점 그리고 응결성(cohesion)을 확립하는 다른 특징들을 포함한다. 플로어에 따르면 이러한 세부 사항에 주의를 기울이면 독자들이 담화의 다양한 주제를 추적하고, 화제 촉진 및 화제 전환을 통해 주제의 전환을 관찰하고, 담론의 경계를 정할 수 있다. 화제와 초점을 담화 주제에 통합함으로써 플로어는 절-내와 절-사이 차원에서 이 둘 모두를 포함하는 담화 분석에 대한 완전한 접근 방식을 제공해 준다.

6.3.3.10 다른 목소리들

정보 구조를 히브리 성서의 담화 분석에 적용하는 것에는 다른 견해들이 많이 존재한다. 정보 구조를 담화 분석에 적용시킨 가장 최신의 추세를 반영하는 주목할 만한 두 개의 문법책이 있는데, 하나는 기초 문법책이고 다른 하나는 고급 문법서다. 존 쿡(John A. Cook)과 로버트 홈스테드(Robert D. Holmstedt)의 『기초 성서 히브리어』(Beginning Biblical Hebrew)와 크리스토 판 데어 메르웨(Christo H. J. van der Merwe), 잭키 노데(Jackie A. Naudé) 그리고 잔 크로제(Jan H. Kroeze)의 『성서 히브리어 참조 문법』(A Biblical Hebrew Reference

---

64. Floor, "From Information Structure, Topic, and Focus"; 참조, idem, "From Word Order to Theme in Biblical Hebrew Narrative," 197–236.

Grammar)이다.[65] 『기초 성서 히브리어』는 홈스테드의 담화 분석 접근 방식을 따르고, 또한 『성서 히브리어 참조 문법』은 메르웨의 인지 접근 방식을 따른다.

다른 학자들은 좀 더 제한된 방식이나 제한된 자료(corpus)를 참조하여 정보 구조를 논의한다. 대다수는 화제와 초점과 관련이 있는 동사 앞의 요소들을 조사하지만[66] 적어도 몇몇 연구에서는 성서 히브리어에서 동사 뒤의 요소들을 조사한다.[67] 또한 하이머딩거의 연구를 기반으로 여러 학자들은 정보 구조가 내러티브와 시의 전경과 배경에서 하는 역할을 조사한다.[68] 이러한 학자들은 롱에이커처럼 전경화를 절의 계층 구조에 연결하는 대신에 전경화(foregrounding)를 평가 장치(예, 이크톨과 역사적 현재로서 분사)나 어순 변형의 기능으로 본다.

6.3.3.11 평가

정보 구조 접근 방식은 해석에 큰 가치를 지닌다. 이것은 정보 구조 접근 방식이 각 절이 무엇에 관한 것이며 성서 저자들이 그들이 말하고자 하는 것을 말하도록 단어를 어떻게 배열하는지를 조사하기 때문이다. 이것의 강점은 정보 구조 접근 방식이 절의 차원으로 크게 제한된다는

---

65. Cook and Holmstedt, *Beginning Biblical Hebrew*, 114-15, 127-28; *BHRG* §§46-48.

66. Muraoka, Emphatic Words and Structures; Payne, "Functional Sentence Perspective," 62-82; Naude, "Syntactic Analysis of Dislocations," 115-30; Revell, "Conditioning of Word Order in Verbless Clauses," 1-24; idem, "Thematic Continuity and the Conditioning of Word Order," 297-319; Bailey and Levinsohn, "Function of Preverbal Elements," 179-207; Longacre, "Analysis of Preverbal Nouns," 208-24; Bandstra, "Word Order and Emphasis in Biblical Hebrew Narrative," 109-23.

67. Lode, "Postverbal Word Order in Biblical Hebrew," 113-64; idem, "Postverbal Word Order in Biblical Hebrew, Part Two," 24-38.

68. Cotrozzi, *Expect the Unexpected*; Rosenbaum, *Word-Order Variation in Isaiah 40-55*.

점에서 약점이기도 하다. 이러한 사실은 특히 홈스테드와 같은 정보 구조에 대한 생성 문법적 접근 방식에 있어서 그렇다. 위에서 언급한 거의 모든 학자들이 성서 히브리어의 기본 어순을 옳지 않게 가정한다는 사실도 문제가 있다. 이것은 다음 장에서 논의할 것이지만 성서 히브리어의 기본 어순에 대한 분명한 합의가 없기 때문에 여전히 논의되어야 할 사항이다.

그러나 정보 구조는 히브리 성서의 담화 분석에 유익한 방법론적 접근법을 제공해 준다. 좀 더 넓은 담화에 문장 수준에서 정보 구조를 능숙하게 연결시키는 플로어의 연구는 특히 유익한 모델을 제시한다. 정보 구조 접근 방식을 취하는 앞으로의 연구는 성서 히브리어의 기본 어순에 관한 중요한 질문에 참여하면서 플로어의 연구 위에 세워지기를 기대한다.

6.3.4 상호절 접근(Inter-Clausal Approaches)

문법소 접근 방식과 분배 접근 방식은 담화의 거시 구조 차원에서 작동하는 경향이 있는 반면, 정보 구조 접근 방식은 문장 차원에 초점을 맞추는 경향이 있다. 담화 분석에 대한 상호절의 접근 방식은 그것이 본문의 거시 구조와 문장을 연결시킨다는 점에서 일종의 혼합적인 기능을 한다. 이 접근 방식은 특히 절 상호 간의 관계에 중점을 둔 프란시스 안데르센(Francis I. Andersen)의 연구로 1970년대에 처음 등장했다. 그 후 1990년대에 성서 히브리어 동사 체계에 대한 관심이 새롭게 일어났을 때, 더글라스 그롭(Douglas M. Gropp), 랜달 부스(Randall Buth), 피터 젠트리(Peter J. Gentry)의 연구에서 분명히 알 수 있듯이 이 접근 방식의 초점이 연속성(sequentiality)에 대한 문제로 전환됐다. 가장 최근에 엘리자베스 로바(Elizabeth Robar)와 제이슨 디라우치(Jason S. DeRouchie)와 같은 학자들은 연속성과 담화 관계 모두에 관심을 보였다.

6.3.4.1 프란시스 안데르센(Francis I. Andersen)

프란시스 안데르센은 담화 분석과 절 간의 관계에 주로 초점을 맞춘 담화 분석에 대한 상호절 접근 방식을 제공해 준다.[69] 그는 담화를 절, 문장 그리고 단락을 포함하여 여러 계층 단계로 배열한다. 여기서 그의 주요 관심은 담화 내에 있는 절 간의 상호 관계이다. 안데르센은 그가 적어도 두 개의 주절의 구성으로 정의한 문장 안에 있는 종속되지 않은 독립절 간의 관계에 특히 관심을 가진다.

안데르센은 절 사이의 다른 여러 가지 가능한 관계를 제안한다. 그에 따르면 이러한 관계—동격(apposition), 결합(conjunction), 정황(circumstance), 분리(disjunction), 대조(contrast)—는 분명하게 문법적으로 표시될 수도 있고 그렇지 않을 수도 있다. 분명한 문법적 단서가 없을 때 문맥이 담화 관계의 특성을 결정한다. 또한 그는 성서 히브리어에서 절 사이의 표면적 관계가 언어 자체의 심층 구조를 드러낸다고 주장한다.

6.3.4.2 더글라스 그롭(Douglas M. Gropp)

약 15년 이후에 더글라스 그롭은 연속성을 표현하는 특정 동사 형태를 사용하기 위해 상호절 접근 방식의 초점을 안데르센의 주요 연구 주제인 논리적 담화 관계로부터 이동시켰다.[70] 그롭은 **카탈**과 **이크톨**, **바이크톨**과 **베카탈** 사이의 시제-상 대립을 주장한다. 이 각 쌍의 구분은 상대 시제 중 하나이며, **카탈**과 **바이크톨**은 말하는 시점 이전의 행동을 나타내고 **이크톨**과 **베카탈**은 말하는 시점 이후의 행동을 나타낸다. 상호절 담화

---

69. Andersen, *Sentence in Biblical Hebrew*.

70. Gropp, "Function of the Finite Verb," 45–62.

분석에 대한 그의 공헌을 이해하기 위해 가장 중요한 것은 그룹이 각 쌍의 형태 사이—카탈과 **바이크톨**, **이크톨**과 **베카탈**—를 구분하는 주된 요소는 연속성이라고 주장한다는 것이다. 그는 롱에이커의 영향으로 연속성을 우발적인 시간의 연속이라고 이해한다. 따라서 그룹에게 **바이크톨**과 **베카탈**은 연속적 사건을 묘사함으로 성서 내러티브를 앞으로 이동시키는 반면, **카탈**과 **이크톨**은 그렇지 않다. 그는 또한 비직설적 동사 형태에서 연속성과 비연속성을 구분한다. 단순 명령형, 지시형(jussive), 권유형(cohortative)과 함께 단순 **이크톨**은 비연속적인 반면 **베카탈** 또는 바브를 가지고 있는 명령형, 지시형, 권유형은 연속적이다.

6.3.4.3 랜달 부스(Randall Buth)

랜달 부스는 절 사이의 주제의 연속성에 주로 초점을 맞추는 상호절 담화 분석에 대한 접근 방식을 제시하며 그룹의 접근 방식과 매우 유사한 결론을 얻었다.[71] 부스에 따르면 성서 히브리어와 성서 아람어의 동사 체계는 연속성이나 불연속성을 표현하는 이원(binary) 체계로 작동한다. 과거 즉 완료된 행동은 **바이크톨**(연속성)이나 x + **카탈**(불연속성)에 의해 표현되는 반면, 비과거 즉 미완료 행동은 **베카탈**(연속성)이나 x + **이크톨**(불연속성)에 의해 표현된다. 특정 동사 형태를 전경화와 동일시함으로 발생하는 문제를 피하기 위해 부스는 전경화와 배경화를 의미론적 기능이라가 보다는 실용적인 기능으로 본다. 따라서 부스에 따르면 연속성(sequentiality)은 종종 전경화를 나타내지만 이 둘 사이에 일대일 대응은 없다. 그의 접근 방식은 그것이 상호절 분석을 특히 기능 문법으로 알려진 정보 구조와 결합시킨다는 점에서 독특하다. 부스는 비록 불연속성이 때때로 절

---

71. Buth, "Functional Grammar, Hebrew and Aramaic," 77–102; idem, "Word Order in the Verbless Clause," 89–108.

의 화제를 표시할 수 있지만 항상 그렇지는 않다고 주장한다. 오히려 불연속성은 새로운 내러티브에서 주제 단위와 극적 절정을 표시할 수 있다.

6.3.4.4 피터 젠트리(Peter J. Gentry)

그룹 및 부스와 유사하게 피터 젠트리는 시제, 상, 법을 담화와 관련된 것들(discourse considerations)과 통합하는 성서 히브리어 동사 체계 이론을 제시했다.[72] 젠트리는 완료 행동과 미완료 행동 사이의 기본적 대립을 주장하는데 이것은 담화와 관련된 것뿐 아니라 이 기본적인 대립에서부터 시제가 나오기 때문이다. 따라서 완료 **카탈**과 **바이크톨**은 일반적으로 과거 시제를 표현하고 미완료 **이크톨**과 **베카탈**은 비과거(non-past) 행동을 표현한다.

히브리어 동사 체계에 대한 젠트리의 이해는 어순과 연속성 모두에 관한 담화와 관련된 것들을 결합한다. 니카시(Niccacci)의 연구와 그의 스승인 레벨(E. J. Revell)을 따라 젠트리는 법은 주로 어순에 의해 표시된다고 주장한다. 젠트리는 성서 히브리어는 형태(morphology)가 명령형을 제외하고 법성을 표시하지 않기 때문에 동사를 법으로 표시하기 위해 첫 번째 위치에 동사를 둔다고 본다. 또한 그는 **카탈**과 **이크톨**은 불연속성(즉 비순차성[non-sequentiality])을 나타내는 반면, **바이크톨**과 **베카탈**은 연속성(즉 순차성[sequentiality])을 나타낸다고 본다.

6.3.4.5 갈리아 하타브(Galia Hatav)

연속성을 지지하는 또 다른 학자는 갈리아 하타브이다.[73] 그녀는 성

---

72. Gentry, "System of the Finite Verb," 7–41.
73. Hatav, *Semantics of Aspect and Modality*; idem, "Anchoring World and Time," 491–

서 히브리어는 동사가 과거, 현재, 미래 사이의 어떠한 구분도 부호화(encode) 하지 않는다는 점에서 시제가 없는 언어라고 주장한다. 이것으로 인해 성서 히브리어에서 어떤 동사 형태를 선택해야 하는지를 결정하는 중심요소로서 연속성이 남게된다. 그러나 그녀는 연속성을 이전의 절에서 보고된 사건과 이어지는 사건으로 보는 전통적인 정의를 따르지 않는다. 오히려 한스 캠프(Hans Kamp)와 우베 라일(Uwe Reyle)을 따라[74] 그녀는 연속성을 시간의 움직임으로 정의한다.

연속성에 대한 이러한 다른 정의에도 불구하고 하타브는 많은 다른 학자들과 유사하게 **바이크톨**과 **베카탈**을 연속성을 표현하는 성서 히브리어의 두 개의 동사 형태라고 여긴다. 하타브에 따르면 **바이크톨**과 **베카탈**의 주요한 차이점은 **바이크톨**은 법이 아니고 **베카탈**은 법이라는 점에서 법성(modality)이다. 그리고 이것으로 인해 **카탈**과 **이크톨**과 분사는 비연속적이다. 담화내에서 이러한 동사 형태들의 기능은 완료상(**카탈**), 법성(**이크톨**)) 또는 진행상(**분사**)을 표현한다.

6.3.4.6 엘리자베스 로바(Elizabeth Robar)

엘리자베스 로바는 특히 더 큰 담화 단위의 측면에서 절 사이의 주제의 연속성을 조사한다.[75] 그러나 이미 언급한 이전의 모든 학자들과는 달리 로바는 자신의 분석의 기초를 인지 언어학에 둔다. 그녀는 담론이 가장 다루기 쉬운 단위(chunks)이며 가장 기본적인 단위는 단락(paragraph)이라는 관찰을 연구의 출발점으로 삼는다. 그렇게 함으로써 로바는 성서 히브리어가 도식(schema), 즉 단락의 구조화를 통해 담화 정보를 조직하는

526.

74. Kamp and Reyle, *From Discourse to Logic*.
75. Robar, *Verb and the Paragraph in Biblical Hebrew*.

방법을 조사할 수 있다.

로바에 따르면, 성서 히브리어 내러티브는 연속성과 불연속성의 관점에서 그것의 단락을 구성한다. 그녀는 연속성을 표시하는 세 가지 핵심 동사 형태를 바이크톨(wayyiqtol, 단순 과거 행동에 대한 연속성), 베카탈(weqatal, 습관적 과거 행동에 대한 연속성), 베이크톨(weyiqtol, 현재 행동과 의지법에 대한 연속성)로 본다. 그녀는 또한 성서 히브리어 내러티브가 불연속성을 창조하는 두 개의 다른 방법을 지적한다. 첫째는 표준적인 동사 형태의 비전형적인 사용이고(예, 내러티브의 연속에서 베카탈의 사용) 둘째는 담화에서 비표준적인 동사 형태의 사용이다(예, 첨가된 눈[paragogic nun]또는 헤[he] 그리고 긴 바이크톨 형태를 가지고 있는 동사).

6.3.4.7 제이슨 디라우치(Jason S. DeRouchie)

제이슨 디라우치의 책, 특히 『구약성서를 이해하고 적용하는 방법』(How to Understand and Apply the Old Testament)을 보면 그가 담화 관계에 대해서 안데르센의 관점으로 돌아갔다는 것을 알 수 있다.[76] 제이슨 디라우치에 따르면 담화를 구성하는 가장 기본적인 요소는 절이다. 그는 두 유형의 절을 구분하는데 각각의 절은 각자의 방식으로 담화에 구조를 제공한다. 결합된(syndetic) 절, 즉 바브로 서로 연결된 절은 그것들이 동일한 계층 수준에서 작동하기 때문에 함께 결합되고 바브로 결합되지 않는 비접속사(asyndetic) 절은 종종 새로운 본문 단위를 시작한다. 따라서 접속사가 생략됨으로 독자들에게 새로운 단위가 시작됐다는 것을 표시해준다. 담화 장르의 변화, 형태 구문론적 패턴의 변화, 참여자 지시어의 변화 그리고

---

76. DeRouchie, *How to Understand and Apply the Old Testament*, 98-127, 181-268. DeRouchie는 그의 책 *Call to Covenant Love*에서 제한된 방법으로 그의 접근 방식을 신명기의 일부분에 적용한다.

וַיְהִי나 וְהָיָה 같은 표지(markers)의 존재도 문학 단위 사이의 경계를 정하는 데 도움이 된다.

디라우치에게 이와 같이 담화 구조를 정하는 것은 분문의 사고 흐름을 이해하는 데 필수적인 전제조건이다. 그는 등위절과 종속절 모두에서 절 사이의 가능한 담화 관계의 목록을 제공한다. 이 점에서 디라우치는 풀러 신학교(Fuller Theological Seminary)의 다니엘 풀러(Daniel P. Fuller)[77]에 의해 널리 알려진 담화 관계와 웹사이트 '바이블아크'(BibleArc)의[78] 담화 관계를 대부분 채택한다. 절 사이의 담화 관계를 결정하게 되면 독자들이 논리적으로 담화의 윤곽을 파악하여 각 주요 주제 단위의 주제(main idea)와 목적을 발견할 수 있게 된다.

6.3.4.8 다른 목소리들

소수의 다른 학자들은 상호절 접근 방식을 통해 전통적인 문법과 담화 분석 간의 거리를 메우려고 한다. 한편 부스와 유사하게 요쉬노부 엔도(Yoshinobu Endo)는 절 사이의 상호관계를 설명하는 세 가지 기본 대립을 발견한다: 과거 문맥에서 **바이크톨**(연속적) 대 **카탈**(비연속적), 비과거 문맥에서 **베카탈**(연속적) 대 **이크톨**(비순연속적), 의지법 문맥에서 **베카탈**(연속적) 대 명령, 지시, 권유법(비연속적).[79] 다른 한편으로 디라우치와 유사하게 스티븐 뎀스터(Stephen G. Dempster)는 요셉 생활사(창 37-50장), 승계 내러티브(삼하 9장-왕상 2장), 동시적 역사(왕상 12장-왕하 18:12)에서 절 사이의 상호 관계를 결정하기 위해 접속사 결합과 접속사 생략, 참여자 지시어 그리고 어휘 패

---

77. 참조, Fuller, "Hermeneutics: A Syllabus for NT 500."

78. http://biblearc.com.

79. Endo, *Verbal System of Classical Hebrew.*

턴을 사용한다.[80]

6.3.4.9 평가

담화 분석에 대한 상호절 접근 방식은 주해의 주된 목표 중 하나인 성서 본문의 사고 흐름을 쉽게 추적할 수 있기 때문에 매우 유익하다. 상호절 접근 방식은 담화 단위의 관계 뿐 아니라 담화의 응집성과 응결성에 상당한 주의를 기울임으로써 이 목표를 성취한다. 그러나 한가지 중요한 약점은 본문의 상호절 관계가 다소 주관적일 수 있다는 것이다. 이것은 담화 단위에서 제시된 사고의 흐름의 정확성을 평가하기 위한 분명한 기준이 거의 존재하지 않기 때문이다. 상호절 접근 방식의 또 다른 중요한 약점은 정보 구조를 무시하는 경향이 있다는 것이다. 상호절 접근 방식의 분석은 절 내(intra-clausal)의 수준이 아니라 거시 수준(macro-level)에서 주로 발생한다. 마지막으로 상호절 분석은 성서 히브리어 동사 체계의 일관적인 모델과 통합할 필요가 있다. 부스의 접근 방식은 올바른 방향으로 나아가는 데 좋은 걸음을 내딛게 해주지만 화용론이 동사 체계의 의미론에 더 잘 연결되도록 하려면 좀 더 연구가 필요하다.

이러한 약점에도 불구하고 상호절 접근 방식은 주해에 대해서 여전이 유익한다. 그러나 히브리 성서 학자들은 아직까지 이 접근 방식을 신약 성서 학자들이 적용한 만큼 적용하지 못하고 있다. 따라서 우리는 히브리 성서의 담화 분석에 대한 이 접근 방식이 지속적으로 개선되고 적용되기를 기대한다. 그러한 발전으로 인해 구약성서의 주석과 해설이 모두 향상될 것이 분명하다.

---

80. Dempster, "Linguistic Features of Hebrew Narrative."

6.4 히브리 성서 담화 문법서와 주석서

담화 분석에 대한 히브리어 학자들과 아람어 학자들의 다양한 접근 방식을 조사하기 위해 나는 담화 분석과 히브리 성서에 대한 유용한 자료들을 살펴볼 것이다. 여기에 포함된 담화 문법서인 『히브리 담화의 기초』(Basics of Hebrew Discourse)는 담화의 구성 요소와 담화가 성서 히브리어에서 어떻게 작동하는지를 제시하는 것을 목표로 한다. 또한 담화 분석 원리를 히브리 성서에 적용한 몇몇 책들도 있다. 그 책들은 『렉섬 담화 히브리 성서』(Lexham Discourse Hebrew Bible), 존더반 구약 주석(Zondervan Exegetical Commentary on the Old Testament), 베일러 히브리 성서 주석 시리즈(Baylor Handbook on the Hebrew Text series)이다.

6.4.1 『히브리 담화의 기초』

히브리 성서의 담화 분석을 배우는 가장 유용한 자료는 매튜 패튼(Matthew H. Patton)과 프레드릭 클라크 퍼트넘(Frederic Clarke Putnam)이 쓴 존더반 출판사의 『히브리 담화의 기초』(Basics of Hebrew Discourse)이다. 이 책은 두 부분으로 구성되어 있다. 하나는 패튼이 쓴 내러티브를 다루는 부분이고, 다른 하나는 퍼트넘이 쓴 시를 다루는 부분이다. 마일즈 반 펠트(Miles V. Van Pelt)는 이 책의 편집자이다.

패튼이 쓴 내러티브 부분에서는 내러티브 안에 있는 직접 화법 뿐 아니라 고유한 내러티브 모두를 조사한다. 서론에서는 담화 분석의 필요성을 제시하고 이 주제에 대한 중요 학자들을 살펴본다. 그 다음 내러티브의 절(예, 순차적 행동, 동시적 행동, 결과, 상황)과 직접 화법(이유, 답변, 비교) 사이에 존재할 수 있는 다양한 유형의 관계를 살펴본다. 다음 몇몇 장에서는 성서 히브리어 내러티브의 담화 분석에 필수적인 핵심 요소들을 제시한다. 여기에는 담화 표지(접속사, 관계사, 의문사, 부사, 감탄사, לֵאמֹר나 הִנֵּה 같은 특별 표지들), 담화 관계를 나타내는 동사 연속(바이크톨, 베카탈), 전치(preposing: 동사 앞에 비동사 요소를 배치하는 것) 그리고 동사가 없는 절이 포함된다. 이 부분의 마지막 장에서는 내러티브에서 담화 분석을 수행하는 과정과 다른 구절들에서 수행된 그 과정의 예를 제시한다.

퍼트넘이 쓴 시 부분에서는 시의 독특한 특징에 비추어 성서 시의 담화 분석에 대한 구별된 접근 방식의 필요성을 강조하며 시작한다. 퍼트넘은 시의 구조를 결정하는 데 행 길이가 하는 역할에 대해 논의한다. 그 다음 동사 형태(활용과 어간 모두)와 절의 유형(동사절과 명사절)이 어떻게 형태구문적 패턴을 통해 시를 조직할 수 있는지 탐구한다. 그는 또한 시에서 어순에 대해서도 논의하는데 그는 시의 어순이 매우 자주 한 행이 그것과 가장 가까운 행들과 연결시킨다고 주장한다. 이 부분의 마지막 장에서는 의미론(생략과 참여자 지시어)과 논리(logic)의 관점에서 성서 시의 응결성을 논의한다.

『히브리 담화의 기초』는 성서 히브리어 중급 학생들을 위해 만들어졌지만 학자들이나 목사들도 이 책으로부터 많은 유익을 얻을 수 있다. 히브리 성서의 담화 분석에 대한 다양한 접근 방식들의 많은 장점을 종합하여 광범위하고 다면적인 접근 방식을 제시한다는 점에서 학문적인 큰 격차를 메운다. 게다가 내러티브와 시가 분리되어 논의된다는 사실이 특히 유익하다. 이 두 가지 장르를 분리해서 다룸으로써 독자는 내러티브와 시의 독특한 담화적 특징을 이해하고 각각 적절한 방식으로 담화 분석을 수행할 수 있다.

『히브리 담화의 기초』의 한가지 약점은 상호절 수준에서 담화 분석에 중점을 둔다는 것이다. 이 책은 특히 본문을 구성하기 위해 전치(preposing)와 어순을 사용하는 것과 관련하여 절 내의 어순 문제를 다룬다. 그러나 이 주제들에 대한 이 책의 분석은 충분한 근거 없이 성서 히브리어 산문의 기본 어순(동사-주어-목적어)을 가정한다. 게다가 이 책은 화제, 초점 그리고 문장의 주절 밖에 위치한 구성 요소를 포함하여 정보 구조와 관련된 중요한 이슈들을 대체로 무시한다.

그럼에도 불구하고 『히브리 담화의 기초』가 히브리 성서에 담화 분석을 적용하는 데 있어서 주목할 만한 발전을 나타낸다는 점에는 의심의 여지가 없다. 패튼과 퍼트넘은 담화 분석에 대한 광범위한 언어학적 연구에 의해 상대적으로 잘 알려진 히브리 성서의 담화 분석을 수행하는 방법에 대한 유용한 가이드 라인을 제공한다. 핸드북으로써 『히브리 담화의 기초』는 담화 분석과 히브리 성서에 관한 유용한 종합적인 연구를 제시한다. 그로 인해 그것은 히브리 성서를 주해하기 위한 견고한 토대를 제공해주며 담화 분석을 이해하기 위한 실용적이고 유용한 도구가 됐다.

6.4.2 『렉섬 담화 구약성서』

스티븐 룽게(Steven E. Runge)와 조슈아 웨스트버리(Joshua R. Westbury)가 편집한 『렉섬 담화 구약성서』는 로고스 바이블 소프트웨어에 의해 개발된 담화 분석 자료의 일부분이다.[81] 로고스 바이블 소프트웨어의 『렉섬 담화 헬라어 신약 성서』(Lexham Discourse Greek New Testament)와 유사하게 이 자료는 전체 히브리 성서의 담화의 특징을 포괄적으로 제시한다. 따라서 그것은 특정한 단락이 담화 분석의 과점에서 어떻게 분석될 수 있는지 알고자 하는 사람들에게 가치있는 자료가 된다.

서문에서 룽게와 웨스트버리는 담화 분석에 대한 그들의 접근 방식을 형성하는 핵심 전제를 개관한다. 『렉섬 담화 구약성서』(Lexham Discourse

---

81.   이 자료는 Runge와 Westbury가 또한 편집한 *Lexham High Definition Old Testament* 로 영어로 수정된 형태로 제공된다.

Hebrew Bible)의 토대는 선택이 의미를 내포한다는 구조주의적 개념이다. 성서의 저자가 특정한 형태를 사용하는 것은 그가 그 형태가 의도하는 특정한 의미를 전달하며 그 특정한 의미는 다른 형태가 나타내고자 하는 의미와는 다르다. 룽게와 웨스트버리에 따르면 다른 형태 보다 특정한 형태를 사용하고자 하는 선택은 그 형태가 특정한 문맥 안에서 고려될 때 특별히 적절하다. 모든 형태에는 고유한 의미가 있지만 한 형태의 실용적 효과는 문맥에 따라 다양하다. 따라서 룽게와 웨스트버리의 접근 방식은 의미론과 화용론을 분명하게 구분한다.

『렉섬 담화 구약성서』의 서론에서 룽게와 웨스트버리가 히브리 성서에서 확인한 모든 구체적인 담론 특징들의 자세한 정의와 예를 제공해 준다. 이러한 특징들은 여러 범주로 나뉜다. 포워드 포인트 장치(Forward-pointing devices: 예, 명료한 메타 주석과 הִנֵּה와 같은 관심 획득 표지)는 다음에 나오는 내용에 주의를 기울이게 한다. 주제적 강조(Thematic highlighting: 예, 우향-전위와 참여자 지시어의 변화)는 독자들이 구체적인 방식으로 무언가를 생각하도록 하는 추가 정보를 제공한다. 강조(Emphasis)는 주의를 끌기 위해 특정 위치(예, 전면위치)에 절의 일부를 배치시킨다. 준거틀(Frames of reference: 예, 시간절과 좌향-전위)은 다음에 나오는 내용을 문맥에 고정시킨다. 추가적으로 논의된 담화 특징들로는 간접 화법, 무동사절 그리고 요점 주석(outline annotations: 예, 원리, 지지, 하위 요점, 정교화)가 있다.

로고스 바이블 소프트웨어의 마소라 본문 데이터세트(dataset)인 『렉섬 담화 구약성서』에서 룽게와 웨스트버리는 히브리 성서 전체의 담화 분석을 제시해 준다. 그들은 히브리 성서를 구별된 본문 단위로 나눈다. 그들은 또한 담화 기능에 따라서 본문 단위들을 명명하고 종속 단위는 들여쓰기를 하여 계층적으로 그것들을 정렬한다. 그로 인해 독자들이 성서 저자의 사고 흐름을 따라갈 수 있도록 하는 일종의 개요가 나오는 것이다. 또한 각각의 구체적인 담화 특징이 알맞은 기호로 표시되고 하이퍼텍스트를 통해 그것이 나타내는 특정 기능의 정의로 연결된다. 각각의 정의는 책의 용어집에서 가져왔으며 이것은 차례로 서론에서 논의된 정의를 기초로 한다.

다음은 룻기1:1-5에 대한 『렉섬 담화 구약성서』의 분석이다. 책의 용어집에 있는 정의에서 만들어진 키(key)가 발췌 본문 바로 다음에 나타난다.

[TM] וַיְהִ֗י בִּימֵי֙ שְׁפֹ֣ט הַשֹּׁפְטִ֔ים [TM] וַיְהִ֥י רָעָ֖ב בָּאָ֑רֶץ 1	SENTENCE
וַיֵּ֨לֶךְ אִ֜ישׁ מִבֵּ֧ית לֶ֣חֶם יְהוּדָ֗ה לָגוּר֙ בִּשְׂדֵ֣י מוֹאָ֔ב	SENTENCE
🧍‹ ה֥וּא וְאִשְׁתּ֖וֹ וּשְׁנֵ֥י בָנָֽיו ›🧍:	
[T] וְשֵׁ֣ם הָאִ֣ישׁ [T] אֱלִימֶ֡לֶךְ 2	SENTENCE
[T] וְשֵׁם֩ אִשְׁתּ֨וֹ [T] נָעֳמִ֜י	SENTENCE
[T] וְשֵׁ֥ם שְׁנֵֽי־בָנָ֣יו [T] מַחְל֤וֹן וְכִלְיוֹן֙	SENTENCE
אֶפְרָתִ֔ים מִבֵּ֥ית לֶ֖חֶם יְהוּדָ֑ה	ELABORATION
וַיָּבֹ֥אוּ שְׂדֵי־מוֹאָ֖ב	SENTENCE
וַיִּהְיוּ־שָֽׁם:	SENTENCE
וַיָּ֥מָת אֱלִימֶ֖לֶךְ ‹ 🧍 אִ֣ישׁ נָעֳמִ֑י › 3	SENTENCE
וַתִּשָּׁאֵ֥ר הִ֖יא וּשְׁנֵ֥י ‹ 🧍🧍 בָנֶֽיהָ 🧍›:	SENTENCE
וַיִּשְׂא֣וּ לָהֶ֗ם נָשִׁים֙ מֹֽאֲבִיּ֔וֹת 4	SENTENCE
[T] שֵׁ֤ם הָֽאַחַת֙ [T] עָרְפָּ֔ה	SENTENCE
[T] וְשֵׁ֥ם הַשֵּׁנִ֖ית [T] ר֑וּת	SENTENCE
וַיֵּ֥שְׁבוּ שָׁ֖ם כְּעֶ֥שֶׂר שָׁנִֽים:	SENTENCE
וַיָּמ֛וּתוּ ‹+גַם־‹ 🧍 שְׁנֵיהֶ֖ם 🧍 מַחְל֣וֹן וְכִלְי֑וֹן ‹+ 5	SENTENCE
וַתִּשָּׁאֵר֙ ‹🧍🧍 הָֽאִשָּׁ֔ה 🧍‹ ‹ 🧍 מִשְּׁנֵ֥י יְלָדֶ֖יהָ וּמֵאִישָֽׁהּ 🧍›:	SENTENCE

키|(key)

• 문장(Sentence): 앞의 담화와 등위 관계를 가지고 있는 하나 혹은 그 이상의 절. 담화 내에 보고된 화법으로 시작하는 문장은 "문장"이라고 표시되지만 문장은 전체 개요에서 한 단계 들여쓰기가 되어 문장들을 도

입하는 발화 동사에 기술적으로 의존(종속)되는 것을 반영한다. 문장은 '베'(ו)를 사용하거나 접속사를 사용하지 않음으로 앞의 담화와 가장 대등한 관계를 이룬다.

• 정교화(Elaboration): 보통 본동사에 의존하는 행동을 확장하는 분사나 부정사로 구성된 절이나 구. 정교화는 또한 이전 절에서 추론해야 하는 일부 구의 생략으로 문법적으로 불완전한 발화(utterances)를 표시하기 위해 사용된다. 정교화는 항상 그것이 수식하는 절을 따라 나온다.

• [TM 시간적 틀(temporal frames) TM]: 뒤이어 나오는 절에 대한 구체적인 시간적 틀을 설정하기 위해 시간 관련 정보를 전방에 배치. 시간적 틀은 두 가지 기능을 동반한다.

  - 뒤이어 나오는 절이나 담화의 새로운 시점을 설정하기 위해
  - 담화 내에서 시간의 변화의 주의를 집중시키고 효과적으로 비교나 대조를 형성시키기 위해

• <♟우향-전위(Right-Dislocation)♟>: 절에서 앞에서 언급된 어떤 것을 좀 더 설명하기 위해 절의 끝에 추가된 정보. 정보는 분리되어 있으나 앞서 언급된 것과 격과 수에서 일치한다.

• [T 화제(Topic) T]: 정형 동사가 존재하지 않는 절의 화제나 주제를 식별하기 위한 표지.

• <♟과잉 특정화(Overspecification)♟>: 의도된 대상을 식별하는 데 필요한 것보다 더 구체적인 개인이나 개념의 묘사. 이 여분의 정보는 종종 주제별로 삽입되며 어떤 식으로든 문맥의 주제와 연결된다. 과잉특정화는 독자가 구체적인 방식으로 지시물을 개념화하도록 촉진시킨다.

• <♟변화된 지시어(Changed Reference)♟>: 기존의 참여자를 언급하여

A. Setting the Stage for Naomi's Emptying
1. The Time of the Crisis
2. The Precipitant of the Crisis
3. The Target of the Crisis
   a. His Home
   b. His Move
   c. His Family
   d. His Clan
4. The Location of the Crisis

B. The Nature of Naomi's Emptying
1. Phase 1 of the Crisis
   a. The Event
   b. The Effect
2. The Ray of Hope in the Midst of Crisis
   a. The Sons' Marriages
   b. The Sons' Tenure in Moab
3. Phase 2 of the Crisis
   a. The Event
   b. The Effect

1a	וַיְהִי	Now it happened,
1b	בִּימֵי שְׁפֹט הַשֹּׁפְטִים	in the days when the chieftains governed,
1c	וַיְהִי רָעָב בָּאָרֶץ	that famine stalked the land.
1d	וַיֵּלֶךְ אִישׁ מִבֵּית לֶחֶם יְהוּדָה	Then a certain man from Bethlehem of Judah moved
1e	לָגוּר בִּשְׂדֵי מוֹאָב	to reside temporarily in the territory of Moab —
1f	הוּא וְאִשְׁתּוֹ וּשְׁנֵי בָנָיו	he and his wife and his two sons.
2a	וְשֵׁם הָאִישׁ אֱלִימֶלֶךְ	Now the name of the man was Elimelech,
2b	וְשֵׁם אִשְׁתּוֹ נָעֳמִי	and the name of his wife was Naomi,
2c	וְשֵׁם שְׁנֵי־בָנָיו מַחְלוֹן וְכִלְיוֹן	and the names of his two sons were Mahlon and Chilion.
2d	אֶפְרָתִים מִבֵּית לֶחֶם יְהוּדָה	[They were] Ephrathites from Bethlehem of Judah.
2e	וַיָּבֹאוּ שְׂדֵי־מוֹאָב	And they entered the territory of Moab,
2f	וַיִּהְיוּ־שָׁם	and they lived there.
3a	וַיָּמָת אֱלִימֶלֶךְ אִישׁ נָעֳמִי	But Elimelech, the husband of Naomi, died,
3b	וַתִּשָּׁאֵר הִיא וּשְׁנֵי בָנֶיהָ	and she was left, along with her two sons.
4a	וַיִּשְׂאוּ לָהֶם נָשִׁים מֹאֲבִיּוֹת	And they both married Moabite women.
4b	שֵׁם הָאַחַת עָרְפָּה	The name of the first was Orpah,
4c	וְשֵׁם הַשֵּׁנִית רוּת	and the name of the second was Ruth.
4d	וַיֵּשְׁבוּ שָׁם כְּעֶשֶׂר שָׁנִים	And they lived there about ten years.
5a	וַיָּמֻתוּ גַם־שְׁנֵיהֶם מַחְלוֹן וְכִלְיוֹן	Then the two of them, Mahlon and Chilion, also died,
5b	וַתִּשָּׁאֵר הָאִשָּׁה מִשְּׁנֵי יְלָדֶיהָ וּמֵאִישָׁהּ	and the woman was deprived of both her sons and her husband.

[룻기 1:1-5 담화 분석표 샘플]

참여자를 재규정하거나 주제를 나타내는 일부 중요한 정보를 강조하거나 적절한 이름에서 좀 더 일반적인 지시어로 전환함으로써 현재의 중심되는 관심을 분명하게 가리키는 다른 표현의 사용(예, 삼상 2:19에서 "한나" 대신에 "그의 어머니").

• <+주제의 추가(Thematic Addition)+>: 본질적으로 평행 요소를 추가하여 두 사물 사이의 연결성을 만드는 다양한 수단. 이것을 행하는 가장 일반적인 방법은 נֵם(또한, 심지어)을 사용하는 것이다. BHRG §41.4.5와 비교하라.

『렉섬 담화 구약성서』의 주된 장점은 포괄적인 범위에 있다. 이 책은 룽게와 웨스트버리의 담화 방법론을 히브리 성서의 일부가 아니라 전체에 적용하고 히브리 성서의 모든 장르를 아우른다. 서론에 나와 있는 그들의 접근 방식을 발전시키기 위해 룽게와 웨스트버리는 구약성서 전체를 살펴보고 최종적으로 그것을 설명해야 했다. 따라서 룽게와 웨스트버리의 접근 방식은 단순히 이론이 아니다. 오히려 그들의 방법론은 실제적인 적용점을 가지고 있어서 히브리 성서 전체에 적용할 수 있다.

『렉섬 담화 구약성서』의 주된 약점은 절 차원에서 담화에만 거의 독점적으로 초점을 맞춘다는 것이다. 개요 주석은 더 큰 담화의 흐름에 주의를 기울인다. 더욱이 전방-지시 장치(forward-pointing devices) 그리고 준거틀과 같은 담화 특징의 식별은 절이 바로 주변의 절과 연관이 있다는 것을 은연중에 인정한다. 그럼에도 불구하고 『렉섬 담화 구약성서』의 대부분에서는 담화 관계, 담화와 경계 표지, 그리고 본문의 응집성을 제공해주는 요소를 많이 다루지는 않는다.

이러한 단점에도 불구하고 『렉섬 담화 구약성서』는 구약성서의 담화 분석에 매우 유용한 자료이다. 그것은 전체 히브리 성서에 담화 분석을 쉽게 적용할 수 있도록 해주고 담화 분석에 대한 일반 언어학 연구에 의해 잘 알려져 있다. 룽게와 웨스트버리가 서론에서 제시한 방법론에 비추어 읽을 때 히브리 성서에 담화 분석을 건실하게 적용하게 되는 결과를 얻게된다. 따라서 『렉섬 담화 구약성서』는 앞으로 몇 년 동안 이 주제에 관한 표준적인 참고 문헌이 될만한 가치가 있다.

6.4.3 『존더반 구약 주석』

담화 분석을 위한 중요한 주석 시리즈는 존더반 구약 주석 시리즈 (The Zondervan Exegetical Commentary on the Old Testament, ZECOT)다.[82] ZECOT 시리즈는 담화 분석과 문단의 구조와 메시지에 대한 상향식 접근 방식을 취한다. 마찬가지로 그것은 본문에서 독자들이 본문의 사고의 흐름을 따라갈 수 있도록 돕는 담화 표지나 접속사와 같은 형식적 신호를 강조한다.

ZECOT 시리즈는 담화 분석에 하나의 접근 방식만을 취하지 않는다. 그래서 각 주석의 저자는 자유롭게 담화 분석에 대한 자신의 방법론을 적용한다.

그럼에도 불구하고 ZECOT 시리즈의 편집자들이 정한 배열의 균일성이 있다. 각 주요 본문 단위의 분석은 히브리어와 영어 본문의 사고의 흐름을 해석적 개요로 제시한다. 개요(outline)는 해석적 개요의 주요 표제에서 점점 발전되는 본문의 사고에 의해 인도되는 적절한 주석을 가져온다.

개요는 또한 본문 각 단위에 대한 한 문장으로 된 주요 개념 진술의

---

82. https://www.zondervancommentaries.com/zecot/. 필자와 함께 ZECOT 시리즈를 논의한 다니엘 블락과 제이슨 디라우치에게 감사한다(email message to author, January 19, 2018).

기초를 제공한다.

실제로 ZECOT을 더 잘 이해하기 위해서 앞 쪽에 있는 룻기 1:1-5의 주해적 개요를 보라.[83]

ZECOT 시리즈는 담화 분석을 위한 유용한 자료다. 그것의 가장 큰 장점은 각 절이 본문 단위 안에서 어떻게 들어맞는지 그리고 각 본문 단위가 전체 책 안에서 어떻게 들어맞는지를 다룬다는 것이다. 이러한 초점은 절 사이의 관계가 특정 담화 관계의 측면에서 표현되지 않더라도 ZECOT 시리즈가 성서 저자의 사고의 흐름을 탁월하게 추적할 수 있도록 한다. 안타깝게도 ZECOT 시리즈가 상호절 관계를 강조함으로 담화에 관한 다른 차원, 특히 정보 구조는 무시한다. 이것은 전반적으로 화제, 초점 그리고 절의 다양한 구성 요소가 무시된다는 것을 의미한다. 그럼에도 불구하고 ZECOT 시리즈는 담화 분석을 주석 장르에 포함시킴으로써 상당한 요구를 충족시킨다. 히브리 성서를 배우는 모든 학생들과 학자들은 이 시리즈로부터 대단히 많은 유익을 얻을 것이지만, ZECOT 시리즈는 평신도들에게 성서 본문의 주요 개념을 제시해야하는 목사들과 성경 교사들에게 특히 유용하다.

6.4.4 베일러 히브리 성서 주석 시리즈

담화 분석을 다루는 두 번째 시리즈는 베일러 히브리 성서 주석 시리즈(Baylor Handbook on the Hebrew Text series)다.[84] 이 주석 시리즈의 목적은 대부분의 주석에서 볼 수 있는 신학적·주해적 주석의 "전편" 역할을 하는 것

---

83. Block, *Ruth*, 62, 70.

84. http://www.baylorpress.com/en/Series/5/Baylor%20Handbook%20on%20 the%20Hebrew%20 Bible. 나는 이 시리즈에 대해 나와 함께 논의한 W. Dennis Tucker, Jr.에게 감사의 마음을 전한다(email message to author, February 7, 2018).

이다. 이 목적을 달성하기 위해 이 시리즈는 히브리 본문, 특별히 본문의
언어적 특성에 초점을 맞춘다.

『베일러 히브리 성서 주석 시리즈』는 히브리 본문의 단어와 절에 대
한 자세한 분석을 제시한다. 구문에 대한 문제가 주로 집중적으로 논의
되지만 담화 분석에도 특별한 주의를 기울인다. 그래서 이 시리즈의 저
자들은 관련된 담화 특징에 대해 설명한다. ZECOT 시리즈와 유사하게
이 시리즈는 담화 분석에 대해 일정한 접근 방식을 취하지 않는다. 이 시
리즈의 초기 책들은 롱에이커와 유사하게 담론에서 전경과 배경을 강조
하는 상향식 접근 방식을 취하는 경향이 있다. 하지만 최근의 책들은 홈
스테드 방식의 특징인 생성 문법적 접근 방식을 더 많이 채택하며 향후
나올 책들은 이러한 추세를 따를 것이다.

베일러 히브리 성서 주석 룻기1:1-5절에서 담화와 관련된 특징에 대
한 주석으로 구성된 다음 발췌 내용은 이 시리즈가 담화 분석의 관점에
서 제공하는 예들을 보여준다.[85]

וַיְהִי֙ בִּימֵי֙ שְׁפֹ֣ט הַשֹּׁפְטִ֔ים [룻 1:1]. (여기서 בִּימֵי שְׁפֹט הַשֹּׁפְטִים처럼 부정사 연
계형이 있는) 시간구 앞에 나오는 וַיְהִי는 새로운 내러티브의 시간이나 장소를
설정하는 전형적인 구조다(수 1:1; 삿1:1; 삼하 1:1; 겔 1:1을 보라). 또한 레위기, 민
수기, 여호수아, 사사기, 사무엘상하, 열왕기하, 에스겔, 요나 그리고 역대하
그리고 많은 내러티브의 하위 단위(예, 창 6:1; 11:1; 14:1; 17:1; 22:1; 26:1; 27:1; 38:1,
그 외 다양한 내러티브 차원에서)에서 일반적으로 **바이크톨**(단지 וַיְהִי가 아닌)로 시
작한다.

וַיְהִי רָעָב בָּאָרֶץ [룻 1:1]. **바이크톨**—주어 NP—사격 PP 보충. 이것이 성

85. Holmstedt, *Ruth*, 51–66.

서 히브리어 내러티브의 가장 일반적인 어순이다. (약간의 변화가, 바이크톨—주어 NP—PP/부정사 연계형, 바로 다음 절에서 발생한다.) 그러나 동사-주어 순서 자체는 기본 주어-동사 순서에서 파생되는데 그것은 **바이크톨**에서 자음 중복 (gemination)이 무엇이었던 간에(지금은 복구할 수 없다) 그것이 주어-동사에서 동사-주어로의 전환을 촉발했기 때문이다.

וְשֵׁם הָאִישׁ אֱלִימֶלֶךְ וְשֵׁם אִשְׁתּוֹ נָעֳמִי וְשֵׁם שְׁנֵי־בָנָיו | מַחְלוֹן וְכִלְיוֹן אֶפְרָתִים מִבֵּית לֶחֶם יְהוּדָה [룻 1:2]. 이 경우에 연결사(copula)가 없는 절을 사용하여 **바이크톨**을 생략하는 것은 히브리 성서 내러티브의 두드러진 언어 전략이며 그것은 많은 담화 신호를 전달할 수 있다. 또한 이 경우 **바이크톨**을 생략함으로 배경 정보를 추가적으로 나타낸다. 즉 청중들에게 1절에서 소개된 인물의 이름과 가계에 대한 정보가 주어진다. 구성되는 순서는 사실상 연결사가 없는 절에서 예상되는 순서인 주어NP—술어NP이다. 이것은 두 개의 연속적인 연결사가 없는 절에서도 마찬가지다.

וַיָּבֹאוּ שְׂדֵי־מוֹאָב [룻 1:2]. **바이크톨** 칼 3인칭 남성 복수의 בוא 그리고 보어구. 이 절은 1절의 내러티브를 다시 시작하고 그들의 모압 여정에 대한 결론을 "그들이 도착했다"라고 간결하게 제공한다. **바이크톨** 절의 사용은 다시 내러티브를 진행하고 플롯을 발전시킴으로써 내러티브 배경에서 내러티브 전경으로 이동한다. 명사구인 שְׂדֵי מוֹאָב은 동사 וַיָּבֹאוּ의 보어 역할을 하며, 주로 이동 목적지(전치사 אֶל 이나 בְ와 함께)나 출발지(대부분 전치사 מִן과 함께)를 지정하는 사격 PP 보어를 취한다. 룻기에서 동사 בוא는 전치사 אֶל과 함께 네 번(3:16, 17; 4:11, 13) 사용된다. 그러나 이 동사는 이동 목적지에 대한 명시적이든 암시적이든 대격 보어(accusative complement)를 13번(1:2, 19[×2], 22; 2:3, 7, 12, 18; 3:4, 7[×2], 14, 15) 취한다.

שֵׁם הָאַחַת עׇרְפָּה וְשֵׁם הַשֵּׁנִית רוּת [룻 1:4]. 이 절에서 우리는 마침내 이 이야기의 주인공인 룻과 그녀를 돋보이게 만드는 오르바를 소개받는다. 첫

번째 일련의 이름들이 나오는 2절과 마찬가지로 배경 정보를 제공하기 위해 연결사가 없는 절을 사용함으로 **바이크톨**을 사용하지 않는다.

וַתִּשָּׁאֵר הָאִשָּׁה מִשְּׁנֵי יְלָדֶיהָ וּמֵאִישָׁהּ [룻 1:5]. 이 절은 엘리멜렉의 죽음이 알려진 3절에 있는 진술을 반영한다. 유사한 이 두 절의 진술은 나오미의 고립을 강화하고 전개될 플롯의 긴장감을 조성하는 역할을 한다.

『베일러 히브리 성서 주석 시리즈』는 구문분석에 있어서 매우 유용하다. 다양한 형태들에 대한 구문분석과 의미 설명은 히브리 본문의 구문적 뉘앙스에 관심이 있는 학생들과 학자들에게 특별히 유용하다. 그러나 무엇보다 『베일러 히브리 성서 주석 시리즈』는 담화 분석에 있어서는 그렇게 유용하지 않다. 이 시리즈에는 균일한 방법론이 없기 때문에 결과적으로 일관성이 부족하고 때로는 각 책들 사이에 모순적인 접근 방식이 나타나기도 한다. 이 시리즈의 최근의 책들은 방법론적인 표준화를 통해 이러한 단점을 해결하기를 기대한다. 새로운 책들이 이전에 출판된 책들의 개정판과 함께 나오게 되면 『베일러 히브리 성서 주석 시리즈』는 표준적이며 믿을 만한 구약 담화 분석의 자료가 될 것이다.

6.5 앞으로의 방향

담화 분석과 히브리 성서에 대한 풍부한 저서들은 이 중요한 주제에 대한 관심이 계속 증가하고 있다는 것을 반영한다. 이러한 저서들이 가지고 있는 네 가지 다른 접근 방식—문법소, 분포, 정보 구조, 상호절 접근 방식—에는 풍부한 다양성이 있다. 각 접근 방식은 논의에 그 방식만의 고유한 기여를 한다.

문법소 접근 방식과 분포 접근 방식은 담화에서 패턴을 찾을 필요를 강조한다는 점에서 유용하다. 최신 언어학적 방법론의 견고한 기초를 갖는 정보 구조 접근 방식과 상호절 접근 방식은 훨씬 더 유용하고 히브리 성서에 일관성 있게 적용될 수 있다. 그러나 유일한 방법론으로 정보 구조 접근 방식이나 상호절 접근 방식을 채택하는 것은 불가피하게 문장 내에서나 문장 수준을 넘어선 담론에만 초점을 맞추는 것으로 제한된다. 필요한 것은 플로어(Floor)와 부스(Buth)가 제시한 것과 유사한 담론의 두 차원을 완전히 고려하는 온전하고 통합된 접근 방식이다. 학자들이 히브리 성서의 담론 분석을 지속적으로 탐구함에 따라 우리는 이 분야에서 더 많은 연구를 기대한다.

특히 고무적인 것은 학생, 교수 그리고 목사들이 담론 분석을 히브리 성서에 적용하는 데 도움이 되는 자료가 나타난 것이다. 『히브리 담화의 기초』(Basics of Hebrew Discourse)는 히브리 성서의 시와 산문에 담화 분석을 수행하는 방법에 대한 특히 유용한 가이드를 제공해준다. 『렉섬 담화 구약성서』(Lexham Discourse Hebrew Bible)도 히브리 성서에 담화 분석을 언어적으로 견실하게 적용하는 것이 어떠한 것인지를 보여주기 때문에 매우 유용한 도구이다. 이 두 저서들은 두 가지 다른 방식으로 담화 분석에 접근한다. 『히브리 담화의 기초』는 주로 상호절 접근 방식으로, 그리고 『렉섬 담화 구약성서』는 주로 정보 구조 접근 방식으로 접근한다. 이 두 저서는 담화 분석에 대한 미시적 차원과 거시적 차원의 접근 방식을 온전히 통합시키는 광범위한 방법론을 가진다. 이 두 저서의 개정판에서는 그러한 통합이 더 좋아질 수 있을 것이다. 이 두 저서는 서로 훌륭하게 보완함으로 아주 유익하게 사용될 수 있다.

마지막으로 ZECOT과 베일러 히브리 성서 주석 시리즈처럼 담화에 중점을 둔 주석 시리즈도 고무적이다. ZECOT 시리즈가 상호절 접근 방식의 관점에서는 한계가 있지만 성서를 설교하고 가르치는 사람들에게 성서 각 권에 대한 매우 유용한 담화 분석을 제공해 준다. 베일러 히브리 성서 주석 시리즈는 일관성이 부족하기 때문에 현재는 가치가 떨어지지만 담화 특징들을 성서 해석에 연관시키는 데 있어서는 매우 유용한 시리즈가 될 가능성을 가지고 있다. 안타깝게도 히브리 성서에 대한 담론 중심적 주석 시리즈는 신약 만큼 많지는 않다.[86] 그러나 ZECOT과 『베일러 히브리 성서 주석 시리즈』의 출판은 히브리 성서의 담화 분석이 밝은 미래를 가지고 있다는 것을 보여준다.

6.6 더 읽을 자료

Bergen, Robert D., ed. Biblical Hebrew and Discourse Linguistics. Dallas: Summer Institute of Linguistics, 1994.

―――. "Discourse Analysis: Biblical Hebrew." EHLL 1:746–49.

―――. "Text as a Guide to Authorial Intention: An Introduction to Discourse Criticism." JETS 30 (1987): 327–36.

Bodine, Walter R., ed. Discourse Analysis of Biblical Literature: What It Is and What It Offers. SemeiaSt. Atlanta: Scholars Press, 1995.

Callow, Kathleen. Discourse Considerations in Translating the Word of God. Grand Rapids: Zondervan, 1974.

Floor, Sebastiaan Jonathan. "From Information Structure, Topic, and Focus, to Theme in Biblical Hebrew Narrative." DLitt thesis, University of Stellenbosch, 2004.

MacDonald, Peter J. "Discourse Analysis and Biblical Interpretation." Pages

---

86. 히브리 성서에 대한 ZECOT 시리즈와 Baylor Handbook에 상응하는 신약 주석, 즉 Zondervan Exegetical Commentary on the New Testament와 Baylor Handbook on the Greek New Testament외에도 그리스 신약성서의 담화 분석을 포함하는 주석은 High Definition Commentary(Lexam 출판사)와 Semantic and Structural Analysis Series(Summer Institute of Linguistics)가 있다.

153–75 in Linguistics and Biblical Hebrew. Edited by Walter R. Bodine. Winona Lake, IN: Eisenbrauns, 1992.

O'Connor, Michael. "Discourse Linguistics and the Study of Biblical Hebrew." Pages 17–42 in Congress Volume: Basel, 2001. Edited by Andre Lemaire. VTSup 92. Leiden: Brill, 2002.

Patton, Matthew H. and Frederic Clarke Putnam. Basics of Hebrew Discourse: A Guide to Working with Hebrew Prose and Poetry. Edited by Miles Van Pelt. Grand Rapids: Zondervan, 2019.

Runge, Steven E. and Joshua R. Westbury, eds. Lexham Discourse Hebrew Bible. Bellingham, WA: Lexham, 2012.

Talstra, Eep. "Text Linguistics: Biblical Hebrew." EHLL 1:755–60.

Wendland, Ernst R. "The Discourse Analysis of Hebrew Poetry: A Procedural Outline."

Pages 1–27 in Discourse Perspectives on Hebrew Poetry in the Scriptures. Edited by Ernst R. Wendland. United Bible Society Monograph Series 7. New York: United Bible Societies, 1994.

제7장
어순

성서 히브리어의 기본 어순의 정체성에 관한 논쟁들이 계속되고 있다. … 이 논쟁으로 인해 학생들이 다른 제안들의 결과와 상호 작용하는 것이 반드시 필요하게 됐다.

—제레미야 슈푸 주오(Jeremiah Xiufu Zuo)[1]

7.1 소개

최근 몇 년 동안 정보 구조와 구성 요소들을 한 절 안에 묶는 방식을 포함하여 담화 분석을 히브리 성서에 적용하는 방식이 증가하게 됐고 이 것은 자연스럽게 절의 구성 요소의 배열인, 어순에 관한 논의를 낳게 됐다. 따라서 담화 분석에 관한 최근의 관심은 히브리 성서의 어순에 대한 탐구로 이어졌다.

전통적으로 성서 히브리어는 동사가 먼저 오는 언어이고 성서 아람 어는 자유로운 어순을 가지는 것으로 여겨졌다. 성서 히브리어 어순의

---

1.   Zuo, *Biblical Hebrew Word Order Debate*, 3.

최근 조사에 의해 어순에 관한 전통적인 관점은 확증될 뿐 아니라 또한 도전받게 됐다. 어순에 관해 비전통적인 입장에서 논의하는 학자들이 증가하는 것을 볼 때 이러한 변화를 인식하는 것은 중요하다. 또한 어순에 관한 관점은 주해와 직접적으로 관련되기 때문에 어순에 관한 다양한 입장, 각 입장에 대한 기본 논거 그리고 다양한 입장 중에 하나의 입장을 선택하는 것이 가지는 함의에 대해 익숙해질 필요가 있다.

이것을 위해 이 장에서 성서 히브리어와 성서 아람어의 어순에 관한 최근 연구를 살펴볼 것이다. 어순을 이해하기 위해 현대 언어학적 틀을 제시함으로써 시작하려고 한다. 그런 다음 성서 히브리어와 성서 아람어의 어순에 대한 주요 연구들을 분리해서 검토할 것이다. 마지막으로 이 흥미로운 주제가 지속적으로 논의될 것을 예상하여 앞으로 나아갈 방향에 대해 몇 가지 제안을 할 것이다.

7.2 어순을 위한 현대 언어학적 틀

두 가지 핵심 개념이 어순을 논의하기 위한 언어학적 틀을 제공한다. 첫째는 유표성(markedness)의 개념이고 둘째는 어순이 언어 유형론과 관련될 때 기본 어순 자체의 개념이다. 히브리 성서의 어순 분석을 탐구하기 전에 이 두 가지 주제를 살펴볼 것이다.

7.2.1 유표성(markedness)

유표성 배후에 있는 개념은 훨씬 이전부터 인식되어 왔지만 구조-기능주의(structuralist-functionalist) 프라하 학파가 20세기 초에 유표성 이론을 널리 퍼트렸다.[2] 유표(marked)와 무표(unmarked)라는 용어는 1930년 니콜라

---

2.   Andersen, "Markedness Theory," 21–27; Battistella, *Logic of Markedness,* 19–34; Andrews, *Markedness Theory,* 13–15.

이 트루베츠코이(Nikolai Trubetzkoy)와 로만 야콥슨(Roman Jakobson)의 논의에서 처음 나타났다.[3] 트루베츠코이는 이 용어를 음운론(phonology)과 음성학에 주로 적용시켰다.[4] 그러나 야콥슨은 문법과 어휘 의미론을 포함시키기 위해 유표성 연구를 확장시켰다.[5]

기초적인 수준에서 유표성은 언어에서 두 개의 반대되는 특징인 무표와 유표를 포함한다. 무표적 특징은 기본적이거나 표준적인 특징인 반면 유표적 특징은 기본적이거나 표준적인 것과는 다른 어떤 특징이다.[6] 영어 단어, book은 가장 기본적인 형태이기 때문에 무표적이고, books는 복수이고 기본형이 아니기 때문에 유표적이다. 비슷하게, 히브리에서 סֵפֶר("책")는 무표 형태인 반면, סְפָרִים("책들")은 유표 형태이다.

자연스럽게, 유표성의 개념은 어순을 결정하는 기초가 된다. 이것은 어순을 탐색하려면 언어가 일반적으로 문장의 요소들을 배열하는 방식에 대한 지식이 필요하기 때문이다. 무표 어순에서 벗어나는 것은 일반적으로 화제화(topicalization)나 초점(focus)과 같은 실용적인 기능을 가진다. 이것을 염두에 두고 이제 기본 어순 주제로 간다.

7.2.2 어순 유형론(Word Order Typology)

현대 어순 연구는 언어 유형론에 기초를 두고 있다. 일반적으로 말해

---

3. Trubetskoï, N.S. *Trubetzkoy's Letters and Notes*, 162–64; 참조, Andersen, "Markedness Theory," 21–23.
4. Trubetskoï, "Phonologischen Systeme," 96–116; idem, "Phonologie actuelle," 219–46.
5. Jakobson, "Zur Struktur des russichen Verbums," 74–84; idem, "Signe zero," 143–52.
6. Battistella, *Markedness*, 2; Gvozdanović, "Defining Markedness," 59–64.

서, 언어 유형론은 모든 언어들의 구조적 유형의 분류로 정의할 수 있다.[7] 각 언어들은 다른 언어와 비교할 때 자신만의 독특한 특징을 가지지만 그 언어는 또한 다른 언어들과 유사성을 공유하기도 한다. 따라서 언어는 동물과 식물을 문(phylum), 강(class), 목(order) 등으로 분류하는 방법과 비슷하게 함께 그룹으로 묶고 상대적 유사점과 차이점에 따라 분류할 수 있다. 현대 언어 유형론 연구는 기능주의자 조셉 그린버그(Joseph H. Greenberg)의 연구로 거슬러 올라간다.[8]

유형적 연구에 의하면 세계의 대부분의 언어들은 그것의 기본 즉, 무표 어순에 따라 분류될 수 있다. 여기에서 가장 중요한 것은 주어(S), 동사(V), 목적어(O)의 상대적인 순서이다. 이러한 범주를 사용함으로써 세계의 언어들은 논리적으로 가능한 여섯 개의 순서—SOV, SVO, VSO, VOS, OVS, OSV—로 분류될 수 있다.[9] 흥미롭게도 그린버그는 언어의 기본 어순과 어떤 구문 요소 사이에 상관관계가 있다는 것을 발견했다. 예를 들어, 동사가 목적어 앞에 오는 영어와 같은 언어(SVO, VSO, VOS 언어)는 전치사를 사용하는 반면, 동사가 목적에 뒤에 오는 언어(SOV, OVS, OSV 언어)는 후치사를 사용하는 경향이 있다.[10]

대부분의 언어들은 여러 가지 다양한 어순을 나타낸다. 예를 들어, 영어에서 서술적인 진술일 경우에(예, You want to go outside) 어순은 SVO이지만

---

7. Croft, *Typology and Universals,* 1; Mallinson and Blake, *Language Typology,* 3-6.

8. 예, Greenberg, *Language Typology*; idem, *Language Universals.*

9. Fried, "Word Order," 289-90. SOV 어순(45%)과 SVO 어순(42%)이 전세계 언어에서 가장 일반적이고, VSO 어순(9%)이 덜 일반적이지만 여전히 나타나고 VOS 어순(3%), OVS 어순(1%), 그리고 OSV 어순(0%)은 모든 언어에서 매우 드물다. Tomlin, *Basic Word Order,* 21-22을 보라.

10. Greenberg, "Some Universals of Grammar," 73-113; 참조, Dryer, "Greenbergian Word Order Correlations," 81-138; Hawkins, *Word Order Universals.*

질문일 경우에(Do you want to go outside?) 어순은 VSO이다. 이것은 해당 언어의 기본 어순을 결정하는 방법에 대한 문제를 야기시킨다. 언어학자들은 이 문제를 해결하는 방법에 대해 전적으로 동의하지 않는다. 그러나 일반적으로 언어학자들은 언어의 기본 어순을 결정하기 위해 빈도, 분포, 단순성, 화용론(pragmatics)과 같은 몇 가지 다른 기준을 사용한다.[11]

첫째, 빈도의 기준은 한 언어에서 가장 많이 나오는 순서가 그것의 기본 어순을 나타내는 것을 의미한다.[12] 많은 언어에서 어떤 순서가 통계적으로 많이 나오는지 결정하는 것은 쉽다. 그러나 다른 언어에서는 그것이 더 어려울 수 있다. 제한된 예만 보존되어 있는 경우에는 특히 그렇다. 예를 들어, 영어에서 지배적인 어순은 SVO이지만 이것은 샘플 본문에서 대부분의 문장들이 의문문이라면 분명치 않을 것이다. 따라서 빈도를 실행 가능한 기준으로 사용하려면 언어 전체를 정확하게 나타내는 충분히 광범위한 본문의 예를 고려하는 것이 중요하다.

둘째, 분포가 기본 어순을 결정하는 기준으로 사용될 수 있다.[13] 만약 하나의 순서가 다른 순서보다 좀 더 많은 구문 유형에 나타난다면 전자가 기본 순서로 좀 더 고려되어야 하는 반면, 후자는 기본 어순이 아닌 것으로 간주되어야 한다. 이것은 좀 더 제한된 순서가 나타나는 것은 특정한 환경과 연결되어 있기 때문이다. 의문문의 예로 돌아가서 VSO 어순은 영어에서 오직 의문문에서만 나타나는 반면 SVO 어순은 대부분의 다른 환경에서 나타난다. 따라서 분포 기준으로 보면, SVO와 VSO는 영어에서 기본 어순이다.

---

11. Dryer, "Word Order," 73-78; 참조, Siewierska, *Word Order Rules,* 8-13.
12. Dryer, "Word Order," 73-74.
13. Dryer, "Word Order," 74-75.

셋째, 단순성의 기준은 언어의 기본 어순을 정하는 데 도움이 된다.[14] 기본 원리는 어순으로 아이디어를 표현하는 방법이 적어도 두 가지 이상이 있을 때 가장 단순한 것이 가장 기본적인 어순일 가능성이 높다. 형용사-명사 어순인 the smarter teacher라는 어구와 명사-형용사 어순인 the teacher smarter than him이라는 어구를 생각해 보자. 영어에서 두 개의 어구는 둘 다 가능하지만 가장 단순한 어구인 the smarter teacher가 가장 기본적인 어순이다.

넷째, 화용론(pragmatics)은 기본 어순을 정하는 데 도움이 된다.[15] 대부분의 언어는 실용적인 효과를 나타내기 위해 어순을 바꿀 수 있다. 만약 문장의 어순이 **나는 존에게 말했습니다**라는 문장에서와 같이 특별한 어떤 것을 전달하지 못한다면 그 어순은 무표나 기본 어순으로 간주되어야 한다. 다른 한편으로 '내가 말했던 젠'(Jenn I talked to)과 같은 문장처럼 문장의 어순이 그 표현 자체를 넘어 어떤 것을 전달한다면 그 어순은 유표로 간주됨으로 기본 어순이 아니다. 이 기준의 주요 문제점은 주어진 어순이 특히 원어민이 아닌 경우에 실용적 기능을 가지는지 아닌지 항상 알기가 쉽지 않다는 것이다.

대부분의 경우에 빈도, 분포, 단순성, 화용론(pragmatics)과 같은 이러한 기준들로 언어의 기본 어순을 확인할 수 있지만 몇몇 언어들은 어순이 상대적으로 유연하거나 자유롭다.[16] 심지어 이러한 언어들에서도 이 언어들 자체가 언어 유형이기 때문에 어순 유형론은 적절하다. 더욱이 자유로운 어순을 가진 언어들은 어떤 차원에서는 주어, 동사, 목적어의 위

---

14. Dryer, "Word Order," 75-76.

15. Dryer, "Word Order," 76.

16. 몇몇 언어학자들은 어순이 전적으로 실용적인 것들만을 반영하는 화용론적 기반 언어가 존재한다고 주장한다(Mithun, "Is Basic Word Order Universal?" 15-61).

치가 유연하게 바뀔 수 있음을 보여주지만 다른 차원에서는 구성 요소 들의 순서가 상당히 엄격한 경향이 있다.[17]

7.3 성서 히브리어 어순

어순을 이해하기 위해 현대 언어학적 틀을 개관한 후에 학자들이 이 개념을 성서 연구에 어떻게 적용하는지에 관한 주제로 나아간다. 먼저 성서 히브리어 어순을 살펴보자.

통계적으로 볼 때, 성서 히브리어에서 가장 빈번한 어순은 VSO이다. 이것은 동사절에서 **바이크톨**의 용례가 매우 빈번하기 때문에 나오는 결 과다. 따라서 대부분의 표준 참조 문법책에서는 성서 히브리어의 기본 어순은 VSO라고 언급한다.[18] 거의 대부분의 기초 히브리어 문법책은 VSO 어순을 기본 어순이라고 말한다.[19] 이러한 문법책들은 기본 VSO 어 순에서 벗어나는 것은 대조나 "강조"와 같은 실용적인 기능을 가진다고 본다.

그러나 이러한 입장은 도전받지 않은 상태로 그대로 지속되지 않았 다. 20세기 첫 반세기 동안 히브리어 문법학자 폴 주옹은 성서 히브리어 는 VSO 어순이 아닌 SVO어순을 나타낸다고 주장했다.[20] 좀 더 최근에

---

17. Dryer, "Word Order," 113-14.
18. GKC §§141l, 142f.; *IBHS* §§8.3b, 8.4a; *BHRG* §46; Williams, *Hebrew Syntax*, 201-8 (§§570-82).
19. Futato, *Beginning Biblical Hebrew*, 371; Kelley, *Biblical Hebrew*, 110-11; Lambdin, *Biblical Hebrew*, 39-40, 162-65; Pratico and Van Pelt, *Basics of Biblical Hebrew Grammar*, 251-60; Ross, *Biblical Hebrew*, 416-17; Seow, *Grammar for Biblical Hebrew*, 149-51.
20. Jouon, *Grammaire de l'hebreu biblique*, 474 (§155k). 폴 주옹의 문법서 개정 번역판 에서 타카미추 무라오카는 폴 주옹의 원래 관점을 버리고 성서 히브리어는 VSO 어순을 나타낸다는 자신의 관점을 삽입시켰다(§155k).

소수의 학자들과[21] 일부 초급 문법책에서는[22] 성서 히브리어를 VSO 어순을 가지는 언어로 분류하는 데 예외를 두었다. 이러한 관점의 출현으로 인해 히브리 성서의 기본 어순에 대한 전통적인 관점은 도전받게 됐다. 어순에 관한 전통적인 관점은 증명 됐다기보다는 가정된 것이었다. 자연스럽게 기본 어순이 SVO라고 주장하는 학자들이 나타나면서 기본 어순이 VSO라고 주장하는 사람들은 자신들의 입장을 개선하고 방어하게 됐다. SVO 입장을 지지하는 주요 학자는 로버트 홈스테드(Robert D. Holmstedt)이다. 최근에 VSO 입장을 지지하는 학자들은 아디나 모사비(Adina Mosha-vi), 애런 혼콜(Aaron D. Hornkohl) 그리고 카렐 존겔링(Karel Jongeling)이다. 모샤비와 혼콜은 홈스테드를 반박하는 데 시간을 보냈기 때문에 먼저 SVO 관점에 대한 홈스테드 주장을 제시할 것이다. 그런 다음 홈스테드가 주장하는 SVO 입장을 검토한 후에 모샤비와 혼콜 그리고 존겔린이 제시하는 VSO 입장을 살펴볼 것이다.

7.3.1 로버트 홈스테드(Robert D. Holmstedt)

로버트 홈스테드는 성서 히브리어의 어순 문제에 대해 생성 문법적 접근 방식을 취한다. 생성 문법을 지지하는 사람들은 모든 VSO 언어들은 그 기저에 "심층 구조" SVO 어순을 가지고 있다고 믿으며 홈스테드도 예외는 아니다. 성서 히브리어가 기본이 SVO 언어라고 말하는 그의

---

21. Schlesinger, "Zur Wortfolge im hebraischen Verbalsatz," 381–90; DeCaen, "Verb in Standard Biblical Hebrew Prose," 136–37; idem, "Unified Analysis of Verbal and Verbless Clauses," 117–18; Cook, *Time and the Biblical Hebrew Verb*, 235–37; Doron, "Word Order in Hebrew," 41–56.

22. Cook and Holmstedt, *Beginning Biblical Hebrew*, 60; Bornemann, *Grammar of Biblical Hebrew*, 217–18.

주장은 다수의 그의 출판물에서 나타난다.[23] 성서 히브리어가 SVO 언어라는 결론에 도달하기 위해 그는 성서 히브리어에 언어의 어순을 확인하는 네 가지 기본 기준을 적용한다. 그는 VSO 어순의 가능성을 반박하는 몇 가지 주장을 제시한다.

빈도와 관련하여[24] 홈스테드는 VSO가 히브리 성서에서 통계적으로 가장 지배적인 어순이라는 것을 부인하지 않지만 VSO의 우세성이 반드시 VSO가 성서 히브리어의 기본 어순을 나타내는 것을 의미하는 것은 아니라고 주장한다. 그는 VSO는 무표라기보다는 유표이기에 남아있는 세 가지의 기준으로 보면 기본 어순이 아니라고 주장한다.

분포와 관련하여[25] 홈스테드는 **바이크톨**은 **카탈**과 **이크톨**보다 훨씬 더 제한된 환경에서 발생한다는 것을 관찰한다. 그는 **바이크톨**의 경우 주어가 항상 동사 뒤에 오고, 동사는 부정형일 수 없으며, 구성 요소들은 동사 앞에 놓일 수 없고 אֲשֶׁר나 כִּי 같은 종속 접속사가 뒤따라 나올 수 없다고 본다. 그와는 대조적으로 **카탈**과 **이크톨**은 주절이나 종속절 모두에서 다양한 어순 패턴이 나타난다. 홈스테드에게 이것은 **바이크톨** 절은 어순을 고려할 때 제외되어야 한다는 것을 의미한다.

절 유형과 관련하여[26] 홈스테드는 기본 어순은 명시되는 사람, 행위

23. Holmstedt, "Typological Classification of the Hebrew of Genesis," 1–39; idem, "Possible Verb-Subject to Subject-Verb Shift," 3–31; idem, "Word Order and Information Structure," 111–39; idem, "Word Order in the Book of Proverbs," 135–54; idem, "Relative Clause in Biblical Hebrew," 126–59.

24. Holmstedt, "Typological Classification of the Hebrew of Genesis," 7–9; idem, "Word Order and Information Structure," 116–17.

25. Holmstedt, "Typological Classification of the Hebrew of Genesis," 9–13; idem, "Word Order and Information Structure," 117–19.

26. Holmstedt, "Typological Classification of the Hebrew of Genesis," 13–20; idem, "Word Order and Information Structure," 119.

자 주어와 목적어 그리고 상태 동사가 아닌 동작 동사를 가지고 있는 독립적이고 직설법적인 절에서 발견된다는 것을 주장하면서 주로 안나 시위어스카(Anna Siewierska)를 따른다.[27] 따라서 홈스테드는 분명한 주어가 없는 절은 제외시켜 VSO 보다 SVO가 조금 더 우세하다는 결론을 내린다. 또한 그는 **바이크톨**을 가지고 있는 VSO 내러티브 절을 제외시켜 SVO 어순이 화법(speech)에서 좀 더 기본적인 어순으로 나타나는 경향이 있다는 것을 확인한다. 시위어스카의 정의에 따라 VSO 서법절(modal clause)은 비직설적이기 때문에 덜 기본적인 VSO 서법절도 제외시킨다.

화용론과 관련하여[28] 홈스테드는 SVO의 많은 사례들이 주제의 전치나 초점을 위한 주어 표시를 반영한다고 주장한다. 따라서 그는 대부분의 SVO절은 실제로는 유표됐다는 것을 인정한다. 그러나 그는 실제로는 설명할 수 없는 다수의 SVO 사례들이 있다고 말한다. 홈스테드에 따르면 창세기에서 중립적인 SVO 절은 중립적인 VSO절 보다 수적으로 많다. 그는 이것이 히브리어를 VSO 언어로 분류하는 것에 대한 도전을 제시하는 것이라고 본다.

마지막으로 이러한 기준을 적용하는 것 외에도 홈스테드는 VSO 어순은 성서 히브리어와 관련하여 두 가지 중요한 도전에 직면해 있다고 주장한다.[29] 그는 VSO가 히브리 성서에서 VSO 단순절, 즉 동사 앞에 선행되는 구가 없는 직설법 주절이 왜 그렇게 적은지 그 이유를 설명할 수 없다고 말한다. 그는 또한 VSO 입장은 이 입장을 지지하는 모든 사람들이 무동사절과 분사절의 SVO 어순을 인정한다는 점에서 불균형을 만든

---

27. Siewierska, *Word Order Rules*, 8.

28. Holmstedt, "Typological Classification of the Hebrew of Genesis," 20-25; idem, "Word Order and Information Structure," 119-20.

29. Holmstedt, "Typological Classification of the Hebrew of Genesis," 28-29.

다고 주장한다.

이러한 사항을 고려하여 홈스테드는 성서 히브리어는 VSO 언어라기보다는 SVO 언어로 간주되어야 한다고 결론지었다. 전형적인 어순에서 벗어나는 모든 VSO 어순의 예들은 유발된 도치(triggered inversion)라는 생성 문법적 개념을 반영한다고 주장한다. VSO 어순은 몇 가지 다른 요소들 중 하나—전치된 구성 요소, 부정사, 법성, 의문사 또는 כִּי나 אֲשֶׁר 같은 종속 불변사—에 의해 유발된다.[30] 이러한 유발 요소(trigger)가 없으면 성서 히브리어는 SVO 어순을 유지한다.

그러나 홈스테드는 일반적으로 셈어는 SVO라기보다는 VSO 어순이라는 것도 인정한다. 그는 원래 VSO 어순은 종속절에서 보존될 수 있다고 제안하는데 종속절은 범언어적으로 독립절보다 기본 어순을 잘 보존하는 경향이 있다.[31] 따라서 그는 원래 어순은 VSO였지만 시간이 지남에 따라 이 어순은 SVO로 바뀌었다고 주장한다. 홈스테드는 이것은 히브리어를 배우는 어린이가 전치된 주어를 "표준" 어순으로 재분석함으로써 발생된 것이라고 본다.[32] 그렇게 함으로써 그는 히브리어 어순은 VSO에서 SVO로 전환됐다고 주장하는 탈미 기븐(Talmy Givón)의 연구를 기반으로 삼는다.[33]

홈스테드는 히브리 성서의 대표적인 표본들을 조사함으로써 히브리

---

30. Holmstedt, "Word Order and Information Structure," 124-26; idem, "Relative Clause in Biblical Hebrew," 148-50.

31. Holmstedt, "Typological Classification of the Hebrew of Genesis," 16-18. Holmstedt 는 이 점을 지지하기 위해 소위 펜트하우스 원리를 언급한다. 이것에 대해서는 Ross, "Penthouse Principle," 397-422.을 보라.

32. Holmstedt, "Possible Verb-Subject to Subject-Verb Shift," 19-20; idem, "Typological Classification of the Hebrew of Genesis," 26-27.

33. Givón, "Drift from VSO to SVO in Biblical Hebrew," 181-254; 참조, Cryer, "Problem of Dating Biblical Hebrew," 190.

어는 VSO에서 SVO로 전환됐다는 자신의 결론을 지지한다.[34] 홈스테드에 따르면 이 대표적인 표본들을 연대순으로 배열할 때 세 가지 경향이 나타낸다. 첫째, SVO 어순은 특히 주어가 화제나 초점 전치화(fronting)를 전달하지 않는 문맥에서 전반적으로 증가된다. 둘째, 보수적이고 범언어적으로 더 오래된 어순을 보존하려는 경향이 있는 종속절과 부정절에서 SVO 어순이 증가된다. 셋째, 일단 SVO 패턴이 우세하게 되면 전치화 대한 대안으로 작용하는 좌향 전위(고리형[casus pendens])의 사용이 약간 증가된다.

7.3.2 아디나 모샤비(Adina Moshavi)

홈스테드와는 달리 아디나 모샤비는 전통적인 관점으로 성서 히브리어는 VSO 언어라고 주장한다. 그녀는 자신의 책 『정동사절에서 성서 히브리어 어순』(Word Order in the Biblical Hebrew Finite Clause)[35]에서 주로 그렇게 주장한다. 모샤비는 순수하게 통계적인 우위를 기반으로 어순을 확인하는 것이 어렵다는 것을 알고 있다. 그러한 어려움을 피하기 위해 그녀는 기본 어순을 실제적으로 중립적인 어순으로 정의한다. 유표된 표현을 제거하여 원(raw) 통계 데이터에 대한 필터를 제공하고 나머지 데이터는 빈도의 기준으로 분석할 수 있다.[36]

모샤비는 대부분의 논의가 창세기에 집중되고 있지만 창세기부터 열왕기까지의 주절에 대한 자신의 분석을 기반으로 히브리어를 VSO 언

---

34. Holmstedt, "Possible Verb-Subject to Subject-Verb Shift," 19–24. Holmstedt는 자신의 데이터를 창세기, 요엘, 아모스, 오바댜, 요나, 나훔, 하박국, 룻, 전도서, 에스더, 다니엘, 에스라에서 가져온다.
35. 이 책은 2000년 예시바 대학에서 완성한 모사비의 박사학위 논문에서 시작됐다.
36. Moshavi, *Word Order*, 7–9.

어로 규정한다.[37] 그녀는 자신이 분석한 절의 84%가 SVO가 아니라 VSO
라는 것을 발견했다. 이 결과를 얻기 위해 모샤비는 모든 독립적인 **바이
크톨절**, 베카탈절 그리고 법성절을 포함시켰다. 심지어 분명한 주어가 없
는 절도 포함시켰다. 모샤비는 대명사 주어가 동사 앞에 오지 않는다면
그것을 생략하기 때문에 분명한 주어가 있는 절과 없는 절은 하나로 간
주될 수 있다고 본다. 특히 모샤비는 무동사절이나 분사절은 그녀의 분
석에서 고려하지 않는다. 따라서 모샤비는 홈스테드가 성서 히브리어 어
순을 분석할 때 제외시켰던 동일한 유형의 절을 제외시키지 않는다. 그
녀는 **바이크톨**절과 **베카탈**절을 생략하게 되면 동사가 접속사 바로 다음
에 올 때 마다 사용되는 그것들에 상응하는 단순 형태(카탈과 이크톨)의 위
치 변형이기 때문에 반드시 데이터를 왜곡시킨다고 주장한다.[38] 그녀는
또한 법성은 화용론적 특성이 아니라 의미론적 특성이기 때문에 법성절
(modal clauses)을 제외시켜서는 안된다고 주장한다.[39]

　모샤비는 홈스테드가 시위어스카(Siewierska)의 기본 어순 정의를 성서
히브리어에 적용한 것에 대해 이의를 제기한다.[40] 그녀는 시위어스카의
정의에 의하면 유표된 문장은 제외되어야 하지만 유표된 문장을 제외시
키기 위해서는 유표된 어순에 대한 개념을 가지고 있어야 한다고 주장
한다. 모샤비에 따르면 이것은 순환적이다. 모샤비는 홈스테드의 접근
방식이 요구하는 수천 개의 절들을 고려 대상에서 제외시키는 것을 반
대한다. 그녀는 그렇게 작은 표본으로 어순을 결정하는 것은 특히 홈스
테드가 많은 절들을 제외시키는 것이 거의 히브리어처럼 보이지 않은 언

---

37. Moshavi, *Word Order*, 12-13.

38. Moshavi, *Word Order*, 12-13.

39. Moshavi, *Word Order*, 14.

40. Moshavi, *Word Order*, 14-15.

어가 되게 하기 때문에 불확실해 보인다고 주장한다.

마지막으로 모샤비는 홈스테드가 히브리어에서 **바이크톨절**을 포함하여 VSO 절을 설명하기 위해 유발된 도치를 사용하는 것을 반대한다.[41] 그녀는 유발된 도치가 히브리어를 SVO 언어로써 특징짓는 증거로 간주되지 않는다고 주장한다. 오히려 그것은 히브리어에서 VSO 절의 존재를 설명하는 하나의 방법일 뿐이다. 모샤비는 증거에 의해 뒷받침되지 않더라도 VSO가 히브리어의 기본 어순이고 SVO가 화용적 표시(pragmatic marking)의 결과라고 주장하는 것은 그 만큼 쉬운 것이라고 말한다.

7.3.3 애런 혼콜(Aaron D. Hornkohl)

성서 히브리어가 VSO 언어라는 애런 혼콜의 주장은 히브리 대학에서 완성한 그의 석사 논문에서 주로 찾아 볼 수 있지만 적어도 그의 출판물 중 다른 하나에서도 나타난다.[42] 혼콜은 성서 히브리어의 어순을 확인하기 위해 몇 가지 기준—통계적 우세성, 선행하는 관사를 가지고 있는 통계적 우세성, 선행 기능어가 있는 비 VSO 어순의 유표성, 기술적 단순성(descriptive simplicity)—을 사용한다. 혼콜에게 창세기는 그가 이러한 기준을 적용하는 하브리 성서의 대표적인 표본이다.

혼콜은 먼저 상대적으로 VSO 어순이 통계적으로 우세하다는 것을 지적한다.[43] 그는 모샤비와 유사하게 창세기 절의 대략 83%가 VSO 어순으로 나타난 것을 발견했다. 그러나 혼콜은 거기에 더 많은 사항들이 있다는 것을 인식했다. 그는 VSO가 직접 화법보다 내러티브에서 훨씬 더

---

41. Moshavi, *Word Order*, 16.
42. Hornkohl, "Pragmatics of the X+Verb Structure"; idem, "Tense-Aspect-Mood, Word Order and Pragmatics," 27-56.
43. Hornkohl, "Pragmatics of the X+Verb Structure," 12-13.

많이 나타난다는 것과 **바이크톨**과 법성형태를 제외시키면 창세기에서
VSO와 SVO가 거의 비슷하게 사이의 분포된다는 결과도 발견한다. 이러
한 관찰로 인해 혼콜은 성서 히브리어 어순을 좀 더 정확히 파악하고자
자신의 다른 기준을 적용시키게 됐다.

바이크톨을 제외시키면 다소 애매한 결과가 나온다는 것을 인지한 이
후에 혼콜은 **바이크톨**이 나오지 않는 절의 어순을 조사했다.[44] 여기에는
כִּי, לֹא, אֲשֶׁר와 같은 불변화사로 시작되는 주절과 종속절도 모두 포함
된다. 혼콜은 VSO가 SVO보다 훨씬 더 흔하다는 것을 발견한다. 따라서
VSO의 통계적 우세성은 **바이크톨** 형태가 VSO 어순을 필요로 한다고 주
장할 수 없는 구문적 환경에서도 사실임을 강조했다.

혼콜은 불변화사를 가지고 있는 대부분의 SVO 절은 화용적 표시에
의해 가장 잘 설명된다는 것을 관찰했다.[45] 이것은 특히 내러티브에 해당
되지만 직접화법에서도 명백한 사실이다. 혼콜에 따르면 불변화사를 가
지고 있는 SVO 절이 화용적 표시를 나타낸다는 관찰은 VSO가 성서 히
브리어의 기본 어순이라면 왜 SVO 어순이 발생하는지를 설명해주기 때
문에 매우 중요하다.[46]

마지막으로 혼콜은 기술적 단순성의 기준을 사용한다.[47] 그는 VSO
어순이 SVO 어순 보다 데이터를 더 단순하게 설명한다고 주장한다. 이
것은 동사나 주어보다 구성 요소 X가 앞에 오는 절에서 특히 그렇다. 그
러한 경우에 히브리 성서에서 증명되는 압도적인 순서는 XVS이다. 만약
히브리어 어순이 XVS라면 그러한 절은 동사 앞에 있는 단일 요소를 앞

---

44. Hornkohl, "Pragmatics of the X+Verb Structure," 14-16.
45. Hornkohl, "Pragmatics of the X+Verb Structure," 16-17.
46. Hornkohl, "Tense-Aspect-Mood, Word Order and Pragmatics," 40-41.
47. Hornkohl, "Pragmatics of the X+Verb Structure," 18-20.

에 놓는 한 단계 과정만 필요하다. 그러나 히브리어 어순이 SVO라면 두 단계의 과정이 필요한데 첫째는 X 요소를 앞에 놓는 것이고, 둘째는 동사를 주어 앞에 놓는 것이다. 혼콜은 홈스테드가 SVO 어순이 작동하기 위해 유발된 도치에 호소해야 한 것은 VSO 위치의 우위성을 보여줄 뿐이라고 본다.[48]

무엇보다, 혼콜은 기본 어순을 결정하기 위해 원시 빈도 데이터를 잘 걸러내야 할 필요가 있다는것에 대해서 홈스테드의 방법론적 접근 방식에 동의하지만 홈스테드가 자신의 방법론을 엄격하게 적용했다면 그 결과는 SVO 어순보다 VSO 어순을 지지했을 것이라고 주장한다.[49] 시위어스카(Siewierska)는 기본 어순을 위해서는 동사는 동작 동사여야 하고 주어는 사람이고 동작주여야 한다고 말한다. 그러나 혼콜에 따르면 홈스테드의 실제적으로 중립적인 SVO 대부분의 경우는 동작 동사가 아니고 사람 주어가 아니거나 비동작 주어를 포함한다. 이러한 절들을 생략하면 VSO가 실제적인 중립적인 절에 대해 통계적으로 지배적인 어순이 된다.

7.3.4 카렐 존겔링(Karel Jongeling)

실질적으로 VSO가 기본 어순이라고 주장하는 마지막 학자는 카렐 존겔링이다.[50] 그의 연구는 홈스테드의 것보다 앞선 것이어서 홈스테드의 연구와 서로 교류할 기회를 가지지 못했다. 그럼에도 그는 VSO 기본 어순이 전통적인 문법에서 증명된 것 그 이상으로 가정된 부분이 많음을 인식하여 이 결함을 수정하려고 하였다. 그럼에도 불구하고 그는 VSO 기본 어순이 전통적인 문법에서 입증된 것보다 더 많이 가정된 것

---

48. Hornkohl, "Pragmatics of the X+Verb Structure," 19–20.

49. Hornkohl, "Tense-Aspect-Mood, Word Order and Pragmatics," 38–44.

50. Jongeling, "VSO Character of Hebrew," 103–11.

이라고 보고 그러한 결함을 해결하려고 했다. 더욱이 존겔링은 유형론과 빈도 분석을 통합하여 성서 기본 어순에 관한 논의에 독특하게 기여한다.

　VSO 기본 어순을 변호하는 존겔링은 통계적 우위에 관한 논의에서 시작한다.[51] 그는 룻기를 시험 사례로 삼아 **바이크톨절**을 제외시키지 않고 대부분의 사례에서 동사가 먼저 온다는 것을 관찰한다. 분명한 주어가 없는 모든 절을 무시함으로 원시 데이터를 걸려내어 룻기에서 대략 75%의 절이 첫 번째 위치에 오는 동사를 가지고 있다고 주장한다. 존겔링에게 이것은 성서 히브리어를 VSO 언어로 분류하는 좋은 증거이다. 존겔링의 논의에는 성서 히브리어와 VSO 언어로 알려진 웨일스어(Welsh)와의 유형론적 비교도 포함하고 있다.[52] 그는 성서 히브리어와 웨일스어는 모두 명사 문장을 사용하고, 복합 명사 문장을 비슷하게 구성하며, 분리 대명사로 접미된 대명사(suffixed pronoun)를 강화하고, 동등하게 관계절을 만든다는 것을 관찰한다. 그는 성서 히브리어와 웨일스어 사이에 유전적인 관계가 있다고 생각하지 않지만 성서 히브리어와 웨일스어의 유형론적 유사성은 성서 히브리어를 VSO 언어로 분류하도록 한다.

7.3.5 평가

　최근 성서 히브리어에서 어순 문제에 관해 많은 관심을 보이는 것은 이 분야가 상당히 발전하고있다는 것을 나타내준다. 특히 홈스테드의 연구로 인해 학자들은 오랫동안 성서 히브리어가 VSO 기본 어순을 나타내

---

51. Jongeling, "VSO Character of Hebrew," 104–6.
52. Jongeling, "VSO Character of Hebrew," 106–11. 유사하게 일부 다른 학자들은 성서 히브리어가 VSO 언어의 특징을 나타내는 다양한 유형론적 특징을 보인다고 제안한다(예, Longacre, "Left Shifts in Strongly VSO Languages," 332).

는 언어라고 생각했던 것처럼 더 이상 증거없이 단순하게 가정하지 않는다. 사람들이 홈스테드의 결론을 받아들이든 그렇지 않든 상관없이 그가 현상태에 도전한 것에 대해서는 감사해야 한다. 성서 히브리어 어순 문제를 재고하는 것은 이미 그래왔던 것처럼 이 어순 문제를 더 잘 이해할 수 있도록 해준다.

　기본 어순을 정의하는 데 있어서 홈스테드와 혼콜의 연구는 특히 유용하다. 홈스테드와 혼콜은 이용어에 대한 현대 언어학적 이해에 비추어 기본 어순을 논의했으며 이것은 상당히 큰 도움을 주었다. 그러나 그들은 히브리 성서의 절을 걸러서 기본 어순을 나타내는 절과 기본 어순이 아닌 절을 분리시키는 방법에 대해서는 동의하지 않는다. 사실 이 부분이 바로 홈스테드, 모샤비 그리고 혼콜 논쟁의 핵심이다. 더 나아가 히브리어 학자들은 기본 어순에 대한 더 넓은 언어학적 정의에 비추어 성서 히브리어의 기본 어순의 정의를 재검토하는 것은 필수적이다. 그렇게 함으로써 그들은 어순에 영향을 줄 수 있는 특정한 요소에 더 크게 주목할 필요가 있을 것이다.

　좀 더 탐구가 필요한 또 다른 문제는 비유형론의 틀(예, 생성 문법)에 비추어 어순을 이해하는 사람들에게도 어순 연구의 점점 중요한 요소가 되어가고 있는 어순 유형론의 문제다.[53] 따라서 존겔링이 히브리어와 웨일스어를 비교한 것이 다소 잘못됐다 하더라도 이 문제에 초점을 맞추는 것은 옳다.[54] SVO 언어와 VSO 언어가 유사한 특성[55]을 나타내는 경향이

53. Dryer, "Word Order," 70-71.
54. DeCaen, "Unified Analysis of Verbal and Verbless Clauses," 118. 존겔링은 유형론(예, 형용사와 명사의 순서)과 상관관계가 있는 것으로 여겨졌지만 지금은 그렇지 않다고 알려진 일부 어순의 특징들을 나열한다. 그는 또한 한방향과 양방향 어순의 보편성을 구분하지 않는다. 이 논의에 대해서는 Dryer, "Word Order," 61-73, 89-110을 보라.
55. Dryer, "Word Order," 70-71.

있다는 사실과 어떤 특성이 동사 시작 언어를 독특하게 하는지에 대한 질문이 있다는 사실은 이 문제를 복잡하게 만든다.[56] 그럼에도 불구하고 히브리어 학자들은 특히 셈어의 표준 VSO 어순의 맥락에서 어순 유형론과 성서 히브리어를 더 자세히 조사하는 것이 좋다.

마지막으로 히브리어 학자들은 SVO와 VSO의 접근 방식이 주해에 어떤 영향을 미치는지 시험해야 한다. 이것은 특히 어순 이론이 주해와 관련되어 있기 때문에 그렇다. 만약 성서 히브리어가 홈스테드에 의해 이론화된 SVO 언어라면 SVO절은 기본이거나 유표된 것일 수 있고 유발자(trigger) 없는 VSO 어순만 동사의 화용적 표시를 반영한다. 다른 한편으로 만약 성서 히브리어가 모샤비와 혼콜에 의해 주장된 VSO 언어라면 SVO의 모든 예들은 주어의 화용적 표시를 반영해야 한다. 따라서 히브리어를 SVO 언어로 보거나 VSO 언어로 보는 것은 해석에 있어서 중요한 의미를 가질 수 있다. 제레미야 슈푸 주오(Jeremiah Xiufu Zuo)는 창세기 18-19장을 사례 연구로 사용하여 이러한 의미가 무엇인지에 대한 탁월한 분석을 제시한다.[57] 그럼에도 불구하고 주오의 연구와 같이 히브리 성서의 다른 부분에 초점을 맞춘 추가 연구가 필요하다.

7.4 성서 아람어의 어순

히브리 성서의 어순을 조사한 후에 이제 성서 아람어 어순에 관한 주제로 들어간다. 흥미롭게도 성서 아람어 문법 전통에서는 SVO가 통계적으로 우세한 어순이라도 아람어를 자유로운 어순을 가진 언어로 규정해

---

56. Carnie, Dooley, and Harley, *Verb First*, 2.
57. Zuo, *Biblical Hebrew Word Order Debate*. 이 책은 2016년 트리니티 신학교에서 완성된 Zuo의 박사학위 논문에서 시작됐다.

왔다. 이 관점은 19세 후반과 20세기 초반에 쓰인 오래된 문법뿐[58] 아니라 프란츠 로젠탈(Franz Rosenthal)이 쓴 현대 표준 문법에서도[59] 그대로 반영된다. 이들과 다른 학자들은 가능한 7개의 모든 어순(SVO, SOV, VSO, VOS, OSV, OVS)이 성서 아람어의 작은 언어 자료에서도 증명된다는 점에서 아람어는 자유로운 어순을 가진다는 것을 변호했다.[60]

이러한 아람어 어순에 대한 입장이 최근에 도전받기 시작했다. 담화 분석 특히 정보 구조를 성서 아람어에 적용시키는 것에 대한 관심은 이러한 경향에 큰 영향을 미쳤다. 이러한 진영에 속해 있는 학자들은 그들의 논의를 다른 출발점에서 시작했고 결과적으로 다른 결론에 도달하게 됐다. 이 주제에 대해 행한 대부분의 연구는 다니엘서가 성서 아람어 언어 자료의 대부분을 차지하기 때문에 다니엘서를 출발점으로 사용했다.

이제 성서 아람어의 기본 어순에 대한 최근 연구를 개관할 것이다. 조사하고자 하는 두 개의 주요 연구가 있는데 랜달 부스(Randall Buth)와 아드리안 람프레히트(Adriaan Lamprecht)의 완전한 단행본 분량의 연구다. 규모가 작지만 여전히 가치있는 연구에 대해서도 논의할 것이다. 성서 아람어 어순에 관한 이 모든 연구들을 조사한 후에 그것들이 어떠한 기여를 했는지 평가할 것이다.

7.4.1 랜달 부스(Randall Buth)

---

58. Kautzsch, *Grammatik des Biblisch-Aramaischen*, 160–61 (§196); Bauer and Leander, *Grammatik des biblisch-Aramaischen*, 339, 342–45 (§§ 100p, 101).

59. Rosenthal, *Grammar of Biblical Aramaic*, 60 (§183).

60. 초기 학문의 경우, 성서 아람어의 기본 어순 문제는 성서 아람어의 분류에 영향을 미쳤기 때문에 중요했다. E. Y. Kutscher는 특히 성서 아람어가 동방 제국 아람어의 특징이라고 생각했기에 어순이 자유로운 것으로 식별하고자 했다(ארמית המקראית [Biblical Aramaic]," 123-27).

성서 아람어 어순에 대한 매우 철저한 분석은 로스앤젤레스 캘리포
니아 대학에서 완성한 랜달 부스의 박사 학위 논문에서 찾아 볼 수 있
다.[61] 그의 박사학위 논문은 고전 아람어, 제국 아람어 그리고 중기 아람
어(사해사본, 창세기 위경, 안티오코스 두루마리에서 나타나는)를 포함하는 기원전
850-기원후 250년의 아람어 어순을 좀 더 광범위하게 다룬다. 이러한
광범위한 범위에도 불구하고 부스의 박사학위 논문은 많은 시간을 에스
라와 다니엘서의 아람어를 조사하는 데 할애한다.[62]

부스는 시몬 딕(Simon C. Dik)의 기능주의 문법의 관점으로 성서 아람
어 어순 문제에 접근한다. 따라서 그는 모든 문장은 정보를 입력하는 여
러 가지 다른 "자리(slots)"가 있고 이러한 자리는 범언어적으로 표준 어순
을 따른다고 주장한다. 문장의 핵심에는 주어, 동사, 목적어가 있다. 이
핵심보다 앞서는 것은 준거틀과 전치된 초점이나 화제인 반면 다른 추
가적인 요소(예, 부사)는 핵심 뒤에 나타난다. 시몬 딕의 틀 안에서 부스는
성서 아람어의 기본 기능적 어순은 VSO인 반면, 통계적으로 우세한 어
순은 SVO라고 주장한다. 부스는 화제화와 초점이 동사 앞에 주어를 배
치시켜야 하기 때문에 SVO가 지배적이라고 본다.

부스는 다니엘서에서 성서 아람어 분석을 시작한다. 그는 다니엘서
의 종속절이 아닌 모든 내러티브 주절을 어순에 따라 분류한다.[63] 그런
다음 그는 다니엘서에서 내러티브 주절의 기본 어순으로 SOV와 SVO를
모두 제외시킨다.[64] 그는 유표된 화제(marked topic)로 설명할 수 없는 동사
앞 구성 요소가 있는 절에 주목함으로써 SOV 어순을 무효화시킨다. 또

---

61. Buth, "Word Order in Aramaic."
62. Buth, "Word Order in Aramaic," 126-349.
63. Buth, "Word Order in Aramaic," 126-29.
64. Buth, "Word Order in Aramaic," 131-38.

한 동사 뒤에 주어를 배치하는 것을 화용적으로 설명할 수 없는 절에 주목함으로써 SVO 어순을 무효화시킨다.

부스에 따르면 SOV와 SVO가 모두 무효화되면 다니엘서의 내러티브 주절에 대해 유일하게 가능한 어순인 VSO만 남게된다. 이것을 증명한 후에 부스는 계속해서 동사 앞에 주어를 배치하는 것은 화용적으로 설명할 수 있다고 주장한다. 그는 화용적 요소들인 전경화, 화제화, 준거틀 그리고 초점에 호소한다.[65] 다니엘서는 VSO를 기본 어순으로 드러낸다는 것을 증명한 후에 부스는 에스라서의 내러티브 주절에 대해서도 이 결론을 확인한다. 그는 다니엘서와 같이 에스라서도 VSO가 기본 어순이라고 주장한다.[66]

부스는 무동사절, 존재 불변화사 אִיתַי가 있는 절 그리고 부정사 절을 내러티브 주절과는 분리해서 다룬다. 그는 이 각각은 성서 아람어의 기본 VSO 어순에 어떠한 문제를 제기하지 않고 기능주의 문법의 측면에서 설명될 수 있다고 주장한다.[67] 부스에게 무동사 절은 주어를 술어 앞에 두고 존재절은 덜 두드러진 정보에서 더 두드러진 정보의 순서를 반영하고, 부정사 절은 부정사 앞에 유표된 화제를 배치할 수 있지만 거의 그렇게 하지 않는다.

7.4.2 아드리안 람프레히트(Adriaan Lamprecht)

부스와 마찬가지로 아드리안 람프레히트는 성서 아람어의 기본 어순은 VSO라고 결론내린다.[68] 그러나 그는 루스와는 매우 다른 방법론적

---

65. Buth, "Word Order in Aramaic," 138-237.

66. Buth, "Word Order in Aramaic," 327-49.

67. Buth, "Word Order in Aramaic," 238-327.

68. Lamprecht, *Verb Movement in Biblical Aramaic*.

인 접근을 통해 그의 결론에 도달한다. 람프레히트는 기능주의적 접근 방식, 특히 노암 촘스키가 제안한 최소주의 이론(Minimalist Program)보다는 생성 문법적 접근 방식을 사용한다.[69] 람프레히트는 여러 가지 이유로 자유 어순의 개념을 거부한다.[70] 첫째, 그는 언어를 배우는 인간 정신의 능력은 어순을 포함하여 특정 언어 구조가 인간에게 선천적인 것을 요구한다고 주장한다. 둘째 람프레히트는 무표 어순과 유표 어순을 구분하지 않으면 성서 아람어에서 특정 의미를 전달하는 데 큰 어려움을 겪을 수 있다고 주장한다. 그는 최종적으로 고정된 어순으로 특정 구조를 표현해야 할 필요성 때문에 성서 아람어의 자유 어순에 반대한다고 말한다. 성서 아람어 어순에 대한 람프레히트의 생성 문법적 접근 방식은 또 다른 중요한 방식으로 나타난다. 람프레히트가 성서 아람어의 기본 어순은 VSO라고 말할 때 그것은 VSO가 언어의 표면 구조에서 나타난다는 것을 의미한다. 대조적으로 람프레히트에 따르면 성서 아람어의 심층 구조는 SVO 어순을 나타낸다.[71] 이것은 형태—이 경우에는 사용된 어순—를 기능과 연결시키려고 하는 부스의 기능주의적 접근 방식과 상당히 다르다.

람프레히트는 동사 이동 현상을 통해 성서 아람어의 표면적 VSO 어순을 설명한다.[72] 생성 문법에서 문장은 특정 순서로 배열된 구(예, 명사구와 동사구)로 구성되며 이 순서는 계층 구조를 가지고 있다는 것을 기억해야 한다. 동사 이동에서 변형 규칙으로 인해 동사가 계층 구조 위로 이동하는 반면, 명사로 나타나는 주어는 그것이 있는 위치에 그대로 유지된다. 그 결과 일반적으로 그렇듯이 동사는 명사 뒤가 아니라 앞에 놓이게

---

69. Chomsky, *Minimalist Program*.
70. Lamprecht, *Verb Movement in Biblical Aramaic*, 6-8.
71. Lamprecht, *Verb Movement in Biblical Aramaic*, 11.
72. Lamprecht, *Verb Movement in Biblical Aramaic*, 13-26.

된다.

그의 방법론적 접근 방식을 설명한 후에 람프레히트는 타동사와 자동사 그리고 이중 타동사의 경우 성서 아람어에서 동사 이동이 어떻게 발생하는지 탐구한다.[73] 그는 *qtl*, *yqtl* 그리고 분사로 인코드된 상과 주어-일치 모두가 이러한 동사 형태가 주어 앞으로 이동하는 데 어떻게 기여하는지를 강조한다. 자동사와 타동사의 주어 그리고 타동사의 목적어는 동사가 이동할 때 이동하지 않는다. 그 결과 어순에서 동사가 주어(그리고 목적어)보다 앞에 나온다.

람프레히트에 따르면, 성서 아람어가 주어진 주어나 목적어를 화제로 설정하기를 원할 때 마다 그 요소들은 전치(fronted)된다.[74] 따라서 그는 주어나 목적어가 동사 앞에 나오는 경우, 그리고 목적어가 주어 앞에 나오는 경우는 화제화(topicalization) 때문이라고 말한다. 주어와 목적어 모두가 동사 앞에 오는 경우도 화제화를 통해서 설명된다. 요약하면, 람프레히트는 모든 비-동사-선행(non-verb-initial) 절—동사가 첫 번째 위치에 오지 않는 절—은 화용적 요소 때문이라고 보고 그것으로 인해 그는 성서 아람어의 기본 어순은 VSO라고 주장한다.

7.4.3 에드워드 쿡(Edward M. Cook)

성서 아람어 어순 연구에서 규모가 작은 것은 에드워드 쿡의 연구다.[75] 그는 그의 연구를 관습적인 구 עָנֵה וְאָמַר("그가 대답하여 이르기를")를 제외하고 다니엘서에서 정동사(finite verb)를 가지고 있는 절에 제한한다. 원시(raw) 통계 데이터의 관점에서 그는 SVO가 가장 일반적인 어순이지만

---

73. Lamprecht, *Verb Movement in Biblical Aramaic,* 27-155.

74. Lamprecht, *Verb Movement in Biblical Aramaic,* 47-55, 79-83, 94-130.

75. Cook, "Word Order in the Aramaic of Daniel," 1-16.

가능한 다른 모든 어순도 나타나는 것을 관찰한다.[76] 그러나 쿡은 그러한 원시 데이터는 그것이 해석되어지지 않고 어떤 특정한 어순이 나타나는 이유를 설명하지 않는다면 도움이 되지 않는다고 주장한다.

이러한 이유로 인해 쿡은 기본 어순에서 벗어나는 것을 설명하려고 한다. 그는 독립 대명사 הִמּוֹן("그들")을 직접 목적어로 사용하고 지각 동사(예, ידע, "알다"; חזה, "보다", שמע, "듣다")를 가지고 있는 관계사 די를 사용하려면 목적어 앞에 동사를 배치해야 한다고 주장한다.[77] 쿡은 또한 어순이 동사의 역할과 직접적인 관련이 있다고 제안한다.[78] 예를 들어, *qtl* 활용(conjugation)에서 동사가 연속 동작을 표현할 때 동사는 목적어 앞에 오는 반면, 동사가 완료나 과거 완료를 나타낼 때 동사는 목적어 뒤에 온다.

7.4.4 크리스틴 엘리자베스 헤이즈(Christine Elizabeth Hayes)

크리스틴 엘리자베스 헤이즈도 다니엘서에서 어순을 조사했지만 쿡이 사용한 다니엘서의 언어 자료와는 다른 부분의 언어 자료를 사용했다.[79] 그녀는 자신의 분석을 다니엘서의 내러티브 절로 제한했고 시, 예언적 환상에서 발견되는 절과 그러한 환상의 해석에서 발견되는 절들은 제외시켰다. 왜냐하면 그것들은 고급 언어를 반영할 수 있기 때문이다.[80] 쿡과 마찬가지로 헤이즈는 성서 아람어에서 일반적으로 주어가 동사 앞에 온다는 결론을 내렸다. 그녀는 자신의 연구를 동사와 목적어 순서에 집중했고 그로 인해 기본 어순으로 SOV와 SVO가 공존한다고 보았다.[81]

---

76. Cook, "Word Order in the Aramaic of Daniel," 3-4.

77. Cook, "Word Order in the Aramaic of Daniel," 5-6.

78. Cook, "Word Order in the Aramaic of Daniel," 7-14.

79. Hayes, "Word Order in Biblical Aramaic," 2-11.

80. Hayes, "Word Order in Biblical Aramaic," 4.

81. Hayes, "Word Order in Biblical Aramaic," 4-5.

헤이즈에 따르면 SVO 어순은 격 표시와 목적어의 복잡성을 통해 설명될 수 있다.[82] 헤이즈는 격 표시의 유무와 어순의 경직성 사이의 범언어적 상관관계를 주목하고 성서 아람어에서 동사는 목적어가 -לְ나 יָת로 표시될 때 목적어 앞에 오는 경향이 있다는 것을 관찰한다. 더 짧은 요소가 더 긴 요소 보다 먼저 오는 경향이 있다는 범언어적 원리를 언급하면서 헤이즈는 성서 아람어에서 단순 목적어는 거의 항상 동사 앞에 오는반면, 좀 더 복잡한 목적어는 거의 항상 동사 뒤에 온다는 것을 주목한다. 헤이즈는 법, 문체 그리고 화제화는 이러한 경향에 있어 예외라고 본다.[83]

7.4.5 권성달(Sung-dal Kwon)

마지막으로 권성달은 그의 연구를 통해 성서 아람어는 자유 어순이라는 전통적인 이해로 돌아간다.[84] 권성달의 연구는 그가 제한된 부분이 아니라 성서 아람어 전체의 모든 절을 조사한다는 점에서 쿡과 헤이즈보다 더 포괄적이다. 그는 전체 성서 아람어 자료에서 모든 가능한 어순(SVO, SOV, VSO, VOS, OSV, OVS)이 다 증명된다는 것을 강조한다. 또한 권성달은 VO와 OV 사이의 분포 차이에서도 주절과 종속절 간의 차이가 거의 없어 동사 유형과 어순 사이에는 뚜렷한 상관관계가 없다고 주장한다. 권성달에 따르면 유일하게 주목할 만한 패턴은 (동사 없는) 명사절에서 주어가 가장 자주 술어 앞에 온다는 것이다.[85]

이러한 관찰에 비추어 권성달은 성서 아람어에서 기본 어순을 정하

---

82. Hayes, "Word Order in Biblical Aramaic," 5-6.
83. Hayes, "Word Order in Biblical Aramaic," 7-10.
84. Kwon, "성서 아람어의 어순 [Word Order in Biblical Aramaic]," 52-74.
85. Kwon, "성서 아람어의 어순 [Word Order in Biblical Aramaic]," 57-65.

는 것은 가능하지 않다고 주장한다. 그런 다음에 그는 특히 일반적으로 셈어는 VSO 어순을 나타내기 때문에 성서 아람어의 자유 어순에 대한 가능한 설명을 탐구한다.[86] 그는 정보 구조를 통해 성서 아람어 어순을 설명하려는 화용적 설명을 거부한다. 오히려 권성달은 어순의 유연성은 SOV 어순을 가지고 있는 아카드어가 메소포타미아의 아람어 화자들에게 미친 영향 때문이라고 본다. 권성달에 따르면 동사가 끝에 오는 메소포타미아의 아카드어와 동사가 처음에 오는 아람어의 언어적 접촉은 성서 아람어 VO와 OV 사이의 상대적으로 균등한 분포를 설명한다.[87]

7.4.6 평가

아람어 어순에 관한 이 연구들은 이 분야에서 상당한 발전이 있음을 보여준다. 이것은 아람어 어순에 관한 전통적인 연구가 어떤 특정한 입장에 대해 결정적인 증거를 제시해 주지 않았기 때문이다. 최근 이 주제를 실제적으로 다루기 전까지 기본 어순은 증명된 것이라기보다는 가정된 것이었다. 따라서 최근에 성서 아람어의 어순이 연구 주제가 된 것은 매우 잘된 일이다.

그럼에도 성서 아람어 어순 연구는 상당히 다양하다. 위에서 논의된 모든 학자들은 서로 다른 출발점과 매우 다양한 언어학적 틀에서 이 주제에 접근한다. 부스(기능 문법)와 람프레히트(최소주의 이론)의 경우처럼 어떤 특정한 언어학 이론에 너무 매이지 않고 성서 아람어 어순을 분석하는 것이 앞으로의 연구를 위해 유익할 것이다. 기본 어순을 더 광범위한 언어학 용어로 정의해야 할 필요성이 여전히 많이 남아있다. 여기서 특히 중요한 것은 기본 어순을 결정할 때 어떤 절이 포함되어야 하고 어떤

---

86. Kwon, "성서 아람어의 어순 [Word Order in Biblical Aramaic]," 68-67.
87. Kwon, "성서 아람어의 어순 [Word Order in Biblical Aramaic]," 68-70

절이 제외되어야 하는지를 정해야 한다.

위 연구에서 드러나는 또 다른 중요한 문제는 성서 아람어에서 증명되는 다양한 어순을 설명하는 방법이다. 부스, 쿡 그리고 헤이즈가 화용론 뿐 아니라 법성(modality)이나 전경화(foregrounding)와 같은 특징들이 어순에서 벗어나는 결과를 가져오는 가능성을 상기시켜 준 것은 옳은 것이다. 다른 한편으로 권성달은 특히 아카드어와 고대 페르시아어의 어순이 아람어에 영향을 미쳤을 수 있기 때문에 언어 접촉의 가능성에 주의를 기울였다. 이와 같은 여러 요소들을 설명하는 완전히 포괄적인 모델이 가장 가능성이 높다.

마지막으로 위의 연구들은 성서 아람어 어순 연구를 더 넓은 아람어 언어 자료로 논의되는 광범위한 아람어 어순 연구 안에 두어야 할 필요성을 보여준다. 기원전 1,000년경에는 풍부하고 다양한 아람어 자료가 있다. 이 아람어 자료들은 특히 기원전 1,000년경에 아람어가 VSO에서 SVO로 전환됐다는 점으로 볼 때, 성서 아람어 어순과 고대 아람어와 제국 아람어 어순을 비교할 수 있는 문을 열어준다.[88] 그러나 부스만이 성서 아람어 어순을 이러한 광범위한 맥락과 연결시켜 이해하려고 한다. 앞으로 다른 사람들이 이 중요한 대화에 기여하고 성서 아람어 어순에 영향을 미치는 요소들을 더 잘 이해하도록 발전시킬 것이라 기대한다.

7.5 앞으로의 방향

히브리 성서의 어순과 관련하여 가장 중요한 발전은 그것이 여하튼 논의됐다는 것이다. 감사하게도 학자들이 성서 히브리어와 성서 아람어가 특정한 어순을 드러낸다는 증거없이 단순히 가정하는 때는 지나갔다.

---

88. Kaufman, "Aramaic," 127.

그럼에도 불구하고 히브리 성서의 기본 어순에 관한 문제는 여전히 논란의 여지가 있다. 학문적 문헌이 이 중요한 이슈에 관한 활발한 논쟁을 증명하고 앞으로 몇 년 동안은 중요한 대화의 주제로 남아 있을 것이다.

앞으로 가장 중요한 과업은 최소주의 이론이나 기능주의 문법과 같은 특정 언어학적 틀에 과도하게 의존하지 않고 기본 어순의 개념을 명확히 정의하는 것이다. 어순을 정의하기 위해서는 기본 어순을 정할 때 어느 절을 고려해야 하는지 결정해야 한다. 그래서 이 부분에서 좀 더 합의가 이루어져야 한다. 필연적으로 이 라인을 따라 성서 히브리어와 성서 아람어 어순을 조사하려면 특정 상황에서 어순에 영향을 미칠 수 있는 특정 요소들(예, 화용론, 법성, 담화 유형)에 주의를 기울여야 한다. 학자들이 이러한 논의들을 볼 때 앞으로 그들은 언어학 유형론에도 관심을 가질 것이다. 여기서 특히 중요한 것은 성서 히브리어와 성서 아람어 어순이 셈어족과 유형론적 맥락 안에서 얼마나 적합한지에 대한 논의이다. 다른 셈어에서 어순의 형태와 기능은 성서 히브리어와 성서 아람어 어순을 명확하게 할 수 있다. 이상적이지만 히브리 성서의 어순을 유형론적으로 고려하려면 공시적 요소와 통시적 요소를 결합하는 것이 바람직하다.

마지막으로 학자들은 어순이 히브리 성서 해석에 어떤 의미가 있는지 탐구해야 한다. 어순에 대한 현재의 논쟁은 확실히 그 자체로 매력적이다. 그러나 주석가처럼 우리의 목표는 항상 충실한 성서 해석이어야 한다. 어순 분석은 궁극적으로 다른 방법보다 우리가 히브리 성서를 좀 더 정확하고 엄밀하게 이해하고 가르칠 수 있도록 한다. 이러한 이유로 인해 어순은 학생, 교사, 목사에게 가장 중요한 주제로 남아있다.

7.6 더 읽을 자료

Buth, Randall. "Word Order in Aramaic from the Perspectives of Functional

Grammar and Discourse Analysis." PhD diss., University of California, Los Angeles, 1987.

Holmstedt, Robert D. "The Typological Classification of the Hebrew of Genesis: Subject-Verb or Verb-Subject." *JHebS* 11.14 (2011): 1–39. http://www.jhsonline.org.

Hornkohl, Aaron D. "Biblical Hebrew Tense-Aspect-Mood, Word Order and Pragmatics: Some Observations on Recent Approaches." Pages 27–56 in *Studies in Semitic Linguistics and Manuscripts: A Liber Discipulorum in Honour of Professor Geoffrey Khan*. Edited by Nadia Vidro, Ronny Vollandt, and Esther-Miriam Wagner. Acta Universitatis Upsaliensis: Studia Semitica Upsaliensia 30. Uppsala: Uppsala Universitet, 2018.

Moshavi, Adina. "Word Order: Biblical Hebrew." EHLL 3:991–98.

———. *Word Order in the Biblical Hebrew Finite Clause: A Syntactic and Pragmatic Analysis of Preposing*. LSAWS 4. Winona Lake, IN: Eisenbrauns, 2010.

Zuo, Jeremiah Xiufu. *The Biblical Hebrew Word Order Debate: A Testing of Two Language Typologies in the Sodom Account*. GlossaHouse Thesis Series 3. Wilmore, KY: GlossaHouse, 2017.

제8장
사용역, 방언, 문체 교체 그리고 코드 전환

고대 히브리어와 현대 히브리어의 사회 언어학은 여전히 첨단 연구 분야다.

—마리아 마들레나 콜라수오노(Maria Maddalena Colasuonno)[1]

8.1 소개

우리는 성서 히브리어와 성서 아람어를 통일된 동질의 언어라고 생각하는 경향이 있다. 기초 성서 히브리어 통사론(Introduction to Biblical Hebrew Syntax)이나 성서 히브리어 문법(Grammar of Biblical Hebrew)과 같은 이름을 가진 대부분의 문법책 제목은 이러한 인식을 강화시킨다. 그러나 모든 언어에는 변이가 있다. 무엇보다도 이러한 변이는 말하는 사람, 말하는 시기와 장소 그리고 의도된 청중에 따라 다르다.

성서 히브리어와 성서 아람어도 이러한 언어의 기본적인 특징에 예외는 아니다. 히브리 성서의 부분들은 오랜 기간에 걸쳐 많은 다른 저자들에 의해 쓰였기 때문에 성서 히브리어에 변이가 포함되어 있다는 사

---

1.   Colasuonno, "Sociolinguistics," 3:584.

실은 놀랄만한 일이 아니다. 히브리 성서에 어떤 편집과 표준화 작업이 있었다 하더라도 히브리 성서는 다른 다양한 문학 작품과 마찬가지로 그 내용의 다양한 기원을 보존하고 있다. 우리에게 히브리 성서를 보존해준 마소라 학자들은 이러하 변화를 제거하려고 하지 않았다. 오히려 그들은 히브리어 본문과 아람어 본문을 변이 뿐 아니라 그 모든 것들을 받은 그 대로 전달해 주었다.[2]

이번 장에서는 앞의 두 장과 마찬가지로 언어 사용을 다루기 때문에 화용론의 영역에 속하는 히브리 성서 안에 있는 언어적 변이들을 조사 할 것이다. 나는 언어 변이를 이해하기 위한 틀을 제공해주는 언어학의 분과인 사회 언어학에 대한 일반적인 논의로 시작할 것이다. 그런 다음 히브리 성서에 사회 언어학을 적용하는 것과 관련된 몇 가지 관련 주 제—사용역(register), 방언(dialect), 문체 교체(style-shifting), 코드 전환(code-switch-ing)—를 조사할 것이다. 성서 히브리어와 성서 아람어가 시간이 지날수 록 어떻게 변화됐는지에 대한 중요한 문제는 특별한 도전을 주기에, 다 음 장에서 별도로 논의할 것이다.

8.2 사용역, 방언, 문체 교체, 코드 전환을 위한 현대 언어학적 틀

사회 언어학은 언어 변이를 연구하는 학문이다. 모든 언어에는 무엇 인가를 표현하는 다양한 방식이 있기 때문에 변이가 있다. 이러한 변이 는 여러 가지 방식으로 설명될 수 있다. 여기에는 사회적 지위, 성, 나이, 무례한 것과 허용되는 것에 대한 인식, 형식의 기준 그리고 지리가 포함 된다. 따라서 조슈아 피쉬맨(Joshua A. Fishman)의 주장에 따르면 사회 언어 학은 누가, 무슨 언어로, 누구에게, 언제 말했는지를 결정하려고 한다.[3]

---

2. Rendsburg, "Strata of Biblical Hebrew," 81.

3. Fishman, "Who Speaks What Language," 67-88.

　사회 언어학의 분과는 주로 1960년 초에 사회 언어학 현상에 대해 발표하고 출판한 언어학자 윌리엄 라보브(William Labov)의 연구에 주로 그 기원을 둔다. 특히 중요한 것은 1966년에 출판된 뉴욕시에서 사용되는 영어의 사회적 계층화에 대한 그의 분석이었다. 라보브는 언어적 변이를 사회적 계급, 나이 그리고 성을 포함하는 다양한 사회적 맥락에 연결시킨다.[4] 라보브의 선구적인 이 연구는 미국, 중앙 아메리카 그리고 유럽에서 언어 변이에 대한 연구를 촉발시켰다. 오늘날 사회 언어학은 언어학 내에서 두드러진 지위를 차지하고 있다.[5]

　히브리어 학자에게 사회 언어학의 가치는 윌리엄 슈니더윈드(William M. Schniedewind)의 2004년 논문에 명확하게 명시되어 있다.[6] 이 논문에서 슈니더윈드는 언어와 언어 형태는 사회 집단을 반영할 수 있기 때문에 성서 히브리어는 사회적 표지(social marker)로써의 역할을 할 수 있다고 강조한다. 사회 언어학을 성서 히브리어에 적용할 것을 촉구하면서 그는 잠재적인 방법론적 문제(한정된 문서 자료와 오늘날 원어민의 부족)는 고대 이스라엘에서 언어적 변화에 기여하는 사회적 힘을 확인하고 평가함으로써 극복할 수 있다고 주장한다.

　슈니더윈드의 연구는 주로 개념적이고 사회 언어학을 히브리 성서 연구와 통합하는 방법에 관심을 가지고 있으며 히브리 성서의 변이에 대한 자세한 사항을 연구하는 과제는 다른 사람들에게 맡긴다.

　마리아 마들레나 콜라수오노(Maria Maddalena Colasuonno)는 그녀의 박사 학위 논문에서 히브리 성서에서 사회 언어학적 변이를 탁월하게 분석했

4.　Labov, *Social Stratification of English*.
5.　Chambers, "Studying Language Variation," 1-4.
6.　Schniedewind, "Sociolinguistics of Classical Hebrew," 1-32.

다.[7] 개리 렌즈버그(Gary A. Rendsburg)와 아구스티누스 기안토(Agustinus Gi-anto)는 유사한 연구를 제시했지만 히브리 성서에서 나타나는 언어 변이의 유형에 대한 소규모 연구에 머물렀다.[8] 프랭크 폴락(Frank H. Polak)은 문체와 관련하여 사회 언어학을 연구하는 데에 많은 시간을 보냈다. 그의 출판물은 성서 본문의 연대 결정과 직접적으로 관련이 있기 때문에 다음 장에서 그의 연구로 돌아갈 것이다.[9]

요약하면, 슈니더윈드, 콜라수오노, 렌즈버그, 기안토 그리고 폴락과 같은 학자들은 히브리 성서의 사회 언어학적 분석을 견고한 기반 위에 두었다. 그들의 연구는 사용역, 방언, 문체 교체, 코드 전환을 포함하여 히브리 성서의 다양한 유형의 변이를 다룬다. 위의 사회 언어학적 틀과 그들의 연구를 염두에 두고 좀 더 자세하게 이 개념들을 논의할 것이다.

8.3 히브리 성서의 사용역

사회 언어학에서 한가지 중요한 측면은 기능주의자 할리데이(M. A. K. Halliday)에 의해 1960년대에 널리 알려진 개념인 사용역(register)이다.[10] 언어 사용역은 특정한 배경에서 사용되어지는 다양한 언어로 정의될 수 있다. 공식적 배경에서는 비공식적 배경과는 다른 언어 사용역을 필요로 하고 문서 언어는 구어와는 다른 다양한 사용역을 필요로 하고 사용되어지는 언어의 문체는 청중에 따라 다르다. 예를 들어, 내가 이것과 같은 책을 쓸 때 사용하는 언어의 문체와 학장에게 보고하는 문체와 히브리어를 배우는 학생에게 강의하는 문체와 나의 아내에게 문자를 보내는 문

---

7. Colasuonno, "Linguistic Variation in Ancient Hebrew."

8. Rendsburg, "Strata of Biblical Hebrew," 81–99; Gianto, "Variations in Biblical Hebrew," 494–508.

9. Polak, "Parler de la langue," 13–37; Polak, "Sociolinguistics," 115–62.

10. Halliday, McIntosh, and Strevens, *Linguistic Sciences and Language Teaching*, 111–34.

체와 나의 딸과 이야기하는 문체는 각각 매우 다르다.

이러한 예에서 알 수 있듯이 사용역은 장르와 밀접하게 연관되어 있다.[11] 각 장르, 즉 문학의 유형은 특별히 언어의 "문체"에 의해 특징지어진다. 작가가 특정한 장르로 글을 쓸 때마다 작가는 일반적으로 특정한 문체에 부합하게 쓸 것이라고 기대된다. 그렇지 않으면 작가의 글쓰기는 오해되어 질 수 있다. 따라서 장르는 서로 다른 문학 작품 간의 유사한 문체를 설명하고 사용역을 설명할 수 있다. 동시에 사용역은 다양한 다른 요소에 따라 달라진다.

사회 언어학자들에 의해 논의된 사용역의 많은 부분은 성서 히브리어 학자들에 의해 다양한 범위에서 연구되어져 왔다. 이제 다양한 사용역으로 돌아가서 몇 가지 다른 범주―세대별 사용역, 성별 사용역, 공손함, 양층 언어 현상(diglossia)―에 따라 논의할 것이다.

8.3.1 세대별 사용역

각각의 세대는 자신들만의 말하는 특정한 방식이 있다. 일반적으로 기성 세대는 더 보수적이고 변화에 저항하는 경향이 있고, 반면에 젊은 세대의 말은 변화에 더 민감하고 새로운 구어체 표현을 담고 있다.[12] 예를 들어, 젊은 세대는 기성 세대보다 최근 속어나 LOL(laughing out loud: 큰 소리로 는 것―편주) 같은 SMS용 약어를 사용하기도 한다.

내가 알기로 히브리 성서의 세대별 사용역을 자세하게 연구한 사람은 없다. 이 논점을 부각시킨 소수의 학자 중에 한사람은 에드워드 캠벨 주니어(Edward F. Campbell, Jr.)로 이 주제에 대한 그의 논의는 매우 간략하고

11.　Trosborg, "Text Typology," 3-23; Biber and Conrad, *Register, Genre, and Style*, 19-21.
12.　Coulmas, *Sociolinguistics*, 64-74.

롯기에 국한되어 있다.[13] 캠벨은 나오미와 보아스의 말이 고어 형태라는
것을 주목하고 그들이 룻보다 나이가 많기 때문에 다르게 말한다는 결
론을 내렸다.[14] 안타깝게도 캠벨의 분석은 범위가 상당히 제한적이고 그
가 고어라고 주장하는 형태는 문체 교체로 더 잘 설명될 수 있다.[15] 따라
서 히브리 성서의 세대별 사용역에 대한 더 많은 연구가 여전히 이루어
져야 한다.

8.3.2 성별 사용역

사회 언어학자들은 남성과 여성의 언어가 어떻게 다른지를 관찰해
왔다. 대화의 공손함과 지배성과 관련하여 중요한 차이점이 나타날 수
있으며 일부 언어에서는 특정 성별에 따른 어휘도 있다. 성별 사용역에
관한 현대적 연구는 로빈 라코프(Robin Lakoff)에서 시작됐고[16] 그 이후로
데보라 태넌(Deborah Tannen), 키라 홀(Kira Hall) 그리고 매리 부홀츠(Mary Bu-
choltz) 같은 학자들이 이 개념을 좀 더 발전시켰다.[17]

비록 몇몇 학자들이 성서 히브리어에서 성별에 따른 문법적 표현을
조사했지만[18] 히브리 성서의 성별 사용역에 대한 연구는 거의 없다. 현존
하는 연구는 상당한 양의 여성의 대화를 담고 있는 롯기에 초점을 맞춘
것이다. 로버트 존슨 주니어(Robert M. Johnson, Jr.)는 보아스의 말과 나오미

---

13. Campbell, *Ruth*, 17, 24-25.
14. 다른 특징들 중에 Campbell은 *nun*이 아닌 *mem*을 가진 여성 복수 대명사(룻1:8-
    9), ְ-가 아닌 ִתְ-로 끝나는 2인칭 여성 단수 카탈 형태(룻 3:3-4) 그리고 파라고
    직(paragogic) *nun*의 사용(룻 2:8-9; 3:4, 18)을 지적한다. 홈스테드는 파라고직
    *nun*을 제외하고 이것들이 고어 형태라는 것을 거부한다(*Ruth*, 49).
15. Bompiani, "Style Switching in the Speech of Transjordanians," 68-69.
16. Lakoff, *Language and Woman's Place*.
17. Tannen, *Gender and Discourse*; Hall and Bucholtz, *Gender Articulated*.
18. Stein, "Grammar of Social Gender," 7-26.

와 룻의 말을 비교한다.[19] 그는 나오미와 룻은 보아스보다 더 공손하고 더 적게 말한다고 결론내린다. 따라서 존슨은 룻기에서는 남성과 여성의 언어가 다르게 나타난다고 본다. 이 주제를 다루는 다른 학자는 엘리쭈르 아브라함 바르-아쉐르(Elitzur Avraham Bar-Asher)이다.[20] 그는 나오미가 여성과 관련하여 남성적으로 보이는 형태를 사용한 것은(룻1:8-9) 여성의 말을 표현하는 문학적인 방법이라고 주장한다.

이 두 연구의 제한된 특성을 감안한다면 히브리 성서의 성별 사용역에 대한 좀 더 광범위한 연구가 필요하다. 그러나 이 주제에 대한 데이터는 확실히 제한적이다.

8.3.3 공손함(Politeness)

우리는 다른 사람들과 의사 소통하기 위해 언어를 사용하기 때문에 언어는 대인 관계적이고 직접적으로 사회적 역할과 연결되어 있다. 사람들이 말할 때 그들의 사회적 맥락에 맞게 그들의 단어를 선택한다. 이것을 위해서는 화자와 청자 사이의 관계, 그리고 그들이 동일한 사회적 지위를 가지고 있는지에 대한 여부에 주의해야 한다. 또한 사람들이 존경을 표하는 방법에 대해서도 주의를 기울여야 한다. 사회 언어학에서 이러한 논점들은 모두 공손함의 개념에 속해 있다.

현대 공손함 이론은 인간사회가 사회적 불평등을 가지고 있다는 관찰에서 시작된다. 공손함은 사회 안에서 예의를 확립하고 유지하기 때문에 사람들이 이러한 불평등을 헤쳐나갈 수 있도록 한다. 공손함 이론의 가장 영향력 있는 것은 페넬로페 브라운(Penelope Brown)과 스티븐 레빈슨

---

19. Johnson, "Words in Their Mouths."
20. Bar-Asher, "סימוני לשון במגילת רות [Linguistic Markers in the Book of Ruth]," 25-42.

(Stephen C. Levinson)의 이론일 것이다. 그들은 화자가 감사를 표시하거나(긍정적 공손함) 위협적이지 않은 방식으로 청중과 상호 작용(부정적 공손함)함으로써 화자가 청중과의 관계를 유지하거나 "체면을 세우려" 한다고 주장한다.[21]

공손함을 표현하는 방식은 다양하다. 화자는 그가 청중에게 보여주어야 하는 격식과 존중의 정도를 나타내는 특정한 형식을 사용하여 공손함을 전달할 수 있다.

공손함을 표현하는 불변화사(예, please)를 추가시키거나, 간접적인 표현(예, 쓰레기를 버리세요! 대 쓰레기를 버려주실 수 있으세요?) 그리고 존경이나 존중을 표현하는 호칭(예, 전하 또는 당신의 종)을 사용하는 것도 공손함을 표현하는 다른 기술이다.

성서 히브리어의 공손한 표현에 대한 최근 연구는 주로 구문 구조, 공손함을 표현하는 불변화사 그리고 호칭에 주로 초점을 맞춘다.[22] 이제 이 각각의 주제를 논의하고 그에 따라 평가할 것이다.

8.3.3.1 구문 구조

공손함은 구문 구조 즉 공손함을 표시하는 특정 형태를 통해 인코드될 수 있다. 이 방법은 영어나 다른 인도-유럽어에서는 흔하지 않지만 청중에 대한 화자의 관계에 따라 다양한 정도의 말을 사용하는 한국어나 일본어 같은 아시아 언어에서는 특히 흔하다.

성서 히브리어의 명령형은 직접적인 명령을 표현하는 반면, 지시형(jussive)과 권유형(cohortative)은 일반적으로 좀 더 간접적인 명령이어서 공

---

21. Brown and Levinson, *Politeness*.
22. Morrison, "Courtesy Expressions," 1:633–35; Di Giulio, "Mitigating Devices," 33–62.

손한 표현으로 오랫동안 인식되어 왔다. 그러나 최근 연구는 몇몇 형태
와 관련된 구문 구조와 공손함에 대한 우리의 이해를 확장시켰다. 이러
한 형태에는 긴 명령형, 부정사 절대형, 금지어 לֹא + 이크톨 그리고 베카
탈이 포함된다. 이제 이러한 각각의 형태를 조사할 것이다.

8.3.3.1.1 긴 명령형(long Imperative)

사회적 역동학(social dynamics)과 관련된 한가지 구문 구조는 긴 명령형
이다. 그것은 단순 명령형(כְּתֹב)과 비슷해 보이지만 마지막에 카메츠 헤
(כְּתָבָה)가 있다. 학자들은 긴 명령형은 단순 명령형에 대한 문체 변형이고
[23] 강조적이며[24] 화자에게 행동을 지시하거나[25] 부드럽고 정중하게 명령
을 표현하는 것이라고[26] 주장한다. 이 견해 중 첫 세 가지의 문제점은 공
손한 문맥 안에서 긴 명형령이 자주 나타나고 (부드러운 명령이 적절하지 않는)
법률 자료에서는 완전히 부재한다는 것을 적절히 설명할 수 없다는 것
이다.[27]

이러한 관찰은 헬렌 달레어(Hélène Dallaire) 같은 학자들이 긴 명령형은
부드러운 요청을 표현하는 것이라고 하는 것은 옳은 것이라고 말한다.
그러나 그녀와 다른 사람들도 지적했듯이 긴 명령형은 높은 자에게 말
하는 낮은 자에 의해서만 사용되는 것(예, 민 10:35; 신 26:15)이 아니라 때로
는 낮은 자에게 말하는 높은 자에 의해서나(예, 출 32:10; 왕상 21:2, 6) 동등한

23. *IBHS* §34.4.a; Lambdin, *Biblical Hebrew*, 114.
24. GKC §§48i, k; Joüon §48d.
25. Shulman, "Use of Modal Verb Forms," 65–84; Fassberg, "Lengthened Imperative," קָטְלָה, 7–13.
26. Dallaire, *Syntax of Volitives*, 63–72; Jenni, "Höfliche bitte im Alten Testament," 3–16; Kaufman, "Emphatic Plea," 195–98.
27. Dallaire, *Syntax of Volitives*, 71–72.

사이에서도(예, 삼상 17:44) 사용될 수 있다. 따라서 이것을 사용하는 것이 사회적 역동과 공손함의 표현과 관련되어 있더라도 어떤 특정한 사회적 집단에 국한되지 않는다.

8.3.3.1.2 부정사 절대형

사회적 역동과 관련되어 있는 두 번째 구문 구조는 부정사 절대형이다. 때때로 부정사 절대형은 명령을 표현하는데 문제는 이 기능이 명령형과 전혀 다른지에 대한 여부이다. 일부 학자들은 이 두 개는 동등하다고[28] 말하는 반면, 적어도 한 명의 다른 학자는 부정사 절대형이 명령형보다는 더 부드러운 명령을 표현한다고 주장한다.[29] 그러나 가장 최근의 연구에서 부정사 절대형은 강하고 지속적인 명령을 나타낸다고 주장한다.[30]

이 마지막 기능은 법률 자료(창17:10; 출20:8)에서 직접적인 명령이 아니라 부정사 절대형의 일반 규칙에 대한 표현으로 주어졌을 가능성이 높다. 또한 부정사 절대형은 공손의 표시어인 נָא를 동반하지 않고 항상 낮은 사람에게 말하는 높은 사람에 의해 사용된다. 이러한 관찰을 통해 최근 연구가 부정사 절대형을 강하고 지속적인 명령으로 여기는 것이 옳다는 것을 보여준다. 그것은 "체면을 유지"하거나 어떤 식으로든 예의를 지키려는 시도가 아니라 높은 자가 낮은 자에게 요구하는 매우 직접적인 요청을 나타낸다.

---

28. Joüon §123u; Goddard, "Origin of the Hebrew Infinitive Absolute," 59-61.

29. Watts, "Infinitive Absolute as Imperative," 141-45.

30. Wang, "Use of the Infinitive Absolute," 99-105; Dallaire, *Syntax of Volitives*, 150-59; Shulman, "Use of Modal Verb Forms," 131-38; Hospers, "Imperative Use of the Infinitive Absolute," 97-102.

8.3.3.1.3 금지어 לֹא + 이크톨

사회적 역동을 나타내는 세 번째 구문 구조는 금지어 לֹא + 이크톨이다. 예를 들어, 이 구조는 십계명의 금지 계명에서 나타난다(출20:3-5, 7, 13-17). 적어도 한 명의 학자는 그것은 אַל + 지시형으로 표현되는 단순 금지와 동등하다고 주장한다.[31] 그러나 이 주제에 대한 대다수의 최근 연구는 לֹא + 이크톨은 강하고 지속적인 금지를 표현한다고 주장한다.[32]

이러한 결론은 לֹא + 이크톨이 나타나는 문맥에서 가장 잘 들어맞는다. 특히 사회 언어학 관점에서 도움이 되는 것은 לֹא + 이크톨이 더 높은 자(거의 항상 하나님이나 그의 사자)가 낮은 자에게 금지 명령을 내릴 때 거의 항상 사용된다고 주장하는 헬렌 달레어의 연구다. 그녀는 이것을 다른 사회적 역학에서 나타나는 אַל + 지시형의 용법과 대조한다.[33]

8.3.3.1.4 베카탈(weqatal)

사회적 역동과 관련되어 있는 네 번째인 마지막 구문 구조는 베카탈(종종 완료 연속형이라고 불리는)이다. 앞에서 논의된 구문 구조들과는 달리 베카탈과 사회적 역동의 연결 가능성은 이차 문헌에서 주로 무시됐다. 이것은 베카탈에 대한 많은 연구가 그것의 상(aspect)이나 담화 기능에 집중하는 경향이 있기 때문이다.

그러나 헬렌 달레어(Hélène M. Dallaire), 아후바 슐람(Ahouva Shulman) 그리고 레벨(E. J. Revell)의 최근 연구에 따르면 의지법 베카탈(명령법이나 부정사 절

---

31. Gerstenberger, *Wesen und Herkunft*, 50–54.

32. Dallaire, Syntax of Volitives, 74–76, 97–100; Shulman, "Use of Modal Verb Forms," 148–58; Bright, "Apodictic Prohibition," 185–204; Stabnow, "Syntax of Clauses Negated, by לֹא," 11–14.

33. Dallaire, *Syntax of Volitives*, 99.

대형 뒤에 나오는 베카탈)은 높은 자가 낮은 자에게 명령을 할 때 나타난다.[34] 이와 같은 학자들은 하나님은 매우 자주 명령을 내리는 분이고 공손의 불변사 נָא는 의지법 베카탈과 함께 나타나지 않는다는 것을 주목한다. 이러한 관찰에 따르면 의지법 베카탈은 높은 자가 낮은 자에게 내리는 강한 명령을 표현한다.

8.3.3.1.5 평가

이 간략한 조사를 통해 구문 구조와 공손함에 관한 몇 가지 훌륭한 연구가 최근에 이루어졌다는 것을 알 수 있다. 최근 연구가 이렇게 사회적 역동에 주의를 기울인다는 것은 고무적인 일이다. 그럼에도 불구하고 더 연구되어야 할 필요가 있다. 위에서 언급한 많은 연구들은 현대 공손 이론(politeness theory)에 비추어 논의하지 않는다. 이 구문 구조들을 다른 셈어의 평행 구조들과 비교하는 것도 유익할 것이다. 앞으로 다른 학자들이 이 중요한 대화에 참여하여 구문 구조와 사회적 역동에 대한 우리의 이해를 넓혀 줄 것이라 기대한다.

8.3.3.2 공손의 표시어(Politeness Markers)

세상의 많은 언어들은 좀 더 공손하고 완곡하게 표현하기 위해 말에 불변화사를 붙인다. 이것에 대한 좋은 예는 직접적인 요청을 부드럽게 표현하기 위해 붙이는 영어의 please이다(예, sit down 대 please sit down). 공손의 불변화사를 덧붙이는 것은 특히 화자가 청자보다 낮은 지위에 속해 있을 때 청자에게 "체면을 세우는 데" 도움이 된다.

---

34. Dallaire, *Syntax of Volitives*, 144-50; Shulman, "Imperative and Second Person Indicative Forms," 271-87; Revell, "System of the Verb," 21-25.

공손함을 표시하는 성서 히브리어의 주요 단어는 불변화사 נָא이다[35]. 많은 학자들이 נָא는 강조적이거나(말에 주의를 집중시킨다.)[36] 논리적 결과를 표시하는 것("그런 다음" 또는 "따라서")이라고 주장한다.[37] 그러나 נָא는 수신 자에게 초점을 맞춘 문맥에서 의지법 형태와 함께 자주 나타나고 법적 자료에서는 결코 나타나지 않는다. 강조와 논리적 결과는 그러한 문맥에 제한되어서는 안된다. 이러한 이유로 최근의 많은 연구들은 נָא가 공손함 을 표시한다는 고대 랍비의 이해를 채택한다(Ber. 9a; Sanh. 43b; 89b).[38] 특히 사회 언어학적 관점에서 통찰력이 있는 연구는 티모시 윌트(Timothy Wilt) 의 연구다. 그는 현대 공손 이론에 따라 직접 의지법(נָא가 없는 의지법)과 체 면을 유지하고 공손함을 나타내는 의지법(נָא가 있는 의지법)을 구분한다.[39]

이러한 최근 연구가 주장하는 바에 따라 부드러운 요청을 표현하는 공손의 표시어로 נָא를 이해하는 것은 더 타당하다. 그럼에도 좀 더 논의 해야 할 여지는 있다.특히 설명이 필요한 한가지 문제는 특정 문맥(예, 독 백)에서 공손함의 의미가 쉽게 번역되지 않는 단수 권유형에서 사용되는 נָא이다. 이러한 어려움을 다루기 위해 벤트 크리스찬슨(Bent Christiansen)은 נָא가 제안을 표현하는 청유법을 나타낸다고 주장한다.[40] 그러나 그러한

---

35. 완곡한 표현을 위해 사용되는 다른 단어들은 אַךְ("단지"), רַק("단지"), אוּלַי("아마 도"), מְעַט("조금"): Di Giulio, "Mitigating Devices," 47-52.

36. Bar-Magen, "המלה 'נָא' במקרא [The Word 'נָא' in the Bible]," 163-71; Juhas, *Biblisch-hebraische Partikel* נָא.

37. Lambdin, *Biblical Hebrew*, 170; Fassberg, סוגיות בתחביר המקרא [Studies in Biblical Syntax], 36-73; 참조, *IBHS* §34.7.

38. Dallaire, *Syntax of Volitives*, 53-58; Kaufman, "Emphatic Plea," 195-98; Shulman, "Particle נָא" 82-57; Wilt, "Sociolinguistic Analysis of nāʾ," 237-55; Jenni, "Höfliche bitte im Alten Testament," 1-16.

39. Wilt, "Sociolinguistic Analysis of nāʾ," 237-55.

40. Christiansen, "Biblical Hebrew Particle nāʾ," 379-93.

기능은 어떤 곳에서든 נָא의 용례에 적합하지 않다. נָא가 부드러운 요청을 표현하고 נָא가 있는 권유형은 "나는 그것이 좋은 생각일 수 있다고 생각합니다. …"를 의미한다고 보는 스티븐 카우프만의 논의는 좀 더 살펴봐야할 가치가 있다.[41]

8.3.3.3 호칭(Terms of Address)

호칭은 대화 참여자들의 사회적 지위를 나타낸다. 많은 언어에서는 어떤 사람이 높은 사회적 지위를 가질 때 공식적인 상황 안에서 누군가를 언급하기 위해 특별한 형식을 사용하다. 존경을 표하는 형식으로 특별한 칭호(예, Mr., Mrs., Dr., Rev.)나 공식적 또는 비공식적 상황에서 구분되어 사용되는 문법 형태(예, 스페인어에서 공식적 *usted*와 비공식적 *tú*)가 나타날 수 있다. 낮은 사회적 지위를 가진 사람은 말할 때 경어를 사용할 수 있다(일반적인 '나' 대신에 '당신의 종'). 호칭에 대한 현대적 이해는 1960년경 이 주제에 대해 처음으로 출판한 로저 브라운(Roger Brown), 알버트 길만(Albert Gilman), 마거리트 포드(Marguerite Ford)의 연구로 거슬로 올라갈 수 있다.[42]

히브리 성서의 호칭에 관한 연구는 약간 있지만 이 중요한 주제를 포괄적으로 조사한 연구는 없다. 신시아 밀러-누데(Cynthia Miller-Naudé)는 그녀의 매우 간략한 논의에서 창세기부터 열왕기까지의 간접 화자-기반 경칭(예, אֲדֹנִי, "나의 주")과 청자-기반 경칭(예, עַבְדְּךָ, "당신의 종"), 그리고 간접 경칭(예, עַבְדּוֹ; "그의 종"; הַמֶּלֶךְ "그 왕")을 구분한다.[43] 레벨(E. J. Revell)은 사사기, 사무엘서, 열왕기서에서만 이 주제를 다루면서 인물들이 어떻게 불려지

41. Kaufman, "Emphatic Plea," 197-98; 참조, Shulman, "Particle נָא," 77-79.

42. Gilman and Brown, "Who Says 'Tu' to Whom," 169-74; Brown and Gilman, "Pronouns of Power and Solidarity," 253-76; Brown and Ford, "Address in American English," 375-85.

43. Miller-Naude, *Representation of Speech*, 269-81.

고, 화자와 청자와의 관계, 청자를 향한 화자의 태도, 그리고 호칭이 나
타나는 사회적 맥락이 무엇인지 조사한다.[44] 브라이언 에스텔(Bryan D. Es-
telle)의 히브리 성서(에스더, 다니엘, 에스라)와 성서 이외의 아람어(아르사메스
[Arsames] 서신과 아히카르[Ahiqar])의 경어 연구[45] 그리고 에드워드 브릿지(Ed-
ward J. Bridge)의 히브리 성서에서 노예에 대한 호칭 연구도 주목할 만한 가
치가 있다.[46]

히브리 성서의 호칭을 주목해 보는 것은 흥미로운 일이다. 그럼에도
불구하고 이러한 각 연구들은 자료와 범위에 있어서 포괄적이지 않고 또
한 이러한 연구들 중 많은 부분이 호칭에 대한 현대적 이해를 히브리 성
서에 분명하게 적용하지 않는다. 따라서 이 중요한 영역에서 연구되어야
할 많은 부분들이 여전히 남아있다.

감사하게도 적어도 한 명의 학자가 최근에 이 작업을 수행하고 있다.
김영복은 현재 시카고 대학에서 히브리 성서의 호칭에 대한 박사학위 논
문을 완성하고 있다.[47] 그의 연구는 포괄적이며 호칭과 공손 이론에 대한
현대적 이해를 통해 많은 정보를 제공해 줄 것이다. 우리는 그의 기여를
기대한다.

8.3.4 양층 언어 현상(Diglossia)

사용역에 관한 네 번째이자 마지막 주제는 양층 언어 현상, 즉 한 언
어 공동체에서 "상층" 문어체 언어와 "하층" 구어체 언어를 사용하는 것
이다. 문어체 언어는 좀 더 공식적이며 문학과 같은 수준 높은 맥락에서

---

44. Revell, *Designation of the Individual.*
45. Estelle, "Know Before Whom You Stand"; idem, "Deferential Language," 43-74; idem, "Esther's Strategies," 61-88.
46. Bridge, "Use of Slave Terms."
47. Kim, "Hebrew Forms of Address."

사용되고 구어체 언어는 비공식적이며 일상적인 말에서 사용된다. 많은 언어에서 이 두 가지 사용 언어(registers)를 포함하고 있다는 것은 오랫동안 알려져 왔다(예, 문어체 아랍어와 구어체 아랍어, 표준 프랑스어와 아이티 크레올어[48]). 그러나 양층 언어 현상의 현대적 개념은 1959년 논문에서 이 분야의 상황을 정의한 언어학자 찰스 퍼거슨(Charles A. Ferguson)에 의해 주로 만들어졌다.[49]

대부분의 종교 문헌과 마찬가지로 히브리 성서도 구어체 언어보다는 상층 문어체 언어를 나타낸다.[50] 그럼에도 불구하고 학자들은 구어체 히브리어의 흔적을 발견할 수 있는지를 궁금해 했고 따라서 구약에서 구어체의 존재는 20세기 동안 여러 연구의 대상이었다. 드라이버(G. R. Driver)는 구약에서 특이한 형태가 구어적 표현을 반영할 수 있다고 주장했고 [51] 맥도날드(J. MacDonald)는 직접 화법에서 구어적 표현을 발견하려고 했다.[52] 그러나 히브리 성서에서 양층 언어 현상에 대한 현대적 개념은 주로 개리 렌즈버그(Gary A. Rendsburg)의 연구에서 찾아볼 수 있다.

8.3.4.1 개리 렌즈버그(Gary A. Rendsburg)

렌즈버그는 히브리 성서는 고대 히브리어의 문어체 방언이 아니라 구어체 방언을 나타내는 다양한 구어적 표현을 담고 있다고 본다.[53] 그는

---

48. 역주, 프랑스어를 바탕으로 여러 가지 서아프리카어가 섞여 있는 언어로 1987년 부터 아이티의 공영어가 됐다.

49. Ferguson, "Diglossia," 325–40; idem, "Diglossia Revisited," 214–34.

50. Ullendorff, "Is Biblical Hebrew a Language?" 241–55.

51. Driver, "Colloquialisms in the Old Testament," 232–39.

52. MacDonald, "Distinctive Characteristics of Israelite Spoken Hebrew," 162–75.

53. Rendsburg, "Diglossia: Biblical Hebrew," 1:724–25; idem, *Diglossia in Ancient Hebrew.*

사해 사본의 히브리어(쿰란 히브리어)와 미쉬나의 히브리어가 각각 문학적 방언과 구어적 방언으로 공존했다는 것을 관찰했다. 그런 다음 렌즈버그는 쿰란 히브리어가 히브리 성서의 문학적 방언에서 나온 것처럼 미쉬나 히브리어는 초기 구어체 히브리어의 후손이라고 주장한다. 그는 히브리 성서의 구어체를 대명사의 성 중립화(예, 출 2:17에서 3인칭 여성 복수형 צֹאֶנָם)와 선행 대명 접미사 사용(예, אֲנִי נֹתֵן לָהֶם לִבְנֵי יִשְׂרָאֵל, "내가 그들 곧 이스라엘 자손에게 준다", 수1:2)과 같은 미쉬나 히브리어와 유사한 특징으로 확인한다. 렌즈버그가 지적한 것처럼 이와 동일한 유형의 구어체 중 많은 부분이 구어체 아랍어의 특징이기도 하다.

8.3.4.2 이안 영(Ian Young)

이안 영도 그가 재구성한 것이 렌즈버그의 것과 조금 다르지만 고대 이스라엘에서 양층 언어 현상이 존재했다고 가정한다.[54] 영은 성서 히브리어는 이스라엘 이전의 가나안 특권층 언어에서 유래한 문어체 방언을 나타낸다고 주장한다. 이 문어체 언어 이면에는 이스라엘 지파의 사회적 다양성을 반영하는 수많은 구어체 언어, 즉 복합적 양층 언어 현상이 있다. 이렇게 다양한 언어들(registers)은 주로 히브리 성서의 언어적 변이를 설명한다. 이안 영에 따르면 바벨론 포로기는 토라를 중심으로 한 종교적 통합 뿐 아니라 언어적 통합도 가져왔다. 그 결과 미쉬나 히브리어의 전신인 단일 양층 언어 현상이 나타나게 됐다. 다음 장에서 성서 히브리어의 통시적 발전 가능성과 중요한 관련이 있는 이안 영의 연구로 돌아갈 것이다.

---

54. Young, *Pre-Exilic Hebrew*.

8.3.4.3 스코비 필립 스미스(Scobie Philip Smith)

스코비 필립 스미스는 양층 언어 현상에 대해 완전히 다른 그림을 제시한다.[55] 그는 미쉬나 히브리어와 쿰란 히브리어가 제2성전 시대에 구어체와 문어체 언어를 나타낸다는 데 동의한다. 그러나 그는 양층 언어 현상이 성서 시대에 입증된다는 데 동의하지 않으며 렌즈버그의 접근 방식을 비판한다. 구체적으로 그는 렌즈버그가 임시로 구어체를 식별한 것으로 규정하고 렌즈버그가 동족어를 사용한 것은 방법론적으로 문제가 있는 것으로 주장하며 렌즈버그가 구어체의 출처로 히브리 비문도 가능하다는 것을 무시했다고 비난한다.

8.3.4.4 마리아 마들레나 콜라수오노(Maria Maddalena Colasuonno)

마리아 마들레나 콜라수오노도 양층 언어 현상에 대한 렌즈버그의 관점에 도전한다.[56] 그녀는 렌즈버그가 구어 히브리어와 문어 히브리어가 성서 시대에 했던 다른 역할을 적절히 다루지 않았다고 주장한다. 그녀는 또한 렌즈버그가 양층 언어 현상이라고 확인했던 몇 가지 특징에 이의를 제기하고 다른 방식으로 설명될 수 있다고 주장한다(예, 아람어와 의도적인 문학 장치와 접촉). 콜라수오노는 고대 이스라엘의 사회 언어학적 상황은 렌즈버그가 주장한 양층 언어 현상이 아니라 방언의 혼합물로 가장 잘 이해되다고 결론내린다.

8.3.4.5 다른 목소리들

다수의 많은 학자들이 양층 언어 현상에 관한 대화에 기여했다. 양층 언어 현상의 존재를 인정하는 사람들 중에는 에스겔 1장의 특이한 언어

---

55. Smith, "Question of Diglossia," 37–52.

56. Colasuonno, "Problem of Diglossia in Biblical Hebrew," 124–45.

를 구어체라고 여기는 다니엘 프레드릭슨(Daniel C. Fredericks), 요나서에서
אֲשֶׁר와 שֶׁ의 교체 사용은 문어체와 구어체 언어를 반영하는 것이라고 제
안하는 타카미추 무라오카(Takamitsu Muraoka)가 있다.[57] 다른 학자들은 회
의적이다. 스베리르 올라프손(Sverrir Ólafsson)은 구어체라고 추정되는 것은
미쉬나 히브리어 또는 방언으로 인한 변이에 영향을 받은 후기 서기관
의 실수라고 제안한다.[58] 조슈아 블라우(Joshua Blau)는 진짜 양층 언어 현상
이라기보다는 다양한 서기관 전통을 반영하는 언어적 변이라고 이해한
다.[59]

8.3.4.6 평가

간략하게 살펴본 것처럼 히브리 성서에서 양층 언어 현상의 존재는
활발하게 진행되고 있는 논쟁의 주제이다. 렌즈버그의 연구는 이 논의에
유익한 기초를 제공해주지만 아직도 연구되어야 할 것들이 많이 남아있
다. 구어체와 장르와의 연결 가능성에 대해서는 더 자세하게 연구해야
할 필요가 있다. 또한 조사해야 할 것은 히브리 성서의 양층 언어 현상과
성서 외 자료인 히브리 비문에 보존되어 있는 공식적 언어 및 구어체 언
어와의 관계이다. 이러한 것과 다른 질문들이 조사되어지면 양층 언어
현상에 대한 현대 언어학적 개념과 다른 언어, 특히 아랍어에서 명확하
게 확립된 양층 언어 현상의 모델과의 상호 작용이 필요하다.

8.4 히브리 성서의 방언

---

57. Fredericks, "Diglossia, Revelation, and Ezekiel's Inaugural Rite," 189–99; Muraoka, "Diglossia in the Book of Jonah?" 129–31.
58. Ólafsson, "On Diglossia in Ancient Hebrew," 193–205.
59. Blau, "שתלשלות עברית המקרא [Development of the Hebrew Bible]," 21–32.

방언(dialect)은 특정 지역이나 민족 집단과 연관된 다양한 언어로 정의할 수 있다. 영어는 세계의 다른 지역과 관련된 여러 방언이 존재한다. 예를 들어, 미국 영어는 영국 영어와는 다른 철자법과 표현을 사용한다(예, 미국 영어에서 pants는 다리를 넣어 입는 겉옷을 말하지만 영국 영어에서는 속옷을 말한다.). 방언은 상대적으로 영구적인 언어 패턴을 반영한다는 점에서 사용역(register)과 다르다. 구체적으로 방언은 지리적으로 어디에 사는지에 따라 결정되기 때문에 사람들이 규칙적으로 말하는 것을 나타낸다.[60]

언어학자들은 어떤 것을 언어가 아니라 방언으로 만드는 것이 무엇인지에 대해서 의견이 일치하지 않지만—흔히 "언어는 육군과 해군이 있는 방언이다"라고 말한다—일반적으로 제안되는 하나의 기준은 상호 이해 가능성(intelligibility)이다. 즉 한 언어 안에서 하나의 방언에 익숙한 화자는 관련된 다른 방언도 충분히 이해할 수 있어야 한다.[61] 방언 연구는 중세 시대로 올라가지만 현대적인 모습을 갖춘 방언학은 지역 방언 문법을 만들어 낸 19세기와 20세기 유럽 문헌학자들에게로 거슬러 올라갈 수 있다.[62]

사사기 12:5-6절에서 유명한 "쉽볼렛" 사건은 고대 이스라엘에서 다양한 방언이 있었다는 것을 증명해 준다. 이것을 출발점으로 삼아 이미 20세기 초에 버니(C. F. Burney)는 히브리 성서에서 다양한 방언의 흔적을 발견했다.[63] 이후 학자들은 고대 이스라엘 북부 지역에서 사용된 히브리어 방언, 즉 (북)이스라엘 히브리어가 있었다고 가정했다.[64] 그들은 (북)이

---

60. Halliday and Hasan, *Language, Context, and Text*, 43.

61. Chambers and Trudgill, *Dialectology*, 3–4.

62. Petyt, *Study of Dialect*, 37–57.

63. Burney, *Hebrew Text of the Books of Kings*, 208–9; Burney, *Book of Judges*, 171–76.

64. (북)이스라엘 히브리어는 오늘날 이스라엘에서 구어로 사용되는 히브리어 형태인 이스라엘 히브리어와 혼동해서는 안된다.

스라엘 히브리어는 어휘적으로나 문법적으로 히브리 성서의 대부분을 구성하는 표준 유다 방언과 다르다고 주장한다.

최근에 랜달 가(W. Randall Garr)와 스티븐 카우프만(Stephen A. Kaufman) 같은 학자들은 고대 북서 셈어 방언을 이해하는 유용한 틀을 제공해 주었다.[65] 현대 방언학을 따라 그들은 이러한 방언들을 그 스펙트럼의 반대편에 있는 페니키아어와 아람어와 함께 방언 연속체(dialect continuum)로 본다. 그러나 고대 히브리 방언에 관한 한 가장 왕성한 다작의 작가는 의심할 바 없이 개리 렌즈버그이다. 나는 이 주제를 다루는 다른 학자로 넘어가기 전에 그의 연구에 대한 논의로 시작할 것이다.

8.4.1 개리 렌즈버그

개리 렌즈버그는 다수의 논문과 단행본에서 북이스라엘 히브리어를 조사했다.[66] 그는 예루살렘 유다에 대해 기록된 히브리 성서의 많은 부분은 유다 히브리어 방언을 나타낸다고 주장한다. 그러나 또한 북이스라엘에서 일어난 사사기의 일부분(예, 드보라, 기드온, 입다에 관한 이야기) 그리고 북왕국 이스라엘에 관련된 열왕기서의 자료와 같이 상당한 부분들은 북이스라엘에 속한 것일 수도 있다. 지리적 단서 이외도 북이스라엘 히브리어는 유다 히브리어에 비해 비정형적이지만 북부 지역에서 사용된 셈어(예, 우가릿어, 페니키아어, 아람어)로 증명되는 어휘와 문법으로 확인할 수 있다.

렌즈버그의 계산에 의하면 적어도 히브리 성서의 15%는 북이스라엘 히브리어다.[67] 사사기와 열왕기서 이외에도 북쪽 지파들에 대한 축복(예,

---

65. Garr, *Dialect Geography*; Kaufman, "Classification of the North West Semitic Dialects," 41–57.
66. Rendsburg, "Dialects and Linguistic Variation," 1:338–41; idem, "Northern Hebrew through Time," 339–59; idem, "Comprehensive Guide to Israelian Hebrew," 5–35.
67. Rendsburg에 따르면 때때로 유다의 저자는 이스라엘 히브리어를 북쪽에 사는 등

창49; 신33), 북이스라엘과 관련된 예언들(예, 호세아, 아모스, 미가), 북이스라엘 시편들(예, 시9-10, 29, 36, 45, 53, 132) 그리고 북부 지역과 관련된 작품들(잠언, 아가서, 전도서)에서도 찾아 볼 수 있다. 렌즈버그는 또한 히브리 성서는 주로 사마리아와 벤야민 지역과 관련된 본문에서, 사마리아와 벤야민 방언으로, 쓰인 소량의 자료를 포함하고 있다고 제안한다(예, 벤야민 방언은 예레미야서 일부와 벤야민 지파와 관련된 본문에서 발견된다).

8.4.2 다니엘 프레드릭스(Daniel C. Fredericks)

다니엘 프레드릭스는 방언과 북이스라엘 히브리어에 대한 렌즈버그의 접근 방식을 상당히 비판한 첫 번째 학자였다.[68] 그는 다른 방언의 존재를 거부하지는 않았지만 우리가 그것들을 확실하게 확인할 수 없다고 생각했다. 프레드릭스는 북쪽 지역에 속하는 것이라고 여겨지는 많은 특징들이 전적으로 북이스라엘 히브리어에서만 나타나는 것이 아니라 남유다 히브리어 본문에서도 나타난다는 것을 관찰한다. 그는 또한 왜 그러한 특징이 북이스라엘 히브리어에서 단지 산발적으로 드물게 나타나는지 궁금해하며 본문이 진짜 북이스라엘에 속한 것이라면 좀 더 많은 특징들이 제시되어야 한다고 제안했다. 프레드릭스는 북이스라엘 히브리어에 속하는 많은 특징들은 구어체로 설명되어야 한다고 결론내린다.

8.4.3 나아마 팻-엘(Naʾama Pat-El)

나아마 팻-엘도 렌즈버그를 상당히 비판한다. 프레드릭스와 마찬가지로 팻-엘은 고대 이스라엘에서 방언의 존재를 부인하지 않지만 확실

장인물의 말에 통합한다(예, 삼하 14장의 드고아의 지혜로운 여인). 이러한 본문이 포함되면 이스라엘 히브리어 전체는 히브리어 성경의 거의 25%로 늘어난다.

68. Fredericks, "North Israelite Dialect in the Hebrew Bible," 7-20.

히 그것을 확인할 수 있는지에 대해 의문을 가진다.[69] 그녀는 단지 본문
에 북이스라엘에서 발생한 것이라고 해서 그것이 북이스라엘 방언을 나
타내는 것은 아니라고 주장한다. 그녀는 북서 셈어인 히브리어가 자연스
럽게 다른 북서 셈어의 특징을 공유하기 때문에 고대 이스라엘 북쪽의
북서 셈어에서도 발견되는 특징으로 북이스라엘 언어의 특성을 확인하
는 것을 비판한다. 궁극적으로 팻-엘은 히브리 성서는 방언의 차이점을
없앤 학식있고, 기록된 형태인 표준 서기관 전통을 반영한다고 결론내린
다.

8.4.4 다른 목소리들

히브리 성서의 방언 연구에 기여하는 다른 학자들도 있다. 이들 중
일부는 다른 방언을 확인하는 데 있어 렌즈버그를 따르는 반면, 다른 일
부는 그의 논의를 반대하기도 한다.

한편으로 일부 학자들은 히브리 성서에서 다른 방언들을 관찰할 수
있다고 주장하고 모두는 아니지만 이들 중 대부분은 어떤 식으로든 렌
즈버그와 관련이 있다. 렌즈버그의 학생 중 몇몇은 북이스라엘 히브리어
(첸 이이[Chen Yiyi]와 유윤종[Yoon Jong Yoo])와[70] 벤야민 방언(콜린 스미스[Collin J.
Smith])[71]으로 박사학위 논문을 완성했다. 렌즈버그의 이전 학생들인 리처
드 라이트(Richard M. Wright)와 스캇 너겔(Scott B. Noegel)은 그들의 박사학위
논문을 완성한 후에 방언의 특징에 대한 논문을 썼다.[72] 일본인 학자 준

---

69. Pat-El, "Israelian Hebrew," 227-63.
70. Yiyi, "Israelian Hebrew in the Book of Proverbs"; Yoo, "Israelian Hebrew in the Book of Hosea."
71. Smith, "With an Iron Pen and a Diamond Tip."
72. Wright, "North Israelite Contributions," 129-48; Noegel, "Dialect and Politics in Isaiah 24-27," 177-92.

이케다(Jun Ikeda)는 열왕기서에서 특히 북이스라엘 히브리어에 초점을 맞춘 히브리 성서의 방언에 대한 몇몇 논문을 썼다.[73] 윌리엄 쉬니더윈드 (William M. Schniedewind)와 다니엘 시반(Daniel Sivan)은 열왕기서에서 북이스라엘 히브리어의 존재를 인정하지만 그것을 확인하기 위해서는 렌즈버그의 방법론보다 더 확실한 방법론이 필요하다고 주장한다.[74]

반면에 다른 학자들은 북이스라엘 히브리어의 존재에 이의를 제기하거나 적어도 그것의 특징을 확인하기 위해서는 좀 더 주의해야 한다고 주장한다. 이안 영은 렌즈버그의 방법론에 의문을 제기하고 변이적 특징들이 "북이스라엘"에 속한 것이 아니라 이방인의 의도적인 문학적 표현이라고 제안한다.[75] 그와 비슷하게 데이비드 탈시르(David Talshir)는 일반적으로 북이스라엘 것이라고 여기는 일부 특징들이 북이스라엘 히브리어가 아니라 언어적 다양성을 반영한다고 주장한다. 왜냐하면 그러한 특징들이 북이스라엘 본문이 아닌 것에서 발생하기 때문이다.[76]

8.4.5 평가

다시 한번 언급하자면, 렌즈버그의 연구는 히브리 성서의 방언에 대한 계속적인 논의에 탁월한 출발점을 제공해준다. 그러나 양층 언어 현상의 주제와 비슷하게 다른 방언을 확인하기 위해서는 좀 더 세심한 방

---

73. Ikeda, "聖書ヘブライ語に見られる地域差について [Regional Dialects in Biblical Hebrew]," 1-16; idem, "Three Notes on Israelian Hebrew Syntax," 51-65; idem, "聖書ヘブライ語における言語変種 [Linguistic Varieties in Biblical Hebrew]," 179-204; idem, "ユダとイスラエル [Judah and Israel]," 1-21.
74. Schniedewind and Sivan, "Elijah-Elisha Narratives," 303-37.
75. Young, "'Northernisms' of the Israelite Narratives in Kings," 63-70; 참조, idem, "Evidence of Diversity," 7-20.
76. Talshir, "Habitat and History of Hebrew," 270-75.

법론이 필요하다. 학자들은 확실히 증명되지는 않지만 지리적 연관성이 있으면 언어적 연관성도 있다고 보는 모델에 따라 연구해야 한다. 또한 가능한 방언의 특징들이 북서 셈어의 방언 연속체와 잘 맞는다면 좀 더 주의를 기울여야 한다. 모든 등어선(isoglosses)[77]은 동일하게 만들어지지 않는다는 인식은 특히 도움이 된다. 즉 정상적인 언어에서 훨씬 더 자주 사용하는 문법적 특징은 자주 사용하지 않는 것보다 분류하는 데 더 유용하다. 그러한 접근 방식은 "북이스라엘" 방언의 특징이 북이스라엘 본문이 아닌 곳에서 자주 발견된다는 사실을 감안하면 어떤 특징이 진정으로 방언인지를 결정하는 데 도움이 될 수 있다.

고려야해야 할 또 다른 가능성은 성서 분문에서 특이한 특징이 지리적 방언이 아니라 문어체 방언을 나타낸다는 점이다. 다시 말해서, 일부 특이한 특징은 본문에 색깔을 입히기 위한 성서 저자의 의도적인 문학적 장치를 반영할 수 있다는 것이다. 이것은 이번 장에서 논의하는 마지막 주제인 문체 교체와 코드 전환 현상으로 이어진다.

8.5 히브리 성서에서 문체 교체와 코드 전환

성서 학자들이 문체 전환(style-switching)이라고 부르기도 하는 문체 교체(Style-shifting)는 말이나 글에서 한 언어 안에 다른 종류(즉, 문체나 방언)를 의도적으로 사용하는 것을 말한다.[78] 유사한 현상인 코드 전환(code-switching)은 한 언어 안에 다른 종류가 아니라 두 가지 다른 언어를 의도적으로 사용하는 것을 말한다.[79] 문헌 학자들은 1900년 중반에 문서 텍스트에서

---

77. 역주, 1892년 라트비아의 방언 학자 Bielenstein이 처음으로 사용한 용어로 어떤 언어적 특징의 차이를 보이는 두 지역을 가르는 언어 분계선을 말한다.
78. 이런 차이에도 불구하고 "문체 교체"와 "코드 전환"이라는 용어는 특히 히브리어 및 아람어 연구에서 종종 같은 의미로 사용된다.
79. Ives, "Theory of Literary Dialect," 137–82. 이 에세이는 다양한 언어로 개정되어 재

이러한 개념들을 논의하기 시작했지만 대부분의 언어학자들은 문어체 텍스트가 아니라 구어체 텍스트에서 문체 교체와 코드 전환에 초점을 맞추었다. 그러나 이러한 상황은 학자들이 고대, 중세, 현대의 문학에서 문체 교체와 코드 전환을 다루기 시작함에 따라 지금은 바뀌고 있다.[80]

문학에서 문체 교체와 코드 전환은 여러 가지 다른 기능을 가질 수 있다. 대부분 그것들은 본문의 다른 부분을 표시하거나 구체적인 방식으로 인물을 묘사한다. 그것들은 문학에서 흔히 사용되고 텍스트에 어떤 진정한 느낌을 주고 인물 묘사를 돕기 때문에 여러 방면에서 좋은 작가의 표시이다. 예를 들어, 〈반지의 제왕〉(The Lord of the Rings)에서 톨킨(J. R. R. Tolkien)은 인물들을 다르게 묘사하기 위해 인물들의 말을 다르게 만든다. 이것은 특히 리븐델(Rivendell)에서 엘론드 회의의 설명에서 분명하게 나타난다.[81] 예를 들어, 엘프 왕 엘론드는 고대 어휘와 바뀐 어순을 사용하는 반면 난쟁이 글로인은 짧은 문장과 동격(apposition)을 사용한다.

　　　— 글로인: 또한 우리는 엘론드의 조언이 절실히 필요합니다. 그림자는 커지고 점점 가까이 다가오고 있기 때문입니다. 우리는 전령들이 데일에 있는 브랜드 왕에게도 왔다는 것을 발견했습니다. 그리고 그가 두려워한다는 것을 … 우리는 그가 굴복할까 두렵습니다. 그의 국경 동쪽에서는 이미 전쟁이 벌어지고 있습니다.

　　　— 엘론드: 당신이 오길 잘했습니다. 오늘 적의 목적을 알기 위해 필요한 모

출간됐다(144-77).

80. 예, Gordon and Williams, "Raids on the Articulate," 75-96; Hess, "Code Switching and Style Shifting," 5-18; Gardner-Chloros and Weston, "Code-Switching and Multilingualism in Literature," 182-93.

81. Shippey, *J.R.R. Tolkien*, 68-77. Tolkien은 인물의 성격묘사를 위해 외래 요소(즉, 코드 전환)도 사용한다.; Bütikofer, "Lord of the Languages"를 보라.

든 것을 듣게 될 것입니다. 저항하는 것 외에는 당신이 할 수 있는 것이 없습니다. 희망이 있든 없든 … 하지만 당신은 홀로 서 있지 않습니다. 당신은 당신의 문제가 모든 서구 세계 문제의 일부에 불과하다는 것을 알게 될 것입니다. 반지! 샤우론이 좋아하는 하찮은 물건인 반지 중의 가장 작은 반지로 무엇을 할까요? 그것이 우리가 생각해야 할 운명입니다. 그것이 당신이 이곳으로 부름받은 목적입니다. [82]

학자들은 히브리 성서에서 문체와 외래어 요소가 있다는 것을 오랫동안 인식해 왔지만 학자들이 이러한 현상을 자세히 조사하기 시작한 것은 최근에 이르러서였다. 하임 라빈은 현대 시대에 그것들의 구체적인 예를 확인한 첫 번째 사람이었다.[83] 아비 후르비츠(Avi Hurvitz), 조나스 그린필드(Jonas C. Greenfield), 쿠쳐(E. Y. Kutscher)와 같은 이후 학자들은 성서 저자들이 외국인의 말을 문체와 외래어 요소로 덧입힌다고 제안했다.[84] 그 이후로 이러한 개념을 자세히 논의한 주요 학자들은 스티븐 카우프만(Stephen A. Kaufman), 개리 렌즈버그(Gary A. Rendsburg), 브라이언 봄피아니(Brian A. Bompiani)이다. 문체 교체가 대부분의 학자들의 관심을 끌었기 때문에 그것에 초점을 맞추면서 일부 다른 소수의 견해와 함께 그들의 공헌에 대해 논의할 것이다.

8.5.1 스티븐 카우프만

스티븐 카우프만은 히브리 성서의 문체 교체 현상에 상당히 주의를

---

82. Tolkien, *Fellowship of the Ring,* 255.
83. Rabin, "Arabic Phrase in Isaiah," 303–9.
84. Hurvitz, "Aramaisms in Biblical Hebrew," 236–37; Greenfield, "Aramaic Studies and the Bible," 129; Kutscher, *History of the Hebrew Language,* 72–73.

기울인 첫 번째 학자였다.[85] 그는 아람어적인 요소(Aramaisms, 아람어와 같은 특징)가 자주 논의되는 것처럼 아람어의 영향 아래 쓰인 포로기 이후의 텍스트나 아람어 번역을 반영할 필요는 없다고 주장한다. 오히려 아람어적인 요소는 종종 일부 히브리 성서 저자들의 의도적인 요단 동편 지역(Trans-Jordanian)의 말의 문체적 표현으로 사용된다. 카우프만은 발람의 신탁(민22-24장), 아굴과 르무엘의 말(잠30:1-31:9), 이사야의 사막 신탁(사21:11-14) 그리고 욥기의 시어적인 말, 특히 엘리후의 것들을 포함하여 문체 교체의 다양한 예를 지적했다(욥 32:-37장).

게다가 카우프만은 제국 아람어라는 더 넓은 맥락에서 성서 아람어의 문체 교체에 대해 매우 간략하게 언급했다.[86] 그는 성서 아람어를 포함하여 제국 아람어는 절에서 동사가 마지막 위치로 향하는 경향을 보여준다고 지적한다. 카우프만에 따르면 이러한 경향은 동사가 마지막에 오는 어순은 후기 아람어 방언에서 증명되지 않기 때문에 아람어의 실제 어순을 반영할 수 없다. 오히려 카우프만은 마지막 위치에서 동사를 사용하는 것은 문학적 기교, 특히 페르시아 원어민의 아람어를 모방하려는 시도를 반영한다고 주장한다.

8.5.2 개리 렌즈버그

히브리 성서에서 방언과 양층 언어 현상에 대한 개리 렌즈버그의 연구는 자연스럽게 문체 교체의 논의를 포함한다.[87] 그는 카우프만의 연구를 기반으로 이 주제를 좀 더 자세히 논의하고 이삭의 아내를 찾는 내러

---

85. Kaufman, "Classification of the North West Semitic Dialects," 54-56.

86. Kaufman, "Aramaic," 127; idem, "Aramaic," 4:177.

87. Rendsburg, "Style-Switching," 3:633-36; idem, "Style-Switching in Biblical Hebrew," 65-85; idem, "Linguistic Variation and the 'Foreign' Factor," 178-84; idem, "Kabbîr in Biblical Hebrew," 649-51.

티브(창 24장), 아람에서 야곱의 체류(창29-31장), 기브온 사람의 속임수(수 9
장), 아람인 나아만 이야기(왕하 5-6장)와 같은 문체 교체의 추가 예를 제시
한다. 렌즈버그에 따르면 문체 교체는 장면이 이방 땅으로 바뀌거나 이
방인이 이스라엘 땅에 있을 때 가장 빈번하게 사용된다.

렌즈버그는 그가 "수신자 전환"(addressee-switching)이라고 부르는 것, 즉
이방 나라들을 향한 예언적 신탁에서 비히브리적 요소들의 사용에 대해
서도 논의한다.[88] 그는 이사야(사 17:10, 12; 18:12-13; 33:12), 예레미야(렘 48:36;
49:25), 에스겔(겔 26:11; 32:19)그리고 소선지서(욜 4:5, 슥9:3)에서 수신자 전환
의 증거를 발견한다. 렌즈버그에 따르면 수신자 전환은 성서 예언자들이
사용하는 수사적 장치를 더 잘 이해할 수 있도록 돕는다.

8.5.3 브라이언 봄피아니(Brian A. Bompiani)

카우프만의 학생 중 한 명인 브라이언 봄피아니는 히브리 성서의 문
체 교체를 이해하는 데에 상당히 많은 공헌을 했다.[89] 그는 카우프만과
렌즈버그에 의해 논의되지 않은 문체 교체의 추가적인 예를 발견했다(예,
창 25:30에서 에서의 말). 그는 성서 히브리어의 통시적 변화를 확인하기 위해
주로 아비 후르비츠의 방법론에 기초하여 문체 교체를 확인하기 위한 명
확한 방법론을 정했다.[90] 봄피아니에 따르면 일상적인 어휘나 문법을 대
신하는 드문 형태를 사용하는 것은 문체 교체를 나타낼 가능성이 높다.

88. Rendsburg, "Addressee-Switching," 1:34-35; idem, "Linguistic Variation and the 'Foreign' Factor," 184-88; idem, "Kabbîr in Biblical Hebrew," 649-51; idem, "False Leads in the Identification of Late Biblical Hebrew Texts," 23-46.

89. Bompiani, "Style-Switching"; idem, "Style Switching in the Jacob and Laban Narratives," 43-57; idem, "Style Switching in the Speech of Transjordanians," 51-71; idem, "Is Genesis 24 a Problem for Source Criticism?" 403-15.

90. Hurvitz, בין לשון ללשון [Between Languages], 67-69.

이것은 특히 드문 형태가 내러티브의 주요 연결 부분에서 발견되거나(특히 이방 인물이 처음 말할 때) 히브리어 화자가 사용하는 동의어 형태와 나란히 놓이거나 다른 특이한 형태가 동반되는 경우이다. 예를 들어, 창세기 25:30에서 에서의 말의 첫 번째 단어로 예상되는 אכל의 히필형이 아니라 입증되지 않은 הַלְעִיטֵנִי를 사용한 것은 에서를 이방 인물로 묘사했다는 것을 반영한다.

봄피아니는 문체 교체가 히브리 성서 저자들의 문학적 천재성을 이해하는 데 도움이 된다고 말한다. 문체 교체는 우리가 성서 내러티브에 주의를 기울여서 그것을 더 잘 이해하고 해석할 수 있도록 한다. 봄피아니는 문체 교체가 어떻게 아람어적 요소(Aramaisms)와 동의어 단어쌍이 존재하는 것을 대안적으로 설명할 수 있는지를 주목한다. 이러한 특징들은 후기 문서나 다른 작가들을 나타내는 것이 아니라 단지 성서 저자들의 문학적 예술성을 반영하는 것이다.

8.5.4 다른 목소리들

카우프만과 렌즈버그의 제자였던 다른 많은 학자들은 이 논쟁에 참여하여 히브리 성서의 문체 교체에 대한 논문이나 책을 썼다. 카우프만은 봄피아니 외에도 사사기에 대해 쓴 로라 리베르(Laura S. Lieber)와 욥기에 대해 쓴 일레인 버니스(Elaine A. Bernius)의 문체 교체에 관한 책을 감수했다.[91] 렌즈버그는 발람의 신탁(민22-24장)에서 문체 교체에 관한 논의를 담고 있는 클린턴 모이어(Clinton J. Moyer)의 박사학위 논문을 지도했다.[92] 룻기의 문체 교체에 관해 간략히 조사한 로버트 홈스테드의 연구와 열왕기서의 언어적 특징은 북이스라엘 히브리어가 아니라 문체 교체라고

---

91. Lieber, "Regional Dialect in the Book of Judges"; Bernius, "When Foreigners Speak."
92. Moyer, "Literary and Linguistic Studies in Sefer Bil'am."

확인한 이안 영의 연구도 문체 교체 논의에 공헌했다.[93]

몇몇 학자들은 문체 교체 외에도 코드 전환을 연구했다. 소수의 학자만이 히브리 성서에서 코드 전환을 연구했다.[94] 그러나 코드 전환에 관한 대부분의 논의는 히브리어와 아람어를 담고 있는 다니엘서와 에스라의 이중언어 특징에 초점을 맞춘다. 빌 아놀드(Bill T. Arnold)와 조수아 버만(Joshua A. Berman)같은 학자들에게 히브리어와 아람어 사이의 전환은 관점의 전환을 반영한다. 즉 히브리어를 사용하는 것은 유다 유배자의 관점을 나타내는 반면, 아람어를 사용하는 것은 외적, 국제적 관점을 나타낸다.[95] 티모시 호그(Timothy Hogue)는 에스라서 내러티브의 아람어를 에스라서의 히브리어처럼 지역적인 것으로, 에스라서에 있는 서신의 아람어를 국제적인 것으로 분류한다.[96] 아르노 세랑두(Arnaud Sérandour)는 사용된 언어의 차이는 세속적인 주제와 신성한 주제의 차이 때문이라고 본다.[97] 이러한 연구들과 다른 연구들은 다니엘서와 에스라서에서 이중 언어가 사용된 것에 대한 이유를 통시적이거나 구조적으로 설명하는 것이 아니라 사회 언어학적으로 설명해준다.

8.5.5 평가

문체 교체와 코드 전환은 히브리 성서의 언어적 변이에 대해 매우 설득력있는 설명을 제공해 준다. 우리는 이러한 현상을 주목해서 살펴볼

---

93. Holmstedt, *Ruth*, 41-49; Young, "'Northernisms' of the Israelite Narratives in Kings," 63-70.

94. Holmstedt and Kirk, "Subversive Boundary Drawing in Jonah," 542-55.

95. Arnold, "Use of Aramaic in the Hebrew Bible," 1-16; Berman, "Narratological Purpose of Aramaic," 165-91.

96. Hogue, "Return from Exile," 54-68.

97. Sérandour, "Bilinguisme dans le livre d'Esdras," 131-44.

수 있는것에 대해 카우프만과 렌즈버그에게 감사해야 한다. 특히 봄피아니의 연구는 히브리 성서에서 문체 교체를 확인하고 이해하는 데 확실한 방법론을 제공해 준다. 나는 학자들이 그의 방법론을 채택해서 코드 전환과 문체 교체의 추가적인 예를 발견할 것이라 믿는다. 특별한 주의가 필요한 영역 중 하나는 수신자 전환이다. 비록 렌즈버그가 이 현상에 주의를 이끌었지만 이 중요한 주제에 대한 포괄적인 연구는 아니다. 수신자 전황에 대한 연구는 의심할 바 없이 예언자들의 열방을 향한 다양한 예언과 예언서들의 문학적 예술성을 더욱 잘 이해할 수 있게 한다.

연구가 필요한 또 다른 영역은 북서 셈어가 아닌 언어로의 코드 전환이다. 거의 모든 코드 전환 분석은 북서 셈어, 특히 아람어의 문학적 사용에 초점을 맞춘다. 그러나 학자들은 앗시리아와 바벨론과 관련된 맥락에서 아카드어의 가능한 모든 문학적 용례를 탐구해야 한다. 더욱이 히브리 성서도 외국인의 말(예, 창 41:43에서 애굽인의 선포, אַבְרֵךְ, "pay attention")이나 열방을 향한 예언(예, 애굽을 향한 예언장인 이사야 19장에서 이집트 차용어 יְאֹר, "나일"; סוּף, "갈대, 골풀"; עָרָה, "갈대")에서 셈어가 아닌 단어들을 사용한다. 나는 히브리 성서의 비셈어 용어[98]에 대한 나의 연구에서 셈어가 아닌 언어로의 코드 전환에 대한 예를 좀 더 상세하게 조사했지만 여전히 연구되어야 할 부분들은 남아있다.

8.6 앞으로의 방향

위의 조사에서 히브리 성서의 변이에 대한 사회 언어학적 분석은 유익한 연구 분야라는 것을 살펴보았다. 여러 학자들, 특히 개리 렌즈버그와 스티븐 카우프만은 사회 언어학을 성서 히브리어와 성서 아람어에 적

---

98. Noonan, *Non-Semitic Loanwords in the Hebrew Bible*.

용하는 것의 유익을 분명히 보여주었다. 사용역, 방언, 문체 교체 그리고
코드 전환에 대한 그들의 관심은 히브리 성서의 언어적 변이의 많은 부
분을 설득력있게 설명할 수 있도록 해주었다.

　　그러나 마리아 마들레나 콜라수오노가 말한 것처럼, 히브리 성서의
사회 언어학은 "첨단 연구 분야로 남아있고 앞으로 이 분야에서 추가 연
구는 언어 역사에서 일반 사회 언어학적 현상을 밝혀줄 것이다."[99] 성서
학자들이 이러한 도전에 응답할 때 그들은 사회 언어학에 대한 현재 연
구와 좀 더 분명하게 상호 작용할 필요가 있을 것이다. 학자들은 또한 가
능한 설명 중 어떤 것이 변이의 사례에 적용되는지 결정하기 위해 설득
력있는 방법론을 발전시켜야 하며 문체 교체나 코드 전환의 앞으로의 가
능성에 특히 주목해야 한다. 사용역, 방언, 문체 교체 그리고 코드 전환
외에도 성서 히브리어와 성서 아람어의 통시적 발전을 통해서도 변이 문
제를 설명할 수 있다. 이것이 다음장의 주제이다.

8.7 더 읽을 자료

Colasuonno, Maria Maddalena. "Linguistic Variation in Ancient Hebrew
　　(1000 BCE–200 CE)." PhD diss., University of Naples, 2015.

———. "Sociolinguistics." *EHLL* 3:581–84.

Gianto, Agustinus. "Variations in Biblical Hebrew." *Bib* 77 (1996): 494–508.

Kaufman, Stephen A. "The Classification of the North West Semitic Dialects
　　of the Biblical Period and Some Implications Thereof." Pages 41–57 in
　　Proceedings of the Ninth World Congress of Jewish Studies, Jerusalem,
　　4–12 August, 1985: Division D: Panel Sessions, Hebrew and Aramaic

---

99. Colasuonno, "Sociolinguistics," 3:584.

Languages. Jerusalem: Magnes, 1988.

Kawashima, Robert S. "Stylistics: Biblical Hebrew." *EHLL* 3:643–50.

Person, Raymond F., Jr. "Linguistic Variation Emphasized, Linguistic Variation Denied." Pages 119–25 in *The Archaeology of Difference: Gender, Ethnicity, Class, and the "Other" in Antiquity: Studies in Honor of Eric M. Meyers.* Edited by Douglas R. Edwards and C. Thomas McCoullough. AASOR 60-61. Boston: American Schools of Oriental Research, 2007.

Polak, Frank H. "Parler de la langue: Labov, Fishman et l'histoire de l'hebreu biblique." Pages 13–37 in *Le Proche-Orient ancien a la lumiere des sciences sociales.* Edited by Madalina Vartejanu-Joubert. Yod 18. Paris: Publications langues O', 2013.

———. "Sociolinguistics: A Key to the Typology and the Social Background of Biblical Hebrew." *HS* 47 (2006): 115–62.

Rendsburg, Gary A. *How the Bible Is Written.* Peabody, MA: Hendrickson, 2019.

———. "The Strata of Biblical Hebrew." *JNSL* 17 (1991): 81–99.

Schniedewind, William M. "Prolegomena for the Sociolinguistics of Classical Hebrew." *JHebS* 5.6 (2004): 1–32.

———. *Social History of Hebrew: Its Origins through the Rabbinic Period.* ABRL. New Haven: Yale University Press, 2013.

제9장
성서 히브리어와 성서 아람어 본문의 연대 결정

성서 히브리어의 통시성에 대한 우리의 이해가 발전하고 있다. … 잘못 이해한 것들이 분명히 밝혀지고 각 주장들이 미묘한 차이가 난다는 점에서 논의가 진전되고 있다.

— 자코버스 나우데(Jacobus A. Naudé)와 신시아 밀러-나우데(Cynthia L. Miller-Naudé)[1]

9.1 소개

이전 장에서 나는 히브리 성서 안에 있는 사회 언어학적 변이의 개념을 소개했다. 내가 생각하는 변이의 형태는 그것들이 다른 언어학적 특징들—동일한 시점에 존재하지만 다른 장소에서 다른 집단의 사람들에 의해 사용되는 특징들—과 공존하는 것과 관련되어 있다는 점에서 주로 공시적이다. 언어적 변이에서 중요한 또 다른 측면은 통시적 변이, 즉 시간이 지나면서 발생하는 언어의 변화이다. 대략 1,500년에 걸친 사건들

---

1.   Naudé and Miller-Naudé, "Historical Linguistics, Editorial Theory, and Biblical Hebrew," 834.

을 묘사하기 때문에 오랜 기간 쓰였을 것이라고 보는 히브리 성서에서
이러한 종류의 변이들을 발견할 수 있을 것이라 분명히 예상할 수 있다.

따라서 많은 해석가들이 히브리 성서의 변이를 설명하기 위해 연대
를 살펴보는 것은 놀랄 만한 일이 아니다. 그들은 초기의 것이라고 믿어
지는 책에서 초기 특징을, 그리고 이스라엘 후기 역사의 사건을 묘사하
는 책에서 후기 특징을 확인했다. 그후에 이러한 연대 표시를 확인함으
로써 학자들은 히브리 성서에서 저자가 밝혀지지 않은 많은 부분들의 연
대를 측정하는 데 도움을 받았다. 이것은 차례로 히브리 성서의 해당 부
분에 대한 역사적 맥락을 설정할 수 있게 하여 주해를 위한 견고한 기초
를 제공해 주었다. 따라서 언어적 연대 측정은 성서 해석에 매우 실용적
으로 적용된다.

그러나 최근 몇 년 동안 성서 히브리어와 성서 아람어가 통시적 변화
를 보이는지에 대해 의문을 가지는 학자들이 증가했다. 그래서 이번 장
에서 성서 히브리어의 통시성에 대해 어떠한 논쟁이 진행되고 있는지를
조사할 것이다. 먼저 역사 언어학의 맥락에서 언어 변화와 언어 연대 결
정에 대한 개념을 검토하고 다음으로 성서 히브리어의 본문과 성서 아
람어 본문의 연대 결정에 대한 논쟁을 정리하고 평가할 것이다. 마지막
으로 이 논쟁이 어떠한 발전으로 귀결되는지를 요약하면서 결론을 내리
고, 특히 이 논쟁이 히브리 성서를 주해하는 데 어떤 관련이 있는지에 대
해 초점을 맞추어 앞으로의 방향에 대해 제안할 것이다.

9.2 고대 문서의 연대 결정을 위한 현대 언어학적 틀

여기에서 성서 히브리어의 통시성을 논의하는 배경으로써 고대 문
서의 연대 결정을 위한 현대 언어학적 틀을 조사해 볼 것이다. 역사 언어
학 영역에 속하는 언어 변화와 문헌학의 영역에 속하는 언어 연대 결정

이라는 두 가지 개념이 특히 중요하다. 이제 좀 더 자세히 언어 변화와 언어 연대 결정을 알아보자.

9.2.1 언어 변화

모든 언어는 시간이 지나면서 변한다. 이러한 사실을 실제로 이해하기 위해 다음에 나오는 요한복음 3:16의 영어 번역을 살펴보자.

고대 영어	God lufode middan-eard swa þæt he seale his áncennedan Sunu þæt nán ne forweorðe þe on hine gelyfð ac hæbbe þæt ece líf. (*The West-Saxon Gospels*, ca. 1050)
중세 영어	For God louede so the world, that he ʒaf his oon bigetun sone, that ech man that bileueth in him perische not, but haue euerlastynge lijf. (*Wycliffe Bible*, fourteenth century)
초기 현대 영어	For God so loued þe world, that he gaue his only begotten Sonne: that whosoeuer beleeueth in him, should not perish, but haue eternall life. (*King James Version*, 1611)
현대 영어	For God so loved the world that he gave his one and only Son, that whoever believes in him shall not perish but have eternal life. (*New International Version*, 2011)

위의 영어 번역을 비교하면 음운론, 철자법, 문법 그리고 어휘에 변화가 있다는 것을 알 수 있다. 영어의 초기 단계에서 오늘날 우리에게는 낯선 자음들(þ, ð, ʒ)을 사용했고 일부 단어에서는 철자가 다르다(예, 현대 영어에서 have가 hæbbe와 haue로 쓰인다). 문법적으로, 영어 단어 believes의 초기 형태(즉, bileueth와 beleeueth)에서 분명히 알 수 있는 것처럼 초기 영어 방언에서는 현대 영어 (e)s를 eth로 표기했다. 사용된 단어들 조차도 다르다. 예를 들어, 서-색슨 복음서(West-Saxon Gospels)는 middan-eard("세상")과 for-weorðan("멸망하다")과 같은 지금은 사용되지 않는 단어들을 사용한다. 이와 같은 변화가 시간이 지나면서 발생하는 언어의 변화를 탐구하는 역

사 언어학의 연구 대상이다.[2]

역사 언어학은 일반적으로 언어 변화의 내적 원인과 외적 원인을 구분한다.[3] 내적 변화는 물리적·심리적 요인으로 인해 언어 자체 안에서 발생한다. 내적 변화의 한가지 중요한 유형은 특정 언어 상황에서 발생하는 소리의 변화다.[4] 성서 히브리어에서 이러한 예는 히브리어 שָׁלוֹם("평화": 원래의 a모음으로 발음되는 아랍어 *salām*)에서 명백히 볼 수 있는 것처럼 *ā*에 악센트가 올 때 *o*가 되는 가나안어 전환이다. 또 다른 중요한 유형은 유비(analogy)다.[5] 유비를 통해 하나의 상황에 적용되는 언어의 특징이 다른 상황으로 확대된다. 히브리어에서 소위 유사 권유형(pseudo-cohortative)이 이것의 좋은 예이다. 바이크톨과 바브 + 의지형의 유사성을 기반으로 바이크톨 형태는 권유형(cohortative)에서 만들어졌으며 마지막 헤(ה)로 완성됐다(וָאֶכְתְּבָה).

외적 변화는 언어 밖의 요소에 의해 발생한다. 외적 변화의 가장 흔한 형태는 차용(borrowing), 즉 다른 언어에서 특정한 특징을 채택하는 것이다.[6] 여러 가지 이유로 인해 언어는 다른 언어를 차용하지만 가장 일반적인 두 가지 이유는 필요성(어떤 것을 표현하는 고유한 방법의 부족)과 명성(외국어의 특징이 높이 평가되기 때문에)이다.[7] 차용은 종종 외래어, 즉 다른 언어에서

2. Campbell, *Historical Linguistics*, 3-5.

3. Campbell, *Historical Linguistics*, 325-26.

4. Campbell, *Historical Linguistics*, 14-46; Hock and Joseph, *Language History, Language Change, and Language Relationship*, 8-9.

5. Campbell, *Historical Linguistics*, 91-105; Hock and Joseph, *Language History, Language Change, and Language Relationship*, 9-10.

6. Campbell, *Historical Linguistics*, 56-75; Hock and Joseph, *Language History, Language Change, and Language Relationship*, 13-14.

7. Campbell, *Historical Linguistics*, 58-59.

채택한 단어로 나타난다.[8] 히브리 성서에서 외래어는 다른 셈어(예, סֶגֶן "통치자, 완벽" < 아카드어 *šaknu*)나 비셈어(예, פַּרְעֹה "바로" < 이집트어 *pr-ˀ3* 와 פַּרְדֵּס "정원" < 고대 이란어 *pardēza-*)에서 온다. 그러나 음운적, 형태적, 구문적 특징들도 차용될 수 있다.

윌리엄 라보브(William Labov)가 가장 잘 보여주듯이 내적, 외적 변화는 다른 차원에서 작동한다.[9] 내적 변화는 아래로부터 언어 내에서 발생한다. 즉, 내적 변화는 언어 사용자들이 거의 인식하지 못하는 상태에서 자연스럽게—그리고 상대적으로 규칙적으로—일어난다. 이것은 내적 변화는 언어가 한 세대에서 다음 세대로 전달되면서 일어나기 때문이다. 그럼에도 불구하고 외적 변화도 중요한 역할을 한다. 외적 변화는 위에서부터 변화, 즉 언어 사용자가 의식적으로 비모국어적 특징을 채택할 때 발생하는 변화이다. 이것은 세대로 언어가 전달되면서 일어나는 변화보다 예측하기 어려운 확산을 통해 발생한다.

9.2.2 기록된 문서의 언어 연대 결정

언어는 항상 변하기 때문에 그 자체로 연대를 결정할 수 없지만 이론적으로는 한 언어에서 볼 수 있는 언어적 특징으로 연대를 결정할 수 있다.[10] 문헌학자들은 언어 발전의 역사에 대해 그들이 알고 있는 것으로 문서의 연대를 측정하려고 한다. 그들은 역사 언어학의 원리를 적용시키고 관련 언어(동족어)들을 비교함으로써 그 언어가 어떻게 변화됐는지 결정한다. 이것으로 그들은 언어의 초기와 후기 특징을 적어도 상대적이지

---

8. Campbell, *Historical Linguistics,* 56-57.
9. Labov, *Principles of Linguistic Change,* 1:421-543, 3:305-66; 참조, Campbell, *Historical Linguistics,* 185-97; Hock, *Principles of Historical Linguistics,* 627-61.
10. Labov, *Principles of Linguistic Change,* 1:421-543, 3:305-66; 참조, Campbell, *Historical Linguistics,* 185-97; Hock, *Principles of Historical Linguistics,* 627-61.

만 종종 절대적인 용어로 확인할 수 있다. 이러한 방식으로 특정한 언어적 특징이 어떤 특정한 언어의 단계와 연결될 수 있다.

이런 특징들에 대한 지식을 바탕으로 문헌학자들은 간기(colophon)나[11] 필사본의 현장 발견과 같은 언어 외적 증거없이 문서의 연대를 측정할 수 있다. 가장 일반적으로 언어 연대 측정이 적용된 것은 중세 유럽 문서들이며, 그것들의 존재하는 사본은 날짜가 적혀 있지 않거나 초기의 모사본들(copies)인데 지금은 소실된 사본들이다. 이러한 범주에 속하는 문서의 예로는 『베어울프』(Beowulf)와 같은 고대 영시, 『롤랑의 노래』(Chanson de Roland)와 같은 고대 프랑스 문학, 『우리 주님의 고난의 신비』(Le Mystère de la Passion Nostre Seigneur)와 같은 중세 프랑스 희곡, 라틴어로 쓰인 날짜가 적혀 있지 않은 중세 헌장(charters) 그리고 『시 에다』(Poetic Edda)에서 입증된 고대 노르웨이 시들이다.[12] 유럽 문학에서 문서의 연대 측정에 대한 언어적 기준을 가장 많이 사용했지만 유사한 접근법이 고대 근동 문학과 같은 다른 문서에서도 적용됐다.[13]

이와 같은 문서들의 연대를 측정하기 위해 학자들은 음운론적, 형태론적, 구문론적, 어휘적 특징을 포함한 다양한 언어 기준에 의존한다. 하

---

11. 역주, 책이나 필사본의 마지막 장에서 인쇄 날짜나 인쇄소의 이름과 같은 발행과 관련된 세부 사항을 적어넣은 부분을 말한다.

12. Fulk, "Beowulf and Language History," 19–36; idem, "Archaisms and Neologisms," 267–88; idem, *History of Old English Meter*; Russom, "Dating Criteria for Old English Poems," 245–65; Amos, *Dates of Old English Literary Texts*; Farrier, "Linguistic Dating of the Oxford Chanson de Roland"; Runnalls, "Linguistic Dating of Middle French Texts," 757–61; Gervers, *Dating Undated Medieval Charters*; Tilahun, Feuerverger, and Gervers, "Dating Medieval English Charters," 1615–40; Fidjestol, *Dating of Eddic Poetry*.

13. Stauder, *Linguistic Dating of Middle Egyptian Literary Texts*; Moers, *Widmaier, and Giewekemeyer, Dating Egyptian Literary Texts*; Phua, "Dating the Chapters in Guanzi."

나의 예로, 『베어울프』(*Beowulf*)의 연대를 측정하기 위해 몇몇 증거를 생각
해보자. 여기서 음운(phonology)과 운율(meter)이 특히 도움이 된다.[14] 『베어
울프』는 이른 시기의 것이 분명한 단어들을 포함하고 있다. 왜냐하면 이
시가 영어에서 어떤 특정한 변화 이전의 단어들인 것처럼 그것들을 운
율적으로 취급하기 때문이다. 예를 들어, 『베어울프』의 운율은 *hleahtor*("
웃음")라는 단어가 7세기에 기생(parasiting: r 앞에 모음의 추가)이 발생하기 전에
단음절 *hleahtr*로 취급됐다는 것을 말해준다. 『베어울프』는 또한 초기
연대의 것으로 알려주는 고문체(archaism)를 가지고 있다. 예를 들어, 형태
론과 관련하여 이 시는 단어 Dene("덴마크 사람")과 wine("친구")에서 고대 소
유격 복수형인 ia(나중에 a)를 사용한다. 통사론과 관련하여 또 다른 예로,
『베어울프』는 접두어 for(예, forgrindan, "박살내다")로 시작하는 동사의 직접
목적어를 표시하기 위해 여격을 사용한다. 『베어울프』에는 필사자가 수
정한 흔적을 볼 수 있지만 획기적으로 언어가 발전한 분명한 증거는 없
다. 이 시의 고대적인 특징과는 대조되는 이러한 관찰은 『베어울프』가
이른 시기(기원후 8세기)에 구성됐다는 것을 말해준다.[15]

언어 연대 측정이 확실한 것은 아니다. 분명한 연대기적 기준이 없으
면 음운론과 같은 언어적 특징은 상대적인 연대만을 줄 수 있을 뿐이다.
이러한 한계 때문에 어휘의 증거가 언어 연대 측정에 가장 유용한 기준
이 된다.[16] 또한 문서가 업데이트됐거나 문서의 작성자들이 그들이 사용
하는 언어를 실제보다 더 오래되게 보이도록 했을 가능성은 언제나 있
다. 그럼에도 불구하고 언어적 기준은 일반적으로 문서의 연대 측정에

---

14. Fulk, *History of Old English Meter*, 66-268.
15. Fulk, "Beowulf and Language History," 19-36; idem, "Archaisms and Neologisms,"
    267-88.
16. Alinei, "Problem of Dating in Linguistics," 213-16, 222-31.

믿을 만한 형식으로 여겨진다. 언어적 기준이 과학적인 의미에서 문서 연대의 결정적인 증거를 제공해 줄 수는 없지만 가능한 연대를 나타낼 수는 있다.[17]

9.3 히브리 성서 본문의 연대 결정

위의 언어적 틀을 염두에 두고 언어 연대 측정법을 성서 히브리어에 적용시키는 방법을 살펴볼 것이다. 전통적으로 학자들은 히브리 성서에는 히브리어 역사에서 뚜렷이 구분되는 세 가지 단계의 히브리어가 있다고 주장한다: 기원전 2천 년 후반의 고대 히브리어(Archaic Biblical Hebrew), 표준 히브리어라고 불리는 왕조시대의 고전 히브리어(Standard Biblical Hebrew), 후기 히브리어(Late Biblical Hebrew)라고 불리는 포로기-포로기 이후 형태의 히브리어. 성서 외 자료인 포로기 이전 히브리어 비문에서도 입증된다. 제2성전 시대 동안 히브리어는 사해 두루마리, 다른 비정경적 작품(예, 벤 시라)에서 확인된 히브리어로, 그리고 최종적으로 랍비 히브리어로 발전했다.[18]

히브리어 단계	연대	문서
고대 성서 히브리어 (ABH)	기원전 1200 - 1000	야곱의 축복(창49:1-27), 바다의 노래(출15:1-18), 발람의 신탁(민23-24), 모세의 노래(신32:1-43), 모세의 축복(신33:2-29), 드보라의 노래(삿5:2-31), 한나의 노래(삼상2:1-10), 다윗의 노래(삼하22:2-51)
표준 성서 히브리어(SBH)	기원전 1000 - 600	창세기-민수기(P자료 제외), 신명기, 여호수아, 사사기, 사무엘상하, 왕상1-왕하23, 이사야 1-39장, 호세아, 아모스, 오바댜, 미가-스바냐

---

17. Fulk, "On Argumentation in Old English Philology," 1-26.
18. Kutscher, *History of the Hebrew Language*, 77-85; Saenz-Badillos, *History of the Hebrew Language*, 50-75, 112-29; Young, Rezetko, and Ehrensvard, *Linguistic Dating of Biblical Texts*, 1:10-11.

후기 성서 히브리어 (LBH)	기원전 600 - 200	P자료, 열왕기하 24-25장, 에스라-에스더, 전도서, 이사야 40-66장, 예레미야, 애가, 에스겔, 다니엘, 학개-말라기
성서 히브리어 이후(PBH)	기원전 200 - 기원후 100	벤 시라, 마사다 단편, 사해 두루마리, 사마리아 오경
랍비 히브리어 (RH)	기원후 100 - 400	바르 코크바 편지, 미쉬나, 토세프타

그러나 이러한 합의된 의견은 최근에 도전을 받아 왔다. 지난 수십
년 동안 특히 이안 영(Ian Young), 로버트 레제트코(Robert Rezetko), 마틴 에렌
스베르드(Martin Ehrensvärd)와 같은 소수의 학자들은 고대 히브리어(ABH),
표준 히브리어(SBH), 후기 히브리어(LBH)는 히브리어 역사에서 구별되는
연대기적 단계가 아니라 서로 다르지만 공존하는 필사체(scribal style)로 설
명해야 한다고 주장한다. 당연히 이러한 생각은 전통적인 통시적 유형론
을 지지하는 사람들에 의해 상당한 반대에 부딪혔다. 결과적으로 이러한
대화로 인해 성서 본문의 연대 측정과 언어로써 히브리어에 대해 더 잘
이해할 수 있게 됐다.

9.3.1 성서 히브리어의 통시적 유형론의 확립

통시적 유형론의 초기 연구는 윌리엄 올브라이트(William F. Albright)와
그의 두 명의 제자인 프랭크 무어 크로스(Frank Moore Cross)와 데이비드 노
엘 프리드만(David Noel Freedman)의 연구다. 이 초기 연구들은 시에 나타난
고대 히브리어에만 전적으로 초점이 맞춰졌다. 1970년대에는 데이비드
로버트슨(David A. Robertson)에 의해 고대 히브리어에 대한 연구가 더욱 진
행됐다. 후기 히브리어에 대한 진지한 연구가 로버트 폴진(Robert Polzin),
폴 핸슨(Paul D. Hanson) 그리고 아비 후르비츠(Avi Hurvitz)에 의해 시작된 것

도 1970년대였다. 이 부분에서 이 학자들의 연구, 특히 아비 후르비츠의 연구에 초점을 맞춰 조사할 것이다. 왜냐하면 후르비츠는 히브리 성서의 통시적 분석에 대한 방법론을 확립하는 데 가장 중요한 공헌을 한 사람이기 때문이다.

9.3.1.1 윌리엄 올브라이트, 프랭크 무어 크로스, 데이비드 노엘 프리드만

초기 연대기적 유형론의 연구는 윌리엄 올브라이트의 지도 아래 시작됐다. 올브라이트는 확실히 많은 분야에서 재능이 있었지만 그의 주요 분야는 고고학이었다. 그는 다양한 특징에 비추어 토기의 상대적 연대기를 제안하는 도자기 유형학에 익숙했기 때문에 성서 히브리어 시에 대해 유사한 상대적 연대기를 제시하게 됐다.[19] 올브라이트는 우가릿 문학에 나타난 주제(예, 바다에서의 승리)뿐 아니라 우가릿 시의 유형, 그리고 반복적인 평행법(예, עוּרִי עוּרִי דְּבוֹרָה עוּרִי עוּרִי דַּבְּרִי־שִׁיר, "깰지어다 깰지어다 드보라여 깰지어다 깰지어다 너는 노래할지어다"[삿 5:12])과 같은 문체적 특징에 의존하여 유형론을 확립했다. 그러나 그는 또한 고대 히브리어의 특징으로 남아있는 격어미(case endings)와 불완전한 철자법과 같은 언어적 특징을 지적한다.

올브라이트의 가장 영향력 있는 두 제자는 고대 히브리 시에 관한 그들의 박사학위 논문 중 하나를 함께 쓴 후 그것을 『고대 야휘스트 시 연구』(Studies in Ancient Yahwistic Poetry)로 출판한 프랭크 무어 크로스와 데이비드 노엘 프리드만이었다.[20] 그들의 스승을 따라 크로스와 프리드만은 도자

---

19. Albright, "Catalogue of Early Hebrew Lyric Poems," 1-39; idem, "Earliest Forms of Hebrew Verse," 69-86; idem, "Oracles of Balaam," 207-33; idem, "Remarks on the Song of Moses," 339-46; idem, "Additional Notes on the Song of Deborah," 284-85.
20. 그들의 박사학위 논문은 1950년에 존스 홉킨스 대학에서 완성됐고 그것을 바탕

기 유형론과 유사한 성서 히브리 시의 유형론을 확립하는 것은 가능하다고 주장했다.[21] 올브라이트와 마찬가지로 그들은 고대 문체와 주제의 특징에 주목하여 어떤 시의 고대성을 지지했다. 그들이 논의하는 고대 특징들 중에는 운율 구조, 격어미의 보존, 과거나 진정한 미완료로써 이크톨의 사용이 포함되어 있다. 그러나 올브라이트와는 달리 그들은 고대 시의 표지로써 불완전한 철자법에 더 많이 의존한다.[22]

올브라이트, 크로스, 프리드만이 정의한 고대 히브리어 작품은 몇세기에 걸쳐져 있다.[23] 기원전 10세기에서 13세기까지 올라가는 가장 오래된 시는 바다의 노래(출15장), 드보라의 노래(삿5장), 발람의 신탁(민23-24장), 모세의 노래(신32장) 그리고 모세의 축복(신33장)이다. 기원전 10세기의 것으로 보는 것은 다윗의 애가(삼하1:19-27), 야곱의 마지막 축복(창49장)이다. 마지막으로 다윗의 감사 찬송(삼하22장과 시18편) 그리고 하박국의 시편(합3장)은 기원전 8세기에서 9세기까지의 것으로 본다.

9.3.1.2 데이비드 로버트슨(David A. Robertson)

고대 성서 히브리어에 대한 가장 완전한 초기 연구는 데이비드 로버트슨의 『초기 히브리어 시의 연대 측정을 위한 언어적 증거』(Linguistic Evidence in Dating Early Hebrew Poetry)에서 발견할 수 있다.[24] 로버트슨은 문체, 철자법 그리고 역사적 관심보다는 언어적 증거에 의존하기 때문에 그의 연구는 그의 이전 학자들의 연구와 구별된다. 로버트슨은 "표준" 시적 히

으로 한 *Studies in Yahwistic Poetry*의 초판이 1975년에 출판됐다.

21. 예, Cross and Freedman, "Blessing of Moses," 191-210; idem, "Song of Miriam," 237-50; idem, "Royal Song of Thanksgiving," 15-34.

22. 참조, Cross and Freedman, *Studies in Ancient Yahwistic Poetry*, 21-25.

23. 참조, Vern, *Dating Archaic Biblical Hebrew Poetry*, 11.

24. 이 작품은 1966년 예일대에서 완성한 Robertson의 박사학위 논문에서 시작됐다.

브리어를 반영하는 고전 예언서들의 유형론을 출발점으로 삼는다. 로버트슨에 따르면, 고대 성서 히브리어(ABH)의 특징은 성서 히브리어 시의 희귀한 문법적 특징을 우가릿 시와 아마르나 서신의 언어와 연관시킴으로써 재구성될 수 있다.[25]

로버트슨은 우가릿어와 아마르나 아카드어와 관련되어 있는 고대 성서 히브리어의 6가지 주요 특징을 확인했다: 첫째, 과거와 진짜 미완료로 접두형태 이크톨의 사용; 둘째, 어근 י(요드)/ו(바브)가 마지막에 올 때 י/ו의 보존; 셋째, 관계 대명사로서 זו/זה/זֶה의 사용; 넷째 3인칭 남성 단수 대명 접미사 וֹ -와 3인칭 남성 복수 접미사 -מוֹ; 다섯째 접사(affixes)로 י/ו의 사용; 여섯째, 전접어(enclitic)[26] מ(멤)의 사용.[27] 로버트슨에 따르면 이크톨과 대명 접미사 -מוֹ의 사용만이 연대 측정에 의미가 있을 만큼 충분히 자주 나타난다.

로버트슨은 이러한 특징들이 진정한 고대의 특징이라는 것을 증명하기 위해서 찬송시가 기원전 8세기나 그 이후의 예언시와 크게 다르지 않았다는 것을 보여준다.[28] 이것으로 인해 로버트슨은 고대 히브리어 시를 확증할 수 있었다. 그는 출애굽기 15장과 사사기 5장을 기원전 12세기의 것으로, 신명기 32장, 사무엘하 22장, 시편18편, 하박국 3장 그리고 욥기에서 시 부분은 기원전 10-11세기의 것으로 보았다. 그는 또한 시편

---

25. Robertson, *Linguistic Evidence in Dating Early Hebrew Poetry*, 2-5.

26. 역주, 전접어는 한 단어의 끝이나 앞에 있는 주 단어에 붙어 자체의 강세를 상실하고 앞 단어에 의존하는 문법 형태를 말하며, 접사와는 달리 하나의 단어로 취급되는 문법 형태소라고 할 수 있다. 예를 들어, 영어에서 전접어의 대표적인 형태로는 -n't, there're, I'm, he's 같은 것이 있고 히브리어에서는 לְמֶה, כַּמֶה, בַּמֶה 등이 있다.

27. Robertson, *Linguistic Evidence in Dating Early Hebrew Poetry*, 7-146.

28. Robertson, *Linguistic Evidence in Dating Early Hebrew Poetry*, 147-53.

78편을 기원전 10세기 후반이나 9세기 초반의 것으로 보았다.[29]

9.3.1.3 폴 핸슨(Paul D. Hanson)

폴 핸슨은 크로스와 프리드만의 유형학적 접근 방식을 채택했다.[30] 크로스와 프리드만 그리고 그들 이전의 올브라이트와 마찬가지로 그는 도자기 유형론과 유사한 성서 히브리어 시의 유형론을 확립하는 것이 가능하다고 믿는다.[31] 그러나 핸슨은 고대 성서 히브리어(ABH)에 초점을 맞추기보다 제3이사야와 제2스가랴의 시 자료에서 나타난 후기 성서 히브리어(LBH)에 유형론적 접근 방식을 적용했다. 유형학에 대한 그의 접근 방식을 통해 운율(prosodic) 구조와 시의 보격(meter)을 이러한 본문이 후기 연대를 나타내는 표지라고 본다.

첫째, 운율 구조와 관련하여 핸슨은 시 행(cola)의 길이에 특히 주목한다.[32] 그는 크로스와 프리드만과 마찬가지로 고대 성서 히브리어(ABH) 시는 비교적 짧은 두 개나 세 개의 행이 특징이라고 주장한다. 핸슨에 따르면, 고전 히브리 시는 주로 이 시 구조를 채택한다. 그러나 후기 시—특히 제3이사야와 제2스가랴의 시—는 더 길고 화려한 행을 포함하는 경향이 있다. 핸슨은 아카드어 시의 유사한 발전과 비교함으로써 성서 히브리어 시의 이러한 발전을 지지한다.

둘째, 시의 운율(meter)과 관련하여 핸슨은 후기 성서 히브리 시에서 행의 길이가 증가하면 더 이상한 운율 패턴이 생긴다고 주장한다.[33] 그는

29. Robertson, *Linguistic Evidence in Dating Early Hebrew Poetry*, 153-56.
30. Hanson, *Dawn of Apocalyptic*. 이 작품은 1969년 하버드 대학교에서 완성된 Hanson 의 박사학위 논문에서 시작됐다.
31. Hanson, *Dawn of Apocalyptic*, 47.
32. Hanson, *Dawn of Apocalyptic*, 46-47.
33. Hanson, *Dawn of Apocalyptic*, 47-48.

시의 운율을 결정하기 위해 악센트 계산법(accent-counting)이 아니라 음절 계산법(syllable-counting)을 채택한다. 따라서 그는 각 행에 포함된 음절의 수에 따라 '긴'(longum) 또는 '짧은'(breve) 이라고 명명한다. 핸슨은 제3이사야와 제2스라갸의 시적 운율이 고전 히브리 시의 운율과 대조된다는 것을 발견했다. 핸슨에 따르면 제3 이사야와 제2스가랴에서 볼 수 있는 후기 성서 히브리 시는 고전 히브리 시보다 덜 안정적이고 더 다양하다.

9.3.1.4 로버트 폴진(Robert Polzin)

로버트 폴진은 역대기의 언어와 P자료를 비교한다.[34] 핸슨과 마찬가지로 폴진은 표준 성서 히브리어(SBL)와 후기 성서 히브리어(LBH)의 구분에 중점을 둔다. 전체적으로 그의 접근 방식은 핸슨의 것과 상당히 다르다. 폴진은 후기 성서 히브리어의 특징과 성격을 확립하려는 목적으로 후기 성서 히브리어를 분석한다. 그는 역대기의 비공관적인(non-synoptic) 부분을 후기 성서 히브리어의 가장 대표적인 예라고 생각하기 때문에 역대기를 그의 후기 성서 히브리어 분석의 기초로 삼는다.[35] 폴진은 역대기에서 나타난 후기 성서 히브리어의 특징을 확인했다. 그는 역대기에서 후기 성서 히브리어의 문법적 어휘적 특징들 모두를 발견했지만 문법적 특징이 어휘적 특징보다 더 신뢰할 만한 것이라고 보았다. 따라서 19개의 후기 성서 히브리어의 문법적 특징을 세웠다.[36] 그리고 그는 이 특징들을 히브리어에서 독립적으로 발전된 것(예, 소유를 표현하는 שֶׁל 사용의 증가)과 아람어의 영향으로 발전된 것들(예, 직접 목적어를 표시하는 לְ-의 사용)을 나

---

34. Polzin, *Late Biblical Hebrew*. 이 책은 1971년 하버드 대학에서 완성한 그의 박사학위 논문에서 시작됐다.

35. Polzin, *Late Biblical Hebrew*, 1–2.

36. Polzin, *Late Biblical Hebrew*, 27–84, 123–58.

누었다.

폴진은 이 특징들을 히브리 성서의 다른 부분의 특징들과 대조했다. 그리고 역대기의 후기 성서 히브리어를 출애굽기와 민수기에 있는 J와 E자료의 예들, 계승 내러티브(삼하 13-20장; 왕상 1장), 신명기 그리고 P자료와 비교했다.[37] 특히 주목할 만한 점은 P자료가 표준 성서 히브리어와 후기 성서 히브리어 사이의 전환 역할을 하며 포로기로 연대가 결정되어야 한다는 폴진의 결론이다.[38] 이 부분에서 그는 에스겔서가 표준 성서 히브리어와 후기 성서 히브리어 사이의 전환 역할을 한다고 주장하는 아비 후르비츠와 같은 다른 학자들과 다르다.

통시적 유형론에 대한 폴진의 접근 방식은 후기 성서 히브리어에 대한 여러 다른 연구에 기초 역할을 한다. 앤드류 힐(Andrew E. Hill)은 폴진의 후기 성서 히브리어 특징을 사용하여 말라기와 제2스가랴가 표준 성서 히브리어에 더 가까운지 아니면 후기 성서 히브리어에 더 가까운지를 결정한다. 그것들이 포함하고 있는 표준 성서 히브리어와 후기 성서 히브리어의 특징의 수를 기초로 하여 그는 두 책이 유형학적으로 초기 포로기 자료와 일치한다고 결론지었다.[39] 알렌 귄터(Allen R. Guenther)는 예레미야 37-45장과 에스더 1-10장의 구문을 비교하여 이 두 책 사이의 통시 구문 변화를 나타내는 다양한 특징을 분리했다.[40] 그런 다음 귄터는 힐과 유사하게 예레미야 37-45장과 에스더 1-10장을 폴진의 틀 안에 유형학적으로 배치했다.

---

37. Polzin, *Late Biblical Hebrew*, 85–115.

38. Polzin, *Late Biblical Hebrew*, 111–12.

39. Hill, "Book of Malachi"; idem, "Dating the Book of Malachi," 77–89; idem, "Dating Second Zechariah," 105–34.

40. Guenther, "Diachronic Study of Biblical Hebrew Prose Syntax."

9.3.1.5 아비 후르비츠(Avi Hurvitz)

아비 후르비츠는 통시적 유형론 연구에 있어서 가장 영향력 있는 학
자일 것이다. 그는 포로기 이후 시편의 통시적 유형론에 관한 그의 박사
학위 논문⁴¹을 완성한 후에 그의 대부분의 연구를 통시적 유형론에 바쳤
다.⁴² 후르비츠는 히브리 성서가 각각 역사의 특정한 시기에 연결되어 있
는 두 가지 주요 유형을 입증한다고 주장한다: 오경과 신명기 역사서에
서 입증되는 포로기 전 표준 성서 히브리어, 에스더, 다니엘, 에스라-느
헤미야, 역대기에서 나오는 포로기 이후 후기 성서 히브리어.⁴³ 후르비츠
는 포로기를 거치면서 그로 인해 아람어와 접촉하게 되어서 히브리어가
상당히 변하게 됐고 그것이 후기 성서 히브리어가 됐다고 보았다. 더욱
이 포로기는 히브리어 화자들이 표준 성서 히브리어를 말하거나 완벽하
게 모방하는 것이 불가능하게 될 정도로 큰 영향을 미쳤다.⁴⁴

후르비츠는 성서 히브리어에서 후기 히브리어의 특징을 확인하기
위해 세 가지 기준—언어 분포, 언어 대조, 성서 외 자료—을 사용한다.⁴⁵
첫째, 언어 분포 기준과 관련하여 어떤 후기 성서 히브리어의 특징은 에

---

41. Hurvitz, "בחנים לשנויים לזהוי מזמורים מאוחרים [Linguistic Investigations into the Identification of Late Psalms]." Hurvitz의 박사학위 논문은 후에 בין לשון ללשון [Between Languages]로 출판됐다.
42. Hurvitz, "Linguistic Criteria," 74-79; idem, *Relationship between the Priestly Source and the Book of Ezekiel*; idem, "Language of the Priestly Source," 83-94; idem, "Aramaisms in Biblical Hebrew," 234-40; idem, "Usage of שש and בוץ in the Bible," 117-21. 이 논문들 중 많은 수는 מבראשית לדברי הימים [From Genesis to Chronicles]에 다시 게재됐다.
43. Hurvitz, "Linguistic Criteria," 76; idem, "Language of the Priestly Source," 84-85; idem, *Relationship between the Priestly Source and the Book of Ezekiel*, 157-58.
44. Hurvitz, "Linguistic Criteria," 76; idem, "Language of the Priestly Source," 84-85; idem, "Aramaisms in Biblical Hebrew," 234.
45. Hurvitz, "Linguistic Criteria," 74-79.

스더, 다니엘, 에스라-느헤미아 그리고 역대기 같이 논쟁의 여지가 없이 확실한 포로기 이후 책들에서 전적으로 또는 우선적으로 나타나야 한다. 둘째, 언어 대조 기준에서는 후기 성서 히브리어가 비슷한 의미를 가진 명확한 대응이 되는 표준 성서 히브리어 대신에 사용되어야 한다. 이것은 제안된 특징이 단지 표준 성서 히브리어에서 증명되지 않은 특징이 아니라 실제로 새로운 특징이라는 것을 확증한다. 셋째, 성서 외 자료의 기준으로 보면 어떤 후기 성서 히브리어의 특징이 사해 사본이나 미쉬나 히브리어와 같은 성서 외 본문에서도 나타나야 한다. 후르비츠에 따르면 어떤 책이나 본문이 후기 성서 히브리어의 특징을 상당히 축적하고 있는 경우에만 그것들이 후기 성서 히브리어 본문이라고 볼 수 있다.[46]

후르비츠는 가장 신뢰할 만한 특징이 문법적 특징이 아니라 어휘적 특징이라고 본다.[47] 여기서 특히 주목해야 할 것은 (아람어 차용어나 아람어에서 영향을 받은) 아람어적 요소와 페르시아어와 그리스어 차용어(페르시아어와 그리스어에서 히브리어로 가져온 차용어)이다. 이것에 대한 그의 고전적인 예중의 하나가 "왕국"을 의미하는 מַלְכוּת와 מַמְלָכָה이다.[48] מַלְכוּת의 형태는 에스더-역대기에서 자주 나오지만 מַמְלָכָה가 자주 사용되는 곳에서는 드물게 나타난다. 이러한 분포를 감안하여 מַלְכוּת와 מַמְלָכָה가 같은 의미를 가지고 있기 때문에 후르비츠는 후기 성서 히브리어에서 מַלְכוּת가 표준 성서 히브리어 מַמְלָכָה를 대체한다고 주장한다. 이러한 현상은 מַלְכוּת가 "왕국"을 뜻하는 전형적인 아람어 단어라는 사실에서 알 수 있듯이 고대 근동의 국제어(lingua franca)로 아람어가 출현함으로써 촉발됐다. 그 이후에 מַלְכוּת가 후기 성서 히브리어의 특징이라는 것은 사해 사

---

46. Hurvitz, "Linguistic Criteria," 76-77.
47. Hurvitz et al., *Concise Lexicon of Late Biblical Hebrew*.
48. Hurvitz, בין לשון ללשון [Between Languages], 79-88, 110-13.

본과 랍비 히브리어에 그 단어가 일반적으로 사용되는 것으로 확증된다.

앞에서 언급했듯이 후르비츠는 통시적 유형론 연구에 상당한 영향력을 가지고 있다. 윌리엄 제임스 아담스 주니어(William James Adams, Jr.)는 후르비츠의 방법론을 채택하지 않았지만 성서 외 자료에 대한 관심은 공유했다. 그는 히브리어 비문의 기원전 10세기부터 기원후 1세기까지의 통시적 변이를 성서 본문의 연대를 결정하는 외적 통제 수단으로 사용한다.[49] 많은 학자들이 후르비츠의 방법론을 히브리 성서의 특정 본문에 직접적으로 적용했다. 로날드 버지(Ronald L. Bergey)는 후르비츠의 방법론을 에스더서에 적용하여 에스더서가 포로기 이후에 구성됐다고 주장한다.[50] 마크 루커(Mark F. Rooker)는 에스겔을 후르비츠의 방법론으로 분석하여 에스겔에 나타난 표준 성서 히브리어와 후기 성서 히브리어의 비율로 인해 에스겔이 표준 성서 히브리어와 후기 성서 히브리어의 과도기적 단계를 반영한다고 결론내렸다.[51] 리처드 라이트(Richard M. Wright)는 후기 성서 히브리어의 특징과 대조되는 J자료의 특징에 비추어 그것이 포로기 이전 것이라고 주장한다.[52] 마지막으로 애런 혼콜(Aaron D. Hornkohl)은 후르비츠의 방법론을 사용하여 예레미야서를 6세기의 것으로 본다.[53]

9.3.2 통시적 유형론에 대한 도전

통시적 유형론을 이해하는 데 있어서 후르비츠가 기여한 주요한 공

---

49. Adams, "Diachronic Distribution of Morphological Forms and Semantic Features"; idem, "Dating of Biblical Passages," 160–64.
50. Bergey, "Book of Esther"; idem, "Late Linguistic Features in Esther," 66–78; idem, "Linguistic Developments in Esther," 161–68.
51. Rooker, *Biblical Hebrew in Transition*.
52. Wright, *Pre-Exilic Date of the Yahwistic Source*.
53. Hornkohl, *Language of the Book of Jeremiah*.

헌은 표준 성서 히브리어와 후기 성서 히브리어를 구분하는 방법론을 공
식화한 것이다. 그는 성서 본문의 연대를 순수한 언어적 도구만을 가지
고 측정 가능하게 했다. 이미 언급한 것처럼 후르비츠의 방법론은 그의
제자들과 다른 학자들에 의해 히브리 성서의 특정 부분에 적용됐다. 심
지어 통시적 유형론에 직접적으로 관여하지 않는 히브리어 학자들도 후
르비츠의 접근 방식과 결과가 신뢰할 만한 것이라고 여겼다. 결과적으로
21세기에 들어오면서 대부분의 학계가 성서 히브리어 본문은 언어학적
으로 연대 측정이 가능하다고 믿었다.[54]

그러나 새천년이 시작되면서 이 모든 것이 급격하게 바뀌었다. 2003
년에 이안 영이 편집한 『성서 히브리어: 연대기와 유형론 연구』(*Biblical
Hebrew: Studies in Chronology and Typology*)가 등장했다. 이 책에 있는 많은 논문들
이 통시적 유형론을 옹호했지만 그중 일부는 통시적 유형론에 도전했다.
이에 대한 반응으로 국립 히브리어 교수 협회(National Association of Professors
of Hebrew)는 2004, 2005년 SBL(the Society of Biblical Literature) 연례 모임에서
성서 본문의 연대 측정을 탐구하기 위해 특별 세션을 마련했다.[55]

이 세션에 기고된 논문은 히브리어 연구(*Hebrew Studies*) 저널 46호
(2005), 47호(2006) 두 권으로 출판됐다.[56] 『성서 히브리어: 연대기와 유형
론 연구』와 마찬가지로, 기고자들은 통시적 유형론의 지지자들과 반대
자들이 모두 포함되어 있다.

후르비치의 접근 방식에 대한 가장 중요한 도전이 이후 몇 년 동안
이안 영(Ian Young), 로버트 레제트코(Robert Rezetko) 그리고 마틴 에렌스베르

---

54. Kim, *Early Biblical Hebrew, Late Biblical Hebrew, and Linguistic Variability*, 1-2.
55. "Historical Linguistics and the Dating of Biblical Texts," San Antonio, TX, November
    22, 2004 and "Historical Linguistics and the Dating of Biblical Hebrew Texts: A
    Second Round of Presentations," Philadelphia, PA, November 21, 2005.
56. *HS* 46 (2005): 321-76; *HS* 47 (2006): 83-210.

드(Martin Ehrensvärd)가 2008년에 출판한 『성서 본문의 언어학적 연대 결정』(Linguistic Dating of Biblical Texts)의 출판으로 나타났다. 이것은 후르비치의 방법론을 직접적으로 그리고 통일된 목소리로 도전한 최초의 포괄적인 연구였다. 이 책의 중요성으로 인해 이 부분(section)에서 다른 중요한 도전자들도 다루겠지만 통시적 유형론의 도전에 대해 내가 조사한 대부분은 이 책에 집중될 것이다.

9.3.2.1 『성서 본문의 언어학적 연대 결정』

『성서 본문의 언어학적 연대 결정』(Linguistic Dating of Biblical Texts, 이하 LDBT)에서 이안 영, 로버트 제케트코, 마틴 에렌스베르드는 성서 본문의 연대 측정에서 언어를 학문적으로 사용하는 것뿐 아니라 성서 히브리어의 연대기적 발전에 대한 전통적인 입장도 철저한 재평가가 필요하다고 주장한다.[57] 전통적인 통시적 유형론에 대한 그들의 비판은 네 가지 주요 논점—방법론, 아람어의 영향과 차용어의 사용, 본문의 가변성 그리고 히브리 성서에서 비통시적(non-diachronic) 변이—에 집중되어 있다.

먼저, LDBT는 후르비츠의 방법론을 비판한다.[58] 영, 레제트코, 에렌스베르드는 표준 성서 히브리어 특징이 후기 성서 히브리어에서 나타나고 후기 성서 히브리어의 특징이 표준 성서 히브리어에서 나타나는 것을 관찰한다. 그들의 관점에서 표준 성서 히브리어와 후기 성서 히브리어의 주요한 차이는 특정한 특징의 축적이다. 그들은 표준 성서 히브리어가 후기 성서 히브리어보다 표준 성서 히브리어의 특징이 더 많이 축적되는 경향이 있고 후기 성서 히브리어가 표준 성서 히브리어보다 후기 성서 히브리어의 특징이 더 많이 축적되는 경향이 있다는 것을 인정

---

57. Young, Rezetko, and Ehrensvard, *Linguistic Dating of Biblical Texts*, 1:4.

58. Young, Rezetko, and Ehrensvard, *Linguistic Dating of Biblical Texts*, 1:83-142.

한다. 그러나 영, 레제트코, 에렌스베르드는 특정 시기에 속한다고 여겨졌던 매우 드문 특징들은 그 시대 언어 자료의 모든 책의 특징이라고 지적한다. 그들에게 표준 성서 히브리어와 후기 성서 히브리어의 특징이 각각의 자료에 제한되지 않는다는 것은 후르비츠가 주장하는 것처럼 명확한 언어적 분포가 없다는 것을 의미한다. 그들에 따르면 그것은 또한 표준 성서 히브리어와 후기 성서 히브리어의 특징이 후르비치가 주장하는 것처럼 언어적 대조를 나타내지 않는다는 것을 의미한다.

둘째, 영, 레제트코, 에렌스베르드는 성서 본문의 연대를 측정하기 위해 아람어의 영향과 차용어를 사용하는 것에 대해 이의를 제기한다. 아람어와 관련하여 그들은 아람어의 영향이 후기 성서 히브리어 본문에서 보다 지혜문학, 북이스라엘 관련 본문 그리고 아람어 화자와 관련된 본문을 포함한 본문에서 발견될 수 있다는 점에 주목한다. *LDBT*에 따르면 이것은 아람어의 영향이 후기 성서 히브리어의 표지로 볼 수 없다는 것을 의미한다.[59] 차용어와 관련하여 그들은 고대 페르시아어와 그리스어 차용어는 그 이전에 페르시아와 그리스와 접촉할 수 있는 기회가 있었기 때문에 포로기 이전에 차용됐을 수도 있었을 것이라고 주장한다. 따라서 고대 페르시아어와 그리스어 차용어는 후기 성서 히브리어와 상호관련이 없을 수 있다.[60]

셋째, *LDBT*는 성서 본문은 본문의 가변성 때문에 연대를 측정할 수 없다고 주장한다.[61] 영, 레제트코, 에렌스베르드에 따르면 히브리 성서 본문은 기원후 1세기까지 가변적이었고 여러 형태로 존재했었다. 그들은 이 견해에 대한 증거를 히브리 성서에서 공관(synoptic) 구절의 차이점, 쿰

---

59. Young, Rezetko, and Ehrensvard, *Linguistic Dating of Biblical Texts*, 1:201-22.

60. Young, Rezetko, and Ehrensvard, *Linguistic Dating of Biblical Texts*, 1:280-311.

61. Young, Rezetko, and Ehrensvard, *Linguistic Dating of Biblical Texts*, 1:341-60.

란 성서 구절에 대한 여러 사본의 존재, 그리고 고대 역본과 마소라 본문의 차이점 등 여러 형태에서 발견한다. 그들은 편집자와 필사자들이 정기적으로 본문을 변경했기 때문에 이러한 변이들이 발생했다고 주장한다. 영, 레제트코, 에렌스베르드은 이러한 분문의 가변성이 통시적 관점에 필요한 성서 본문의 안정성을 약화시킨다고 본다.

넷째, LDBT는 히브리 성서에서 비통시적 변이의 존재를 강조한다. 영, 레제트코, 에렌스베르드에게 변이는 사용역, 방언, 문체 교체, 코드 전환의 관점으로 설명될 수 있기 때문에 여러 특징들에 대해 통시적 설명에 의지할 필요가 없다. LDBT는 성서 외의 히브리어 비문, 미쉬나 히브리어, 쿰란 히브리어 그리고 벤 시라를 지목함으로써 이러한 결론을 지지한다.[62] 이러한 자료들에 대한 최근 연구에 따라 LDBT는 각 자료는 히브리어의 독특한 방언을 나타낸다고 주장한다. 그것들은 히브리어의 다양성을 증명하는 것이지 성서 히브리어의 초기나 후기 단계를 나타낸다고 볼 수 없다.

영, 레제트코, 에렌스베르드에 따르면 이 모든 논점들은 표준 성서 히브리어와 후기 성서 히브리어의 구분을 통시적인 관점으로 보면 안된다는 것을 보여준다. 히브리 성서 안에 표준 성서 히브리어의 특징과 후기 성서 히브리어의 특징이 발견되는 것은 여러 필사자들의 문체 때문이라는 것이 가장 최상의 설명이다.[63] 표준 성서 히브리어는 필사자가 제한된 언어 형태를 집착하는 보수적인 문체를 보여준다면 후기 성서 히브리어는 필사자가 훨씬 광범위한 언어 형태를 사용하는 데 열려있는 자유로운 문체를 반영한다. LDBT가 주장하는 것처럼 이 두 가지 문체는 공

62. Young, Rezetko, and Ehrensvard, *Linguistic Dating of Biblical Texts*, 1:143-200, 223-79.

63. Young, Rezetko, and Ehrensvard, *Linguistic Dating of Biblical Texts*, 2:96-99.

존하며 다른 목적으로 사용된다.

9.3.2.2 필립 데이비스(Philip R. Davies)

*LDBT*에서 논의되는 내용들은 주로 그 책의 저자들에게 국한되어 있지만 필립 데이비스는 *LDBT*와 유사하게 표준 성서 히브리어와 후기 성서 히브리어가 포로기 이후에 공존하는 방언이었다고 주장한다.[64] 데이비스는 표준 성서 히브리어는 포로 귀환자들의 문학적 언어를 나타내고 후기 성서 히브리어는 그들이 포로기 이후 유다 지방에서 사용했던 언어를 나타낸다고 본다. 데이비스는 필사자들이 사본을 필사하고 편집하는 그들의 역할을 고려한다면 흠잡을 데 없는 표준 성서 히브리어를 쓰는 능력을 잃어버렸을 가능성은 거의 없다고 주장한다.[65] 데이비스는 그의 견해의 타당성을 뒷받침하기 위해 사람들이 사용하는 것을 멈춘 후에도 오랫동안 일반적인 토착어(vernacular)와 공존했던 표준 바벨론 아카드어와 표준 문학 아람어와 같은 문학적 언어를 언급한다.[66] 데이비스가 표준 성서 히브리어와 후기 성서 히브리어가 공존하는 문체라고 이해한 것은 히브리 성서 전체가 페르시아 시대에 팔레스타인에서 시작됐다고 보는 그의 믿음에서 유래한다.

9.3.2.3 프레드릭 크라이어(Frederick H. Cryer)

마지막으로 프레드릭 크라이어는 *LDBT*와 데이비스와는 다른, 성서 본문 연대 측정에 대한 독특한 관점을 제공한다.[67] 거의 모든 다른 학자

---

64. Davies, "Biblical Hebrew and the History of Ancient Judah," 150–63; idem, *In Search of "Ancient Israel"*, 97–101.
65. Davies, "Biblical Hebrew and the History of Ancient Judah," 154–55.
66. Davies, "Biblical Hebrew and the History of Ancient Judah," 156–59.
67. Cryer, "Problem of Dating Biblical Hebrew," 185–98.

들과는 달리, 크라이어는 성서 히브리어는 어떤 큰 차이가 없는 동질적인 언어라고 주장한다. 크라이어는 히브리 성서의 동질성을 영어와 독일어에서 발생하는 중요한 변화, 즉 『베어울프』(기원후 8세기)와 『니벨룽겐의 노래』(기원후 13세기)와 같이 거의 1000년 된 작품을 오늘날 읽을 수 없게 만드는 변화와 대조한다.[68] 크라이어에 따르면 히브리 성서에서 언어적 변이가 적은 것은 구약이 상대적으로 짧은 기간에 쓰였다는 것을 증명한다.[69]

9.3.3 반응과 개선

통시적 유형론에 대한 이러한 도전들—특히 *LDBT*의 도전—은 학자들 사이에 다른 두 가지 반응을 일으켰다. 주목할 만한 소수의 학자들은 히브리어 성서의 특정 부분이나 성서 본문의 언어학적 연대 측정과 관련된 특정 논점에 초점을 맞추어 *LDBT*의 기본 논의를 발전시켰다.[70] 다른 사람들, 특히 후르비츠는 언어학적으로 성서 히브리어의 연대 측정의 가능성을 재확인했다.[71] 이러한 재확인에 대한 반응으로 LDBT의 저자들, 특히 이안 영과 로버트 레제트코는 반론을 제시하고 계속해서 그들의 방식을 발전시켰다. 이것은 특히 그들의 책 『역사 언어학과 성서 히브리

---

68. Cryer, "Problem of Dating Biblical Hebrew," 186-87.

69. Cryer, "Problem of Dating Biblical Hebrew," 192.

70. Romer, "How to Date Pentateuchal Texts," 357-70; Vern, *Dating Archaic Biblical Hebrew Poetry*; Person, *Deuteronomic History and the Book of Chronicles*, 23-40.

71. Hurvitz, "'Linguistic Dating of Biblical Texts,'" 265-79; idem, "Recent Debate on Late Biblical Hebrew," 191-220; idem, "Can Biblical Texts Be Dated Linguistically?" 143-60; idem, "Historical Quest for 'Ancient Israel,'" 301-15; idem, " ויכוח ארכאולוגי-היסטורי [Archaeological-Historical Debate]," 34-46; Forbes, "Diachrony Debate," 7-42; Joosten, "Diachronic Linguistics and the Date of the Pentateuch," 327-44; Fassberg, "What Is Late Biblical Hebrew?" 1-15.

어』(*Historical Linguistics and Biblical Hebrew: Steps Toward an Integrated Approach*)에서 분명하게 나타난다.[72]

이 외에도 성서 히브리어의 언어학적 연대 측정은 계속해서 학회(colloquia)와 아카데미 저널에서 주목을 받고있다. 16번째 세계 유대학 회의(The Sixteenth World Congress of Jewish Studies)는 2013년에 역사 언어학에 대한 5개 부분의 특별 세션을 개최했다. 통시적 유형학이 이 세션의 상당 부분을 차지했고 해당 논문들은 이후에 출판됐다.[73] 비슷하게 2015년에 국립 히브리어 교수 협회(National Association of Professors of Hebrew)는 역사 언어학과 성서 히브리어 본문의 연대 측정을 주제로 한 세션을 개최했으며, 그 논문들은 셈어 저널(*Journal for Semitics*)에 같은 주제에 대한 다른 많은 논문들과 함께 다음 해에 출판됐다.[74] 마지막으로 2017년에 히브리어 연구(Hebrew Studies) 저널은 "고대 성서 히브리어는 존재하는가?"라는 제목의 심포지움을 개최했다.[75]

이러한 논의가 진행되는 동안에 중요한 발전이 이루어졌다. 이전 장에서 언급했던 것처럼 최근 히브리어 학자들은 언어적 변이를 사회 언어학적으로 설명하는 것에 대해 점점 더 인식하게 됐다. 이러한 인식은 *LDBT*의 출판으로 더욱 촉진됐고 학자들이 통시적 유형론 연구에 대한 새로운 접근 방식을 탐구하도록 자극했다. 전통적인 통시적 유형론의 확

---

72. Young, "What Do We Actually Know?" 11-31; idem, "Ancient Hebrew without Authors," 972-1003; Rezetko, "Spelling of 'Damascus,'" 110-28; Rezetko and Naaijer, "Alternative Approach to the Lexicon of Late Biblical Hebrew," 1-39.

73. "Biblical Hebrew in the Light of Theoretical and Historical Linguistics," Jerusalem, July 28-August 13, 2013. 통시적 유형론에 대한 논문들은 Moshavi와 Notarius의 *Advances in Biblical Hebrew Linguistics*, 1-149.로 출판됐다.

74. "Editing the Hebrew Bible and Historical Linguistics," Atlanta, GA, November 23, 2015; *JSem* 25 (2016): 833-1103.

75. *HS* 58 (2017): 47-118.

립과 도전을 개관한 후에 통시적 유형론 연구에 대한 떠오르는 사회 언어학적 접근 방식과 함께 도전들에 대한 가장 최근의 반응을 조사할 것이다.

9.3.3.1 『성서 히브리어의 통시성』

*LDBT*의 출판으로 국립 히브리어 교수 협회(National Association of Professors of Hebrew)는 2009년과 2010년에 "성서 히브리어의 통시성"이라는 제목으로 5개의 세션을 주최했다.[76] 이 세션에는 통시적 유형론을 지지하는 사람들과 반대하는 사람들 모두가 초대됐다. 이 세션에서 발표된 대부분의 논문들은 이후에 신시아 밀러-누데(Cynthia L. Miller-Naudé)와 지오니 제비트(Ziony Zevit)에 의해 편집되어 『성서 히브리어의 통시성』(*Diachrony in Biblical Hebrew*, 이하 *DBH*)이라는 책으로 출판됐다. 통시적 유형론을 반대하는 사람들 중에 마틴 에렌스베르드(Martin Ehrensvärd)만이 이 책에서 그의 논문이 출판되는 것을 허용했기 때문에 *DBH*는 기본적으로 성서 히브리어의 통시성을 옹호한다. 또한 기고자들은 후르비츠를 포함해서 이 분야의 최상위 학자들을 대표한다. 따라서 *DBH*는 현재까지 *LDBT*에 대한 가장 통일된 응답이다.

서문에서 밀러-누데와 제비트가 언급한 것처럼, 이 책은 *LDBT*가 제기하는 핵심 질문들— 성서 히브리어에서 통시적 변화에 대한 언어적 증거가 있는지, 히브리 성서의 특징을 언어학적 방법을 사용하여 특정 기간에 해당하는 연대를 측정할 수 있는지, 그리고 언어 변이와 언어 변화가 상호 관계가 있는지—에 대해 조사한다.[77] 이 질문에 대한 대답으로 이

---

76. 5개 세션 중 첫 번째 두 개는 2009년 11월 22일 뉴 올리언스(LA)에서 개최됐고 두 번째 세 개는 2010년 11월 21-22일에 애틀란타(GA)에서 개최됐다.

77. Miller-Naude and Zevit, *Diachrony in Biblical Hebrew*, xi.

책의 첫 번째와 두 번째 부분은 히브리 성서의 통시적 연구를 위한 이론
적, 방법론적 틀을 세운다. 그들은 언어 변화, 언어 접촉, 문체 그리고 사
회 언어학과 같은 쟁점들을 다루면서 기록된 문서는 역사 언어학에 기
초하여 언어학적으로 연대를 측정할 수 있다고 주장한다.[78]

  DBH의 대부분을 차지하는 세 번째 부분은 히브리 성서에서 통시적
변화의 구체적인 예를 제공한다. 세 번째 부분의 기고자들은 철자법(예,
불완전 서법 대 완전 서법), 형태론(예, 3인칭 남성 복수 대명사 יִם-), 통사론(예, 히브리어
통사론에 대한 아람어의 영향), 어휘(예, 의미론 영역의 변화를 보여주는 의고전주의[pseu-
do-classicisms][79]), 방언(예, 북이스라엘 히브리어) 그리고 본문비평을 조사한다.[80]
세 번째 부분에서 대부분의 논의는 표준 성서 히브리어와 후기 성서 히
브리어 사이의 통시적 발달에 초점을 맞추지만 일부는 고대 성서 히브
리어와 관련된 문제를 다룬다. 또한 주어진 예들을 제외하고 이 부분에
서는 오래된 논의를 다시 검토한다.[81] 이 책의 네 번째 부분에서는 다른
셈어들, 즉 아람어, 우가릿어, 아카드어의 통시성을 조사한다.[82]

  지오니 제비트가 쓴 DBH의 후기는 LDBT에 대한 논평이라고 할 수
있다.[83] 제비트는 특히 LDBT의 접근 방식을 중심으로 이 책의 일부 측면
을 비판한다. 그의 비판에는 절충적인 방법론과 날짜가 적혀 있지 않은
비셈어 문서의 연대 측정 문제를 다루는 연구에 대한 참여 부족이 포함

78. Miller-Naude and Zevit, *Diachrony in Biblical Hebrew*, 1-124.
79. 역주, 의고전주의(擬古典主義), 또는 유사고전주의, 가짜 고전주의라고 불리는 문
     학사조. 여기서는 후기 성서 히브리어가 표준 성서 히브리어를 모방하려는 시도
     를 말한다.
80. Miller-Naude and Zevit, *Diachrony in Biblical Hebrew*, 125-375.
81. Kaufman, review of *Diachrony in Biblical Hebrew*.
82. Miller-Naude and Zevit, *Diachrony in Biblical Hebrew*, 377-451.
83. Miller-Naude and Zevit, *Diachrony in Biblical Hebrew*, 453-89.

되어 있다. 제비트는 또한 *LDBT*에 의해 제기된 본문의 가변성 문제를 자세히 논의한다. 그는 *LDBT*가 필사자들이 실제로 상당한 정도로 통시성의 증거를 지웠다는 것을 결코 증명하지 못한다고 주장한다. 오히려 제비트는 필사자의 활동은 특정 센터에 제한됐고 그 센터의 필사자들은 성서 본문을 정확하게 전달하는 과업을 맡았다고 주장한다.

9.3.3.2 로날드 헨델과 얀 요스텐

*LDBT*에 대한 반응으로 부분적으로 출판된 또 다른 책은 로날드 헨델과 얀 요스텐의 『히브리 성서 얼마나 오래됐나? 언어적, 본문적, 역사적 연구』(*How Old Is the Hebrew Bible? A Linguistic, Textual, and Historical Study*)이다. 헨델과 요스텐은 성서 본문의 연대를 측정하는 데 있어 잠재적인 어려움이 있다는 것을 인정하지만 히브리 성서 내러티브가 역사에 의해 형성됐고 역사 안에서 설정됐기 때문에 성서 본문의 연대를 측정하는 것은 중요하다고 주장한다. LDBT와 같은 책에 대한 반응으로, 헨델과 요스텐은 "최근 주장과는 달리, 히브리 성서 언어에 기초하여 본문의 연대를 측정하는 것은 불가능한 것이 아니다"라고 진술한다.[84]

헨델과 요스텐은 그 책의 몇몇 장을 통해 나머지 부분에 대한 맥락을 제시하면서 그들의 연구를 시작한다. 그들은 역사 언어학이 본문의 연대를 확실하게 정할 수는 없지만 신뢰할 만한 도구라고 주장하면서 언어 변화의 실제를 조사한다.[85] 그 다음 그들은 다양한 언어 변화의 유형을 논의한다(예, 문법화와 언어 접촉). 그들은 이 통시적 변화를 방언, 문체 교체 그리고 다른 요소들에서 유래된 공시적 변화와 함께 설정한다.[86]

---

84. Hendel and Joosten, *How Old Is the Hebrew Bible?*, x.

85. Hendel and Joosten, *How Old Is the Hebrew Bible?*, 1-10.

86. Hendel and Joosten, *How Old Is the Hebrew Bible?*, 11-30.

헨델과 요스텐에 따르면, 통시적 변이와 공시적 변이를 구분하는 것은 가능하다. 변이는 그 특징이 유형학적으로 더 초기나 후기이고 상대적으로 일관된 분포를 가질 때 공시적이기보다는 통시적이다.[87] 헨델과 요스텐은 또한 본문의 가변성이 통시적 발전을 식별하는 것을 불가능하게 만든다는 LDBT의 주장에 대해 언급한다. 그들에 따르면, 본문의 변이는 큰 그림을 바꾸지 않는다. 축적물의 기준은 초기와 후기 본문을 구분할 수 있도록 한다.[88]

마지막으로 헨델과 요스텐은 그들 자신의 성서 히브리어의 통시적 모델을 제시한다.[89] 표준 성서 히브리어는 초기 유형론적 특징과 포로기 이전 히브리어 비문과의 유사성으로 식별되고 후기 성서 히브리어는 후기 유형론적 특징과 의고전주의의 사용, 즉 표준 성서 히브리어의 불완전한 모방으로 식별할 수 있다. 예레미야, 에스겔, 애가 그리고 학개와 같은 책에서 발견되는 전환기(Transitional) 성서 히브리어는 후기 성서 히브리어보다 표준 성서 히브리어와 좀 더 유사하지만 여전히 구별 가능한 시간 방언(chro-nolect)이다.[90] 헨델과 요스텐은 이 통시적 모델이 역사-비평적 관점으로 본 히브리 성서와 잘 일치한다고 본다.[91]

---

87. Hendel and Joosten, *How Old Is the Hebrew Bible?*, 31-46.

88. Hendel and Joosten, *How Old Is the Hebrew Bible?*, 47-59.

89. Hendel and Joosten, *How Old Is the Hebrew Bible?*, 60-97.

90. 역주, 시간 방언은 방언의 하위 개념을 구분하는 용어 중 하나로 사회 방언 (sociolect), 지역 방언(regional dialect), 인종 방언(ethnolect), 지리 방언(geolect)과 함께 방언의 종류를 구성한다. 시간과 관련된 요소, 특히 시간의 차이에 의해 언어의 특징이 결정되어지는 방언을 말한다. 현재의 우리말과 조선시대의 우리말, 그리고 현재의 영어와 17세기의 영어는 시간 방언의 관계에 있다고 볼 수 있다. 성서 히브리어도 시간차에 의해 그 특징이 구별되는 시간 방언이다.

91. Hendel and Joosten, *How Old Is the Hebrew Bible?*, 98-125.

9.3.3.3 프랭크 폴락(Frank H. Polak)

성서 히브리어의 통시성에 대한 다르지만 신선한 관점은 프랭크 폴락의 연구에서 찾아볼 수 있다.[92] 그의 접근 방식은 사회 언어학을 표준 성서 히브리어와 후기 성서 히브리어의 통시적 차이점과 통합시키려는 가장 실질적인 노력을 보여주기 때문에 독특하다. 특히 폴락은 구전 문화와 세련된 문어체 문화와 관련된 문체에 주목한다.[93] 폴락에게 표준 성서 히브리어는 더 오래된 구어체를 보존하는 경향이 있는 반면 후기 성서 히브리어는 문어체를 나타낸다.

표준 성서 히브리어와 후기 성서 히브리어를 구분하는 폴락의 방법 중의 하나는 통계이다.[94] 그는 히브리 성서에서 두 가지 다른 비율—명사 대 동사 그리고 명사적 동사(분사와 부정사 연계형) 대 정동사(카탈, 이크톨, 의지법)—을 측정한다. 폴락은 이 데이터에서 표준 성서 히브리어가 후기 성서 히브리어보다 동사를 더 많이 사용하는 경향이 있고 대신 후기 성서 히브리어는 복잡한 명사절을 사용하는 경향이 있다고 주장한다. 폴락에 따르면 동사에서 명사절로의 이러한 전환은 세련된 문어체 문화로의 전환을 반영한다.

---

92. Polak, "Language Variation," 301-38; idem, "Style Is More Than the Person," 38-103; idem, "Oral and the Written," 59-105; idem, "Sociolinguistics," 115-62; idem, "Sociolinguistics and the Judean Speech Community," 589-628; idem, "Linguistic and Stylistic Aspects," 285-304; idem, "Style of the Dialogue," 53-95; idem, " תמורות ותקופות בלשון הסיפורת במקרא [Development and Periodization of Biblical Prose Narrative]," 30-52, 142-60; idem, " מעמד הדוברים ומבנה הדו- שיח [On Dialogue and Speaker Status]," 1-18, 97-119.

93. Polak, "Oral and the Written," 59-105; idem, "Style Is More Than the Person," 38-103.

94. Polak, "Oral and the Written," 69-71; idem, "Sociolinguistics," 135, 145, 147-48, 151.

폴락은 또한 표준 성서 히브리어와 후기 성서 히브리어는 어휘적으로 구분될 수 있다고 주장한다. 구전 문화의 전형인 서사 공식 어구(예, וַיַּעַן וַיֹּאמֶר "그가 대답하여 이르기를")는 후기 성서 히브리어에서보다 표준 성서 히브리어에서 일반적으로 훨씬 많이 발생한다.[95] 반면 후기 성서 히브리어는 아람어와 페르시아 차용어뿐 아니라 문어(writing)와 관련된 것에 의해 표시되는 경향이 있다. 다시 말하자면 이러한 차이점은 구어에서 페르시아 제국의 서기관 장관(the scribal chancellery)이 장려한 세련된 문어체 문화로의 전환을 반영한다.[96]

폴락에 따르면, 이 데이터는 연대순으로 이스라엘 역사에 부합하는 세 가지 주요 문체들을 구분할 수 있도록 해준다.[97] 고전적 문체(예, 사무엘서에서 사무엘-사울-다윗 내러티브, 열왕기서에서 엘리야-엘리사 내러티브 그리고 오경과 여호수아-사사기에서 일부 내러티브)는 상대적으로 "평이"하고 대략 표준 성서 히브리어와 일치한다. 후기 포로기 이전/포로기의 문체(예, 신명기와 열왕기서 대부분)와 포로기 이후의 문체(예, 에스라-느헤미야 그리고 역대기의 비공관적인 [non-synoptic] 부분)는 좀 더 수사적 표현이 풍부하고 대략 후기 성서 히브리어와 일치한다.

9.3.3.4 김동혁(Dong-Hyuk Kim)

폴락과 유사하게 김동혁은 사회 언어학과 통시적 유형론을 통합시켜 히브리 성서의 변이를 이해할수 있는 모델을 제시한다.[98] 김동혁은 역

---

95. Polak, "Sociolinguistics and the Judean Speech Community," 596–606; idem, "Sociolinguistics," 119–27; idem, "Style Is More Than the Person," 89–98.

96. Polak, "Sociolinguistics and the Judean Speech Community," 596–606; idem, "Sociolinguistics," 119–27; idem, "Style Is More Than the Person," 89–98.

97. Polak, "Sociolinguistics," 119, 127–52; idem, "Oral and the Written," 78–100.

98. Kim, *Early Biblical Hebrew, Late Biblical Hebrew, and Linguistic Variability*. 이 작품은

사 사회 언어학에서 흔히 사용되는 두 가지 유형의 변수—종속 변수(Dependent variables)와 독립 변수(Independent variables)—를 분석하고 연관시키려고 시도한다. 종속 변수는 문법, 어휘, 어구에 상관없이 히브리 성서의 실제 언어적 특징이다. 독립 변수는 나이, 성, 사회적 지위, 장르 그리고 시간과 같은 다양한 언어적 형태의 사용에 영향을 줄 수 있는 요소이다. 김동혁에게 장르—특히 내러티브 대 직접화법—그리고 시간은 히브리 성서를 분석하는 데 적절한 두 가지 독립 변수다.[99]

주로 사회 언어학자인 윌리엄 라보브(William Labov)에 따라 김동혁은 내적, 외적 언어 변화에 대해 논의한다.[100] 그는 내적 변화를 화자들이 거의 인식하지 못하는 상태로 발생하는 아래로부터의 변화로 정의하고 외적 변화를 사회의 하류 계층이 지배 계층의 언어를 의식적으로 받아들일 때 발생하는 위로부터의 변화로 정의한다. 김동혁은 히브리 성서에서 내적 변화는 직접화법에서 좀 더 흔하고 외적 변화는 내러티브에서 더 빈번하다고 가정한다. 그런 다음 김동혁은 아래로부터의 변화만이 시간의 독립 변수와 상호 관련될 때 신뢰할 수 있는 연대기적 지표가 될 수 있다고 주장한다.[101]

이러한 구조를 염두에 두고 김동혁은 표준 성서 히브리어와 후기 성서 히브리어를 구분하는 데 관련이 있다고 여겨지는 여덟 가지 문법적(예, הָיָה וַיְהִי 또는 의 유무와 상관없이 도입되는 시간의 부정사 연계형 절) 특징과 어휘적(예, מַלְכוּת 대 מַמְלָכָה) 특징을 평가한다.[102] 김동혁은 변이 분석을 통해 이 특

2011년 예일 대학교에서 완성된 Kim의 박사학위 논문에서 시작됐다.

99. Kim, *Early Biblical Hebrew, Late Biblical Hebrew, and Linguistic Variability*, 72–84.

100. Kim, *Early Biblical Hebrew, Late Biblical Hebrew, and Linguistic Variability*, 89–94.

101. Kim, *Early Biblical Hebrew, Late Biblical Hebrew, and Linguistic Variability*, 94–96.

102. Kim, *Early Biblical Hebrew, Late Biblical Hebrew, and Linguistic Variability*, 97–150.

징들 중 일곱 개가 개인어(idiolect: 예, 저자의 문체)[103]가 아니라 시간이 지남에 따라 발생하는 진정한 언어적 변화를 나타낸다고 결론내린다. 또한 김동혁은 이 변화들 중 세 가지는 내적 변화이고 세 가지는 외적 변화이며, 일곱 번째의 변화의 방향은 확실하게 결정할 수 없다고 본다.

따라서 김동혁은 표준 성서 히브리어와 후기 성서 히브리어의 차이점을 LDBT가 주장하는 것처럼 순수하게 문체의 관점으로 설명할 수 없다고 결론내린다. 오히려 통시성과 그가 조사하는 언어적 특징 사이에는 상호관계가 있다.[104] 동시에 이 특징들 중에 거의 절반이 내적 변화가 아니라 외적 변화이기 때문에 그는 다양한 특징들이 성서 저자의 의식적 지식, 다른 말로 하면 문체 선택으로 사용됐다고 주장한다. 따라서 그는 이러한 특징들이 표준 성서 히브리어와 후기 성서 히브리어를 구분하는 신뢰할 만한 지침은 아니라는 LDBT에 동의한다.[105]

9.3.4 평가

위의 내용은 통시성과 성서 히브리어에 관해 지속적으로 논의되는 논쟁점이 있다는 것을 보여준다. 현 상황에 대한 도전으로 인해 성서 본문의 전통적인 연대 결정 이면에 있는 전제와 방법론을 재검토하게 됐고 이것은 유익한 작업이었다. 특히 영, 레제트코 그리고 에렌스베르드는 이러한 중요한 대화를 촉진시키는 데 기여했다. 우리는 통시적 유형론의 가능성을 지지하는 사람들의 진지한 반응 뿐 아니라 그들의 지속적인 연구에 대해 감사해야 한다.

---

103. 역주, 개인어, 개인 언어, 개인 방언이라고도 알려져 있으며 일반적으로 다른 사람과 구분되는 특정한 개인이 독특하게 구사하는 말을 의미한다.
104. Kim, *Early Biblical Hebrew, Late Biblical Hebrew, and Linguistic Variability*, 154-55.
105. Kim, *Early Biblical Hebrew, Late Biblical Hebrew, and Linguistic Variability*, 155-56.

언어적 변화에 대한 우리의 이해에 영향을 미치는 중요한 발전들이 있어왔다. 변이가 비통시적으로 설명될 수 있는 가능성으로 인해 히브리 성서 학자들은 히브리 성서에서 언어 변이가 무엇을 의미하는지 그리고 시간이 지날수록 성서 히브리어가 어떻게 변해 왔는지 좀 더 명확하게 정의해야 했다. 이것으로 인해 이전 보다 더 미묘하고 사회 언어학을 어느 정도 통합시킨 언어 변화 이론이 발전하게 됐다. 폴락과 김동혁은 그들의 창의적이고 혁신적인 연구를 통해 환영받을 만한 기여를 했고 자코버스 누데(Jacobus Naudé)도 *DBH*에서 발표된 그의 언어 변화와 확산 이론을 통해 중요한 기여를 했다.[106]

히브리 성서의 변이를 분석하는 모델을 통해서도 또 다른 발전이 이루어졌다. *LDBT*를 계기로 학자들은 정량적 분석을 위한 방법론을 개발하고자 했다. 레제트코와 영은 히브리 성서에 교차 본문 변이 분석과 변이 사회 언어학적(variationist) 분석을 적용하여 의미있는 공헌을 했다. 또 다른 주목할 만한 학자는 히브리 성서에 대한 통계 작업으로 잘 알려진 딘 포브스(A. Dean Forbes)이다. 2015년 국립 히브리어 교수 협회(NAPH) 콜로키움에서 그는 다른 본문적 변수를 고려하여 통시적 기준을 통합시킨 통계적 접근 방식을 제시했고 이후에 이것은 셈어 저널(*Journal for Semitics*)에 게재됐다.[107]

그럼에도 어떤 의미에서 통시성 논쟁은 대체로 해결되지 않은 채 남아 있다. *LDBT*가 제기한 주요한 문제이며, 해결해야 할 한가지 핵심 이슈는 성서 저자가 포로기와 포로기 이후 기간에 실제로 표준 성서 히브

---

106. Naude, "Diachrony in Biblical Hebrew," 61-82; 참조, idem, "Transitions of Biblical Hebrew," 189-214; idem, "Complexity of Language Change," 395-411; idem, "Linguistic Dating of Biblical Hebrew Texts," 1-22.

107. Forbes, "Diachrony Debate," 881-926.

리어와 후기 성서 히브리어 모두를 쓸 수 있었냐는 것이다. 이 점에 대해서 히브리어 학자들은 아랍어와 비교함으로 큰 유익을 얻는다. 이것은 아랍어가 구어체 방언과 함께 표준화된 문어체 형태(현대 표준 아랍어)를 증명하기 때문이다. 아랍어의 이러한 현상에 대한 분석은 고대 이스라엘의 문어체 히브리어와 구어체 히브리어의 관계에 대한 이해를 증진시키는 것 외에도 이 중요한 질문에 대한 답을 제공해 줄 것이다.[108]

마지막으로 히브리어 학자들은 언어적 연대 측정에 대한 다른 학문적 접근 방식을 배움으로써 언어적 연대 측정에 대한 자신의 이해를 향상시키고 개선할 수 있을 것이다.[109] 예를 들어, 『베어울프』의 언어적 특징의 연대를 측정하는 것과 관련된 문제는 히브리 성서의 그것과 매우 유사하다. 두 경우 모두 본문 증거는 원본이 아니라 사본으로 구성된다. 또한 히브리어 학자들은 『베어울프』와 같은 고대 문서의 언어적 연대 측정에 대한 몇 가지 신선한 접근 방식을 배울 수도 있다. 성서 히브리어에서 운율의 존재는 논쟁의 여지가 있지만 어떤 형태로 존재한다고 가정한다면 일부 시의 운율은 『베어울프』의 경우와 마찬가지로 연대를 나타내는 언어적 특징을 반영할 수 있다. 운율과 통시적 유형론 사이의 연결성은 통시적 유형론의 발전 초기에서부터 탐구됐지만 주로 후르비츠의 연구와 함께 배경으로 사라졌다. 일부 학자들은 최근에 운율과 통시적 유형론에 다시 관심을 갖기 시작했지만[110] 여전히 연구되어야 할 것들이 많이 남아있다.

9.4 성서 아람어 본문의 연대 측정

108. Kaufman, review of *Diachrony in Biblical Hebrew*.
109. Kofoed, "Using Linguistic Difference in Relative Text Dating," 93-114.
110. Park, *Typology in Biblical Hebrew Poetic Meter*.

성서 아람어는 히브리 성서의 작은 부분에 불과하지만 그 기원에 대한 상당한 논쟁이 있어 왔다. 이 논쟁의 많은 부분이 다니엘서의 연대 측정에 집중되어 있다. 기원후 3세기로 거슬러 올라가면, 신플라톤주의자이며 반기독교 철학자인 포르피리우스(Porphyry)가 이러한 노선을 따라 다니엘서가 다니엘이라는 인물이 기록했다고 알려진 기원전 6세기에 작성될 수 없었을 것이라고 말했다(제롬의 다니엘서 프롤로그 참조).[111] 그러나 그의 논증은 그가 예언의 가능성을 믿지 않는다는 점에서 주로 신학적이었다.

현대에 와서는 이와 같은 신학적 논의에서 성서 아람어 연대 측정을 위한 언어학적 논의로 초점이 바뀌었다. 학자들은 성서 아람어와 다른 아람어 방언—고대 아람어, 공식 아람어로 알려진 제국 아람어, 중기 아람어, 후기 아람어—의 관계를 분석했다.[112] 일반적으로 에스라는 제국 아람어라고 합의되어 있지만 학자들은 다니엘서가 제국 아람어(기원전 약 600-200)에 속하는지 아니면 중기 아람어(기원후 약 200-기원전 250)에 속하는지에 대해서는 의견이 일치하지 않는다.[113]

시기별 아람어	연대	방언과 문서
고대 아람어	기원전 850-600	표준 시리아어(예, 스피레[Sefire])
		사마리아어(예, Zinçirli)
		텔 파카리야(Tel Fakariyah)
		메소포타미아어(예, 우룩)
		데이르 알라(Deir Alla)

---

111. Berchman, *Porphyry Against the Christians*, 157.

112. Kaufman, "Aramaic," 114-19; Fitzmyer, "Phases of the Aramaic Language," 60-63; Kutscher, "Aramaic," 347-48.

113. Fitzmyer, "Phases of the Aramaic Language," 61; Kutscher, "Aramaic," 347-48.

제국 아람어 (공식 아람어)	기원전 600-200	이집트(어)(예, 엘레판틴[Elephantine]) 메소포나미아(어)(예, 무라슈[Murashu]) 페르시아와 박트리아(예, 페르세폴리스[Persepolis]) 소아시아(예, 크산토스[Xanthos]) 사마리아어(예, 와디 달리에[Wadi Daliyeh])
중기 아람어	기원전 200 – 기원후 250	팔미라(Palmyrene) 나바테아(Nabatean) 하트란(Hatran) 아람어 유대 문헌(예, 사해 사본)
후기 아람어	기원후 200-1200	팔레스타인어 유대 팔레스타인어(예, 팔레스타인 타르굼) 기독교 팔레스타인어 사마리아어 시리아어 시리아어(예, 고대 시리아어[Syriac]) 후기 아람어 유대 문헌(예, 위-요나단 타르굼[Targum Pseudo-Jonathan]) 바벨론 유대 바벨론어(예, 바벨론 탈무드) 만다야어(Mandaic)

위와 같이 아람어 방언에 대한 일반적인 그림을 염두에 두고 나는 성서 아람어 연대 측정에 대한 연구사를 대략 개관할 것이다. 나는 다니엘서의 아람어는 헬레니즘 시대로 보는 것이 확실하다고 주장하면서 19세기 후반에 성서 아람어 연대 측정에 대한 현대적 논의를 시작했던 드라이버(S. R. Driver)에서부터 출발할 것이다. 드라이버의 논의와 그에게 응답했던 사람들의 연구, 그리고 드라이버를 옹호했던 로울리와 로울리에게 응답했던 학자들, 그리고 마지막으로 다른 방향에서 논의했던 일부 다른 연구들을 개관할 것이다. 전반적으로 다니엘서의 아람어가 논의에서 차지하는 중요성에 비추어 볼 때 주로 다니엘서의 아람어에 초점을 맞출 것이다.

9.4.1 드라이버(S. R. Driver)의 도전

성서 아람어의 연대 측정에 대한 첫 번째 논의 중 일부는 계몽주의 기간에 비평적 연구가 일반화되면서 시작됐다. 성서 아람어의 초기 연구는 다니엘서 3장에서 발견되는 그리스어 차용어(קִיתָרֹס ,שַׂבְּכָא ,פְּסַנְטֵרִין, סוּמְפֹּנְיָה,)를 어떻게 설명할 것인가와 에스라서의 아람어와 다니엘서의 아람어 사이의 관계에 중점을 두었다.[114] 그러나 드라이버가 다니엘서의 아람어와 다른 아람어 방언을 비교한 것은 현대 아람어 지식이 결실을 맺게 된 19세기 후반에 이르러서야 비로소 가능했다. 이 부분에서 나는 드라이버의 결론과 그에 따른 반응을 제시할 것이다.

9.4.1.1 드라이버(S. R. Driver)

1891년에 출판된 그의 『구약성서 개론』(An Introduction to the Literature of the Old Testament)에서 드라이버는 다니엘서의 언어 문제를 포함하여 다니엘서의 연대와 저자에 대해 논의한다.[115] 이 문제에 대한 드라이버의 결론은 지금은 매우 나쁜 평가를 받는다. "따라서 다니엘서의 언어에 대한 결론은 분명하다. 페르시아어 단어는 페르시아 제국이 설립된 이후의 시기를 전제로 한다. 그리스어 단어는 요구하고, 히브리어는 지지하고, 아람어는 알렉산더 대왕의 팔레스타인 정복 이후의 날짜를 허용한다(기원전 332)."[116]

다니엘서의 후기 연대에 대한 드라이버의 첫 번째 논의는 다니엘서

---

114. Bertholdt, *Historisch kritische Einleitung*, 1533-36; Hengstenberg, *Authentie des Daniel und die Integritat des Sacharja*, 10-18, 303-11; Havernick, *Buch Daniel*, 95-104; Lengerke, *Buch Daniel*, 120-26.

115. Driver, *Literature of the Old Testament*, 469-76; 참조, idem, *Daniel*, lvi-lxiii.

116. Driver, *Literature of the Old Testament*, 476. 강조된 부분은 원래의 책에 있던 것이다.

의 비셈어 차용어에 집중되어있다.[117] 드라이버는 다니엘서에 있는 많은 페르시아 차용어는 후기 연대이어야 한다고 주장한다. 이것은 그가 오랜 기간 언어 접촉이 있은 후에야 단어가 차용될 수 있다고 가정하기 때문이다. 또한 드라이버는 유대인들이 그리스인들과 접촉한 것은 알렉산더 대왕의 정복 이전에 일어날 수 없었을 것이라고 주장한다. 따라서 그는 그 이전에는 그리스어가 차용될 수 없었을 것이라고 본다.

드라이버의 두 번째 논의는 다니엘서 아람어의 문법적 특징과 관련되어 있다. 그는 다니엘서 (그리고 에스라서) 아람어는 팔레스타인이나 그 근처에서 사용된 유형의 서부 아람어 방언이라고 주장한다. 그는 다니엘서 아람어를 팔미라(Palmyrene) 아람어와 나바테아(Nabatean) 아람어 그리고 타르굼 아람어와 비교함으로써 이러한 결론에 도달한다. 그는 그것들 사이의 몇몇 유사성—원래 어근의 마지막 문자인 알레프(א) 대신 마지막 헤(ה)의 사용, 눈(נ)으로 시작하는 어근의 *yqtl* 활용에서 눈(נ)의 보존, 관계 대명사 דִי에서 초기 자인(ז) 대신 후기 달렛(ד)의 사용, 그리고 "땅"을 뜻하는 단어 אֲרַע에서 초기 코프(ק) 대신 아인(ע)의 사용—을 지적한다.

9.4.1.2 로버트 딕 윌슨(Robert Dick Wilson), 윌리엄 클레어 티스달(William St. Clair Tisdall), 찰스 바우트플라워(Charles Boutflower)

성서 아람어 연대 측정에 대한 드라이버의 주장은 엇갈린 반응에 직면하게 됐다. 많은 비평 학자들은 다니엘서 아람어에 대한 드라이버의 결론을 받아들였지만[118] 전통적인 기원전 6세기 연대를 고수하는 일부 학자들은 드라이버에 대한 비평을 개인적으로 발표했다. 이러한 반응들 중에 가장 실질적인 것은 프린스턴 신학교에서 가르치다가 웨스트민스

---

117. Driver, *Literature of the Old Testament*, 469-71.

118. Montgomery, *Daniel*, 15-23; Torrey, "Aramaic Portions of Ezra," 232-37.

터 신학교가 시작되는 것을 돕기 위해 프린스톤 신학교를 떠났던 로버
트 딕 윌슨에 의해 만들어졌다.[119] 영향력 있는 다른 중요한 두 반응은 윌
슨의 것과 비슷한 논의를 제시했던 윌리엄 클레어 티스달과 찰스 바우
트플라워에게서 왔다.[120]

드라이버와 마찬가지로 윌슨, 티스달 그리고 바우트플라워는 다니엘
서의 어휘에 상당히 주목했다.[121] 그들은 다니엘서의 페르시아 차용어의
숫자와 특성이 엘레판틴 피피루스의 그것과 일치한다고 주장한다. 그들
은 또한 엘레판틴 파피루스에 그리스어 차용어가 있었다는 점에 주목하
여 그리스어가 알렉산더 대왕의 정복 이전에는 아람어에 들어올 수 없
었다는 드라이버의 주장을 반박한다. 마지막으로 그들은 다니엘서에 많
은 아카드어 단어들이 있다는 것을 지적하면서 다니엘서의 아람어 배경
은 팔레스타인이 아니라 메소포타미아라고 제안한다.

드라이버의 문법적 논의와 관련하여, 윌슨, 티스달 그리고 바우트플
라워는 몇 가지 반대 의견을 제시한다.[122] 그들은 다니엘서의 아람어와
에스라서의 아람어가 후기 아람어보다 엘레판틴 파피루스—1891년 드
라이버는 사용할 수 없었던—와 더 많은 유사성을 공유한다고 주장한다.
그들은 또한 초기 아람어가 상대적으로 균일하다고 말하면서 드라이버
가 동부 아람어와 서부 아람를 구분한 것은 후기까지 적용될 수 없다

119. Wilson, "Aramaic of Daniel," 261-306.
120. Tisdall, "Book of Daniel," 206-55; idem, "Egypt and the Book of Daniel," 340-57; Boutflower, *In and Around the Book of Daniel*, 226-67.
121. Wilson, "Aramaic of Daniel," 294-302; Tisdall, "Book of Daniel," 208-37; idem, "Egypt and the Book of Daniel," 346-54; Boutflower, *In and Around the Book of Daniel*, 241-67.
122. Wilson, "Aramaic of Daniel," 273-94; Tisdall, "Book of Daniel," 237-43; idem, "Egypt and the Book of Daniel," 354-56; Boutflower, *In and Around the Book of Daniel*, 226-40.

고 주장한다. 따라서 드라이버가 성서 아람어를 메소포타미아가 아니라 팔레스타인에서 찾는 것은 잘못됐다. 마지막으로 그들은 후기 형태(예, 관계사: 초기 זי 대신 די)의 존재를 설명하기 위해 후기 필사자들이 새로운 철자와 단어 형태를 반영하려고 본문을 업데이트시켰다고 제안한다.

9.4.2 로울리(H. H. Rowley)의 구약성서 아람어와 그에 대한 반응

윌슨, 티스달 그리고 바우트플라워는 모두 다니엘서의 아람어에 대한 드라이브의 입장을 강력하게 비판한다. 그들의 연구는 철저했으나 성서 아람어와 다른 아람어 방언과의 비교는 여전히 부족했다. 윌슨, 티스달, 바우트플라워에 반대하며 드라이버를 방어하려 했던 로울리도 이러한 도전에 직면했다. 그러나 그 이전의 드라이버와 같이 로울리의 논증도 여러 측면에서 도전을 받았다.

9.4.2.1 로울리(H. H. Rowley)

1929년에 로울리는 완전한 단행본 분량의 성서 아람어와 다른 아람어 방언과의 관계를 다룬 『구약성서 아람어』(Aramaic of the Old Testament)를 출간했다.[123] 로울리의 일반적인 결론은 에스라서와 다니엘서의 아람어는 엘레판틴 파피루스 아람어보다 더 이후의 특징을 나타내지만 타르굼과 팔미라 그리고 나바테아 아람어보다는 더 이른 특징을 나타낸다는 것이다. 그러나 다니엘서의 아람어는 에스라서의 아람어보다 이러한 후기 아람어 방언과 더 유사함으로 다니엘서의 연대는 에스라 보다 늦다. 또한 로울리는 성서 아람어와 팔미라, 나바테아, 타르굼 아람어의 유사성은

---

123. 이와 비슷한 시기에 두 개의 비슷하지만 그 중요성은 조금 덜한 연구가 나왔다: Baumgartner, "Aramäische im Buche Daniel," 81-133; Driver, "Aramaic of the Book of Daniel," 110-19.

메소포타미아보다 팔레스타인 기원을 나타낸다고 본다.[124] 이러한 결론에 도달하기 위해 로울리는 네 가지 핵심 영역—음운론, 형태론, 통사론, 어휘—에 초점을 맞춘다.

첫째, 로울리는 성서 아람어의 자음이 엘레판틴 파피루스보다 분명히 후기 아람어 단계를 반영한다고 주장한다.[125] 아람어는 특정 단어의 철자에서 자음 자인(ז), 쉰(שׁ), 코프(ק), 짜데(צ), 싸멕(ס)이 나중에 각각 달렛(ד), 타브(ת), 아인(ע), 테트(ט), 신(שׂ)으로 바뀌는 음운론적 변화를 겪었다. 엘레판틴 파피루스는 초기 자음들을 사용하는 반면, 성서 아람어는 후기 자음들(예, "황금"이라는 단어가 엘레판틴 파피루스에서는 דהב로 나타나지만 성서 아람어에서는 דהב로 나타난다.)을 사용한다. 로울리는 마지막 알레프(א)와 헤(ה)가 서로 교대(alternative)되는 것을 조사했는데 엘레판틴 파피루스에서는 헤(ה)를 사용하는 경향이 있는 반면 후기 아람어에서는 알레프(א)를 사용하는 경향이 있다는 것을 관찰했다. 로울리는 이러한 모든 관찰을 통해 성서 아람어를 연대기적으로 엘레판틴 파피루스보다 후기로 그리고 지리적으로는 서쪽에 위치한다고 본다.

둘째, 로울리는 성서 아람어의 형태가 엘레판틴 파피루스와 타르굼 사이의 단계를 반영한다고 주장한다.[126] 그렇게 하기 위해 그는 성서 아람어의 대명사, 명사, 부사, 전치사, 관사 그리고 동사의 형태를 조사한다. 그는 적어도 몇몇 형태론적 특징에 대해서는 에스라서가 초기 형태를 포함하는 반면, 다니엘서는 후기 형태를 포함한다는 것을 관찰한다. 예를 들어, 성서 아람어의 3인칭 남성 복수 대명사 "그들"은 에스라에서

124. Rowley, Aramaic of the Old Testament, 153-56.
125. Rowley, Aramaic of the Old Testament, 16-50; 참조, Baumgartner, "Aramaische im Buche Daniel," 90-104; Driver, "Aramaic of the Book of Daniel," 112-15, 117.
126. Rowley, Aramaic of the Old Testament, 50-98; 참조, Baumgartner, "Aramaische im Buche Daniel," 104-16; Driver, "Aramaic of the Book of Daniel," 115-17.

는 (엘레판틴 파피루스와 같은) הֵמּוֹ이지만 다니엘에서는 (후기 아람어와 같은) הִמּוֹן이다. 로울리는 이것을 에스라서와 다니엘서의 연대는 엘레판틴 파피루스보다 늦지만 다니엘서의 연대는 에스라서보다 늦다는 증거로 본다.

셋째, 로울리는 성서 아람어 구문도 엘레판틴 파피루스보다 후기에 발전된 것을 포함하고 있는 것 같다고 주장한다.[127] 여기서 그가 지적한 많은 부분은 전치사 -לְ의 사용과 관련이 있다. 예를 들어, 로울리는 전치사 -לְ가 엘레판틴 파피루스에서는 드문드문하게 직접 목적어를 표시하지만 성서 아람어와 후기 아람어에서는 일반적으로 흔하게 표시하는지를 주목한다. 또 다른 예로 그는 성서 아람어와 후기 아람어가 법성이나 목적을 표현하기 위해 부정사 연계형과 함께 -לְ를 사용하는 경향이 있는 반면, 엘레판틴 파피루스는 *yqtl*을 사용하는 경향이 있다고 지적한다. 로울리는 이러한 특징이 에스라에서보다 다니엘서에서 더 흔하다는 것을 강조하여 다니엘서가 에스라서보다 후기 연대를 나타낸다고 제안한다.

넷째, 로울리는 성서 아람어 어휘는 다니엘서를 엘레판틴 파피루스보다 후대로 둔다고 주장한다.[128] 로울리에게 실제 아람어 어휘 측면에서는 중요한 차이점이 거의 없다. 오히려 어휘의 차이점은 주로 차용어에서 나타난다. 로울리는 성서 아람어의 아카드어 차용어가 엘레판틴 파피루스에서 흔했음에도 불구하고 후기 시대에 이러한 단어들이 널리 퍼져 있었음을 보여주는 것이라고 주장한다. 더욱이 로울리는 성서 아람어의 페르시아 차용어가 엘레판틴 파피루스의 페르시아 차용어보다 타르굼

---

127. Rowley, *Aramaic of the Old Testament*, 98-108.

128. Rowley, *Aramaic of the Old Testament*, 108-53; 참조, Driver, "Aramaic of the Book of Daniel," 118-19.

의 페르시아 차용어와 좀 더 가깝게 일치한다고 주장한다. 마지막으로 로울리는 그리스어 단어가 엘레판틴 파피루스에서 거의 증명되지 않지만 타르굼과 나바테안 그리고 팔미라에서는 흔하기 때문에 다니엘서의 그리스어 차용어는 후기 연대를 반영한다고 말한다.

9.4.2.2 케네스 키친(Kenneth A. Kitchen)

성서 아람어가 팔레스타인에서 유래했다는 로울리(그리고 드라이버)의 주장은 아람어가 기원후 약200년 이후까지 동부와 서부로 분명히 나눌 수 없다는 것을 증명했던 한스 하인리히 쉐더(Hans Heinrich Schaeder)에 의해 1930년에 결정적으로 거부됐다.[129] 그러나 로울리의 언어학적 논의 중 많은 부분은 답이 없는 상태로 남아있다. 케네스 키친은 1964년 캠브릿지 틴데일 하우스에서 열린 틴데일 펠로우쉽 구약 연구 그룹 모임에서 바로 이 도전을 받아들였다.[130] 그의 연구는 언어학적 근거에서 다니엘서의 초기 연대를 방어하고자 했다. 그렇게 하면서 그는 세 가지 핵심 문제—어휘, 철자법과 음운론, 형태론과 통사론—를 다룬다.

첫째, 키친은 다니엘서의 아람어 어휘를 분석한다.[131] 그는 주로 다니엘서의 페르시아어와 그리스어 차용어의 중요성에 주의를 기울인다. 페르시아어 차용어와 관련하여 그는 그것들 중 많은 부분이 제국 아람어와 엘람어에서도 나타나고 특히 고대 페르시아어 형태(기원전 300년 이전에 시작됨)를 가진다는 것을 주목했다. 그렇게 하면서 키친은 다니엘서의 페르시아 차용어가 엘레판틴 파피루스보다 타르굼과 더 많이 겹친다는 로

---

129. Schaeder, *Iranische Beitrage I*, 225–54; 참조, Linder, "Aramaische im Buche Daniel," 503–45.

130. Kitchen, "Aramaic of Daniel," 31–79.

131. Kitchen, "Aramaic of Daniel," 32–50.

울리의 주장을 불신했다. 다니엘서 3장의 그리스어 차용어와 관련하여 키친은 알렉산더 대왕 이전에 메소포타미아에서 그리스인과 접촉할 수 있는 기회가 많았다고 주장하지만 페르시아 차용어와 비교할 때 그리스어 차용어가 얼마나 적은지에 주목한다. 다니엘서의 페르시아 차용어의 빈도수가 높고, 그것들이 주로 국가 행정과 관련되어 있다는 사실은 다니엘서 아람어의 연대가 더 이른 시기라는 것을 암시한다. 이것은 후기 작가가 페르시아 행정 용어가 아니라 그리스어를 사용했을 것이기 때문이다.

둘째, 키친은 다니엘서 아람어의 철자법과 음운론을 조사한다.[132] 로울리와 함께 키친은 다니엘서의 자음이 고대 제국 아람어가 아니라 후기 아람어 단계를 반영할 수 있다고 본다. 키친은 또한 철자법이 항상 음운론을 엄격하게 반영하는 것은 아니라는 점에 주목한다. 이것은 초기 철자법 관습이 이후 중기 아람어에서도 발견되기 때문이다. 키친에 따르면 필사자들이 단어의 철자를 업그레이드했을 가능성이 있는데 이것은 특히 고대 근동 전역에 일반적인 관행이었기 때문이다. 비슷한 이유로 인해 키친은 마지막 알렙(א)과 헤(ה) 그리고 완전 서법과 불완전 서법 사이의 교환에 연대기적 의미를 부여하지 않는다.

셋째, 키친은 다니엘서 아람어의 형태와 구문을 조사한다.[133] 그는 הִמֹּו와 같은 초기 형태는 계속해서 הִמֹּון과 같은 후기 형태와 함께 아람어 전반에 걸쳐 나타나기 때문에 그것들은 연대기적 가치가 거의 없다고 주장한다. 키친은 형태의 초기성에 대한 증거 부족을 바탕으로 형태의 후기성을 주장하지 않도록 주의한다. 예를 들어, 그는 로울리가 자신의 책 『구약성서 아람어』(*Aramaic of the Old Testament*)를 출판했을 때 나바테안

---

132. Kitchen, "Aramaic of Daniel," 50–67.
133. Kitchen, "Aramaic of Daniel," 68–75.

아람어와 팔미라 아람어에서만 입증됐던 목적격 불변사 יָת가 그 이후에 기원전 5세기로 보는 파피루스 브루클린 3에서도 발견됐다는 것을 지적한다.

9.4.2.3 쿠쳐(E. Y. Kutscher)

아람어 학자 쿠쳐는 아람어 방언을 자세히 분석함으로 성서 아람어 연대에 대해 논의한다.[134] 그는 다니엘서의 아람어가 서부 지역의 방언(팔레스타인)이라는 드라이버와 로울리의 주장을 다룬다.[135] 그는 제국 아람어의 상대적인 균일성이 더 이른 시기의 후기 아람어를 동서로 구분해서 읽는 것을 방해한다는 쉐더(Schaeder)의 주장에 동의한다. 그럼에도 불구하고 그는 성서 아람어가 팔레스타인에서 쓰인 사해 사본에서는 많이 나타나지 않는 동부 지역적(메소포타미아) 특성을 나타낸다고 생각한다. 쿠쳐에 따르면 이것은 특히 아카드어와 고대 페르시아어의 어순의 영향으로 인해 비교적 자유로운 성서 아람어의 어순에서 그렇다.

더욱이 쿠쳐는 로울리에 대한 키친의 논박을 지지한다. 키친은 로울리가 필사자의 업데이트 가능성을 근거없이 거부하는 것에 대해 비판한다.[136] 그는 예외가 발생하기 때문에 철자법이 문서 연대의 확실한 단서가 될 수 없다는 점을 주목한다. 예를 들어, 헤르모폴리스(Hermopolis) 파피루스는 기원전 5세기의 다른 모든 비문이 알렙(א)을 사용할 때 마지막 헤(ה)를 사용하고, 기원전 1세기의 나바테안 비문이 고대 자인(ז)을 보존한

---

134. Kutscher, "Aramaic," 399–403; 참조, idem, "ארמית המקראית [Biblical Aramaic]," 123-27.

135. Kutscher, "Aramaic," 402–3; 참조, idem, "ארמית המקראית [Biblical Aramaic]," 123-27.

136. Kutscher, "Aramaic," 401.

다. 쿠처는 다니엘서의 그리스어 차용어에 대해서도 언급한다.[137] 따라서 그는 알렉산더 정복 이전 동부 지역에서는 그리스어의 언어적 영향력이 음악과 같은 특정 영역에 제한되어 있었다고 제안한다. 다니엘서에서 사용된 일부 그리스어 단어들이 후기 시대까지 그리스어 문서에서 실제로 나타나지 않음에도 불구하고 쿠처는 알렉산더 정복 이전 동부 지역의 그리스어가 대부분 비고대 그리스어였다고 예상해서는 안된다고 주장한다. 그리고 우리에게 남아있는 비고대 그리스어 자료는 고대 그리스어 자료보다 적다.[138]

9.4.2.4 피터 콕슨(Peter W. Coxon)

로울리에 대한 또 다른 반응은 그의 연속적인 논문들에서 다니엘서 아람어의 언어학적 연대 결정에 대해 언급한 피터 콕슨의 연구에서 찾아 볼 수 있다.[139] 콕슨은 로울리가 그의 연구를 발표한 1929년 이후 많은 새로운 아람어 문서들이 발견된 것을 고려하여 로울리의 결론을 다시 분석해볼 필요가 있다는 주장을 지지한다. 키친과 마찬가지로 콕슨도 로울리의 방법론적 결함을 발견했다. 그러나 키친과는 달리 콕슨은 로울리에게 반응하거나 전통적인 다니엘서의 기원전 6세기 연대를 방어하는 것을 목표로 하지 않는다.

콕슨은 로울리와 키친과 함께 성서 아람어의 후기성에 대한 가장 가

---

137. Kutscher, "Aramaic," 401-2.

138. 나의 책에서 쿠처의 논의를 더 발전시켰다. Noonan, "Daniel's Greek Loanwords," 575-603.을 보라.

139. Coxon, "Distribution of Synonyms," 497-512; idem, "Greek Loan-Words and Alleged Greek Loan Translations," 24-40; idem, "Morphological Study," 416-19; idem, "Problem of Consonantal Mutations," 8-22; idem, "Syntax of the Aramaic of Daniel," 107-22.

능성 있는 증거는 그것의 철자법이라는 것을 인정한다. 즉 초기의 자인
(ז), 쉰(ש), 코프(ק), 짜데(צ), 싸멕(ס)에 대해 후기의 달렛(ד), 타브(ת), 아인(ע),
테트(ט), 신(ש)을 사용한 것이다. 그러나 키친과 마찬가지로 콕슨은 후기
철자법이 반드시 후기 연대를 나타내는 것은 아니라고 거듭 주장한다.
이것에 대한 그의 주장은 두 개의 논점으로 이루어져 있다. 첫째, 더 오
래된 철자법 관습이 『니사 오스트라카』(Nisa Ostraca, 기원전 2세기)와[140] 같은
후기 문서에 나타나기 때문에 철자법과 연대가 항상 일대일로 대응하는
것은 아니다. 둘째, 유대 필사자들은 마소라 학자들이 히브리어 본문의
철자법을 표준화한 것과 유사하게 성서 아람어 철자법을 표준화하기 위
해 성서 아람어 철자를 업데이트시켰을 수 있다.

콕슨은 다니엘서 아람어의 형태와 구문을 재검토한다. 형태에 있어
서 그는 사역동사의 하펠(Haphel)과 아펠(Aphel)의 사용을 살펴본다.[141] 콕슨
은 성서 아람어가 하펠(Haphel)을 선호한다는 점에서 엘레판틴 파피루스
와 가장 가깝게 일치한다는 것을 관찰한다. 구문에 있어서 콕슨은 로울
리가 성서 아람어와 다른 아람어 방언 사이에서 관찰했던 일곱 가지 차
이점을 살펴본다.[142] 그는 대부분의 구문적 특징은 로울리가 알고 있었던
것보다 더 흔하게 제국 아람어에서 나타나고 연대와는 관련이 없다는 것
을 관찰한다. 반면에 다니엘서의 유연한 어순은 아카드어와 페르시아어
의 영향으로 표준 셈어 어순에서 종종 벗어나는 제국 아람어와 일치한
다.

마지막으로 콕슨은 다니엘서의 어휘가 후기 연대를 나타내는지 그
렇지 않은지에 대한 문제를 언급한다. 여기서는 두 가지 구체적인 문

---

140. 역주, 오스트라카는 문자가 새겨진 도기 파편을 말한다.
141. Coxon, "Morphological Study," 416-19.
142. Coxon, "Syntax of the Aramaic of Daniel," 107-22.

제─토착(native) 어휘와 그리스어 차용어─를 살펴본다. 키친은 이 문제를
주로 무시하기 때문에 콕슨이 원래 어휘 문제를 다룬 것은 특히 중요하
다.[143] 콕슨은 일곱 쌍의 초기/후기 동의어를 재검토한다. 그는 두 쌍(שים/
שוה, "두다", "만들다"; בעה/בקר, "묻다, 구하다") 제국 아람어와 일치하고, 한 쌍
(אנש/איש "남자")이 후기 아람어와 일치하고, 나머지는 분명한 일치를 보이
지 않는다는 것을 발견했다. 따라서 콕슨은 다니엘서의 토착 어휘는 연
대와는 거의 관련이 없다고 본다. 다니엘서의 그리스어 단어와 관련해서
콕슨의 결론도 이와 유사하다.[144] 키친과 마찬가지로 그는 알렉산더 대왕
이전 동부 지역에 있었던 그리스어를 고려하면 그리스어 단어는 후기에
만 차용될 수 있었다는 로울리의 주장을 반박한다. 따라서 콕슨은 그리
스 단어는 언제든지 차용될 수 있었을 것이며 그것이 연대 측정의 목적
으로 이용되는 것은 적절하지 않다고 본다.

9.4.3 방향 전환과 개선

로울리의 『구약성서 아람어』(Aramaic of the Old Testament) 이후 수십 년 동
안 많은 아람어 문서가 발견됐다. 이 시기에 발견된 많은 문서들은 제국
아람어로 쓰인 것이지만 주목할 만한 수의 문서들은 초기와 후기 아람
어 방언에 속한 것이었다. 특히 획기적으로 새로운 연구의 기반을 만든
것은 주로 히브리어로 쓰였지만 많은 아람어 문서가 포함되어 있는 사
해 사본의 발견이었다. 그 결과로 로울리에 대해서만 반응하는 것이 아
니라 성서 아람어와 새롭게 발견된 사해 사본과 비교하는 여러 연구가
나오게 됐다. 이 부분에서 나는 이 영역에 공헌한 연구들을 조사하고 현
재까지 성서 아람어에 관한 가장 포괄적인 분석을 담은 최종태의 연구

를 검토함으로 결론을 내릴 것이다.

9.4.3.1 로버트 바숄츠(Robert I. Vasholz)와 글리슨 아처 주니어(Gleason L. Archer, Jr.)

제국 아람어 이외에 아람어 방언에 초점을 맞춘 두 연구는 로버트 바
숄츠와 글리슨 아처 주니어의 연구다. 바숄츠와 아처는 성서 아람어가
제국 아람어와 일치하는지에 대한 여부를 물어 다니엘서의 연대가 기원
전 6세기일 가능성을 결정하기보다는 다니엘서의 연대가 기원전 2세기
일 가능성을 제외시키려고 한다.[145] 그들은 다니엘서의 아람어를 사해 사
본의 아람어, 특히 욥의 타르굼(11Q10)과 창세기 외경(1QapGenar)과 비교함
으로써 그렇게 한다.[146] 이것은 그들이 상대적인 관점에서 다니엘서의 아
람어를 욥의 타르굼과 창세기 외경 이전의 것으로 연대를 측정할 수 있
도록 한다.

바숄츠와 아처는 창세기 외경의 연대를 기원전 1세기로 추정한다. 이
연대는 사본의 고문서학, 『희년서』(약 기원전 100년)와의 유사성, 문법, 그리
고 마지막으로는 타르굼과 탈무드 아람어의 단어 특징들을 많이 가지고
있는 어휘에 의해 제시된 것이다.[147] 아처는 창세기 외경과 다니엘서의

---

145. Vasholz, "Philological Comparison of the Qumran Job Targum"; idem, "Qumran and the Dating of Daniel," 315-21; Archer, "Aramaic of the 'Genesis Apocryphon,'" 160-69.

146. Vasholz, "Philological Comparison of the Qumran Job Targum," 23-84; Archer, "Aramaic of the 'Genesis Apocryphon,'" 161-69.

147. Vasholz, "Philological Comparison of the Qumran Job Targum," 92-94; idem, "Qumran and the Dating of Daniel," 318; Archer, "Aramaic of the 'Genesis Apocryphon,'" 163-67; 참조, Kutscher, "Language of the 'Genesis Apocryphon,'" 1-35; Machiela, *Dead Sea Genesis Apocryphon*, 134-42; Fitzmyer, *Genesis Apocryphon of Qumran Cave 1*, 25-37. 스티븐 카우프만은 창세기 외경의 연대를 기원후 1세기로 본다("Job Targum," 325-27). 이것은 그가 다니엘서는 기원전 2세기의 것이고 다니엘서와 창세기 외경 사이의 충분한 시간이 있어야 한다고 가정하기 때문이

언어적 차이점으로 인해 다니엘서의 연대가 기원전 2세기 이전임이 분명하다고 주장한다.[148] 바숄츠는 철자법, 형태, 어휘에 비추어 욥기 타르굼을 창세기 외경보더 더 이른 연대, 즉 기원전 3세기나 3세기로 추정함으로써 이 논증을 한 단계 더 발전시킨다.[149] 바숄츠에 따르면 다니엘서 아람어의 더 오래된 언어적 특징 조차도 다니엘서의 연대가 욥기 타르굼 이전, 즉 기원전 3세기나 2세기 이전이여야 한다.[150]

9.4.3.2 즈드라브코 스테파노빅(Zdravko Stefanovic)

즈드라브코 스테파노빅은 새롭게 발견된 자료로 고대 아람어와 다니엘서를 비교하여 다니엘서 아람어의 위치를 정하려고 시도했다.[151] 그는 벤 하다드, 자쿠르 석비(Zakkur Stelae), 세피르 조약 비문(Sefire Treaty Inscriptions), 하다드(파나무와, Panamuwa) 석비(Hadad Stele)등 다양한 비문에서 고대 아람어에 대한 윤곽을 그리려했지만 1979년에 발견된 텔 파카리야 비문(Tel Fakariyah Inscription)에 특히 주목했다. 스테파노빅의 기본적인 주장은 다니엘서의 아람어는 후기 아람어 보다 고대 아람어와 더 일치한다는 것이다. 그의 접근 방식은 안타깝게도 종종 그의 분석을 흐리게 만드는 방

다.

148. Archer, "Aramaic of the 'Genesis Apocryphon,'" 161-69.

149. Vasholz, "Philological Comparison of the Qumran Job Targum," 94-97; idem, "Qumran and the Dating of Daniel," 318-19; 참조, Muraoka, "Aramaic of the Old Targum of Job," 441-42; Sokoloff, Targum to Job, 9-26; Ploeg, Woude, and Jongeling, Targum de Job, 3-4.

150. Vasholz, "Philological Comparison of the Qumran Job Targum," 97-101; idem, "Qumran and the Dating of Daniel," 320.

151. Stefanovic, Aramaic of Daniel. 이 작품은 1987년 앤드류스 대학교에서 완성된 Stefanovic의 박사 논문을 기초로 한다.

어적인(apologetic) 방식이다.[152]

스테파노빅은 통사론과 문법(철자법, 음운론, 형태론)에 중점을 두지만 어휘에 대해서는 실질적으로 어떠한 논의도 하지않는다. 철자법과 음운론과 관련하여 스테파노빅은 모음 문자는 고대 아람어에 가끔씩 나타나기 때문에 다니엘서에 있는 모음 문자가 반드시 후기 연대를 나타내는 것은 아니라고 주장한다. 형태론에 관하여 스테파노빅은 고대 아람어와 다니엘서 아람어의 유사성(예, 기원의 ל- 사용)을 관찰하지만 많은 차이가 있다는 것은 인정하지 않는다. 마지막으로 통사론과 관련하여 스테파노빅은 텔 파카리야 비문과 일부 유사점을 발견하고 쿠처와 마찬가지로 다니엘서의 아람어는 메소포타미아의 특징(예, 자유로운 어순)을 나타낸다고 주장한다.

9.4.3.3 최종태(Jongtae Choi)

마지막으로 다니엘서 아람어에 대한 가장 실질적인 최신의 분석은 글리슨 아처의 지도 아래 트리니티 복음주의 신학교(Trinity Evangelical Divinity School)에서 완성한 최종태의 박사학위 논문이다.[153] 로울리와 마찬가지로 최종태의 목표는 다양한 아람어 방언과 다니엘서 아람어 사이의 연대기적 관계를 명확히 하는 것이다. 그러나 최종태는 로울리가 고려하지 않았던 사해 사본과 같은 많은 아람어 문서들을 그의 연구에 포함시켰다. 최종태는 이 모든 아람어 문서들을 전자 태그 형식으로 비교했다. 따라서 최종태의 연구는 로울리의 연구보다 훨씬 더 포괄적이다.

최종태는 성서 아람어의 철자법과 음운론을 조사하는 것으로 시작

---

152. Choi, review of *The Aramaic of Daniel in the Light of Old Aramaic*, 469–70.

153. Choi, "Aramaic of Daniel."

했다.[154] 로울리와는 대조적으로 그는 대부분 중요한 음운론적 변화는 제국 아람어와 성서 아람어가 아니라, 고대 아람어와 제국 아람어 사이에서 발생한다는 것을 발견했다. 따라서 성서 아람어는 초기의 자인(ז), 쉰(שׂ), 코프(ק), 짜데(צ), 싸멕(ס)에 대해 후기의 달렛(ד), 타브(ת), 아인(ע), 테트(ט), 신(שׁ)을 사용한다는 점에서 제국 아람어 및 중기 아람어와 일치한다. 또한 최종태는 아람어에서 마지막 헤(ה)가 점진적으로 싸멕(ס)으로 전환된다는 것을 알고 있지만 이러한 측면에서 성서 아람어와 다른 아람어 방언들과의 명확한 일치점을 발견하지 못한다.

그 다음에 최종태는 성서 아람어의 형태를 분석한다.[155] 그는 다니엘서의 아람어가 에스라서의 아람어보다 더 후기라는 것을 알게됐다. 예를 들어, 대명접미사와 관련하여 최종태는 에스라서의 아람어가 오래된 형태(כֹם-)와 새로운 형태(הֹון-)가 모두 함께 사용되는 시기를 반영하는 반면, 다니엘서의 아람어는 새로운 형태만 사용되는 아람어 후기 단계를 반영한다고 주장한다. 그럼에도 불구하고 최종태는 성서 아람어가 후기 아람어보다 전반적으로 제국 아람어와 더 밀접하게 일치한다고 주장한다. 예를 들어, 성서 아람어의 3인칭 남성 복수 *qtl*에서 마지막 눈(ן)이 없는 것은 제국 아람어에 해당하는 반면 쿰란(사해 사본)에서도 마지막 눈(ן)이 없다.

최종태는 다니엘서를 포함한 성서 아람어를 통사론의 측면에서 제국 아람어와 분리시키는 증거를 거의 발견하지 못한다.[156] 그는 로울리의 결론이 부정사와 함께 전치사 -לְ를 사용하는 것을 포함한 몇몇 통사론적 문제에서, 그리고 성서 아람어를 제국 아람어와 일치시키는 연대 측

---

154. Choi, "Aramaic of Daniel," 31-80.
155. Choi, "Aramaic of Daniel," 81-178.
156. Choi, "Aramaic of Daniel," 179-218.

정 공식에서 맞지 않다는 것을 보여준다. 최종태는 또한 관계대명사 /יִ

יִד가 고대 아람어, 제국 아람어 그리 성서 아람어에서 회고적(retrospective)

기능을 가지고 있다는 것을 지적하면서 다시 한번 성서 아람어를 후기

가 이니라 더 이른 시기로 잡는다. 어순에 관해서 최종태는 성서 아람어

의 어순이 동부 제국 아람어 문서의 비교적 자유로운 패턴을 따른다는

것을 확증한다.

　마지막으로 최종태는 성서 아람어의 비아람어 단어를 조사한다.[157]

그는 아카드어와 페르시아어 차용어는 성서 아람어에서 자주 발생하지

만 사해 사본에서는 거의 발생하지 않는다고 말한다. 성서 아람어에서

발견되는 차용어의 유형은 성서 아람어가 쓰인 배경을 반영한다. 최종태

는 성서 아람어가 팔레스타인이 아니라 메소포타미아에서 쓰인 것이 분

명하다고 본다. 더욱이 적어도 두 개의 그리스어 단어가 제국 아람어에

서 증명되기 때문에 최종태는 다니엘서의 그리스어 차용어로 인해 다니

엘서의 연대를 후기로 보아야 한다는 로울리의 주장을 거부한다.

　이러한 모든 발견으로 인해 최종태는 성서 아람어는 중기 아람어보

다 제국 아람어와 더 가깝게 일치한다고 결론내린다. 그는 후기 아람어

를 사용하는 경향이 있는 다니엘서와는 대조적으로 에스라서가 초기와

후기의 형태를 혼합하여 사용한 것은 다니엘서가 에스라서보다 후기 연

대를 나타내는 것이라고 주장한다. 그러나 그럼에도 불구하고 다니엘서

는 제국 아람어와 일치하기 때문에 그 연대를 기원전 2세기로 볼 수 없

다.[158] 최종태가 에스라와 다니엘 모두에서 발견한 유일한 후기의 특징

은 철자법과 음운론이다. 그는 이것이 필사자의 업데이트를 통해 쉽게

설명될 수 있다고 본다. 그는 이러한 철자법 개정이 늦어도 기원전 4세

---

157. Choi, "Aramaic of Daniel," 219–30.

158. Choi, "Aramaic of Daniel," 231–34.

기 팔레스타인에서 있었다고 보는 반면, 성서 아람어 자체는 어순과 차용어에서 알 수 있듯이 메소포타미아에서 더욱 일찍 시작됐다고 본다.[159]

9.4.4 평가

성서 아람어 연대 측정에 관한 연구는 20세기가 시작된 이래로 먼 길을 걸어왔다. 새로운 아람어 문서의 발견으로 아람어 자료가 크게 확장되어 기원전 천 년경의 아람어에 대한 더 완전한 윤곽을 그릴 수 있게 됐다. 이것은 아람어 방언에 대한 우리의 이해를 더욱 향상시켰다.

성서 아람어가 팔레스타인에서 시작됐다는 드라이버와 로울리의 주장을 무색하게 만든 이러한 노선을 따라 특별히 주목할 만한 발전은 기원전 첫 년경의 아람어는 후기 아람어가 구분되는 것처럼 동부와 서부로 구분되지 않았다는 쉐더의 증거이다.

아람어 자료의 확장으로 성서 아람어를 다른 아람어 방언들과 더 정확하게 비교하는 것이 가능해졌고 또한 성서 아람어의 연대가 기원전 3, 4세기라는 드라이버와 로울리의 결론을 상당히 개선시켰다. 쿠처, 키친, 콕슨 그리고 특히 최종태의 노력으로 이러한 그림이 수정됐다. 그 결과 다니엘서의 아람어를 포함하여 성서 아람어는 제국 아람어에 속한다는 것이 이제 분명해졌고 또한 성서 아람어의 어떤 특징은 메소포타미아 기원을 드러낼 가능성이 있다는 것도 알게 됐다.

그럼에도 최종태의 연구가 포괄적이지만 또한 포괄적이지 않을 수 있다. 최종태는 중기 아람어의 온전한 윤곽을 그리는 데 도움이 될 수 있었던 펠레스타인 타르굼을 포함시키지 않았다. 엘레판틴 파피루스에 대한 그의 데이터도 권위있는 『고대 이집트 아람어 문서집』(*Textbook of Arama-*

---

159. Choi, "Aramaic of Daniel," 234-35.

ic Documents from Egypt) 전체에 접근하지 않았기 때문에 다소 불완전하다.[160] 더욱이 박트리아(Bactria)에서 발견된 제국 아람어 문서 저장소 같이 중요한 새로운 아람어 문서가 최종태가 1994년 그의 박사학위 논문을 완성한 이후에 발견됐다. 팔레스타인 타르굼과 새롭게 발견된 제국 아람어 문서, 그리고 그 외 새로운 자료들의 재평가가 최종태의 기본적인 결론을 바꿀 수는 없을 것이다. 그러나 성서 아람어가 다른 아람어 방언들과 일치하는지에 대한 문제를 더욱 미묘하고 세밀하게 이해하는 데 도움이 될 것이다.

사회 언어학과 통합하는 것은 성장해야 할 또 다른 영역이다. 앞서 언급했듯이 이러한 문제에 대해 관심이 증가하는 것은 성서 히브리어 본문의 연대 측정에 관한 연구가 발전한다는 것을 의미한다. 그러나 성서 아람어 연대를 다루는 학자들은 사회 언어학에 많은 관심을 두지 않는다. 오히려 그들의 연구는 성서 아람어와 다른 아람어 방언들 사이의 어떤 차이점이 연대순으로 설명되어야 한다고 가정하는 경향이 있다. 그래서 언어 변이와 언어 변화의 사회 언어학적 맥락에 더 주의를 기울여야 한다. 쿠처는 사회 문화적 맥락에 비추어 일부 성서 아람어의 특징(예, 어순)을 설명함으로써 그 길을 닦았다. 그러나 앞으로는 사회 언어학의 역할에 더 많은 관심을 기울일 것이다.

더 나아가 성서 아람어의 연대를 조사하는 학자들은 그들 자신의 전제를 알아야 한다. 키친은 "다니엘서를 다룰 때에 신학적 전제가 다니엘서를 연구하고 그것의 연대를 측정하는 데에 영향을 줄 수 있다."고 옳게 말했다.[161] 이것은 신학적 전제로 인해 다니엘서의 초기 구성론을 받아들이지 못하는 로울리와 같은 비평적 학자들의 연구에서 분명히 드러

---

160. Porten and Yardeni, *Textbook of Aramaic Documents*.
161. Kitchen, "Aramaic of Daniel," 32.

난다. 신학적 편향성은 다니엘서의 연대에 대한 믿음 때문에 자료를 상
당히 잘못 판단하여 바르게 제시하지 않았던 특히 스테파노빅과 같은 일
부 보수적인 학자들의 연구에서도 드러난다. 키친과 최종태는 그들이 다
니엘서의 초기 연대 구성론을 지지하고 있음에도 자료를 객관적으로 평
가하는 데 있어서는 훨씬 더 나았다. 앞으로 이 주제에 대한 연구는 이
두 사람이 자료에 대한 객관적인 분석과 성서에 대한 헌신에 균형을 유
지했던 것을 따르게 될 것이다.

9.5 앞으로의 방향

성서 히브리어와 성서 아람어 본문의 연대 측정은 특히 최근 몇 년
동안 많은 논쟁을 일으켰다. 전통적 입장(*status quo*)이 계속 도전을 받으면
서 여러 방면에서 진전이 있었다. 특히 주목할 만한 것은 이론과 방법의
발전이다.[162] 히브리 성서 학자들은 현대 언어학을 기반으로 사회 언어학
을 통합시킨 언어 변화 이론을 명료화하기 시작했다. 통시성 논쟁으로
인해 언어 변화와 언어 변이를 측정하는 통계적 방법이 개선됐다. 히브
리 성서 학자들이 계속해서 그들의 이론과 방법론 그리고 분석을 개선
시켜 나가면서 다른 학문 분야를 배우는 것도 유익할 것이다. 아랍어는
문어와 구어 방언의 공존의 측면에서 비교할 수 있는 많은 것들을 제공
해 줄 수 있다. 셈어 영역 외에도 히브리 성서 학자들은 셈어 문헌학보다
훨씬 더 발전되어 있는 인도-유럽어 문헌학에서 많은 것을 배울 수 있을
것이다. 더욱이 이미 내가 언급했듯이 중세 유럽 문헌의 언어학적 연대
측정은 여러 방면에서 성서 본문의 연대 측정과 비슷하지만 히브리 성
서 학자들이 배울 수 있는 것은 단지 이론과 방법에만 제한되어 있지 않

---

162. Naudé and Miller-Naudé, "Historical Linguistics, Editorial Theory, and Biblical
     Hebrew," 834, 860-62.

다. 자료(data)에 대한 전제와 기대가 어떻게 언어학적 연대 측정과 연결되는지에 대한 논의는 『베어울프』와 같은 중세 유럽 문헌의 언어학적 연대 측정에 대한 최근의 발전을 가져왔다.[163] 히브리 성서 학자들은 언어학적 연대 측정의 기회와 한계에 대해 인도-유럽어 학자들의 통찰에 유익을 얻게 될 수 있을 것이다.[164]

이 점에 대해서 언급해야 할 또 다른 영역은 LDBT의 본문의 가변성 개념이다. 이 개념은 "신 문헌학(New Philology)"이라고 알려진 더 넓은 개념의 한 부분이다.[165] 이 운동은 모든 본문 전통이 단지 가상의 원문을 재건하는 도구가 아니라 그 자체로 의미가 있다고 주장함으로써 고전 문헌학에 대해 반기를 들었다. 이것은 본문의 가변성이 통시적 분석이 요구하는 안정성을 훼손시킨다고 보기 때문이 논쟁에 직접적인 영향을 미친다. 이 문제는 복잡하고 고대 근동의 서기관 문화와 본문 비평과도 관련되어 있다. 일부 학자들은 특히 히브리 성서의 정경성과 관련된 다른 문제들을 다루려고[166] 하지만 그것 또한 역사 언어학과 통시적 연대 측정의 관점에서 더 많은 연구가 이루어 져야 한다.

나는 앞으로 이러한 그리고 다른 중요한 문제들이 계속해서 학자들에 의해 연구될 것이라고 확신한다. 그러나 교사, 학생 그리고 목사들이 그 과정에서 그 논의에 익숙해지기를 바란다. 왜냐하면 본문 구성의 연대는 역사 문화적 배경과 직접적으로 관련이 있으며 언어학적 연대 측정에 대한 더 나은 이해는 우리의 성서 주해를 향상시키기 때문이다.

---

163. Fulk, "On Argumentation in Old English Philology," 1-26.
164. Klein, "Historical Linguistics and Biblical Hebrew," 865-80.
165. Lied and Lundhaug, *Snapshots of Evolving Traditions*.
166. Toorn, *Scribal Culture*; Walton and Sandy, *Lost World of Scripture*.

9.6. 더 읽을 자료

Choi, Jongtae. "The Aramaic of Daniel: Its Date, Place of Composition and Linguistic Comparison with Extra-Biblical Texts." PhD diss., Trinity Evangelical Divinity School, 1994.

Forbes, A. Dean. "The Diachrony Debate: A Tutorial on Methods." JSem 25 (2016): 881–926.

Gianto, Agustinus. "Archaic Biblical Hebrew." Pages 19–29 in vol. 1 of *A Handbook of Biblical Hebrew*. Edited by W. Randall Garr and Steven E. Fassberg. 2 vols. Winona Lake, IN: Eisenbrauns, 2016.

Hendel, Ronald S. and Jan Joosten. *How Old Is the Hebrew Bible? A Linguistic, Textual, and Historical Study*. ABRL. New Haven: Yale University Press, 2018.

Hornkohl, Aaron D. "Biblical Hebrew: Periodization." *EHLL* 1:315–25.

———. "Transitional Biblical Hebrew." Pages 31–42 in vol. 1 of *A Handbook of Biblical Hebrew*. Edited by W. Randall Garr and Steven E. Fassberg. 2 vols. Winona Lake, IN: Eisenbrauns, 2016.

Hurvitz, Avi. "Biblical Hebrew, Late." *EHLL* 1:329–38.

Kitchen, Kenneth A. "The Aramaic of Daniel." Pages 31–79 in *Notes on Some Problems in the Book of Daniel*. Edited by Donald J. Wiseman. London: Tyndale Press, 1965.

Lam, Joseph and Dennis Pardee. "Standard/Classical Biblical Hebrew." Pages 1–18 in vol. 1 of *A Handbook of Biblical Hebrew*. Edited by W. Randall Garr and Steven E. Fassberg. 2 vols. Winona Lake, IN: Eisenbrauns, 2016.

Mandell, Alice. "Biblical Hebrew, Archaic." *EHLL* 1:325–29.

Miller-Naude, Cynthia L. and Ziony Zevit, eds. *Diachrony in Biblical Hebrew.*

LSAWS 8. Winona Lake, IN: Eisenbrauns, 2012.

Morgenstern, Matthew. "Late Biblical Hebrew." Pages 43–54 in vol. 1 of *A Handbook of Biblical Hebrew*. Edited by W. Randall Garr and Steven E. Fassberg. 2 vols. Winona Lake, IN: Eisenbrauns, 2016.

Naude, Jacobus A. "The Complexity of Language Change: The Case of Ancient Hebrew." *Southern African Linguistics and Applied Language Studies* 30 (2012): 395–411.

Naude, Jacobus A. and Cynthia L. Miller-Naude. "Historical Linguistics, Editorial Theory, and Biblical Hebrew: The Current State of the Debate." *JSem* 25 (2016): 833–64.

Rezetko, Robert and Ian Young. "Currents in the Historical Linguistics and Linguistic Dating of the Hebrew Bible." *HIPHIL* Novum 5.1 (2019): 3–95.

———. *Historical Linguistics and Biblical Hebrew: Steps Toward an Integrated Approach*. Society of Biblical Literature Ancient Near Eastern Monographs 9. Atlanta: Society of Biblical Literature, 2014.

Walker, Larry L. "Notes on Higher Criticism and the Dating of Biblical Hebrew." Pages 35–52 in *A Tribute to Gleason Archer*. Edited by Walter C. Kaiser, Jr. and Ronald F. Youngblood. Chicago: Moody, 1986.

Young, Ian, Robert Rezetko, and Martin Ehrensvard. *Linguistic Dating of Biblical Texts*. 2 vols. Bible World. London: Equinox, 2008.

제10장
히브리 성서 언어 교수 학습법

그 프로젝트에 전문적으로 종사하는 사람들에게 언어를 가르치는 방법을 배움으로써 학생들로 하여금 우리 관심의 중심인 텍스트에 더 가까이 나아 가게끔 할 수 있다.

—프레드릭 그린스판(Frederick E. Greenspahn)[1]

10.1 소개

신시아 밀러 누데(Cynthia Miller-Naudé)는 2015년 국립 히브리어 교수 협회(the National Association of Professors of Hebrew)에서 행한 대표 연설에서 오늘날 성서 히브리어 연구가 직면한 몇몇 어려움에 대해 토로했다.[2] 빠르게 변하고 있는 교육 환경으로 인해 많은 신학교들이 성서 히브리어를 교육과정에서 줄이거나 심지어 빼고 있다. 학생들은 성서 히브리어를 배워 능숙해지기까지 그 만큼의 시간과 노력을 투자할 만한 궁극적인 가치가

---

1.   Greenspahn, "Why Hebrew Textbooks Are Different."

2.   Miller-Naudé, "Presidential Perspective," 1–3.

있는 것인지에 대해 궁금해 한다. 그래서 성서 히브리어 과정이 낮은 신청률로 어려움을 겪는 것은 드문 일이 아니다. 이러한 어려움은 성서 히브리어 전체 과정을 마친 많은 학생들이 졸업 후에 삶과 사역의 현실에서 그 언어를 지속적으로 유지하지 못한다는 사실로 인해 더 악화된다.

이러한 어려운 환경에서 성서 히브리어와 성서 아람어를 가르치는 사람들은 학생들과 교육 기관에게 성서 언어에 대한 직접적인 지식이 그것들을 숙달하기 위해 들이는 시간과 에너지 그 이상의 가치가 있다는 것을 보여주어야 한다. 이것을 성취하는 열쇠는 성공적인 성서 언어 교육법에 헌신하는 것이다. 성서 히브리어와 성서 아람어를 가르치는 사람들은 그들의 학생들이 그 언어를 배울 수 있도록 효과적으로 참여시켜야 하고 그 언어에 대한 지식 전달뿐 아니라 그 언어를 지속적으로 습득할 수 있도록 해야 한다. 그럴 때만이 목사들과 학자들은 주해와 사역을 위해 히브리어와 아람어를 유익하게 사용할 수 있는 능력이 생긴다.

이번 장에서는 성서 히브리어와 성서 아람어 교수 학습법에 대해 논의한다. 나는 전통적인 접근 방식 안에서 성서 히브리어와 성서 아람어 교수법의 발전을 다루고, 보다 효과적인 형태의 교육법으로서 의사 소통적 방식을 탐구하며, 성서 언어 교육을 지속할 수 있는 몇 가지 전략에 대해 논의할 것이다. 대부분의 교육기관에서는 아람어보다는 주로 정기적으로 히브리어 교육을 제공하고 있고 대다수의 교육자료가 히브리어 학습에 맞춰져 있기 때문에 전반적으로 성서 히브리어에 주로 초점을 맞출 것이다.

10.2 전통적 방법에 대한 새로운 아이디어
오늘날 시중에서 판매되는 대다수의 성서 히브리어와 성서 아람어 교재는 문법-번역식 교수법(Grammar-Translation Method)[3]으로 알려진 방식을 채택하고 있다.[4] 많은 사람들에게 익숙한 이 방법은 학생들의 모국어로 문법과 어휘를 명확하고 체계적으로 가르치는 것이 특징이다. 그 내용은 암기, 번역, 구문 분석(parsing) 연습 그리고 간단한 어휘 퀴즈로 되어있어 학습자의 언어 능력을 향상시키고 시험(test)한다.[5]

많은 문법 교재들이 문법-번역식 교수법을 따르는 것은 안타까운 일이다. 이것은 특히 제2언어 습득연구에 의해 이 방법이 오늘날 사용되는 언어 습득을 증진시키는 가장 효과적인 방법 중의 하나라고 알려져 있기 때문이다. 그 방법은 제2언어 습득에 관한 학술 문헌에서 근거와 정당성이 부족하다고 평가받는다.[6] 그러나 교재와 기술(technology)에 있어서 지난 몇십 년 동안 몇 가지 주목할 만한 발전이 있었다. 나는 교육학적으로 더 건전한 성서 언어 교수법에 대해 말하기 전에 이러한 발전을 논의할 것이다.

10.2.1 교재(Textbooks)

문법-번역식 교수법으로 성서 언어를 가르치는 것을 발전시킨 첫 번째는 교재에 관한 것이다. 대부분의 성서 언어 교재의 기본적인 내용은

---

3. 역주, 문법-번역식 교수법은 전통적인 영어 교수법 중 하나로 20세기 초 학생들이 영어로 된 문학을 감상하고 이해하기 위한 목적으로 시작됐다. 영어를 배우기 위해서 제대로 번역하는 것을 목표로 삼았고 자연스럽게 그것은 말하기와 듣기가 아니라 문법 규칙을 가장 중요시하게 됐다. 이 교수법에서 교사는 주로 권위적인 위치에서 가르치는 입장이며 학생은 그것을 그대로 학습하는 수동적 입장이어서 효과적인 언어 교수법으로는 적합하지 않다고 여겨진다.

4. Noonan, "Recent Teaching Grammars for Biblical Hebrew," 104–5.

5. Hadley, *Teaching Language in Context*, 106–7.

6. Hadley, *Teaching Language in Context*, 107–8.

예전과 동일하다.[7] 그러나 최근 성서 언어 교재는 기본적인 내용을 보강하기 위해 점점 더 많은 보충 자료를 포함시킨다. 패러다임이나 히브리어-영어 또는 영어-히브리어 용어사전과 같은 일부 보충 자료는 수 년 동안 사용되어 왔지만 최근의 많은 문법서들은 워크북 그리고 학생용 연습문제와 답안도 포함시키고 있다.[8] 이러한 경향은 윌리엄 마운스(William D. Mounce)의 『기초 성서 그리스어 문법』(Basics of Biblical Greek Grammar)의 귀납적, 연역적 방식의 조합을 모델로 한 개리 프래티코(Gary D. Pratico)와 마일즈 반 펠트(Miles V. Van Pelt)의 『기초 성서 히브리어 문법』(Basics of Biblical Hebrew Grammar)와 마일즈 반 펠트의 『기초 성서 아람어』(Basics of Biblical Aramaic)의 출판으로 시작됐다. 워크북 그리고 학생용 연습문제와 답안을 포함시킨 것은 그것들이 학생들에게 즉시로 답을 확인할 수 있는 많은 연습문제를 제공하기 때문에 중요하다. 그럼에도 불구하고 대부분의 현재 워크북과 학생용 연습문제는 히브리어나 아람어를 영어로 번역하는 전통적인 방식을 고수하고 있고 다른 활동을 포함시키는 경우는 거의 없다.[9]

전통적인 문법 교재가 발전한 또 다른 측면은 성서 본문을 포함시킨 것이다. 일반적으로 성서 언어 교재는 내용이 진행됨에 따라 점점 더 많은 성서 본문을 포함시킨다.[10] 이것은 성서 본문을 읽을 수 있는 것이 학생들에게 계속적으로 성서 히브리어와 성서 아람어를 배우고자 하는 동기를 불어넣어 주기 때문에 중요하다. 그럼에도 불구하고 약간의 전통적인 문법 교재만이 성서 본문을 초반부터 집어넣는다. 문법 교재의 시작 부분부터 성서 본문을 넣지 않는 것은 성서 언어를 배우는 학생들이 과

---

7. Noonan, "Recent Teaching Grammars for Biblical Hebrew," 102–3.
8. Noonan, "Recent Teaching Grammars for Biblical Hebrew," 99–100.
9. Noonan, "Recent Teaching Grammars for Biblical Hebrew," 104–5.
10. Noonan, "Recent Teaching Grammars for Biblical Hebrew," 104–6.

정이 시작될 때에는 성서 언어에 대한 최소한의 지식만을 가지고 있기 때문일 것이다. 그럼에도 불구하고 성서 본문을 집어넣는 것은 학생들에게 동기를 부여하고 자신감을 심어주는 데 도움이 되기 때문에 최고의 우선순위가 되어야 한다.

전통적인 문법 교재와 함께 어휘 자료에서도 약간의 발전이 있었다. 래리 미첼(Larry A. Mitchel)의 고전인 『학생을 위한 성서 히브리어 아람어 어휘집』(Student's Vocabulary for Biblical Hebrew and Aramaic)이 다시 조판되어 새로운 세대의 히브리어와 아람어 학생들이 접근할 수 있게 됐다. 특히 환영할 만한 자료는 데이비드 플레인즈(J. David Pleins)의 『개념으로 묶은 성서 히브리어 어휘집』(Biblical Hebrew Vocabulary by Conceptual Categories)이다. 개념으로 어휘를 분류한 것은 학생들이 기본적인 어휘 이상으로 히브리어 어휘 지식을 확장하는 데 도움이 된다. 그것은 비슷한 의미 영역에 있는 단어들을 쉽게 연결시킬 수 있도록 하여 학생들이 히브리어 단어와 실제 상황을 연결할 수 있도록 도움으로써 그렇게 한다.

10.2.2 기술(Technology)

문법-번역식 교수법으로 성서 언어를 가르치는 것을 발전시킨 두 번째는 기술과 관련된 것이다. 최근 몇 년 동안 일반 교육에 있어서 많은 기술적인 발전이 있어 왔다. 긍정적 부정적 효과를 모두 가지고 있는 모든 일반 기술적 발전과 마찬가지로 교육에 있어서 기술적 발전은 성서 히브리어와 성서 아람어 학습을 용이하게 할 수도 있고 방해할 수도 있다.

강의실에서 발표를 위해 기술을 사용하는 것은 대부분의 사람들에게 익숙한 주제이기에 거의 설명이 필요하지 않다. 파워포인트나 기타 시청각 프리젠테이션 방법을 통해 제공되는 학습의 가능성은 엄청나며 무엇보다 학생들의 참여도를 높일 수 있다. 그러나 지적하고 싶은 중요한 것은 이러한 기술을 사용하려면 반드시 교육적 방법에 주의를 기울여야 한다는 것이다. 강의실에서 사용하는 기술은 훌륭한 자산이지만 그것은 단지 교육적 도구이지 효과적인 교육을 보장해 주지는 않는다.[11]

또한 많은 사람들이 알고 있는 것처럼 온라인 교육도 빠르게 확장되고 있다. 많은 교육기관에서 캔버스(Canvas), 블랙보드(Blackboard), 무들(Moodle)과 같은 학습 관리 시스템을 이용하여 온라인 성서 언어 과정을 개발했다. 바이블메쉬(BibleMesh)를 통해 제공되는 완전히 상품화된 온라인 과정 모듈[12]도 구입할 수 있다. 그러나 다시 한번 묻게되는 중요한 질문은 효과적으로 이러한 자료를 사용하는 방법이다. 내용이 아니라 교육의 기술(skill)적 방법으로 본다면 성서 히브리어와 성서 아람어는 도제식 모델(apprenticeship model) 아래서 성서 히브리어와 성서 아람어를 가장 잘 배울 수 있다. 강사들이 학습 코치와 같은 역할을 맡아 온라인 학생들이 성공할 수 있도록 도울 수 있음에도 불구하고 이 교육적 접근 방식을 온라인에서 그대로 재현하는 것은 어렵다.[13]

디지털 보충 자료에 관한 주제는 잘 알려져 있지 않지만 언급할 만한 가치가 있다. 문법-번역식 교수법을 따르는 매우 적은 성서 언어 교재만이 몇몇 디지털 보충 자료를 사용한다.[14] 웹스터의 '성서 히브리어 읽기'(Reading Biblical Hebrew)에는 문법 삽화, 구문 분석 연습, 읽기 연습 그리고 어휘 플래쉬카드가 포함되어 있는 웹사이트가 있다. 프래트코와 반 펠트의 『기초 성서 히브리어 문법』(Basics of Biblical Hebrew Grammar)과 반 펠트

---

11. Morse, "Learning and Retention of Biblical Languages," 45-46.
12. http://courses.zondervanacademic.com/biblical-languages/hebrew.
13. Harlow, "Succesfully Teaching Biblical Languages Online," 13-24.
14. Noonan, "Recent Teaching Grammars for Biblical Hebrew," 100.

의 『기초 성서 아람어』(*Basics of Biblical Aramaic*)는 전자 워크북과 함께 비디오 강의, 온라인 답안 그리고 어휘의 오디오 녹음이 포함되어 있다. 이 자료들은 학생들이 교실 밖에서도 학습할 수 있는 다양한 방법을 제공해주기 때문에 그것들이 성서 언어 교육에 추가되는 것은 환영받을 만한 일이다. 그럼에도 불구하고 교재에 디지털 보충 자료를 포함시키는 것은 아직 개발되지 않은 상태로 남아있다. 미래의 교재는 대화형 자료, 오디오 그리고 영상과 같은 하이퍼링크 자료를 갖춘 장치에서 사용할 수 있도록 고안되어야 한다.[15]

성서 언어 교재와는 무관한 교육 웹사이트도 학생들과 교사들에게 유익하다. 웹사이트 "그리스도인을 위한 히브리어"(Hebrew for Christians)와[16] 같은 일부 웹사이트는 성서 히브리어 교육을 무료로 제공하고 있다. 다른 웹사이트는 문법과 어휘를 강화시켜주는 자료를 제공하고 있다. 이러한 웹사이트의 좋은 예가 퀴즈렛(Quizlet)이다.[17] 여기에는 짝맞추기 활동과 학생들이 다른 학생들과 경쟁할 수 있는 다양한 게임들도 포함되어 있다. 이러한 것들은 성서 히브리어와 성서 아람어를 배우고자 하는 동기를 부여해 준다.

마지막으로 어코던스와 로고스 같은 성경 프로그램은 성서 히브리어와 성서 아람어 학습에 환영받을 만한 기술적 발전을 가져왔다. 성경 프로그램은 학생들이 히브리어와 아람어 본문의 원문 읽기와 주석으로 넘어가는 2년차 언어 학습을 시작할 때 가장 유용한 도구이다. 성경 프로그램의 원문을 전체 학생들이 볼 수 있도록 프로젝터기로 투사함으로써 읽기 과정을 향상시킬 수 있다. 즉 학생들이 보고 있을 때 강사는 문

---

15. Callaham, "Rethinking Biblical Hebrew Instruction," 256–57.
16. http://www.hebrew4christians.com/.
17. https://www.quizlet.com/.

법이나 어휘 자료를 가져와 단어나 형태를 검색하고 이러한 자료들로 실습 경험을 제공할 수 있다. 강사는 학생들이 특정 구문 구조를 찾아 그 구조가 의미하는 것을 스스로 발견할 수 있도록 과제를 내줄 수 있다.

그러나 성경 프로그램은 성서 히브리어와 성서 아람어 학습에 방해가 될 가능성도 있다. 그래서 그것을 현명하게 사용해야 한다. 한가지 위험한 것은 성서 언어를 암기하고 완전히 자신의 것으로 만드는 것을 약화시키는 프로그램의 영어 해설과 분석 정보를 과도하게 의존하는 것이다. 또 다른 위험은 성서 프로그램이 단어의 미세한 문맥적 의미 같이 분석할 수 없는 히브리어와 아람어 요소를 밝혀줄 수 없다는 것이다. 성서 언어 도구 수업(즉, 학생들에게 성서 언어와 주해를 위해 기본 도구를 사용하는 방법을 가르치는 수업)이 궁극적으로 히브리어와 아람어 읽기를 대체하기에 부적합한 것은 이러한 이유 때문이다. 아래에 언급된 것처럼 비슷한 위험이 성서 언어를 지속하려는 목적으로 성서 프로그램을 사용할 때도 존재한다.

10.3 성서 언어를 가르치는 새로운 방법

문법-번역 방법이 전반적으로 인기가 있음에도 불구하고 점점 더 많은 언어 강사들이 학생들의 학습을 돕는 좀 더 효과적인 방법을 찾았고 그로인해 그들은 제2언어 습득에 대한 현대적 연구에 기초를 두고 있는 외국어를 가르치는 최신 접근 방식인 의사 소통적 언어 교수법(Communi-cative Language Teaching)을 발견하게 됐다. 성서 언어를 의사 소통 방식으로 가르치는 것은 학회와 학술 출판물의 일반적인 주제가 됐고 의사 소통 방식에 기반한 성서 히브리어 문법 교재가 나타나기도 했다. 대부분 의사 소통적 언어 교수법을 히브리 성서 언어에 적용시키는 것은 성서 아람어가 아니라 성서 히브리어에 중점을 두기 때문에 나는 다음 논의에서 성서 히브리어에 초점을 맞출 것이다.

10.3.1 의사 소통적 언어 교수법

의사 소통적 언어 교수법은 구조주의를 강조하는 문법-번역 방법에 대한 반응으로 20세기 후반에 개발됐다. 그것의 이름이 의미하는 것처럼 의사 소통적 언어 교수법은 언어구조를 숙달하는 것이 아니라 언어의 의사 소통 가능성에 중점을 둔다. 실제적으로 말해서 이것은 언어 교사들이 교실에서 실생활 과제—특히 말하기, 듣기, 쓰기, 그리고 읽기—를 활용하는 것을 의미한다. 이러한 과제는 학생들의 실력 향상을 위해 가능한 제2외국어로 진행된다. 이와 같이 실생활 과제를 사용하여 실제 생활과의 연결을 용이하게 하고 배움에 대한 동기를 부여하며 (새로운 정보를 처리하는 학생들의 능력을 방해하는) 문법 교육을 최소한으로 줄인다.[18]

의사 소통적 교육 방식은 전신 반응 교수법(Total Physical Response), 전신 반응 스토리텔링(Total Physical Response Storytelling), 내용 중심 교수법(Content-Based Instruction), 입력 처리 교수법(Processing Instruction)과 같은 여러 가지 다양한 방법을 포함한다. 전신 반응 교수법은 학생들이 그들의 모국어를 배우는 것과 같은 방식으로 제2외국어를 배운다는 가정에 기초하여 학생들이 강사가 주는 구두 명령에 반응하도록 요구한다.[19] 전신 반응 스토리텔링은 비슷하지만 전신 반응 교수법의 청각적인 부분에 초점이 맞춰져 있는 것을 보충하기 위해 읽기와 쓰기를 통합한다.[20] 내용 중심 교수법, 즉 몰입 교육(Immersion)은 학생들을 제2외국어를 사용해야만 하는 환경에 두어 그들의 모국어가 아니라 제2외국어를 사용하도록 한다.[21] 마

---

18. Hadley, *Teaching Language in Context*, 116–18.
19. Asher, "Children's First Language as a Model," 133–39.
20. Ray and Seely, *Fluency through TPR Storytelling*.
21. Brinton, Snow, and Wesche, *Content-Based Second Language Instruction*.

지막으로 입력 처리 교수법은 종종 교실 활동의 형태로 학생들에게 실생활과 관련된 의사 소통을 통해 제2언어로 이해할 수 있고 의미있는 내용을 제공한다. 이 방법은 다른 언어를 가르치는 데 특히 효과적이라는 것이 입증됐다.[22]

대부분의 현대 언어 프로그램은 의사 소통적 방식이 매우 효과적인 것으로 입증됐기 때문에 이 방식을 채택한다.[23] 이러한 이유로 인해 그리스어 라틴어를 포함한 일부 고대 언어 강사들도 그들의 수업에서 이 방식을 사용한다.[24] 비슷하게 최근 몇 년동안 점점 더 많은 성서 히브리어 강사들이 다양한 방식으로 의사 소통적 언어 교수법을 적용하고 노력했다. 나는 스캇 맥퀸(Scott J. McQuinn)의 중요한 연구를 여러 측면에서 따라가면서 이러한 발전을 개관할 것이다.[25]

10.3.2 교재(Textbooks)

의사 소통적 언어 교수법에 대한 관심이 증가하고 있다는 주요 증거 중 하나는 의사 소통적 방식을 통합시키려는 성서 히브리어(아직 성서 아람어는 아님) 교재의 출현이다. 이러한 맥락에서 가장 주목할 만한 교재는 랜달 부스의 『살아있는 성서 히브리어』(*Living Biblical Hebrew*), 존 쿡과 로버트 홈스테드의 『성서 히브리어 시작하기』(*Beginning Biblical Hebrew*), 폴 오버랜드의 『대화식으로 성서 히브리어 배우기』(*Learning Biblical Hebrew Interactively*) 그리고 헬렌 달레어의 『성서 히브리어: 살아있는 언어』(*Biblical Hebrew: A Living Language*)이다.[26]

---

22. VanPatten, *Input Processing and Grammar Instruction*; idem, *Processing Instruction*.
23. Richards and Rodgers, *Approaches and Methods in Language Teaching*, 83–84.
24. Gruber-Miller, *When Dead Tongues Speak*.
25. McQuinn, "Principled Communicative Methodology," 88–116.
26. McQuinn, "Principled Communicative Methodology," 88–104.

10.3.2.1 랜달 부스의 『살아있는 성서 히브리어』

랜달 부스는 의사 소통적 언어 교수법을 성서 히브리어(그리고 성서 코이네 그리스어)에 적용한 첫 번째 사람이었다. 그는 로스엔젤레스 캘리포니아 대학에서 셈어학 박사학위를 받았고 이스라엘로 이주할 때까지 아프리카에서 성서 번역자와 번역 자문위원으로 일했다. 거기서 그는 성서 언어 센터를 설립했고 그와 그의 팀은 울판 몰입교육법에 기초한 성서 히브리어 과정을 개설했다. 부스의 이 과정의 결과가 온라인 모듈과 함께 2부로 출판된 『살아있는 성서 히브리어』(*Living Biblical Hebrew*)이다.

이 책의 1부는 그림을 설명하는 오디오와 함께 약 1,000개의 삽화로 구성되어 있다. 삽화로 묘사된 단어, 구, 사건은 점점 더 복잡해진다. 끝으로 갈수록 학생들은 삽화를 통해 암시적으로 배운 문법 원리들을 분명하게 소개받는다. 2부는 학생들이 히브리 성서를 읽을 수 있도록 준비시키는 짧은 대화로 구성되어 있다. 짧은 대화에서 어휘와 문법이 귀납적으로 소개되면서 이러한 목표가 달성된다. 오디오와 주석이 제공되는 요나서 구절을 통해 대화에서 배운 내용을 보강할 수 있다.

10.3.2.2 존 쿡과 로버트 홈스테드의 『성서 히브리어 시작하기』

존 쿡(John Cook)과 로버트 홈스테드(Robert Holmstedt)는 둘 다 매디슨 위스콘신 주립대학(University of Wisconsin-Madison)을 졸업했으며 거기서 박사학위를 받았고 성서 히브리어 교육을 위한 자신들의 방법론을 발전시키기 시작했다. 그들은 각각의 교육 기관—쿡은 애즈베리 대학교, 홈스테드는 토론토 대학교—에서 히브리어를 가르치면서 계속해서 그들의 교수법을 다듬었다. 그 이후 2013년 그들은 『성서 히브리어 시작하기』(*Beginning Biblical Hebrew: A Grammar and Illustrated Reader*)를 함께 출판했다. 서문에서

말한 것처럼 그들의 교재에는 "언어 교육의 현대적 방법에 기초한" 몇 가지 특징이 있다.[27]

『성서 히브리어 시작하기』의 각 장은 최소한의 문법 내용으로 구성되어 있다는 것이 특징이다. 더 고급 주제나 자세한 설명이 필요한 주제는 책의 부록으로 엮었다. 이것으로 인해 적은 양의 단위로 문법을 제시할 수 있게 됐고 본문 연습문제를 위한 공간을 확보할 수 있게 됐다. 장별 연습문제는 전통적인 번역, 구문 분석으로 구성되어 있지만 학생들이 히브리어로 쓰고 소그룹 활동을 할 수 있도록 했다. 다양한 창조적 활동과 컬러 만화로 그려진 성서 본문을 포함하고 있는 것이 삽화 교재『성서 히브리어 시작하기』의 가장 독특한 특징이다. 추가 자료가 있는 웹사이트는 교재를 보완하고[28] 강사를 위한 추가 자료(예, 강사 매뉴얼, 퀴즈 샘플, 수업 계획)는 출판사에서 제공한다.[29]

10.3.2.3 폴 오버랜드의『대화식으로 성서 히브리어 배우기』

현재 오하이오 애슐랜드 신학교(Ashland Theological Seminary)에서 가르치고 있는 폴 오버랜드는 일본의 이중 언어 환경에서 성장했다. 그는 몰입 교육법으로 어떻게 일본어를 배웠는지 떠올려 보고 문법-번역 방법으로 히브리어를 배우기 위해 애쓰는 학생들을 만나면서 오버랜드는 의사 소통 방법을 탐구하기 시작했다. 이러한 그의 경험과 조사는 결국 히브리어 수업을 위한 의사 소통적 교수 학습 자료를 개발하고 현장 테스트를 거쳐 코헬렛(Cohelet: Communicative Hebrew Learning and Teaching, 의사 소통식 히브리

---

27. Cook and Holmstedt, *Beginning Biblical Hebrew*, 9.
28. http://www.beginningbiblicalhebrew.com/.
29. http://www.bakerpublishinggroup.com/books/beginning-biblical-hebrew/342630/esources.

어 학습 및 교육) 프로젝트로 알려진 워크숍을 주도하게 됐다.[30] 오버랜드는 이후에 코헬렛 프로젝트 자료의 많은 부분을 그의 히브리어 교재 『대화식으로 성서 히브리어 배우기』에 포함시켰다. 이 교재는 "성서 히브리어의 SLA 중심적 개론서"를 추구한다.[31]

이 목표에 따라 『대화식으로 성서 히브리어 배우기』는 전통적인 문법 설명 외에도 배운 것을 실제로 사용할 수 있는 다양한 활동(예, 대화, 쓰기 활동, 게임)을 제공한다. 각 과(lesson)는 각색된 요나서를 연속적으로 사용하여 모듈의 문법과 어휘를 강화시키는 데 중점을 두고 전체적으로 40개 이상의 글(articles)을 통해 성서의 문화적 맥락과 연결될 수 있도록 해준다. 보충 웹사이트는 전체 교육용 비디오 세트, 각 요나서 에피소드의 파워포인트 자료, 어휘의 오디오 파일 그리고 의사 소통에 기반한 복습 자료를 제공한다.[32]

10.3.2.4 헬렌 달레어의 『살아있는 성서 히브리어』

헬렌 달레어(Hélène Dallaire)는 콜로라도 덴버 신학교에서 가르친다. 그녀는 이스라엘 울판에서 현대 히브리어를 배운 후에 의사 소통 방식의 성서 히브리어 교수법에 관심을 갖게 됐다. 그녀는 울판 경험을 통해 언어를 배울 수 있는 가장 좋은 방법은 역동적이고 상호 작용하는 방식으로 언어 활동에 적극적으로 참여하는 것이라고 확신하게 됐다. 이러한 깨달음으로 인해 그녀는 2016년에 처음 출판된 자신의 교재 『살아있는

---

30. https://sites.google.com/a/ashland.edu/cohelet/.

31. Overland, *Learning Biblical Hebrew Interactively*, 1:xii. Overland는 *Millim: Words for Conversation in the Biblical Hebrew Classroom*도 출판했다. 대화식으로 성서 히브리어 학습을 보완할 수 있는 이 유용한 자료는 성서 히브리어로 대화하기 위한 많은 단어들과 구문들이 있다.

32. http://www.learningbiblicalhebrewinteractively.com/.

성서 히브리어』를 저술했다. 서문에서 이 교재는 "교실 수업에서 여러 가지 방식을 **혼합적으로** 사용하려는 교사들을 위해 만들어졌다"고[33] 말하고 있다.

각 장은 짧은 경건한 노래로 시작하고 이전 장 내용을 복습할 수 있는 "미가, 다말, 랍비 슐로모"라는 제목의 만화가 뒤이어 나온다. 수업 중에 할 수 있는 다양한 연습과 활동이 모음 패턴과 같은 중요한 특징을 색깔로 표시한 각 장의 문법 설명 중간에 배치되어 있다. 달레어는 각 장에 숙제를 위한 연습문제를 넣었으며, 그중 많은 부분은 히브리어-영어 번역과 함께 히브리어 쓰기도 포함되어 있다. [34] 각 장에 교육과 어휘를 위한 파워포인트 자료, 평가, 그리고 교육 제안이 있는 웹사이트는 교재를 보충한다.

10.3.3 교육 기관과 성서 언어 프로그램

교재 외에도 교육 기관과 언어 프로그램의 출현은 성서 언어를 의사소통 방식으로 가르치는 것에 대한 관심이 증가하고 있다는 것을 반영한다. 그중에 가장 중요한 것은 성서 언어 센터(Biblical Language Center), 성서 언어와 번역 연구소(Institute for Biblical Languages and Translation), 폴리스(Polis: The Jerusalem Institute of Languages and Humanities)다.[35]

10.3.3.1 성서 언어 센터

앞에서 언급한 것처럼 랜달 부스는 몰입교육법(immersion)을 통해 성서 언어를 가르치는 장소로 성서 언어 센터를 설립했다. 이 접근 방식은

---

33. Dallaire, *Biblical Hebrew*, i. 강조는 본래의 것.

34. http://www.biblicalhebrew-livinglanguage.com/.

35. McQuinn, "Principled Communicative Methodology," 105-10.

어린 아이들이 언어를 배우는 방식, 즉 상황에서 성서 히브리어를 듣고 사용하는 방식을 모방한다. 각 성서 히브리어 수업은 두 명의 강사가 진행하며 언어를 배우는 데 반드시 필요한 반복 방식을 사용하고 교사들이 서로를 교육적 소품으로 사용할 수 있도록 한다.

전신 반응 교수법(Total Physical Response), 전신 반응 스토리텔링(Total Physical Response Storytelling)은 두 가지 주요 교육 기술을 대표하며 완전한 몰입 경험을 제공한다. 그 결과 성서 언어 센터 수업 시간의 90% 이상이 성서 히브리어 말하기로 구성되어 있다. 부스의 『살아있는 성서 히브리어』와 그것과 함께 제공되는 오디오의 읽기와 듣기를 통해 학생들이 그 날의 수업 내용을 잘 소화하고 다음 수업을 준비할 수 있도록 한다.[36]

10.3.3.2 성서 언어와 번역 연구소

성서 언어와 번역 연구소는 정기적으로 강사들이 이용할 수 있는 성서 히브리어 유창성과 교육학에 관한 집중 워크숍을 제공한다.[37] 또한 더 깊이 들어가고자 하는 사람들을 위해 그 연구소는 히브리어 학점으로 인정되는 두 가지 프로그램을 제공한다. 첫 번째 프로그램은 구두(oral) 교수법으로 거의 성서 히브리어만을(약 90%) 가르치는 한 달 집중 과정이다.[38] 두 번째 프로그램은 학생들에게 히브리 성서를 번역하는 데 반드시 필요한 기술을 가르치는 8개월 과정이다. 성서 언어 센터의 프로그램과 비슷하게 수업은 읽기, 스토리텔링, 역할극을 통해 전신 반응 교수법과 같은 의사 소통 활동을 중심으로 구성된다.[39]

---

36. https://www.biblicallanguagecenter.com/methodology/.
37. https://iblt.institute/programs/intensives/biblical-hebrew-fluency-and-pedagogy-workshop/.
38. https://iblt.ac/programs/intensives/introduction-to-biblical-hebrew/.
39. https://iblt.ac/programs/school-of-biblical-hebrew/.

10.3.3.3 폴리스: 예루살렘 언어와 인문학 연구소

폴리스는 서구 문명을 유대-기독교와 고전 그리스-로마 유산과 다시 연결하기 위해 설립됐다. 이러한 목적으로 폴리스는 그리스어, 라틴어, 히브리어, 아랍어, 아람어를 포함한 고대 언어를 유창하게 읽을 수 있도록 하는 교육을 제공한다. 폴리스는 "폴리스 방법"으로 이러한 언어들을 가르친다. 이 방법은 전신 반응 교수법, 상호반응 내러티브와 이야기, 소품, 노래를 사용하여 목표 언어에 완전히 몰입할 수 있도록 구성되어 있다. 자신의 모국어로 말하는 것은 허용되지 않는다. 폴리스에 따르면 두 가지의 여름 집중 과정을 마치면 사전없이 읽을 수 있고 간단한 고대 문서를 이해할 수 있다.[40] 이것은 학생들이 성서 히브리어에 완전히 몰입하여 이 언어로 듣고 말하고 읽고 써야하는 폴리스의 성서 히브리어 과정도 포함된다.[41]

10.3.4 다른 목소리들

마지막으로 몇몇 다른 소수의 학자들이 성서 히브리어의 의사 소통 교수법을 증진시킨다. 연구소 차원에서 많은 다른 강사들이 그들의 성서 언어 과정에서 의사 소통적 방법을 성공적으로 수행했다. 그들 중에는 베델 대학교의 폴 페리스(Paul Ferris), 미드 애틀랜타 기독교 대학교의 리 필즈(Lee Fields), 콜럼비아 국제 대학교의 제니퍼 누난(Jennifer Noonan) 그리고 프레즈노 태평양 대학교의 브라이언 슐츠(Brian Schultz)가 있다. 이 사람들과 비슷한 생각을 가지고 있는 사람들은 성서 학회(Society of Biblical Literature) 연례 모임이나 복음주의 신학 협회(Evangelical Theological Society)에서 응

---

40. http://www.polisjerusalem.org/polis-method.
41. http://www.polisjerusalem.org/biblical-hebrew-language-course.

용 언어학 분과에 정기적으로 참여한다. 이 두 모임의 응용 언어학과 성
서 언어 분과에서 정기적으로 히브리어 수업의 의사 소통적 언어 교수
법이 다양한 측면에서 논의된다. 이 분과의 높은 참여율은 성서 언어 교
수법의 의사 소통적 방식에 대한 관심이 증가하고 있음을 보여준다.

10.3.5 평가

이미 언급했듯이 연구에 의하면 현대 언어 교육에 있어서 문법-번역
교수법보다 의사 소통적 언어 교수법이 더 우수하다는 것을 보여준다.
경험적(anecdotal) 증거도 마찬가지로 의사 소통적 성서 언어 교수법은 그
것이 주는 학습 경험과 결과 모두에서도 많이 유익하다는 것을 말해준
다.[42] 이러한 많은 이점을 고려한다면 의사 소통 방식을 확증하는 교재와
교육기관이 나타나는 것은 그리 놀랄만한 일이 아니다. 특히 이러한 교
재들 중에 주목할 만한 것은 부스의 『살아있는 성서 히브리어』와 오버
랜드의 『대화식으로 성서 히브리어 배우기』인데 이 책은 최근의 모든 교
재들 중에 제2언어 습득의 원리를 가장 잘 통합한 교재이다.[43] 무엇보다
최근에 의사 소통적 언어 교수법을 성서 언어에 적용하는 것에 대해 관

---

42. 예를 들어, 2008년에 개최된 국립 히브리어 교수 협회(the National Association of
    Professors of Hebrew)의 연례 회의와 외국어 연보(*Foreign Language Annals*)에 보고
    된 코헬렛 프로젝트의 결과는 대체로 긍정적이었다. 참석한 모든 강사들과 2/3이
    상의 학생들은 의사 소통식 언어 교수법으로 성서 히브리어를 배우는 것이 문법-
    번역 교수법보다 효과적이고 더 선호한다고 보고했다. Overland, Fields, and
    Noonan, "Communicative Principles," 583-98.을 보라.
43. McQuinn, "Principled Communicative Methodology," 104. Cook과 Holmstedt의 『
    성서 히브리어 시작하기』와 Dallaire의 『살아있는 성서 히브리어』는 의사 소통 방
    식의 칭찬할 만한 여러 가지 다양한 요소들을 가지고 있지만 전반적으로 그것들
    은 전통적인 문법-번역 교수법을 중심으로 구성되어 있어서 부스의 『살아있는 성
    서 히브리어』와 오버랜드의 『대화식으로 성서 히브리어 배우기』보다 가치가 떨
    어진다.

심이 증가하는 것은 환영할 만한 일이며 약속된 발전을 보장하는 것이다.[44]

그러나 성서 히브리어의 의사 소통적 방식은 여전히 상대적으로 새로운 분야이고 몇 가지 도전에 직면해 있다. 특히 성서 언어 교수법에 제2언어 습득론의 통찰을 매우 다양하게 적용할 수 있다는 것은 이 주제에 대한 협력과 추가 연구가 필요하다는 것을 보여준다. 강사들이 자신의 강의에서 의사 소통적 방식을 적용하기 위해 사용할 수 있는 공동 자료나 연구가 없다. 이로 인해 성서 히브리어에 의사 소통적 언어 교수법을 적용하는 것이 일관적이지 않게 됐다. 따라서 제2언어 습득 연구가 어떻게 성서 언어 교육에 적용되는지를 보여주는 연구가 필요하다.[45] 또한 성서 히브리어를 의사 소통적 방식으로 가르치는 것의 이점과 모범 사례를 세워나가는 데 필요한 경험적 연구가 필요하다.[46] 그러한 연구는 의심할 바 없이 강사들이 성서 언어 교육을 위해 언어학적으로 세련된 방법론을 계속해서 발전시킬 수 있도록 해줄 것이다.

이와 가장 밀접하게 관련된 문제는 의사 소통적 교수법에 관한 훈련이 부족하다는 것이다. 현재 의사 소통적 방식을 성서 히브리어 수업에 적용하기 위해 구체적인 훈련을 받은 성서 히브리어 강사는 거의 없다. 그러나 이러한 경향이 바뀌고 있다. 위에서 언급한 많은 교육기관과 언어 프로그램들이 강사가 의사 소통적 방식으로 가르치는 방법을 배울 수 있는 기회를 제공해준다. 가장 좋은 선택지는 강사들이 이용할 수 있는 성서 히브리어 훈련 워크숍을 정기적으로 열어주는 성서 언어 센터(Bibli-

---

44. Noonan, "Teaching Biblical Hebrew," 326–34.

45. McQuinn, "Principled Communicative Methodology," 114–16.

46. 그러한 연구의 예를 위해 Noonan의 "Using Processing Instruction to Teach Biblical Hebrew Grammar."을 보라.

cal Language Center)일 것이다.[47] 많은 강사들이 의사 소통적 방식으로 성서 히브리어를 가르치는 방법을 배우기 위해 성서 언어 센터의 울판을 거쳐갔다.[48] 이와 비슷하게 코헬렛 프로젝트 이후 오버랜드도 의사 소통적 방식으로 성서 히브리어 교사들을 훈련시키는 몇몇 워크숍을 개최했다.[49] 앞으로 더 많은 강사들이 성서 히브리어를 의사 소통적 방식으로 가르치는 훈련을 받게 되면 다른 사람들에게도 필요한 기술들을 전수할 수 있을 것이다.

제도적인 현실은 또 다른 과제를 제시한다. 의사 소통적 언어 교수법뿐만 아니라 성서 히브리어를 가르치는 어떠한 접근 방식에도 충분한 시간과 자원이 필요하기 때문에 이 장애물이 반드시 의사 소통적 방식에만 국한되는 것은 아니다. 많은 학교들이 필수 성서 언어 과정을 축소하거나 심지어 폐지시켰던 시대에 교육 기관들은 성서 히브리어 교육에 시간과 자원을 기꺼이 투자하려 하지 않았다. 그러나 강사들은 이러한 장애물을 해결하기 위해 창의적인 해결책을 제시할 수 있다. 기술은 뒤집힌 교실과 같은 혼합된 학습 환경 기능을 통해 한가지 해결 가능한 방법을 제공한다.[50] 대부분 다른 외국어 프로그램에 있는 언어 실습실과 비슷한 성서 히브리어 실습실을 만들면 성서 히브리어와 관련된 다양한 사회적 행사를 개최할 수 있을 뿐 아니라 의사 소통적 학습을 촉진시킬 수 있다.[51] 나의 경험을 말하자면, 매주 점심시간에 학생들을 만나 성서 히브리어를 읽고 말하는 연습을 하고 국립 히브리어 교수 협회와 연계되어 있는 히브리어 명예 협회인 에타 베타 로(Eta Beta Rho)의 후원 아래 매

---

47. https://www.biblicallanguagecenter.com/workshops/.
48. Randall Buth가 2016년 12월 22일 저자에게 보낸 메일.
49. Paul Overland가 2016년 12월 22일 저자에게 보낸 메일.
50. Sigrist, "Overcoming Obstacles."
51. Streett, "Immersion Greek."

년 유월절 세데르와 하누카 파티와 같은 다양한 사회적 활동을 주관한
다.[52] 이러한 활동들은 의사 소통적 방식의 학습을 장려하고 캠퍼스에 성
서 히브리어에 대한 관심을 불러 일으킨다.

10.4 성서 히브리어와 성서 아람어 지속하기

이번 장의 마지막 주제는 지속하기(retention)이다. 학생들이 성서 언어
를 단지 알기 위해서가 아니라 사용하기 위해서 배우기 때문에 지속하
는 것이 중요하다. 더군다나 성서 히브리어와 성서 아람어를 배우는 데
들어가는 많은 시간과 노력을 감안한다면 그 언어들을 지속하지 않는 것
은 부끄러운 일이다. 성서 언어를 지속하는 가장 좋은 방법은 처음부터
잘 배우는 것이다.

성서 히브리어와 성서 아람어의 견고한 기초는 성서 본문을 쉽고 즐
겁게 읽을 수 있도록 해주며 이는 결과적으로 쉽게 지속할 수 있도록 해
준다. 그러나 이 외에도 성서 언어를 지속하기 위한 다양한 전략이 있다.
"당신의 히브리어를 건강하게 지키기"라는 제목의 논문에서 데니스 매
게리(Dennis Magary)는 이 전략을 복습과 사용이라는 두 가지 기본적인 범
주로 나눈다.[53]

단어와 문법을 확실히 이해하지 않고서는 유창하게 읽을 수 없기 때
문에 그것들을 복습하는 것은 반드시 필요하다. 매게리는 단어를 지속하
기 위해서 매주 약 25개의 단어를 공부할 것을 권장한다.[54] 위에서 언급
한 퀴즈렛(Quizlet)과 같은 온라인 자료는 이것과 관련하여 매우 유용한 것
으로 입증됐지만 마일즈 반 펠트와 개리 프래트코의 『성서 히브리어 아

---

52. http://www.naphhebrew.org/eta-beta-rho.
53. Magary, "Keeping Your Hebrew Healthy," 29–55.
54. Magary, "Keeping Your Hebrew Healthy," 34–37.

람어 단어 가이드』(*The Vocabulary Guide to Biblical Hebrew and Aramaic*)와 같은 인쇄
자료는 여전히 유용하다. 문법을 지속하기 위해서 매게리는 표준 문법책
중 하나를 선택하여 본인이 소화할 수 있는 진도로 공부할 것을 제안한
다.[55]

성서 언어를 지속하는 두 번째 핵심은 성서 본문을 읽는 것이다. "사
용하지 않으면 잃는다"라는 옛 격언은 확실히 성서 히브리어와 성서 아
람어에도 적용된다. 그리고 히브리 성서를 규칙적으로 읽는 것은 기억을
새롭게 하고 이미 배웠던 지식과 기술을 향상시키는 가장 좋은 방법이
다. 성서 본문을 제대로 읽기 위해서는 빠른 속도로 단락 읽기와 느린 속
도로 자세한 읽기가 병행되어야 하는데 이것은 읽는 것에 자신감을 주
고 주의깊게 본문과 상호 작용하며 읽을 수 있도록 한다. 매게리가 지적
한 것처럼 청각적 읽기는 시각적 읽기를 보완하고 향상시키는 데 도움
이 된다.[56] 이에 대한 훌륭한 오디오 자료로는 원래 국제 오디오 성경
(Audio Scriptures International)에서 제작됐으며 현재는 여러 웹사이트에서 온
라인으로 이용할 수 있는 ASI 히브리 성서이다.[57] 구약성서 본문 듣기에
도움이 되는 또 다른 자료는 이스라엘 성서 공회(the Bible Society in Israel)에
서 히브리 성서를 드라마식 읽기(효과 음향과 음악이 있고 내레이터와 각 인물들을
목소리가 다른 성우들이 녹음)로 제작한 BSI 히브리어 오디어 성경이다.[58]

성서 본문을 읽기 위해서 BHS(Biblia Hebraica Stuttgartensia)나 부분적으로
완성된 후속판인 BHQ(Biblia Hebraica Quinta)와 같은 본문 버전을 선택해야
한다. 그러나 어휘를 잘 이해하고 있다 하더라도 아직 배우지 못한 단어

---

55. Magary, "Keeping Your Hebrew Healthy," 37-42.

56. Magary, "Keeping Your Hebrew Healthy," 43.

57. 한 예로 http://www.aoal.org/hebrew_audiobible.htm을 보라.

58. http://haktuvim.co.il/en/study/Gen.1.1.

를 만나기 마련이다. 따라서 최근 몇 년 동안 『독자들을 위한 히브리 성
경』(*A Reader's Hebrew Bible*, edited by A. Phillip Brown II and Bryan W. Smith)과 독자용
BHS(*Biblia Hebraica Stuttgartensia: A Reader's Edition*, edited by Donald R. Vance, George Athas,
and Yael Avrahami)와 같은 성경이 나온 것은 환영할 만한 발전이다. 전자는
100회 미만으로 발생하는 모든 단어들을 생략하는 반면, 완전히 BHS를
기초로 만들어진 후자는 70회 미만으로 발생하는 모든 단어들을 생략하
고 모든 약동사를 분석해 놓았다. 이 같은 자료들은 행간 성경(Interlinear
Bibles)이나[59] 성경 소프트웨어의 전자판 성서 본문보다 선호되어야 한다.
후자는 너무 쉽게 영어 용어와 구문 분석 정보를 의존하게 만들어서 그
것이 가지고 있는 유용성이 있음에도 불구하고 성서 히브리어와 성서 아
람어를 지속하는 데 도움이 되는 도구는 아니다.

　헨드릭슨의 『하루에 2분 성서 언어 시리즈』(*Two Minutes a Day Biblical Lan-
guages Series*)는 성서 언어의 능숙함을 지속하기 위해 특히 효과적이다. 조
나단 클라인(Jonathan G. Kline)이 편집한 이 시리즈는 성서 히브리어를 위해
두 권(『하루에 2분으로 당신의 성서 히브리어를 지속하라』[*Keep Up Your Biblical Hebrew in
Two Minutes a Day*]), 성서 아람어를 위해 한 권(『하루에 2분으로 당신의 성서 아람어
를 지속하라』[*Keep Up Your Biblical Aramaic in Two Minutes a Day*])으로 되어있다. 각 권
에는 히브리 성서의 한 절로 된 365개의 구절들이 있다. 각 구절에는 먼
저 히브리어나 아람어 본문의 한 절 전체가 나오고 두 번째로 구(phrases)
로 나뉘어 영어 번역과 함께 제시된다. 게다가 각 구절은 의도적으로 히
브리어 새 단어 한 개나 아람어 새 단어 두 개가 소개된다. 새로운 단어
는 빈도가 낮은 단어 순으로 제시되어 독자가 히브리어를 위한 책을 모
두 읽으면 가장 자주 나오는 히브리어 단어 730개를 복습할 수 있고 아

---

59. 역주, 하나의 역본을 보여주고 그 밑에 해당 단어의 정보로 스트롱 코드, 원어 단
　　어, 문법 사항을 보여주는 것을 행간 성경이라고 한다.

람어를 위한 책을 읽은 후에는 히브리 성서의 아람어 단어 716개를 모두 복습할 수 있도록 되어있다. 따라서 클라인의 『하루에 2분으로 당신의 성서 히브리어/성서 아람어를 지속하라』는 어휘뿐 아니라 읽기 능력을 지속할 수 있게 하는 귀중한 도구다.

읽기 연습에 도움이 되는 다른 자료로는 하인리히 비처(Heinrich Bitzer)의 『길 위의 빛』(Light on the Path)이나 그 속편인 데이비드 베이커(David W. Baker)와 일레인 히스(Elaine A. Heath)의 『길 위에 더 밝은 빛』(More Light on the Path)과 같은 묵상 자료가 있다. 밀톤 잉(Milton Eng)과 리 필즈(Lee M. Fields)가 최근에 편집한 『히브리 성서 묵상: 영감과 교훈을 위한 54가지 성찰』(Devotions on the Hebrew Bible: 54 Reflections to Inspire & Instruct)도 독자들에게 성서 언어를 아는 것의 가치와 타당성을 보여주면서 성서 히브리어를 지속적으로 접할 수 있도록 하는 유용한 히브리어 영적 묵상 모음집이다. 비처, 베이커, 히스의 묵상집과는 달리 『히브리 성서 묵상』은 전적으로 성서 히브리어 본문만 다루고 그렇게 선택한 것은 의도적으로 히브리 성서의 대표적인 본문에서 다양한 통찰을 제시하려고 했기 때문이다.

이와 관련된 또 다른 유용한 자료는 하디(H. H. Hardy II)의 『성서 히브리어 주해』(Exegetical Gems from Biblical Hebrew: A Refreshing Guide to Grammar and Interpretation)다. 이 책은 성서 히브리어와 관련된 30개의 다양한 주제를 제시하고 성서 히브리어를 특정 단락에 적용시킴으로써 성서 해석에 성서 히브리어가 얼마나 적절한지를 보여준다. 따라서 이 책은 히브리어 능력을 유지하도록 격려하고 동기를 부여해 준다. 각 장이 다루는 주제에 대한 핵심 개념을 체계적인 방식으로 제시하기 때문에 『성서 히브리어 주해』는 히브리어 문법의 핵심을 복습할 수 있는 충분한 기회를 제공한다.

마지막으로 성서 히브리어를 지속하는 데 도움이 되는 온라인 자료도 있다. 여기에는 마크 푸타토(Mark Futato)가 만든 Daily Dose of Hebrew 웹사이트와[60] 개리 쉬니처(Gary E. Schnittjer)가 만든 *Hebrew Day by Day* 웹사이트도[61] 포함되어 있다. 이 두 웹사이트에는 성서 히브리어 문법책에 대한 유용한 리뷰가 있다. 매일 히브리어 영상을 구독할 수 있고 구독자에게 일주일에 다섯번 히브리 성서 한구절의 문법과 주해를 알려주는 짧은 영상 링크가 전송된다.

10. 5 앞으로의 방향

교육 기관들이 성서 히브리어와 성서 아람어 과정을 줄이고, 학생들이 성서 언어 학습의 가치에 의문을 제기하며, 성서 언어를 배우는 사람들이 그것을 지속하기 위해 노력하는 이 때에 성서 언어 교육에 관심을 가지는 것이 그 어느 때 보다 중요하다. 만약 성서 히브리어와 성서 아람어 교육이 계속적으로 발전하려면 강사들은 효과적으로 학생들을 가르치는 법을 배워 이러한 언어를 지속적으로 습득할 수 있도록 해야 한다. 이러한 방식으로 성서 언어 학생들을 돕는 것은 궁극적으로 히브리 성서의 주해, 교육 그리고 설교 뿐 아니라 히브리어와 아람어 연구에 도움이 된다.

성서 히브리어와 성서 아람어의 전통적인 교수법에 몇 가지 중요한 혁신들이 일어나지만 그럼에도 불구하고 앞으로 가장 유망한 방법은 성서 언어 교육에 의사 소통 언어 교수법을 적용하는 것에서 찾아 볼 수 있다. 랜달 부스와 폴 오버랜드와 같은 사람들은 성서 히브리어의 의사 소통적 교수법에 견고한 기초를 놓았고 다른 사람들은 계속해서 그들의 방법을 세워나가고 있다. 성서 언어를 지속할 수 있는 방식과도 결합된 의사 소통 방식은 다음 세대 학생들이 그들의 주해와 사역에서 좀 더 효과

---

60. http://dailydoseofhebrew.com/.

61. http://hebrewdaybyday.com/.

적으로 성서 히브리어를 사용할 수 있도록 도울 수 있다. 따라서 앞으로 성서 언어 교육의 전망은 밝다.

10.6 더 읽을 자료

Baker, David W. "Studying the Original Texts: Effective Learning and Teaching of Biblical Hebrew." Pages 161–72 in *Make the Old Testament Live: From Curriculum to Classroom*. Edited by Richard S. Hess and Gordon J. Wenham. Grand Rapids: Eerdmans, 1998.

Callaham, Scott N. "Rethinking Biblical Hebrew Instruction." Pages 235–58 in *The Unfolding of Your Words Gives Light: Studies in Biblical Hebrew in Honor of George L. Klein*. Edited by Ethan C. Jones. University Park, PA: Eisenbrauns, 2018.

Greenspahn, Frederick E. "Why Hebrew Textbooks Are Different from Those for Other Languages." SBL Forum. July, 2005. http://www.sbl-site.org/publications/ article.aspx?ArticleId=420.

Harlow, Joel. "Successfully Teaching Biblical Languages Online at the Seminary Level: Guiding Principles of Course Design and Delivery." *Teaching Theology & Religion* 10 (2007): 13–24.

Magary, Dennis R. "Keeping Your Hebrew Healthy." Pages 29–55 in *Preaching the Old Testament*. Edited by Scott M. Gibson. Grand Rapids: Baker Books, 2006.

McKenzie, Tracy. "Teaching Biblical Hebrew to Congregational Leaders: A Personal Reflection on Its Challenges and Potential Ways Forward." Pages 259–71 in *The Unfolding of Your Words Gives Light: Studies in Biblical Hebrew in Honor of George L. Klein*. Edited by Ethan C. Jones.

University Park, PA: Eisenbrauns, 2018.

McQuinn, Scott J. "Toward a Principled Communicative Methodology for Teaching the Biblical Languages." MA thesis, Fresno Pacific University, 2017.

Morse, MaryKate. "Enhancing the Learning and Retention of Biblical Languages for Adult Students." *Teaching Theology & Religion* 7 (2004): 45–50.

Noonan, Jennifer E. "Recent Teaching Grammars for Biblical Hebrew: A Review and Critique." *ATJ* 43 (2011): 99–118.

———. "Teaching Biblical Hebrew." Pages 317–35 in *"Where Shall Wisdom Be Found?" A Grammatical Tribute to Professor Stephen A. Kaufma*n. Edited by Helene M. Dallaire, Benjamin J. Noonan, and Jennifer E. Noonan. Winona Lake, IN: Eisenbrauns, 2017.

Overland, Paul, Lee M. Fields, and Jennifer E. Noonan. "Can Communicative Principles Enhance Classical Language Acquisition?" Foreign Language *Annals* 44 (2011): 583–98.

결론

언어를 적절하게 사용하면 잠긴 채로 남아 있는 새로운 성서 해석의 문이 열리고, 그렇지 않으면 가지지 않았을 어떤 책임을 해석자들에게 부여하게 된다.

—제이슨 드라우치(Jason DeRouchie)[1]

나는 너무나 일반적인 딜레마를 제시하면서 이 책을 시작했다. 그 딜레마는 성서 히브리어와 성서 아람어 연구는 신실하게 히브리 성서를 해석하고자 하는 사람들에게 반드시 필요하지만 원어로 히브리 성서를 읽고자 하는 사람들은 히브리 성서의 언어학적 연구를 이해해야 하는 어려움에 직면한다는 것이다. 이 책에서 나는 성서 히브리어와 성서 아람어 연구의 세계를 쉽게 접근할 수 있도록 소개함으로써 이러한 문제를 해결하려고 했다. 나의 목표는 이 책이 학생, 목사, 교수, 학자들에게 이 언어들에 대한 현재의 관심 논의들을 소개하여 그들이 히브리 성서를 이해하는 데 이러한 논의들이 왜 중요한지 알도록 하는 것이다.

---

1.   DeRouchie, "Profit of Employing the Biblical Languages," 50.

이 모든 것에 대한 이유는 간단하다. 주해의 질은 성서 언어에 관한 지식과 직접적으로 연관되어 있으며, 그 지식은 성서 언어들에 대한 학문적 참여에 직접적으로 의존한다. 따라서 효과적으로 히브리 성서를 이해하고 설교하고자 하는 모든 학생, 목사, 교수, 학자들은 반드시 이 책에서 논의된 기본 주제에 익숙해야 한다. 우리는 위험천만하게도 성서 히브리어와 성서 아람어 연구의 최근 발전에 대해 무지하다. 마르틴 루터는 이렇게 말했다. "언어 없이는 복음은 오래 보존되지 못할 것이다. … 만약 우리의 태만 때문에 언어를 버린다면(이것은 하나님이 금하신 것이다.) 우리는 복음을 잃어버리게 될 것이다."[2]

또한 성서 히브리어와 성서 아람어 연구에 참여하는 것은 우리의 주해를 신뢰할 만하게 만들어 줄 뿐 아니라 우리에게 기쁨도 가져다 준다. 나는 이 책의 결과로 당신이 성서 언어 연구의 가치를 이해하고 누리게 되기를 바란다. 그리고 또 바라건대 성서 히브리어와 성서 아람어 연구가 더 이상 예전처럼 당신에게 두려움이 되지 않고 오히려 매혹과 기쁨의 대상이 되기를 기대한다.

성서 히브리어와 성서 아람어를 배우는 것은 흥미로운 시간이다. 언어학이 지속적 발전하고 셈어에 대한 이해가 증가함으로써 히브리어와 아람어 연구는 견고한 기반에 놓이게 됐다. 히브리 성서 주해에 영향을 미치는 중요한 발전들이 일어나고 있으며 히브리어와 아람어를 배우는 사람들은 언어학을 히브리 성서 해석에 적용하는 것에 점점 더 많은 관심을 가지고 있다. 이제 마지막으로 나는 독자들이 계속해서 성서 히브리어와 성서 아람어를 배워 최선의 주해와 사역을 위해 준비될 수 있기를 바란다.

---

2.   Luther, "To the Councilmen of All Cities," 360.

Adams, Klaus-Peter. "A (Socio-)Demonstrative Meaning of the Hitpael in Biblical Hebrew." *ZAH* 25–28 (2012–2015): 1–23.

Adams, William James, Jr. "An Investigation into the Diachronic Distribution of Morphological Forms and Semantic Features of Extra-Biblical Hebrew Sources." PhD diss., University of Utah, 1987.

———. "Language Drift and the Dating of Biblical Passages." *HS* 18 (1977): 160–64.

Adamska-Sałaciak, Arleta. "Explaining Meaning in Bilingual Dictionaries." Pages 144–60 in *The Oxford Handbook of Lexicography*. Edited by Philip Durkin. Oxford Handbooks in Linguistics. Oxford: Oxford University Press, 2016. Aitken, James K. "Context of Situation in Biblical Lexica." Pages 181–201 in *Foundations for Syriac Lexicography III: Colloquia of the International Syriac Language Project*. Edited by Janet Dyk and Wido T. van Peursen. Perspectives on Syriac Linguistics 4. Piscataway, NJ: Gorgias, 2008.

Akmajian, Adrian, Ann Kathleen Farmer, Lee Bickmore, Richard A. Demers, and Robert M. Harnish. *Linguistics: An Introduction to Language and Communication*. 7th ed. Cambridge, MA: MIT Press, 2017.

Albright, William F. "A Catalogue of Early Hebrew Lyric Poems (Psalm LXVIII)." *HUCA* 23 (1950–1951): 1–39.

———. "The Earliest Forms of Hebrew Verse." *JPOS* 2 (1922): 69–86.

———. "Ivory and Apes of Ophir." *AJSL* 37 (1920–1921): 144–45.

———. "The Oracles of Balaam." *JBL* 63 (1944): 207–33.

———. "Some Additional Notes on the Song of Deborah." *JPOS* 2 (1922): 284–85.

———. "Some Remarks on the Song of Moses in Deuteronomy XXXII." *VT* 9 (1959): 339–46.

Alinei, Mario. "The Problem of Dating in Linguistics." Translated by Svetislav Kostić. *Quaderni di semantica: rivista internazionale di semantica teorica e applicata* 25 (2004): 211–32.

Allan, Keith, ed. *The Oxford Handbook of the History of Linguistics.* Oxford: Oxford University Press, 2013.

Alonso Schökel, Luís, Víctor Morla-Asensio, and Vicente Collado. *Diccionario bíblico hebreo-español.* Madrid: Trotta, 1994.

Amos, Ashley Crandell. *Linguistic Means of Determining the Dates of Old English Literary Texts.* Medieval Academy Books 90. Cambridge, MA: Medieval Academy of America, 1980.

Andersen, Francis I. *The Sentence in Biblical Hebrew.* Janua Linguarum Series Practica 231. The Hague: Mouton, 1974.

Andersen, Henning. "Markedness Theory—The First 150 Years." Pages 11–46 in *Markedness in Synchrony and Diachrony.* Edited by Olga Mišeska Tomić. Trends in Linguistics: Studies and Monographs 39. Berlin: Mouton de Gruyter, 1989.

Andersen, T. David. "The Evolution of the Hebrew Verbal System." *ZAH* 13 (2000): 1–66.

Andrason, Alexander. "The BH *weqatal*: A Homogenous Form with No Haphazard Functions (Part 1)." *JNSL* 37.2 (2011): 1–26.

———. "The BH *weqatal*: A Homogenous Form with No Haphazard Functions (Part 2)." *JNSL* 38.1 (2012): 1–30.

———. "The Biblical Hebrew Verbal System in Light of Grammaticalization: The Second Generation." *HS* 52 (2011): 19–51.

———. "Biblical Hebrew *wayyiqtol*: A Dynamic Definition." *JHebS* 11.8 (2011): 1–58. http://www.jhsonline.org.

———. "Future Values of the *qatal* and Their Conceptual and Diachronic Logic: How to Chain Future Senses of the *qatal* to the Core of Its Semantic Network." *HS* 54 (2013): 7–38.

———. "The Gnomic *qatal*." *Orientalia Suecana* 61 (2012): 5–53.

———. "Making It Sound—The Performative *qatal* and Its Explanation." *JHebS* 12.8 (2012): 1–58. http://www.jhsonline.org.

———. "An Optative Indicative? A Real Factual Past? Toward a Cognitive-Typological Approach to the Precative *qatal*." *JHebS* 13.4 (2013): 1–41. http://www.jhsonline.org. =

———. "The Panchronic *yiqtol*: Functionally Consistent and Cognitively Plausible."

JHebS 10.10 (2010): 1–63. http://www.jhsonline.org.

———. *El sistema verbal hebreo en su contexto semítico: una visión dinámica.*
Instrumentos para el estudio de la Biblia 24. Estella: Verbo Divino, 2013. Andrews,
Edna. *Markedness Theory: The Union of Asymmetry and Semiosis in Language.*
Roman Jackobsen Series in Linguistics and Philology. Durham, NC: Duke University
Press, 1990.

Archer, Gleason L., Jr. "The Aramaic of the 'Genesis Apocryphon' Compared with the
Aramaic of Daniel." Pages 160–69 in *New Perspectives on the Old Testament.* Edited
by J. Barton Payne. Evangelical Theological Society Symposium Series 3. Waco,
TX: Word, 1970.

Arnold, Bill T. "The Use of Aramaic in the Hebrew Bible: Another Look at Bilingualism
in Ezra and Daniel." *JNSL* 22.2 (1996): 1–16.

Arnold, Mark A. "Categorization of the Hitpaʿel of Classical Hebrew." PhD diss.,
Harvard University, 2005.

Aronoff, Mark and Janie Rees-Miller, eds. *The Handbook of Linguistics.* 2nd ed.
Blackwell Handbooks in Linguistics. Malden, MA: Wiley-Blackwell, 2017.

Ashdowne, Richard. "Dictionaries of Dead Languages." Pages 350–66 in *The Oxford
Handbook of Lexicography.* Edited by Philip Durkin. Oxford Handbooks in
Linguistics. Oxford: Oxford University Press, 2016.

Asher, James. "Children's First Language as a Model for Second Language Learning."
Modern Language Journal 56 (1972): 133–39.

Bailey, Nicholas A. and Stephen H. Levinsohn. "The Function of Preverbal Elements in
Independent Clauses in the Hebrew Narrative of Genesis." *JOTT* 5 (1992): 179–
207.

Baker, David W. "Studying the Original Texts: Effective Learning and Teaching of
Biblical Hebrew." Pages 161–72 in *Make the Old Testament Live: From Curriculum
to Classroom.* Edited by Richard S. Hess and Gordon J. Wenham. Grand Rapids:
Eerdmans, 1998.

Baker, David W. and Elaine A. Heath. *More Light on the Path: Daily Scripture Readings
in Hebrew and Greek.* Grand Rapids: Baker Books, 1998.

Bandstra, Barry. "Word Order and Emphasis in Biblical Hebrew Narrative: Syntactic

Observations on Genesis 22 from a Discourse Perspective." Pages 109–23 in *Linguistics and Biblical Hebrew.* Edited by Walter R. Bodine. Winona Lake, IN: Eisenbrauns, 1992.

Bar-Asher, Elitzur Avraham. "סימוני לשון במגילת רות [Linguistic Markers in the Book of Ruth]." *Shnaton* 18 (2008): 25–42.

Barco del Barco, Javier del. *Profecía y sintaxis: el Uso de las formas verbales en los Profetas Menores preexílicos.* Textos y estudios "Cardenal Cisneros" 69. Madrid: Consejo Superior de Investigaciones Científicas, 2003.

Bar-Magen, M. "במקרא 'נא' המלה [The Word 'נָא' in the Bible]." *Beit Mikra* 25 (1980): .71–163

Barr, James. *Comparative Philology and the Text of the Old Testament.* 2nd ed. Winona Lake, IN: Eisenbrauns, 1987.

———. "Etymology and the Old Testament." Pages 1–28 in *Language and Meaning: Studies in Hebrew Language and Biblical Exegesis: Papers Read at the Joint British-Dutch Old Testament Conference Held at London, 1973.* OtSt 19. Leiden: Brill, 1974.

———. "Hebrew Lexicography." Pages 103–26 in *Studies on Semitic Lexicography.* Edited by Pelio Fronzaroli. Quaderni di semitistica. Florence: Istituto di Linguistica e di Lingue Orientali, Università di Firenze, 1973.

———. "Hebrew Lexicography: Informal Thoughts." Pages 137–51 in *Linguistics and Biblical Hebrew.* Edited by Walter R. Bodine. Winona Lake, IN: Eisenbrauns, 1992.

———. "Limitations of Etymology as a Lexicographical Instrument in Biblical Hebrew." *Transactions of the Philological Society* 81 (1983): 41–65.

———. "Semantics and Biblical Theology: A Contribution to the Discussion." Pages 11–19 in *Congress Volume: Uppsala, 1971.* Edited by Pieter de Arie Hendrik Boer. VTSup 22. Leiden: Brill, 1972.

———. *The Semantics of Biblical Language.* Oxford: Oxford University Press, 1961.

———. "Semitic Philology and the Interpretation of the Old Testament." Pages 31–64 in *Tradition and Interpretation: Essays by Members of the Society for Old Testament Study.* Edited by G. W. Anderson. Oxford: Clarendon, 1979.

———. "Three Interrelated Factors in the Semantic Study of Ancient Hebrew." *ZAH* 7 (1994): 33–44.

Battistella, Edwin L. *The Logic of Markedness.* Oxford: Oxford University Press, 1996.

———. *Markedness: The Evaluative Superstructure of Language.* SUNY Series in Linguistics. Albany, NY: State University of New York Press, 1990.

Bauer, Hans and Pontus Leander. *Grammatik des biblisch-Aramäischen.* Halle: Niemeyer, 1927.

———. *Historische Grammatik der hebräischen Sprache des Alten Testamentes: Einleitung, Schriftlehre, Laut-und Formenlehre.* Halle: Niemeyer, 1922.

Baumgartner, Walter. "Das Aramäische im Buche Daniel." *ZAW* 45 (1927): 81–133.

Bean, Albert Fredrick. "A Phenomenological Study of the Hithpaʿel Verbal Stem in the Hebrew Old Testament." PhD diss., Southern Baptist Theological Seminary, 1976.

Beckman, John C. "Toward the Meaning of the Biblical Hebrew Piel Stem." PhD diss., Harvard University, 2015.

Beekman, John and John Callow. *Translating the Word of God.* Grand Rapids: Zondervan, 1974.

Beekman, John, John Callow, and Michael Koposec. *The Semantic Structure of Written Communication.* 5th ed. Dallas: Summer Institute of Linguistics, 1981.

Beneš, Eduard. "Die Verbstellung im Deutschen, von der Mitteilungsperspektive her betrachtet." *Philologica Pragensia* 5 (1962): 6–19.

Benton, Richard C. "Aspect and the Biblical Hebrew Niphal and Hitpael." PhD diss., University of Wisconsin–Madison, 2009.

———. "Verbal and Contextual Information: The Problem of Overlapping Meanings in the Niphal and Hitpael." *ZAW* 124 (2012): 385–99.

Berchman, Robert M. *Porphyry Against the Christians.* Studies in Platonism, Neoplatonism, and the Platonic Tradition 1. Leiden: Brill, 2006.

Bergen, Robert D., ed. *Biblical Hebrew and Discourse Linguistics.* Dallas: Summer Institute of Linguistics, 1994.

———. "Discourse Analysis: Biblical Hebrew." *EHLL* 1:746–49.

———. "Text as a Guide to Authorial Intention: An Introduction to Discourse Criticism." *JETS* 30 (1987): 327–36.

Bergey, Ronald L. "The Book of Esther: Its Place in the Linguistic Milieu of Post-Exilic Biblical Hebrew Prose: A Study in Late Biblical Hebrew." PhD diss., Dropsie

College, 1983.

————. "Late Linguistic Features in Esther." *JQR* 75 (1984): 66–78.

————. "Post-Exilic Hebrew Linguistic Developments in Esther: A Diachronic Approach." *JETS* 31 (1988): 161–68.

Bergsträsser, Gotthelf. *Einführung in die semitischen Sprachen: Sprachproben und grammatische Skirren*. Munich: Huber, 1928.

Bergsträsser, Gotthelf, Wilhelm Gesenius, Mark Lidzbarski, and Emil Kautzsch. *Hebräische Grammatik*. 2 vols. Leipzig: Vogel, 1918–1929.

Bergström, Ulf. "Temporality and the Semantics of the Biblical Hebrew Verbal System." PhD diss., Uppsala Universitet, 2014.

Berman, Joshua A. "The Narratological Purpose of Aramaic Prose in Ezra 4:8–6:18." *AS* 5 (2007): 165–91.

Bernius, Elaine A. "When Foreigners Speak: Job—A Study in Dialectology." PhD diss., Hebrew Union College–Jewish Institute of Religion, 2013.

Bertholdt, Leonhard. *Historisch kritische Einleitung in sämmtliche kanonische und apokry- phische Schriften des alten und neuen Testaments*. 6 vols. Erlangen: Palm, 1812–1819.

Biber, Douglas and Susan Conrad. *Register, Genre, and Style*. Cambridge Textbooks in Linguistics. Cambridge: Cambridge University Press, 2009.

Bicknell, Belinda Jean. "Passives in Biblical Hebrew." PhD diss., University of Michigan, 1984.

Birkeland, Harris. *Akzent und Vokalismus im Althebräischen mit Beiträgen zur vergleichenden semitischen Sprachwissenschaft*. Skrifter utgitt av Det Norske videnskapsakademi i Oslo, 2: Historisk-filosofisk klasse 3. Oslo: Dybwad, 1940.

Bitzer, Heinrich. *Light on the Path: Daily Readings in Hebrew and Greek*. Grand Rapids: Baker Books, 1982.

Bjøru, Øyvind. "Diathesis in the Semitic Languages: Exploring the *Binyan* System." MA thesis, University of Oslo, 2012.

————. "Transitivity and the Binyanim." Pages 48–63 in *Proceedings of the Oslo-Austin Workshop in Semitic Linguistics: Oslo, May 23 and 24, 2013*. Edited by Lutz Edzard and John Huehnergard. AKM 88. Wiesbaden: Harrassowitz, 2014.

Blake, Frank R. "The Form of Verbs after *Waw* in Hebrew." *JBL* 65 (1946): 51–57.

———. "The Hebrew Waw Conversive." *JBL* 63 (1944): 271–95.

———. *A Resurvey of Hebrew Tenses, with an Appendix: Hebrew Influence on Biblical Aramaic.* Scripta Pontificii Instituti Biblici 103. Rome: Pontifical Biblical Institute, 1951.

Blau, Joshua. "הרהוריו של ערביסטן על השתלשלות עברית המקרא וסעיפיה [An Arabicist's Reflections on the Development of the Hebrew Bible and Its Divisions]." *Leš* 60 (1997): 32–21.

Blevins, James P. "American Descriptivism ('Structuralism')." Pages 419–37 in *The Oxford Handbook of the History of Linguistics.* Edited by Keith Allan. Oxford: Oxford University Press, 2013.

Block, Daniel I. *Ruth.* ZECOT 8. Grand Rapids: Zondervan, 2015.

Blois, Reinier de. "Cognitive Linguistic Approaches to Biblical Hebrew." *EHLL* 1:471–73. ———. "New Tools and Methodologies for Biblical Lexicography." Pages 203–16 in *Foundations for Syriac Lexicography III: Colloquia of the International Syriac Language Project.* Edited by Janet Dyk and Wido T. van Peursen. Perspectives on Syriac Linguistics 4. Piscataway, NJ: Gorgias, 2008.

———. "A Semantic Dictionary of Biblical Hebrew." *Bulletin of the United Bible Societies* 194–195 (2002): 275–95.

———. "Semantic Domains for Biblical Greek: Louw and Nida's Framework Evaluated from a Cognitive Perspective." Pages 265–78 in *Foundations for Syriac Lexicography III: Colloquia of the International Syriac Language Project.* Edited by Janet Dyk and Wido T. van Peursen. Perspectives on Syriac Linguistics 4. Piscataway, NJ: Gorgias, 2008.

———. "Semantic Domains for Biblical Hebrew." Pages 209–29 in *Bible and Computer: The Stellenbosch AIBI-6 Conference: Proceedings of the Association internationale Bible et informatique, "From Alpha to Byte," University of Stellenbosch, 17–21 July, 2000.* Edited by Johann Cook. Leiden: Brill, 2002.

———. "Towards a New Dictionary of Biblical Hebrew based on Semantic Domains." PhD diss., Vrije Universiteit, 2000.

Bodine, Walter R., ed. *Discourse Analysis of Biblical Literature: What It Is and What It*

Offers. SemeiaSt. Atlanta: Scholars Press, 1995.

———. *Linguistics and Biblical Hebrew.* Winona Lake, IN: Eisenbrauns, 1992.

———. "Linguistics and Biblical Studies." *ABD* 4:327–33.

Boman, Thorleif. *Hebrew Thought Compared with Greek.* Translated by Jules L. Moreau. New York: Norton, 1960.

Bompiani, Brian A. "Is Genesis 24 a Problem for Source Criticism?" *BSac* 164 (2007): 403 –15.

———. "Style Switching in the Jacob and Laban Narratives." *HS* 55 (2014): 43–57.

———. "Style Switching in the Speech of Transjordanians." *HS* 57 (2016): 51–71.

———. "Style-Switching: The Representation of the Speech of Foreigners in the Hebrew Bible." PhD diss., Hebrew Union College–Jewish Institute of Religion, 2012.

Bornemann, Robert. *Grammar of Biblical Hebrew.* Lanham, MD: University Press of America,1998.

Botha, Philippus J. "The Measurement of Meaning: An Exercise in Field Semantics." *JSem* 1 (1989): 3–22.

Böttcher, Julius Friedrich. *Ausführliches Lehrbuch der hebräischen Sprache.* Edited by Ferdinand Mühlau. 2 vols. Leipzig: Barth, 1866–1868.

Botterweck, G. Johannes, Helmer Ringgren, and Heinz-Josef Fabry, eds. *Theological Dictionary of the Old Testament.* Translated by Geoffrey W. Bromiley, David E. Green,

Douglas W. Stott, and John T. Willis. 15 vols. Grand Rapids: Eerdmans, 1974–2006.

Boutflower, Charles. *In and Around the Book of Daniel.* London: SPCK, 1923.

Boyd, Steven W. "The *Binyanim* (Verbal Stems)." Pages 85–125 in *"Where Shall Wisdom Be Found?" A Grammatical Tribute to Professor Stephen A. Kaufman.* Edited by Hélène M. Dallaire, Benjamin J. Noonan, and Jennifer E. Noonan. Winona Lake, IN: Eisenbrauns, 2017.

———. Review of *The Function of the Niphʿal in Biblical Hebrew in Relationship to Other Passive-Reflexive Verbal Stems and to the Puʿal and Hophʿal in Particular,* by P. A. Siebesma. *JAOS* 114 (1994): 669–71.

———. "A Synchronic Analysis of the Medio-Passive-Reflexive in Biblical Hebrew."

PhD diss., Hebrew Union College–Jewish Institute of Religion, 1993.

Boyle, Milton L., Jr. "Infix-*t* Forms in Biblical Hebrew." PhD diss., Boston University, 1969.

Brenner, Athalya. "On the Semantic Field of Humour, Laughter and the Comic in the Old Testament." Pages 39–58 in *On Humour and the Comic in the Hebrew Bible*. Edited by Yehuda T. Radday and Athalya Brenner. JSOTSup 92. Sheffield: Almond Press, 1990.

Bresnan, Joan. "The Passive in Lexical Theory." Pages 3–86 in *The Mental Representation of Grammatical Relations*. Edited by Joan Bresnan. MIT Press Series on Cognitive Theory and Mental Representation. Cambridge, MA: MIT Press, 1988.

Bridge, Edward J. "The Use of Slave Terms in Deference and in Relation to God in the Hebrew Bible." PhD diss., Macquarie University, 2010.

Bright, John. "The Apodictic Prohibition: Some Observations." *JBL* 92 (1973): 185–204.

Brinton, Donna, Marguerite Ann Snow, and Marjorie Bingham Wesche. *Content-Based Second Language Instruction*. Boston: Heinle & Heinle, 1989.

Brockelmann, Carl. *Grundriss der vergleichenden Grammatik der semitischen Sprachen*. 2 vols. Berlin: Reuther & Reichard, 1908–1913.

———. "Die 'Tempora' des Semitischen." *Zeitschrift für Phonetik und allgemeine Sprachwissenschaft* 5 (1951): 133–54.

Brown, A. Phillip, II and Bryan W. Smith. *A Reader's Hebrew Bible*. Grand Rapids: Zondervan, 2008.

Brown, Francis, S. R. Driver, and Charles A. Briggs. *A Hebrew and English Lexicon of the Old Testament, with an Appendix Containing the Biblical Aramaic, based on the Lexicon of William Gesenius as Translated by Edward Robinson*. Oxford: Clarendon, 1906.

Brown, Gillian and George Yule. *Discourse Analysis*. Cambridge Textbooks in Linguistics. Cambridge: Cambridge University Press, 1983.

Brown, Penelope and Stephen C. Levinson. *Politeness: Some Universals in Language Usage*. Studies in Interactional Sociolinguistics 4. Cambridge: Cambridge University Press, 1987.

Brown, Roger and Albert Gilman. "The Pronouns of Power and Solidarity." Pages 253–

76 in *Style in Language*. Edited by Thomas A. Sebeok. Cambridge, MA: MIT Press, 1960.

Brown, Roger and Marguerite Ford. "Address in American English." *Journal of Abnormal and Social Psychology* 62 (1961): 375–85.

Burney, C. F. *The Book of Judges with an Introduction and Notes*. London: Rivingtons, 1918.

———. *Notes on the Hebrew Text of the Books of Kings*. Oxford: Clarendon, 1903.

Burton, Marilyn E. *The Semantics of Glory: A Cognitive, Corpus-Based Approach to Hebrew Word Meaning*. SSN 68. Leiden: Brill, 2017.

Buth, Randall. "Functional Grammar, Hebrew and Aramaic: An Integrated, Textlinguistic Approach to Syntax." Pages 77–102 in *Discourse Analysis of Biblical Literature: What It Is and What It Offers*. Edited by Walter R. Bodine. SemeiaSt. Atlanta, GA: Scholars Press, 1995.

———. "The Hebrew Verb in Current Discussions." *JOTT* 5 (1992): 91–105.

———. *Living Biblical Hebrew*. 3 vols. Jerusalem: Biblical Language Center, 2007.

———. "Word Order in Aramaic from the Perspectives of Functional Grammar and Discourse Analysis." PhD diss., University of California, Los Angeles, 1987.

———. "Word Order in the Verbless Clause: A Generative-Functional Approach." Pages 89–108 in *The Verbless Clause in Biblical Hebrew: Linguistic Approaches*. Edited by Cynthia L. Miller-Naudé. LSAWS 1. Winona Lake, IN: Eisenbrauns, 1999.

Bütikofer, Christa. "Lord of the Languages: Code-Switching and Multilingualism in Tolkien's *Lord of the Rings*." MA thesis, University of Bern, 2011.

Butler, Christopher S. *Structure and Function: A Guide to Three Major Structural-Functional Theories*. 2 vols. Studies in Language Companion Series 63–64. Amsterdam: Benjamins, 2003.

Buxtorf, Johann. *Epitome grammaticae hebraeae, breviter et methodice ad publicum scholarum usum proposita*. Leiden: Luchtmans, 1613.

———. *Tiberias sive commentarius masorethicus triplex: historicus, didacticus, criticus ad illustrationem operis Biblici Basileensis conscriptus*. Basel: König, 1620.

Callaham, Scott N. "Mood and Modality: Biblical Hebrew." *EHLL* 2:687–90.

———. "Rethinking Biblical Hebrew Instruction." Pages 235–58 in *The Unfolding of Your Words Gives Light: Studies in Biblical Hebrew in Honor of George L. Klein*. Edited by Ethan C. Jones. University Park, PA: Eisenbrauns, 2018.

Callow, Kathleen. *Discourse Considerations in Translating the Word of God*. Grand Rapids: Zondervan, 1974.

Campanini, Saverio. "Christian Hebraists: Renaissance Period." *EHLL* 1:440–49.

Campbell, Constantine R. *Advances in the Study of Greek: New Insights for Reading the New Testament*. Grand Rapids: Zondervan, 2015.

Campbell, Edward F., Jr. *Ruth: A New Translation with Introduction, Notes, and Commentary*. AB 7. Garden City, NY: Doubleday, 1975.

Campbell, Lyle. *Historical Linguistics: An Introduction*. 3rd ed. Cambridge: MIT Press, 2013.

———. "The History of Linguistics: Approaches to Linguistics." Pages 97–117 in *The Handbook of Linguistics*. Edited by Mark Aronoff and Janie Rees-Miller. 2nd ed. Blackwell Handbooks in Linguistics. Malden, MA: Wiley-Blackwell, 2017.

Cantineau, Jean. "Essai d'une phonologie de l'hébreu biblique." *BSL* 46 (1950): 82–122.

Carnie, Andrew, Sheila Ann Dooley, and Heidi Harley, eds. *Verb First: On the Syntax of Verb-Initial Languages*. Linguistik Aktuell/Linguistics Today. Amsterdam: Benjamins, 2005.

Carson, D. A. *Exegetical Fallacies*. 2nd ed. Grand Rapids: Baker Books, 1996.

Chafe, Wallace L. "Givenness, Contrastiveness, Definiteness, Subjects, Topics and Point of View." Pages 27–55 in *Subject and Topic*. Edited by Charles N. Li. New York: Academic Press, 1976.

Chambers, J. K. "Studying Language Variation: An Informal Epistemology." Pages 1–15 in *The Handbook of Language Variation and Change*. Edited by J. K. Chambers and Natalie Schilling. 2nd ed. Blackwell Handbooks in Linguistics. Malden, MA: Wiley-Blackwell, 2013.

Chambers, J. K. and Peter Trudgill. *Dialectology*. 2nd ed. Cambridge Textbooks in Linguistics. Cambridge: Cambridge University Press, 1998.

Charlap, Luba R. "Grammarians: Medieval Italy." *EHLL* 2:88–94.

Choi, Jongtae. "The Aramaic of Daniel: Its Date, Place of Composition and Linguistic

Comparison with Extra-Biblical Texts." PhD diss., Trinity Evangelical Divinity School, 1994.

―――. Review of *The Aramaic of Daniel in the Light of Old Aramaic*, by Zdravko Stefanovic. *JETS* 38 (1995): 469–70.

Chomsky, Noam. *The Minimalist Program*. Current Studies in Linguistics 28. Cambridge, MA: MIT Press, 1995.

―――. *Syntactic Structures*. Janua Linguarum Series Minor 4. The Hague: Mouton, 1957. Christiansen, Bent. "A Linguistic Analysis of the Biblical Hebrew Particle *nā*ʾ: A Test Case." *VT* 59 (2009): 379–93.

Claasen, W. T. "The Declarative-Estimative Hiphʿil." *JNSL* 2 (1972): 5–16.

―――. "The Hiphʿil Verbal Theme in Biblical Hebrew." PhD diss., University of Stellenbosch, 1971.

―――. "On a Recent Proposal as to Distinction between Piʿel and Hiphʿil." *JNSL* 1 (1971): 3–10.

Clines, David J. A. "The Challenge of Hebrew Lexicography Today." Pages 87–98 in *Congress Volume: Ljubljana, 2007*. Edited by André Lemaire. VTSup 133. Leiden: Brill, 2010.

―――, ed. *Dictionary of Classical Hebrew*. 8 vols. Sheffield: Sheffield Phoenix, 1993–2011.

Cohen, Ohad. *The Verbal Tense System in Late Biblical Hebrew Prose*. Translated by Avi Aronsky. HSS 63. Winona Lake, IN: Eisenbrauns, 2013.

Colasuonno, Maria Maddalena. "Linguistic Variation in Ancient Hebrew (1000 BCE–200 CE)." PhD diss., University of Naples, 2015.

―――. "Sociolinguistics." *EHLL* 3:581–84.

―――. "Some Considerations on the Problem of Diglossia in Biblical Hebrew." *AION* 76 (2016): 124–45.

Comrie, Bernard. *Aspect: An Introduction to the Study of Verbal Aspect and Related Problems*. Cambridge Textbooks in Linguistics. Cambridge: Cambridge University Press, 1976.

―――. *Tense*. Cambridge Textbooks in Linguistics. Cambridge: Cambridge University Press, 1985.

Cook, Edward M. "Word Order in the Aramaic of Daniel." *Afroasiatic Linguistics* 9.3 (1986): 1–16.

Cook, John A. "Actionality (*Aktionsart*): Pre-Modern Hebrew." *EHLL* 1:25–28.

———. "Aspect: Pre-Modern Hebrew." *EHLL* 1:201–5.

———. "Current Issues in the Study of the Biblical Hebrew Verbal System." *Kleine Untersuchungen zur Sprache des Alten Testaments und seiner Umwelt* 17 (2014): 79–108.

———. "The Finite Verbal Forms in Biblical Hebrew Do Express Aspect." *JANES* 30 (2006): 21–35.

———. "The Hebrew Verb: A Grammaticalization Approach." *ZAH* 14 (2001): 117–43.

———. "The Semantics of Verbal Pragmatics: Clarifying the Roles of *wayyiqtol* and *weqatal* in Biblical Hebrew Prose." *JSS* 49 (2004): 247–73.

———. *Time and the Biblical Hebrew Verb: The Expression of Tense, Aspect, and Modality in Biblical Hebrew.* LSAWS 7. Winona Lake, IN: Eisenbrauns, 2012.

———. "Verbal Valency: The Intersection of Syntax and Semantics." Pages 53–86 in *Contemporary Examinations of Classical Languages (Hebrew, Aramaic, Syriac, and Greek): Valency, Lexicography, Grammar, and Manuscripts.* Edited by Timothy Martin Lewis, Alison G. Salvesen, and Beryl Turner. Perspectives on Linguistics and Ancient Languages 8. Piscataway, NJ: Gorgias, 2017.

Cook, John A. and Robert D. Holmstedt. *Beginning Biblical Hebrew: A Grammar and Illustrated Reader.* Grand Rapids: Baker Academic, 2013.

———. *Linguistics for Hebraists.* LSAWS. University Park, PA: Eisenbrauns, forthcoming.

Cotrozzi, Stefano. *Expect the Unexpected: Aspects of Pragmatic Foregrounding in Old Testament Narratives.* LBHOTS 510. London: T&T Clark, 2010.

Cotterell, Peter and Max Turner. *Linguistics and Biblical Interpretation.* Downers Grove, IL: InterVarsity Press, 1989.

Coulmas, Florian. *Sociolinguistics: The Study of Speakers' Choices.* 2nd ed. Cambridge: Cambridge University Press, 2013.

Coxon, Peter W. "The Distribution of Synonyms in Biblical Aramaic in the Light of

Official Aramaic and the Aramaic of Qumran." *RevQ* 9 (1978): 497–512.

―――. "Greek Loan-Words and Alleged Greek Loan Translations in the Book of Daniel." *TGUOS* 25 (1973–1974): 24–40.

―――. "A Morphological Study of the *h*-Prefix in Biblical Aramaic." *JAOS* 98 (1978): 416–19.

―――. "The Problem of Consonantal Mutations in Biblical Aramaic." *ZDMG* 129 (1979): 8–22.

―――. "The Syntax of the Aramaic of *Daniel*: A Dialectal Study." *HUCA* 48 (1977): 107–22.

Creason, Stuart Alan. "Semantic Classes of Hebrew Verbs: A Study of *Aktionsart* in the Hebrew Verbal System." PhD diss., University of Chicago, 1995.

Cremer, Hermann. *Biblisch-theologisches Wörterbuch der neutestamentlichen Gräcität*. Gotha: Perthes, 1866.

Croft, William. *Typology and Universals*. 2nd ed. Cambridge Textbooks in Linguistics. Cambridge: Cambridge University Press, 2002.

Croft, William and D. Alan Cruse. *Cognitive Linguistics*. Cambridge Textbooks in Linguistics. Cambridge: Cambridge University Press, 2004.

Cross, Frank Moore, Jr. and David Noel Freedman. "The Blessing of Moses." *JBL* 67 (1948): 191–210.

―――. "A Royal Song of Thanksgiving: II Samuel 22 = Psalm 18." *JBL* 72 (1953): 15–34.

―――. "The Song of Miriam." *JNES* 14 (1955): 237–50.

―――. *Studies in Ancient Yahwistic Poetry*. 2nd ed. Biblical Resource Series. Grand Rapids: Eerdmans, 1997.

Cryer, Frederick H. "The Problem of Dating Biblical Hebrew and the Hebrew of Daniel." Pages 185–98 in *In the Last Days: On Jewish and Christian Apocalyptic and Its Period*. Edited by Knud Jeppesen, Kirsten Nielsen, and Bent Rosendal. Aarhus: Aarhaus University Press, 1994.

Crystal, David. *The Cambridge Encyclopedia of Language*. 3rd ed. Cambridge: Cambridge University Press, 2010.

―――. *A Dictionary of Linguistics and Phonetics*. 6th ed. Malden, MA: Blackwell,

2008. Dallaire, Hélène M. *Biblical Hebrew: A Living Language*. 2nd ed. North Charleston, SC: CreateSpace, 2017.

———. *The Syntax of Volitives in Biblical Hebrew and Amarna Canaanite Prose*. LSAWS 9. Winona Lake, IN: Eisenbrauns, 2014.

Dan, Barak. "*Binyanim*: Biblical Hebrew." *EHLL* 1:354–62.

Davies, Philip R. "Biblical Hebrew and the History of Ancient Judah: Typology, Chronology and Common Sense." Pages 150–63 in *Biblical Hebrew: Studies in Chronology and Typology*. Edited by Ian Young. JSOTSup 369. London: T&T Clark, 2003.

———. *In Search of "Ancient Israel."* 2nd ed. JSOTSup 148. Sheffield: Sheffield Academic, 1999.

Dawson, David Allan. *Text-Linguistics and Biblical Hebrew*. JSOTSup 177. Sheffield: Sheffield Academic, 1994.

De Beaugrande, Robert and Wolfgang U. Dressler. *Introduction to Text Linguistics*. Longman Linguistics Library 26. London: Longman, 1981.

DeCaen, Vincent. "Ewald and Driver on Biblical Hebrew 'Aspect': Anteriority and the Orientalist Framework." *ZAH* 9 (1996): 129–51.

———. "Hebrew Linguistics and Biblical Criticism: A Minimalist Programme." *JHebS* 3.6 (2001): 1–32. http://www.jhsonline.org.

———. "On the Placement and Interpretation of the Verb in Standard Biblical Hebrew Prose." PhD diss., University of Toronto, 1995.

———. "A Unified Analysis of Verbal and Verbless Clauses within Government-Binding Theory." Pages 109–31 in *The Verbless Clause in Biblical Hebrew: Linguistic Approaches*. Edited by Cynthia L. Miller-Naudé. LSAWS 1. Winona Lake, IN: Eisenbrauns, 1999.

Delgado, José Martínez. "Lexicography: Middle Ages." *EHLL* 2:510–14.

———. "Phonology in Medieval Grammatical Thought." *EHLL* 3:122–30. Dempster, Stephen G. "Linguistic Features of Hebrew Narrative: A Discourse Analysis of Narrative from the Classical Period." PhD diss., University of Toronto, 1985.

DeRouchie, Jason S. *A Call to Covenant Love: Text Grammar and Literary Structure in Deuteronomy 5–11*. Gorgias Biblical Studies 30. Piscataway, NJ: Gorgias, 2007.

————. *How to Understand and Apply the Old Testament: Twelve Steps from Exegesis to Theology*. Phillipsburg, NJ: P&R, 2017.

————. "The Profit of Employing the Biblical Languages: Scriptural and Historical Reflections." *Them* 37.1 (2012): 32–50.

Diakonoff, I. M. *Afrasian Languages*. Translated by A. A. Korolev and V. I. Porkhomovskiǐ. 2nd ed. Languages of Asia and Africa. Moscow: Nauka, 1988. Di Giulio, Marco. "Discourse Marker: Biblical Hebrew." *EHLL* 1:757–58.

————. "Mitigating Devices in Biblical Hebrew." *Kleine Untersuchungen zur Sprache des Alten Testaments und seiner Umwelt* 8–9 (2008): 33–62.

Dik, Simon C. *The Theory of Functional Grammar*. Edited by Kees Hengeveld. 2nd ed. 2 vols. Functional Grammar Series 20–21. Berlin: Mouton de Gruyter, 1997.

Dombrowski, Bruno W. W. "Some Remarks on the Hebrew Hithpaʿel and Inversative -t- in the Semitic Languages." *JNES* 21 (1962): 220–23.

Dooley, Robert A. and Stephen H. Levinsohn. *Analyzing Discourse: A Manual of Basic Concepts*. Dallas: SIL International, 2001.

Doron, Edit. "Word Order in Hebrew." Pages 41–56 in *Research in Afroasiatic Grammar: Papers from the Third Conference on Afroasiatic Languages, Sophia Antipolis, France, 1996*. Edited by Jacqueline Lecarme, Jean Lowenstamm, and Ur Shlonsky. Amsterdam Studies in the Theory and History of Linguistic Science, Series IV: Current Issues in Linguistic Theory 202. Amsterdam: Benjamins, 2000.

Dressler, Wolfgang U. *Studien zur verbalen Pluralität: Iterativum, Distributivum, Durativum, Intensivum in der allgemeinen Grammatik, im Lateinischen und Hethitischen*. Österreichische Akademie der Wissenschaften: Philosophisch-Historische Klasse 259/1. Vienna: Böhlau, 1968.

Driver, G. R. "The Aramaic of the Book of Daniel." *JBL* 45 (1926): 110–19.

————. "Colloquialisms in the Old Testament." Pages 232–39 in *Mélanges Marcel Cohen: études de linguistique, ethnographie et sciences connexes offertes par ses amis et ses élèves à l'occasion de son 80ème anniversaire, avec des articles et études inédits de Marcel Cohen*. Edited by David Cohen. Janua Linguarum Series Maior 27. The Hague: Mouton, 1970.

Driver, S. R. *The Book of Daniel*. Cambridge Bible for Schools and Colleges 23.

Cambridge: Cambridge University Press, 1900.

———. *An Introduction to the Literature of the Old Testament*. International Theological Library. Edinburgh: T&T Clark, 1891.

———. *A Treatise on the Use of the Tenses in Hebrew and Some Other Syntactical Questions*. 3rd ed. Oxford: Clarendon, 1892.

Dryer, Matthew S. "The Greenbergian Word Order Correlations." *Language* 68 (1992): 81–138.

———. "Word Order." Pages 61–131 in *Clause Structure*. Edited by Timothy Shopen. 2nd ed. Vol. 1 of *Language Typology and Syntactic Description*. 3 vols. Cambridge: Cambridge University Press, 2007.

Durkin, Philip. *The Oxford Guide to Etymology*. Oxford: Oxford University Press, 2009.

Emerton, J. A. "Comparative Semitic Philology and Hebrew Lexicography." Pages 1–24 in *Congress Volume: Cambridge, 1995*. Edited by J. A. Emerton. VTSup 66. Leiden: Brill, 1997.

———. "The Hebrew Language." Pages 171–99 in *Text in Context: Essays by Members of the Society for Old Testament Study*. Edited by Andrew D. H. Mayes. Oxford: Oxford University Press, 2000.

Endo, Yoshinobu. *The Verbal System of Classical Hebrew in the Joseph Story: An Approach from Discourse Analysis*. SSN 32. Assen: Van Gorcum, 1996.

Eng, Milton and Lee M. Fields, eds. *Devotions on the Hebrew Bible: 54 Reflections to Inspire and Instruct*. Grand Rapids: Zondervan, 2015.

Erteschik-Shir, Nomi. *Information Structure: The Syntax-Discourse Interface*. Oxford Surveys in Syntax and Morphology 3. Oxford: Oxford University Press, 2009.

Eskhult, Mats. *Studies in Verbal Aspect and Narrative Technique in Biblical Hebrew Prose*. Acta Universitatis Upsaliensis: Studia Semitica Upsaliensia 12. Stockholm: Almqvist & Wiksell, 1990.

Estelle, Bryan D. "Esther's Strategies of Becoming משכיל עבד." *HS* 53 (2012): 61–88.

———. "Know Before Whom You Stand: The Language of Deference in Some Ancient Aramaic and Hebrew Documents." PhD diss., Catholic University of America, 2001.

———. "The Use of Deferential Language in the Arsames Correspondence and

Biblical Aramaic Compared." *Maarav* 13 (2006): 43–74.

Ewald, Heinrich. *Kritische Grammatik der hebräischen Sprache.* Leipzig: Hahnsche Buchhandlung, 1827.

Exter Blokland, A. F. den. *In Search of Text Syntax: Towards a Syntactic Text-Segmentation Model for Biblical Hebrew.* Applicatio 14. Amsterdam: Uitgeverij, 1995.

Farrier, Susan E. "A Linguistic Dating of the Oxford *Chanson de Roland.*" PhD diss., Cornell University, 1985.

Fassberg, Steven E. "The Lengthened Imperative קטלה in Biblical Hebrew." *HS* 40 (1999), 13–7.

———. "What Is Late Biblical Hebrew?" *ZAW* 128 (2016): 1–15.

———. סוגיות בתחביר המקרא [*Studies in Biblical Syntax*]. Jerusalem: Magnes, 1994.

Fehri, Abdelkader Fassi. "Verbal Plurality, Transitivity, and Causativity." Pages 151–85 in *Research on Afroasiatic Grammar II: Selected Papers from the Fifth Conference on Afroasiatic Languages*, Paris, 2000. Edited by Jacqueline Lecarme. Amsterdam Studies in the Theory and History of Linguistic Science, Series IV: Current Issues in Linguistic Theory 241. Amsterdam: Benjamins, 2003.

Ferguson, Charles A. "Diglossia." *Word* 15 (1959): 325–40.

———. "Diglossia Revisited." *Southwest Journal of Linguistics* 10 (1991): 214–34. Fidjestøl, Bjarne. *The Dating of Eddic Poetry.* Edited by Odd Einar Haugen. Bibliotheca Arnamagnæana 41. Copenhagen: Reitzel, 1999.

Fillmore, Charles J. "The Case for Case." Pages 1–90 in *Universals in Linguistic Theory.* Edited by Emmon Bach and Robert Thomas Harms. New York: Holt, Reinhart, & Winston, 1968.

———. "Scenes-and-Frames Semantics." Pages 55–81 in *Linguistic Structures Processing.* Edited by Antonio Zampolli. Fundamental Studies in Computer Science 5. Amsterdam: North Holland, 1977.

Firbas, Jan. "On Defining the Theme in Functional Sentence Perspective." *Travaux linguistiques de Prague* 1 (1964): 267–80.

Fishman, Joshua A. "Who Speaks What Language to Whom and When." *La Linguistique* 2 (1965): 67–88.

Fitzmyer, Joseph A. *The Genesis Apocryphon of Qumran Cave 1 (1Q20): A Commentary.*

3rd ed. BibOr 18/B. Rome: Pontifical Biblical Institute, 2004.

———. "The Phases of the Aramaic Language." Pages 57–84 in *A Wandering Aramean: Collected Aramaic Essays*. SBLMS 25. Missoula, MT: Scholars Press, 1979.

Floor, Sebastiaan Jonathan. "From Information Structure, Topic, and Focus, to Theme in Biblical Hebrew Narrative." DLitt thesis, University of Stellenbosch, 2004.

———. "From Word Order to Theme in Biblical Hebrew Narrative: Some Perspectives from Information Structure." *JSem* 12 (2003): 197–236.

Forbes, A. Dean. "The Diachrony Debate: A Tutorial on Methods." *JSem* 25 (2016): 881–926.

———. "The Diachrony Debate: Perspectives from Pattern Recognition and Meta-Analysis." *HS* 53 (2012): 7–42.

Fox, Michael V. "Words for Folly." *ZAH* 10 (1997): 4–15.

———. "Words for Wisdom." *ZAH* 6 (1993): 149–65.

Fredericks, Daniel C. "Diglossia, Revelation, and Ezekiel's Inaugural Rite." *JETS* 41 (1998): 189–99.

———. "A North Israelite Dialect in the Hebrew Bible? Questions of Methodology." *HS* 37 (1996): 7–20.

Freidin, Robert. "Noam Chomsky's Contribution to Linguistics: A Sketch." Pages 439–67 in *The Oxford Handbook of the History of Linguistics*. Edited by Keith Allan. Oxford: Oxford University Press, 2013.

Fried, Mirjam. "Word Order." Pages 289–300 in *Grammar, Meaning and Pragmatics*. Edited by Frank Brisard, Jan Ola Östman, and Jef Verschueren. Handbook of Pragmatics Highlights 5. Amsterdam: Benjamins, 2009.

Fulk, R. D. "Archaisms and Neologisms in the Language of *Beowulf*." Pages 267–88 in *Managing Chaos: Strategies for Identifying Change in English*. Edited by Christopher M. Cain and Geoffrey R. Russom. Vol. 3 of *Studies in the History of the English Language*. 7 vols. Topics in English Linguistics 53. Berlin: Mouton, 2007.

———. "*Beowulf* and Language History." Pages 19–36 in *The Dating of Beowulf: A Reassessment*. Edited by Leonard Niedorf. Cambridge: Brewer, 2014.

———. *A History of Old English Meter*. Middle Ages Series. Philadelphia: University of Pennsylvania Press, 1992.

———. "On Argumentation in Old English Philology, with Particular Reference to the Editing and Dating of *Beowulf.*" *Anglo-Saxon England* 32 (2003): 1–26.

Fuller, Daniel P. "Hermeneutics: A Syllabus for NT 500." 6th ed. Pasadena, CA: Fuller Theological Seminary, 1983.

Furuli, Rolf. *A New Understanding of the Verbal System of Classical Hebrew: An Attempt to Distinguish between Semantic and Pragmatic Factors.* Oslo: Awatu, 2006.

Futato, Mark D. *Beginning Biblical Hebrew.* Winona Lake, IN: Eisenbrauns, 2003

Gardner-Chloros, Penelope and Daniel Weston. "Code-Switching and Multilingualism in Literature." *Language and Literature* 24 (2015): 182–93.

Garr, W. Randall. "Denominal, Lexicalized *Hiphil* Verbs." Pages 51–58 in *Language and Nature: Papers Presented to John Huehnergard on the Occasion of His 60th Birthday.* Edited by Rebecca Hasselbach and Naʾama Pat-El. SAOC 67. Chicago: Oriental Institute of the University of Chicago, 2012.

———. *Dialect Geography of Syria-Palestine, 1000–586 B.C.E.* Philadelphia: University of Pennsylvania Press, 1985.

———. "The Semantics of בי״ן in the *Qal* and *Hiphil.*" *VT* 63 (2013): 536–45. Geeraerts, Dirk. "A Rough Guide to Cognitive Linguistics." Pages 1–28 in *Cognitive Linguistics: Basic Readings.* Edited by Dirk Geeraerts. Cognitive Linguistics Research 34. Berlin: Mouton de Gruyter, 2006.

———. *Theories of Lexical Semantics.* Oxford: Oxford University Press, 2010.

Geeraerts, Dirk and Hubert Cuyckens. "Introducing Cognitive Linguistics." Pages 3–21 in *The Oxford Handbook of Cognitive Linguistics.* Edited by Dirk Geeraerts and Hubert Cuyckens. Oxford Handbooks. Oxford: Oxford University Press, 2007.

Geniusiene, E. Sh. *The Typology of Reflexives.* Empirical Approaches to Language Typology 2. Berlin: Mouton de Gruyter, 1987.

Gentry, Peter J. "The System of the Finite Verb in Classical Biblical Hebrew." *HS* 39 (1998): 41–7.

Georgakopoulou, Alexandra and Dionysis Goutsos. *Discourse Analysis: An Introduction.* 2nd ed. Edinburgh: Edinburgh University Press, 2004.

Gerstenberger, Erhard S. *Wesen und Herkunft des "Apodiktischen Rechts."* Wissenschaftliche Monographien zum Alten und Neuen Testament 20.

Neukirchen-Vluyn: Neukirchener Verlag, 1965.

Gervers, Michael, ed. *Dating Undated Medieval Charters*. Woodbridge: Boydell Press, 2000.

Gesenius, Wilhelm. *Gesenius' Hebrew Grammar*. Edited by Emil Kautzsch. Translated by A. E. Cowley. 2nd ed. Oxford: Clarendon, 1910.

———. *Hebräisch-deutsches Handwörterbuch über die Schriften des Alten Testaments mit Einschluß der geographischen Namen und der chaldäischen Wörter beym Daniel und Esra*. 2 vols. Leipzig: Vogel, 1810–1812.

———. *Hebräische Grammatik*. Halle: Renger, 1813.

———. *Hebräisches und aramäisches Handwörterbuch über das Alte Testament*. Edited by Rudolf Meyer and Herbert Donner. 18th ed. 7 vols. Berlin: Springer, 1987-2012.

———. *Hebräisches und chaldäisches Handwörterbuch über das Alte Testament*. 2 vols. Leipzig: Vogel, 1834.

———. *Thesaurus philologicus criticus linguae Hebraeae et Chaldaeae Veteris Testamenti*. Edited by Emil Rödiger. 4 vols. Leipzig: Vogel, 1829–1858.

Gianto, Agustinus. "Archaic Biblical Hebrew." Pages 19–29 in vol. 1 of *A Handbook of Biblical Hebrew*. Edited by W. Randall Garr and Steven E. Fassberg. 2 vols. Winona Lake, IN: Eisenbrauns, 2016.

———. "Variations in Biblical Hebrew." *Bib* 77 (1996): 494–508.

Gilman, Albert and Roger Brown. "Who Says 'Tu' to Whom." *ETC: A Review of General Semantics* 15 (1958): 169–74.

Givón, Talmy. "The Drift from VSO to SVO in Biblical Hebrew: The Pragmatics of Tense-Aspect." Pages 181–254 in *Mechanisms of Syntactic Change*. Edited by Charles N. Li. Austin: University of Texas Press, 1977.

Goddard, Burton L. "The Origin of the Hebrew Infinitive Absolute in the Light of Infinitive Uses in Related Languages and Its Use in the Old Testament." ThD thesis, Harvard Divinity School, 1943.

Goetze, Albrecht. "The So-Called Intensive of the Semitic Languages." *JAOS* 62 (1942): 1–8.

Goldenberg, Gideon. "The Contribution of Semitic Languages to Linguistic Thinking." *JEOL* 30 (1987–1988): 107–15.

Goldfajn, Tal. *Word Order and Time in Biblical Hebrew Narrative.* Oxford Theological Monographs. Oxford: Oxford University Press, 1998.

Gordon, Elizabeth and Mark Williams. "Raids on the Articulate: Code-Switching, Style-Shifting and Post-Colonial Writing." *Journal of Commonwealth Literature* 33 (1998): 75–96.

Graffi, Giorgio. "European Linguistics since Saussure." Pages 469–84 in *The Oxford Handbook of the History of Linguistics.* Edited by Keith Allan. Oxford: Oxford University Press, 2013.

Greenberg, Joseph H. *Language Typology: A Historical and Analytic Overview.* Janua Linguarum Series Minor 184. The Hague: Mouton, 1974.

———. *Language Universals, with Special Reference to Feature Hierarchies.* Janua Linguarum Series Minor 59. The Hague: Mouton, 1966.

———. "The Semitic 'Intensive' as Verbal Plurality: A Study of Grammaticalization." Pages 577–87 in vol. 1 of Semitic Studies in Honor of Wolf Leslau on the Occasion of His Eighty-Fifth Birthday, November 14th, 1991. Edited by Alan S. Kaye. 2 vols. Wiesbaden: Harrassowitz, 1991.

———. "Some Universals of Grammar with Particular Reference to the Order of Meaningful Elements." Pages 73–113 in *Universals of Language: Report of a Conference Held at Dobbs Ferry, N.Y., April 13–15, 1961.* Edited by Joseph H. Greenberg. 2nd ed. Cambridge, MA: MIT Press, 1966.

Greenfield, Jonas C. "Aramaic Studies and the Bible." Pages 110–30 in *Congress Volume: Vienna, 1980.* Edited by J. A. Emerton. VTSup 32. Leiden: Brill, 1981.

Greenspahn, Frederick E. "Why Hebrew Textbooks Are Different from Those for Other Languages." *SBL Forum.* July, 2005. http://www.sbl-site.org/publications/article.aspx?ArticleId=420.

Groom, Susan Anne. *Linguistic Analysis of Biblical Hebrew.* Carlisle: Paternoster, 2003.

Gropp, Douglas M. "The Function of the Finite Verb in Classical Biblical Hebrew." *HAR* 13 (1991): 45–62.

Gross, Walter. *Doppelt besetztes Vorfeld: syntaktische, pragmatische und übersetzungstechnische Studien zum althebräischen Verbalsatz.* BZAW 305. Berlin: de Gruyter, 2001.

———. "Is There Really a Compound Nominal Clause in Biblical Hebrew?" Pages 19–49 in *The Verbless Clause in Biblical Hebrew: Linguistic Approaches*. Edited by Cynthia L. Miller-Naudé. Translated by John Frymire. LSAWS 1. Winona Lake, IN: Eisenbrauns, 1999.

———. *Pendenskonstruktion im biblischen Hebräisch*. Arbeiten zu Text und Sprache im Alten Testament 27. St. Ottilien: EOS-Verlag, 1987.

———. "Die Position des Subjekts im hebräischen Verbalsatz, untersucht an den asyndetischen ersten Redesätzen in Gen, Ex 1–19, Jos–2Kön." *ZAH* 6 (1993): 170–87.

———. *Die Satzteilfolge im Verbalsatz alttestamentlicher Prosa: untersucht an den Büchern Dtn., Ri und 2Kön*. FAT 17. Tübingen: Mohr Siebeck, 1996.

———. "Das Vorfeld als strukturell eigenständiger Bereich des hebräischen Verbalsatzes." Pages 1–24 in *Syntax und Text: Beiträge zur 22. Internationalen Ökumenischen Hebräisch-Dozenten-Konferenz 1993 in Bamberg*. Edited by Hubert Irsigler. Arbeiten zu Text und Sprache im Alten Testament 40. St. Ottilien: EOS-Verlag, 1993.

———. "Zur syntaktischen Struktur des Vorfelds im hebräischen Verbalsatz." *ZAH* 7 (1994): 203–14.

Gruber, Jeffrey. "Studies in Lexical Relations." PhD diss., Massachusetts Institute of Technology, 1965.

Gruber-Miller, John, ed. *When Dead Tongues Speak: Teaching Beginning Greek and Latin*. Classical Resources Series 6. Oxford: Oxford University Press, 2006.

Guenther, Allen R. "A Diachronic Study of Biblical Hebrew Prose Syntax: An Analysis of the Verbal Clause in Jeremiah 37–45 and Esther 1–10." PhD diss., University of Toronto, 1977.

Gvozdanović, Jadranka. "Defining Markedness." Pages 47–66 in *Markedness in Synchrony and Diachrony*. Edited by Olga Mišeska Tomić. Trends in Linguistics: Studies and Monographs 39. Berlin: Mouton de Gruyter, 1989.

Gzella, Holger. "Language and Script." Pages 71–107 in *The Aramaeans in Ancient Syria*. Edited by Herbert Niehr. HdO 1/106. Leiden: Brill, 2014.

———. "Some General Remarks on Interactions between Aspect, Modality, and

Evidentiality in Biblical Hebrew." *FO* 49 (2012): 225–32.

———. *Tempus, Aspekt und Modalität im Reichsaramäischen.* Veröffentlichungen der Orientalischen Kommission 48. Wiesbaden: Harrassowitz, 2004.

———. "Voice in Classical Hebrew against Its Semitic Background." *Or* 78 (2009): 292–325.

Hackett, Jo Ann and John Huehnergard. "On Revising and Updating BDB." Pages 227–34 in *Foundations for Syriac Lexicography III: Colloquia of the International Syriac Language Project.* Edited by Janet Dyk and Wido T. van Peursen. Perspectives on Syriac Linguistics 4. Piscataway, NJ: Gorgias, 2008.

Hadley, Alice Omaggio. *Teaching Language in Context.* 3rd ed. Boston: Heinle & Heinle, 2001.

Hall, Kira and Mary Bucholtz. *Gender Articulated: Language and the Socially Constructed Self.* New York: Routledge, 1995.

Halliday, M. A. K. *Halliday's Introduction to Functional Grammar.* Edited by Christian M. I. M. Matthiessen. 4th ed. London: Routledge, 2014.

———. "Notes on Transitivity and Theme in English: Part 2." *Journal of Linguistics* 3 (1967): 199–244.

Halliday, M. A. K., Angus McIntosh, and Peter Strevens. *The Linguistic Sciences and Language Teaching.* Longman Linguistics Library. London: Longman, 1964.

Halliday, M. A. K. and Ruqaiya Hasan. *Cohesion in English.* English Language Series 9. London: Longman, 1976.

———. *Language, Context, and Text: Aspects of Language in a Social-Semiotic Perspective.* 2nd ed. Language Education. Oxford: Oxford University Press, 1989.

Hanson, Paul D. *The Dawn of Apocalyptic: The Historical and Sociological Roots of Jewish Apocalyptic Eschatology.* 2nd ed. Philadelphia: Fortress, 1979.

Hardy, H. H., II. *Exegetical Gems from Biblical Hebrew: A Refreshing Guide to Grammar and Interpretation.* Grand Rapids: Baker Academic, 2019.

Harlow, Joel. "Successfully Teaching Biblical Languages Online at the Seminary Level: Guiding Principles of Course Design and Delivery." *Teaching Theology & Religion* 10 (2007): 13–24.

Harris, Kenneth Laing. "An Examination of the Function of the Piʿel in Biblical

Hebrew." PhD diss., University of Liverpool, 2005.

Harris, Zellig S. "Discourse Analysis." *Language* 28 (1952): 1–30.

———. "Linguistic Structure of Hebrew." *JAOS* 61 (1941): 143–67.

Hatav, Galia. "Anchoring World and Time in Biblical Hebrew." *Journal of Linguistics* 40 (2004): 491–526.

———. *The Semantics of Aspect and Modality: Evidence from English and Biblical Hebrew.* Studies in Language Companion Series 34. Amsterdam: Benjamins, 1997.

———. "Tense: Biblical Hebrew." *EHLL* 3:736–40.

Hävernick, Heinrich Andreas Christoph. *Neue kritische Untersuchungen über das Buch Daniel.* Hamburg: Perthes, 1838.

Hawkins, John A. *Word Order Universals.* Quantitative Analyses of Linguistic Structure. New York: Academic Press, 1983.

Hayes, Christine Elizabeth. "Word Order in Biblical Aramaic." *Journal of the Association of Graduates in Near Eastern Studies* 1.2 (1990): 2–11.

Heimerdinger, Jean-Marc. *Topic, Focus and Foreground in Ancient Hebrew Narratives.* JSOTSup 295. Sheffield: Sheffield Academic, 1999.

Heine, Bernd and Heiko Narrogk, eds. *The Oxford Handbook of Linguistic Analysis.* 2nd ed. Oxford Handbooks in Linguistics. Oxford: Oxford University Press, 2015.

Heller, Roy L. *Narrative Structure and Discourse Constellations: An Analysis of Clause Function in Biblical Hebrew Prose.* HSS 55. Winona Lake, IN: Eisenbrauns, 2004.

Hendel, Ronald S. "In the Margins of the Hebrew Verbal System: Situation, Tense, Apsect, Mood." *ZAH* 9 (1996): 152–81.

Hendel, Ronald S. and Jan Joosten. *How Old Is the Hebrew Bible? A Linguistic, Textual, and Historical Study.* ABRL. New Haven: Yale University Press, 2018.

Hengstenberg, Ernst Wilhelm. *Die Authentie des Daniel und die Integrität des Sacharjah.* Vol. 1 of *Beiträge zur Einleitung ins Alte Testament.* 3 vols. Berlin: Oehmigke, 1831.

Hess, Natalie. "Code Switching and Style Shifting as Markers of Liminality in Literature." *Language and Literature* 5 (1996): 5–18.

Hill, Andrew E. "The Book of Malachi: Its Place in Post-Exilic Chronology Linguistically Reconsidered." PhD diss., University of Michigan, 1981.

———. "Dating Second Zechariah: A Linguistic Reexamination." *HAR* 6 (1982): 105–

34.

———. "Dating the Book of Malachi: A Linguistic Reexamination." Pages 77–89 in *The Word of the Lord Shall Go Forth: Essays in Honor of David Noel Freedman in Celebration of His Sixtieth Birthday*. Edited by Carol L. Meyers and Michael O'Connor. American Schools of Oriental Research Special Volume Series 1. Winona Lake, IN: Eisenbrauns, 1983.

Hirschfeld, Hartwig. *Literary History of Hebrew Grammarians and Lexicographers, Accompanied by Unpublished Texts*. Jews' College Publications 9. London: Oxford University Press, 1926.

Hock, Hans Henrich. *Principles of Historical Linguistics*. 2nd ed. Berlin: Mouton de Gruyter, 1991.

Hock, Hans Henrich and Brian D. Joseph. *Language History, Language Change, and Language Relationship: An Introduction to Historical and Comparative Linguistics*. 2nd ed. Trends in Linguistics: Studies and Monographs 218. Berlin: Mouton de Gruyter, 2009.

Hogue, Timothy. "Return from Exile: Diglossia and Literary Code-Switching in Ezra 1–7." *ZAW* 130 (2018): 54–68.

Hoijer, Harry. "The Sapir-Whorf Hypothesis." Pages 92–105 in *Language in Culture: Conference on the Interrelations of Language and Other Aspects of Culture*. Edited by Harry Hoijer. Comparative Studies of Cultures and Civilizations. Chicago: University of Chicago Press, 1954.

Holladay, William L., ed. *A Concise Hebrew and Aramaic Lexicon of the Old Testament, based upon the Work of Ludwig Koehler and Walter Baumgartner*. Grand Rapids: Eerdmans, 1971.

Holmstedt, Robert D. "Constituents at the Edge in Biblical Hebrew." *Kleine Untersuchungen zur Sprache des Alten Testaments und seiner Umwelt* 17 (2014): 110–58.

———. "Investigating the Possible Verb-Subject to Subject-Verb Shift in Ancient Hebrew: Methodological First Steps." *Kleine Untersuchungen zur Sprache des Alten Testaments und seiner Umwelt* 15 (2013): 3–31.

———. *The Relative Clause in Biblical Hebrew*. LSAWS 10. Winona Lake, IN:

Eisenbrauns, 2016.

———. "The Relative Clause in Biblical Hebrew: A Linguistic Analysis." PhD diss., University of Wisconsin–Madison, 2002.

———. *Ruth: A Handbook on the Hebrew Text.* Baylor Handbook on the Hebrew Bible. Waco, TX: Baylor University Press, 2010.

———. "The Typological Classification of the Hebrew of Genesis: Subject-Verb or Verb-Subject." *JHebS* 11.14 (2011): 1–39. http://www.jhsonline.org.

———. "Word Order and Information Structure in Ruth and Jonah: A Generative Typological Analysis." *JSS* 54 (2009): 111–39.

———. "Word Order in the Book of Proverbs." Pages 135–54 in *Seeking Out the Wisdom of the Ancients: Essays Offered to Honor Michael V. Fox on the Occasion of His Sixty-Fifth Birthday.* Edited by Ronald L. Troxel, Kelvin G. Friebel, and Dennis R. Magary. Winona Lake, IN: Eisenbrauns, 2005.

Holmstedt, Robert D. and Alexander T. Kirk. "Subversive Boundary Drawing in Jonah: The Variation of אֲשֶׁר and שֶׁ as Literary Code-Switching." *VT* 66 (2016): 542–55.

Holtz, Shalom E. "Lexicography: Biblical Hebrew." *EHLL* 2:507–10.

Hornkohl, Aaron D. *Ancient Hebrew Periodization and the Language of the Book of Jeremiah: The Case for a Sixth-Century Date of Composition.* Studies in Semitic Languages and Linguistics 72. Leiden: Brill, 2014.

———. "Biblical Hebrew: Periodization." *EHLL* 1:315–25.

———. "Biblical Hebrew Tense-Aspect-Mood, Word Order and Pragmatics: Some Observations on Recent Approaches." Pages 27–56 in *Studies in Semitic Linguistics and Manuscripts: A Liber Discipulorum in Honour of Professor Geoffrey Khan.* Edited by Nadia Vidro, Ronny Vollandt, and Esther-Miriam Wagner. Acta Universitatis Upsaliensis: Studia Semitica Upsaliensia 30. Uppsala: Uppsala Universitet, 2018.

———. "The Pragmatics of the X+Verb Structure in the Hebrew of Genesis: The Linguistic Functions and Associated Effects and Meanings of Intra-Clausal Fronted Constituents." MA thesis, Hebrew University, 2003.

———. "Transitional Biblical Hebrew." Pages 31–42 in vol. 1 of *A Handbook of Biblical Hebrew.* Edited by W. Randall Garr and Steven E. Fassberg. 2 vols. Winona Lake,

IN: Eisenbrauns, 2016.

Hospers, J. H. "Some Remarks about the So-Called Imperative Use of the Infinitive Absolute (*Infinitivus pro Imperativo*) in Classical Hebrew." Pages 97–102 in *Studies in Hebrew and Aramaic Syntax Presented to Professsor J. Hoftijzer on the Occasion of His Sixty-Fifth Birthday*. Edited by Karel Jongeling, Hendrika L. Murre-van den Berg, and Lucas van Rompay. Studies in Semitic Languages and Linguistics 17. Leiden: Brill, 1991.

Hovav, Malka Rappaport. "Lexical Semantics." *EHLL* 2:499–504.

Huehnergard, John. "The Early Hebrew Prefix-Conjugations." *HS* 29 (1988): 19–23.

———. "On the Etymology of the Hebrew Relative *šɛ-*." Pages 103–25 in *Biblical Hebrew in Its Northwest Semitic Setting: Typological and Historical Perspectives*. Edited by Steven E. Fassberg and Avi Hurvitz. Winona Lake, IN: Eisenbrauns, 2006.

Hughes, James A. "Another Look at the Hebrew Tenses." *JNES* 29 (1970): 12–24.

———. "The Hebrew Imperfect with *Waw* Conjunctive and Perfect with *Waw* Consecutive and Their Interrelationship." MA thesis, Faith Theological Seminary, 1955.

———. "Some Problems of the Hebrew Verbal System with Particular Reference to the Uses of the Tenses." PhD diss., University of Glasgow, 1962. Hunziker-Rodewald, Regine. "The Gesenius/Brown-Driver-Briggs Family." Pages 219–26 in *Foundations for Syriac Lexicography III: Colloquia of the International Syriac Language Project*. Edited by Janet Dyk and Wido T. van Peursen. Perspectives on Syriac Linguistics 4. Piscataway, NJ: Gorgias, 2008.

———. "KAHAL—the Shorter HALAT: A Hebrew Lexicon Project in Process." Pages 243–49 in *Foundations for Syriac Lexicography III: Colloquia of the International Syriac Language Project*. Edited by Janet Dyk and Wido T. van Peursen. Perspectives on Syriac Linguistics 4. Piscataway, NJ: Gorgias, 2008.

Hurvitz, Avi. "Biblical Hebrew, Late." *EHLL* 1:329–38.

———. "Can Biblical Texts Be Dated Linguistically? Chronological Perspectives in the Historical Study of Biblical Hebrew." Pages 143–60 in *Congress Volume: Oslo, 1998*. Edited by André Lemaire and Magne Saebø. VTSup 80. Leiden: Brill, 2000.

———. "The Chronological Significance of Aramaisms in Biblical Hebrew." *IEJ* 18 (1968): 40–234.

———. "The Historical Quest for 'Ancient Israel' and the Linguistic Evidence of the Hebrew Bible: Some Methodological Observations." *VT* 47 (1997): 301–15.

———. "The Language of the Priestly Source and Its Historical Setting—The Case for an Early Date." Pages 83–94 in *Proceedings of the Eighth World Congress of Jewish Studies, Jerusalem, August 16–21, 1981: Panel Sessions: Bible Studies and Hebrew Language*. Jerusalem: World Union of Jewish Studies, 1983.

———. "Linguistic Criteria for Dating Problematic Biblical Texts." *Hebrew Abstracts* 14 (1973): 74–79.

———. "The 'Linguistic Dating of Biblical Texts': Comments on Methodological Guidelines and Philological Procedures." Pages 265–79 in *Diachrony in Biblical Hebrew*. Edited by Cynthia L. Miller-Naudé and Ziony Zevit. LSAWS 8. Winona Lake, IN: Eisenbrauns, 2012.

———. *A Linguistic Study of the Relationship between the Priestly Source and the Book of Ezekiel: A New Approach to an Old Problem*. CahRB 20. Paris: Gabalda, 1982.

———. "The Recent Debate on Late Biblical Hebrew: Solid Data, Experts' Opinions, and Inconclusive Arguments." *HS* 47 (2006): 191–220.

———. "The Usage of שׁשׁ and בוץ in the Bible and Its Implication for the Date of P." *HTR* 60 (1967): 117–21.

———. "בחנים לשנויים לזהוי מזמורים מאוחרים בספר תהילים [Linguistic Investigations into the Indentification of Late Psalms in the Book of Psalms]." PhD diss., Hebrew University, 1966.

———. "בין לשון ללשון: לתולדות לשון המקרא בימי בית שני [History of the Biblical Language during the Second Temple Period]." Jerusalem: Mosad Bialik, 1972.

———. "הוויכוח הארכאולוגי-היסטורי על קדמות הספרות המקראית לאור המחקר הבלשני של העברית [The Archaeological-Historical Debate on the Antiquity of the Hebrew Bible in the Light of Linguistic Research of the Hebrew Language]." Pages 34–46 in הפולמוס על האמת ההיסטורית במקרא [Controversy over the Historicity of the Bible]. Edited by Lee I. Levine and Amihai Mazar. Jerusalem: Merkaz Dinur, 2001.

———. "מבראשית לדברי הימים: פרקים בהיסטוריה הלשונית של העברית המקראית [From Genesis *to Chronicles: Chapters in the Linguistic History of Biblical Hebrew*]." Asuppot 15. Jerusalem: Bialik Institute, 2017.

Hurvitz, Avi, Leeor Gottlieb, Aaron D. Hornkohl, and Emmanuel Mastéy. *A Concise Lexicon of Late Biblical Hebrew: Linguistic Innovations in the Writings of the Second Temple Period*. VTSup 160. Leiden: Brill, 2014.

Ikeda, Jun. "ユダとイスラエル: 列王記に見る言葉のちがい [Judah and Israel: Regional Linguistic Varieties Found in the Book of Kings]." *Seishogaku ronshū* 34 (2002): 1–21.

―――. "聖書ヘブライ語における言語変種: 概観とケーススタディ [Linguistic Varieties in Biblical Hebrew: An Overview and a Case Study]." *Kyōto Sangyō Daigaku Kokusai Gengo Kagaku Kenykūjo shohō* 21 (2000): 179–204.

―――. "聖書ヘブライ語に見られる地域差について [Regional Dialects in Biblical Hebrew]." *Bungei gengo kenkyū* 38 (2000): 1–16.

Imbayarwo, Taurai. "A Biblical Hebrew Lexicon for Translators Based on Recent Developments in Theoretical Lexicography." DLitt thesis, University of Stellenbosch, 2008.

Isačenko, Alexander V. Грамматический строй русского языка в сопоставлении с словацким: морфология [*The Grammatical Structure of the Russian Language in Comparison with Slovakian: Morphology*]. 2 vols. Klassiki otechestvennoĭ filologii. Moscow: Iazyki slavianskoi kuĺtury, 2003.

Ives, Sumner. "A Theory of Literary Dialect." *Tulane Studies in English* 2 (1950): 137–82.

―――. "A Theory of Literary Dialect." Pages 144–77 in *A Various Language: Perspectives on American Dialects*. Edited by Juanita V. Williamson and Virginia M. Burke. New York: Holt, Reinhart, & Winston, 1971.

Jakobson, Roman. "Signe zéro." Pages 143–52 in *Mélanges de linguistique offerts à Charles Bally sous les auspices de la Faculté des lettres de l'Université de Genève par des collègues, des confrères, des disciples reconnaissants*. Geneva: Georg, 1939.

―――. "Zur Struktur des russichen Verbums." Pages 74–84 in *Charisteria Guilelmo Mathesio Quinquagenario: a discipulis et circuli linguistici Pragensis sodalibus oblata*. Prague: Pražský linguistický krouzek, 1932.

Jankowsky, Kurt R. "Comparative, Historical, and Typological Linguistics since the

Eighteenth Century." Pages 635–54 in *The Oxford Handbook of the History of Linguistics*. Edited by Keith Allan. Oxford: Oxford University Press, 2013.

Jenni, Ernst. "Aktionsarten und Stammformen im Althebräischen: Das Piʿel in verbesserter Sicht." *ZAH* 13 (2000): 67–90.

———. "Faktitiv und Kausativ von ʾbd ʿzugrunde gehen.'" Pages 143–57 in *Hebräische Wortforschung: Festschrift zum 80. Geburtstag von Walter Baumgartner*. Edited by Benedikt Hartmann, Ernst Jenni, E. Y. Kutscher, Victor Maag, I. L. Seeligmann, and Rudolf Smend. VTSup 16. Leiden: Brill, 1967.

———. *Das hebräische Piʿel: Syntaktisch-semasiologische Untersuchung einer Verbalform im Alten Testament*. Zürich: EVZ-Verlag, 1968.

———. "Höfliche bitte im Alten Testament." Pages 3–16 in *Congress Volume: Basel, 2001*. Edited by André Lemaire. VTSup 92. Leiden: Brill, 2002.

———. "Nifʿal und Hitpaʿel im Biblisch-Hebräischen." Pages 131–303 in vol. 3 of *Studien zur Sprachwelt des Alten Testaments*. Edited by Hanna Jenni. 3 vols. Stuttgart: Kohlhammer, 2012.

———. "Toward the Function of the Reflexive-Passive Stems in Biblical Hebrew." Pages 13–20 in *The Unfolding of Your Words Gives Light: Studies in Biblical Hebrew in Honor of George L. Klein*. Edited by Ethan C. Jones. University Park, PA: Eisenbrauns, 2018.

———. "Zur Funktion der reflexiv-passiven Stammformen im Biblisch-Hebräischen." Pages 61–70 in vol. 4 of *Proceedings of the Fifth World Congress of Jewish Studies, the Hebrew University, Mount Scopus-Givat Ram, Jerusalem, 3–11 August, 1969*. Edited by Pinchas Peli and Avigdor Shinan. 5 vols. Jerusalem: World Union of Jewish Studies, 1973.

Jenni, Ernst and Claus Westermann, eds. *Theological Lexicon of the Old Testament*. Translated by Mark E. Biddle. 3 vols. Peabody, MA: Hendrickson, 1997.

Jero, Christopher. "Tense, Mood, and Aspect in the Biblical Hebrew Verbal System." Pages 65–84 in *"Where Shall Wisdom Be Found?" A Grammatical Tribute to Professor Stephen A. Kaufman*. Edited by Hélène M. Dallaire, Benjamin J. Noonan, and Jennifer E. Noonan. Winona Lake, IN: Eisenbrauns, 2017.

———. "The Verbal System of Biblical Hebrew Poetry: The Morphosyntactic Role of

Internal Aspect (*Aktionsart*)." PhD diss., Hebrew Union College–Jewish Institute of Religion, 2008.

Johnson, Marion R. "A Unified Temporal Theory of Tense and Aspect." Pages 145–75 in *Tense and Aspect*. Edited by Philip J. Tedeschi and Annie E. Zaenen. Syntax and Semantics 14. New York: Academic Press, 1981.

Johnson, Robert M., Jr. "The Words in Their Mouths: A Linguistic and Literary Analysis of the Dialogues in the Book of Ruth." PhD diss., Vanderbilt University, 1993.

Jongeling, Karel. "On the VSO Character of Hebrew." Pages 103–11 in *Studies in Hebrew and Aramaic Syntax Presented to Professsor J. Hoftijzer on the Occasion of His Sixty-Fifth Birthday*. Edited by Karel Jongeling, Hendrika L. Murre-van den Berg, and Lucas van Rompay. Studies in Semitic Languages and Linguistics 17. Leiden: Brill, 1991.

Joosten, Jan. "Diachronic Linguistics and the Date of the Pentateuch." Pages 327–44 in *The Formation of the Pentateuch: Bridging the Academic Cultures of Europe, Israel, and North America*. Edited by Jan Christian Gertz, Bernard M. Levinson, Dalit Rom-Shiloni, and Konrad Schmid. FAT 111. Tübingen: Mohr Siebeck, 2016.

———. "Do the Finite Verbal Forms in Biblical Hebrew Express Aspect?" *JANES* 29 (2002): 49–70.

———. "The Functions of the Semitic D Stem: Biblical Hebrew Materials for a Comparative-Historical Approach." *Or* 67 (1998): 202–30.

———. "Hebrew Thought and Greek Thought in the Septuagint: Fifty Years after Barr's *Semantics*." Pages 125–33 in *Reflections on Lexicography: Explorations in Ancient Syriac, Hebrew, and Greek Sources*. Edited by Richard A. Taylor and Craig E. Morrison. Perspectives on Linguistics and Ancient Languages 4. Piscataway, NJ: Gorgias, 2014.

———. "The Indicative System of the Hebrew Verb and Its Literary Exploitation." Pages 51–71 in *Narrative Syntax and the Hebrew Bible: Papers of the Tilburg Conference 1996*. Edited by Ellen J. van Wolde. BibInt 29. Leiden: Brill, 1997.

———. "Verbal System: Biblical Hebrew." *EHLL* 3:921–25.

———. *The Verbal System of Biblical Hebrew: A New Synthesis Elaborated on the Basis of Classical Prose*. JBS 10. Jerusalem: Simor, 2012.

Jouön, Paul. *Grammaire de l' hebreu biblique.* 2nd ed. Rome: Institut Biblique Pontifical, 1947. Jouön, Paul and Takamitsu Muraoka. *A Grammar of Biblical Hebrew.* 2nd ed. SubBi 27. Rome: Pontificio Istituto Biblico, 2006.

———. *A Grammar of Biblical Hebrew.* 2 vols. SubBi 14. Rome: Pontificio Istituto Biblico, 1991.

Juhás, Peter. *Die biblisch-hebräische Partikel* נָא *im Lichte der antiken Bibelübersetzungen: Unter besonderer Berücksichtigung ihrer vermuteten Höflichkeitsfunktion.* SSN 67. Leiden: Brill, 2017.

Kaddari, Menahẹ m Zevi. מילון העברית המקראית: אוצר לשון המקרא מאל"ף עד תי"ו [*Dictionary of Biblical Hebrew: Thesaurus of the Language of the Bible, from aleph to tav*]. Ramat-Gan: University of Bar-Ilan, 2006.

Kaltner, John. "The Koehler-Baumgartner Family." Pages 235–42 in *Foundations for Syriac Lexicography III: Colloquia of the International Syriac Language Project.* Edited by Janet Dyk and Wido T. van Peursen. Perspectives on Syriac Linguistics 4. Piscataway, NJ: Gorgias, 2008.

Kamp, Hans and Uwe Reyle. *From Discourse to Logic: Introduction to Modeltheoretic Semantics of Natural Language, Formal Logic and Discourse Representation Theory.* Studies in Linguistics and Philosophy 42. Dordrecht: Kluwer, 1993.

Kaufman, Stephen A. "Aramaic." Pages 114–30 in *The Semitic Languages.* Edited by Robert Hetzron. New York: Routledge, 1997.

———. "The Classification of the North West Semitic Dialects of the Biblical Period and Some Implications Thereof." Pages 41–57 in *Proceedings of the Ninth World Congress of Jewish Studies, Jerusalem, 4–12 August, 1985: Division D: Panel Sessions, Hebrew and Aramaic Languages.* Jerusalem: Magnes, 1988.

———. "An Emphatic Plea for Please." *Maarav* 7 (1991): 195–98.

———. "The Job Targum from Qumran." *JAOS* 93 (1973): 317–27.

———. "Languages (Aramaic)." *ABD* 1:173–78.

———. Review of *Diachrony in Biblical Hebrew*, eds. Cynthia L. Miller-Naudé and Ziony Zevit. *RBL* (July 29, 2014). http://www.bookreviews.org/.

———. "Semitics: Directions and Re-Directions." Pages 273–82 in *The Study of the Ancient Near East in the Twenty-First Century: The William Foxwell Albright*

Centennial Conference. Edited by Jerrold S. Cooper and Glenn M. Schwartz. Winona Lake, IN: Eisenbrauns, 1996.

Kautzsch, Emil. *Grammatik des Biblisch-Aramäischen, mit einer Kritischen Erörterung der aramäischen Wörter im Neuen Testament.* Leipzig: Vogel, 1884.

Kawashima, Robert S. "Stylistics: Biblical Hebrew." *EHLL* 3:643–50.

Kedar-Kopfstein, Benjamin. *Biblische Semantik: Eine Einfuhrung.* Stuttgart: Kohlhammer, .1981

Keenan, Edward L. "Passive is Phrasal (not Sentential or Lexical)." Pages 181–213 in *Lexical Grammar.* Edited by Teun Hoekstra, Harry van der Hulst, and Michael Moortgat. Publications in Language Sciences 3. Dordrecht: Foris, 1981.

Kelley, Page H. *Biblical Hebrew: An Introductory Grammar.* Edited by Timothy G. Crawford. 2nd ed. Grand Rapids: Eerdmans, 2018.

Kemmer, Suzanne. *The Middle Voice.* Typological Studies in Language 23. Amsterdam: Benjamins, 1993.

Khan, Geoffrey, ed. *Encyclopedia of Hebrew Language and Linguistics.* 4 vols. Leiden: Brill, 2013.

Kim, Dong-Hyuk. *Early Biblical Hebrew, Late Biblical Hebrew, and Linguistic Variability: A Sociolinguistic Evaluation of the Linguistic Dating of Biblical Texts.* VTSup 156. Leiden: Brill, 2013.

Kim, Young Bok. "Hebrew Forms of Address: A Sociolinguistic Analysis." PhD diss., University of Chicago, forthcoming.

Kitchen, Kenneth A. "The Aramaic of Daniel." Pages 31–79 in *Notes on Some Problems in the Book of Daniel.* Edited by Donald J. Wiseman. London: Tyndale Press, 1965.

Klaiman, M. H. "Middle Verbs, Reflexive Middle Constructions, and Middle Voice." *Studies in Language* 16 (1992): 35–61.

Klein, George Linam. "The Meaning of the Niphal in Biblical Hebrew." PhD diss., Annenberg Research Institute, 1992.

Klein, Jared S. "Historical Linguistics and Biblical Hebrew: An Indo-Europeanist's View." *JSem* 25 (2016): 865–80.

Klein, Wolfgang. "How Time Is Encoded." Pages 39–82 in *The Expression of Time.* Edited by Wolfgang Klein and Ping Li. Expression of Cognitive Categories 3.

Berlin: de Gruyter, 2009.

———. *Time in Language*. Germanic Linguistics. London: Routledge, 1994.

Kline, Jonathan G., ed. *Keep Up Your Biblical Aramaic in Two Minutes a Day: 365 Selections for Easy Review*. Peabody, MA: Hendrickson, 2017.

———, ed. *Keep Up Your Biblical Hebrew in Two Minutes a Day: 365 Selections for Easy Review*. 2 vols. Peabody, MA: Hendrickson, 2017.

Koerner, Konrad. "Linguistics vs Philology: Self-Definition of a Field or Rhetorical Stance?" *Language Sciences* 19 (1997): 167–75.

Kofoed, Jens Bruun. "Using Linguistic Difference in Relative Text Dating: Insights from Other Historical Linguistic Case Studies." *HS* 2006 (2006): 93–114.

Kogan, Leonid. "Semitic Etymology in a Biblical Hebrew Lexicon: The Limits of Usefulness." Pages 83–102 in *Biblical Lexicology: Hebrew and Greek: Semantics—Exegesis—Translation*. Edited by Jan Joosten, Regine Hunziker-Rodewald, and Eberhard Bons. BZAW 443. Berlin: de Gruyter, 2015.

Köhler, Ludwig and Walter Baumgartner. *The Hebrew and Aramaic Lexicon of the Old Testament*. Translated by M. E. J. Richardson. 2 vols. Leiden: Brill, 2001.

König, Eduard. *Historisch-kritisches Lehrgebaude der hebraischen Sprache, mit steter Beziehung auf Qimchi und die anderen Auctoritaten*. 3 vols. Leipzig: Hinrichs, 1897.

Koskela, Anu. "Homonyms in Different Types of Dictionaries." Pages 457–71 in *The Oxford Handbook of Lexicography*. Edited by Philip Durkin. Oxford Handbooks in Linguistics. Oxford: Oxford University Press, 2016.

Kotzé, Zacharias. "The Cognitive Linguistic Methodology for the Study of Metaphor in the Hebrew Bible." *JNSL* 31 (2005): 107–17.

Kouwenberg, N. J. C. *The Akkadian Verb and Its Semitic Background*. LANE 2. Winona Lake, IN: Eisenbrauns, 2010.

———. *Gemination in the Akkadian Verb*. SSN 32. Assen: Van Gorcum, 1997.

Kuryłowicz, Jerzy. "Verbal Aspect in Semitic." *Or* 42 (1973): 114–20.

Kutscher, E. Y. "Aramaic." Pages 347–412 in *Linguistics in South West Asia and North Africa*. Edited by Thomas A. Sebeok. Vol. 6 of *Current Trends in Linguistics*. 14 vols. The Hague: Mouton, 1970.

———. *A History of the Hebrew Language*. Edited by Raphael Kutscher. 2nd corrected ed. Jerusalem: Magnes, 1984.

————. "The Language of the 'Genesis Apocryphon': A Prelimary Study." Pages 1–35 in *Aspects of the Dead Sea Scrolls*. Edited by Chaim Rabin and Yigael Yadin. ScrHier 4. Jerusalem: Magnes, 1958.

————. "?הארמית המקראית—ארמית מזרחית היא או מערבית [Biblical Aramaic—Is It Eastern or Western?]." Pages 123–27 in הכינוס העולמי למדעי היהדות, קיץ תש״ז [*World Congress of Jewish Studies, Summer 1947*]. Jerusalem: Magnes, 1952.

Kwon, Sung-dal. "성서 아람어의 어순에 관한 연구 [A Study on the Word Order in Biblical Aramaic]." 성경 원문 연구 41 (2017): 52–74.

Labov, William. *Principles of Linguistic Change*. 3 vols. Language in Society 20, 29, 39. Oxford: Blackwell, 1994–2010.

————. *The Social Stratification of English in New York City*. Urban Languages Series 1. Washington, DC: Center for Applied Linguistics, 1966.

Lakoff, George. *Women, Fire, and Dangerous Things: What Categories Reveal about the Mind*. Chicago: University of Chicago Press, 1987.

Lakoff, George and Henry Thompson. "Introducing Cognitive Grammar." *Proceedings of the Annual Meeting of the Berkeley Linguistics Society* 1 (1975): 295–313.

Lakoff, George and Mark Johnson. *Metaphors We Live By*. Chicago: University of Chicago Press, 1980.

Lakoff, Robin. *Language and Woman's Place*. Harper Colophon Books. New York: Harper & Row, 1975.

Lam, Joseph and Dennis Pardee. "Standard/Classical Biblical Hebrew." Pages 1–18 in vol. 1 of *A Handbook of Biblical Hebrew*. Edited by W. Randall Garr and Steven E. Fassberg. 2 vols. Winona Lake, IN: Eisenbrauns, 2016.

Lambdin, Thomas O. *Introduction to Biblical Hebrew*. New York: Scribner, 1971.

Lambert, Mayer. "De l'emploi du nifal en hébreu." *REJ* 41 (1900): 196–214.

————. *Traité de grammaire hébraïque*. 2nd ed. Hildesheim: Gerstenberg, 1972.

Lambrecht, Knud. *Information Structure and Sentence Form: Topic, Focus, and the Mental Representations of Discourse Referents*. Cambridge Studies in Linguistics 71. Cambridge: Cambridge University Press, 1994.

Lamprecht, Adriaan. *Verb Movement in Biblical Aramaic.* Acta Academica Supplementum. Bloemfontein: University of the Free State, 2001.

Langacker, Ronald W. *Cognitive Grammar: A Basic Introduction.* Oxford: Oxford University Press, 2008.

Leemhuis, Frederik. *The D and H Stems in Koranic Arabic: A Comparative Study of the Function and Meaning of the faʿʿala and ʾafala Forms in Koranic Usage.* Publications of the Netherlands Institute of Archaeology and Arabic Studies in Cairo 2. Leiden: Brill, 1977.

Lehrer, Adrienne. *Semantic Fields and Lexical Structure.* North Holland Linguistic Series 11. Amsterdam: North Holland, 1974.

Lengerke, Cäsar von. *Das Buch Daniel: verdeutscht und ausgelegt.* Königsberg: Bornträger, 1835.

Li, Fengxiang. "An Examination of Causative Morphology from a Cross-Linguistic and Diachronic Perspective." Pages 344–59 in *Part One: The General Session.* Edited by Lise M. Dobrin, Lynn Nichols, and Rosa M. Rodriquez. Vol. 1 of *Papers from the 27th Regional Meeting of the Chicago Linguistic Society, 1991.* 2 vols. Chicago: Chicago Linguistic Society, 1993.

Li, Tarsee. *The Verbal System of the Aramaic of Daniel: An Explanation in the Context of Grammaticalization.* Studies in the Aramaic Interpretation of Scripture 8. Leiden: Brill, 2009.

Lieber, Laura S. "An Ephraimite Yankee in King David's Court: Regional Dialect in the Book of Judges." Rabbinic thesis, Hebrew Union College–Jewish Institute of Religion, 1999.

Lieberman, Stephen J. "The Afro-Asiatic Background of the Semitic N-Stem: Towards the Origin of the Stem-Afformatives of the Semitic and Afro-Asiatic Verb." *BO* 53 (1986): 577–628.

Lied, Liv Ingeborg and Hugo Lundhaug, eds. *Snapshots of Evolving Traditions: Jewish and Christian Manuscript Culture, Textual Fluidity, and New Philology.* TUGAL 175. Berlin: de Gruyter, 2017.

Linder, Josef. "Das Aramäische im Buche Daniel." *ZKT* 59 (1935): 503–45.

Lode, Lars. "Postverbal Word Order in Biblical Hebrew: Structure and Function."

Semitics 9 (1984): 113–64.

―――. "Postverbal Word Order in Biblical Hebrew: Structure and Function, Part Two." *Semitics* 10 (1989): 24–38.

Longacre, Robert E. "Analysis of Preverbal Nouns in Biblical Hebrew Narrative." *JOTT* 5 (1992): 208–24.

―――, ed. *Discourse Grammar: Studies in Indigenous Languages of Colombia, Panama, and Ecuador.* 3 vols. Summer Institute of Linguistics Publications in Linguistics and Related Fields 52. Dallas: Summer Institute of Linguistics, 1976.

―――. "Discourse Perspective on the Hebrew Verb: Affirmation and Restatement." Pages 177–89 in *Linguistics and Biblical Hebrew.* Edited by Walter R. Bodine. Winona Lake, IN: Eisenbrauns, 1992.

―――. *The Grammar of Discourse.* 2nd ed. Topics in Language and Linguistics. New York: Plenum, 1996.

―――. *Joseph: A Story of Divine Providence: A Text Theoretical and Textliniguistic Analysis of Genesis 37 and 39–48.* 2nd ed. Winona Lake, IN: Eisenbrauns, 2003.

―――. "Left Shifts in Strongly VSO Languages." Pages 331–54 in *Word Order in Discourse.* Edited by Pamela Downing and Michael P. Noonan. Typological Studies in Language 30. Amsterdam: Benjamins, 1995.

Longacre, Robert E. and Andrew C. Bowling. *Understanding Biblical Hebrew Verb Forms: Distribution and Function across Genres.* SIL International Publications in Linguistics 151. Dallas: SIL International, 2015.

Lowery, Kirk E. "The Theoretical Foundations of Hebrew Discourse Grammar." Pages 103–30 in *Discourse Analysis of Biblical Literature: What It Is and What It Offers.* Edited by Walter R. Bodine. SemeiaSt. Atlanta: Scholars Press, 1995.

―――. "Toward a Discourse Grammar of Biblical Hebrew." PhD diss., University of California, Los Angeles, 1985.

Lunn, Nicholas P. *Word-Order Variation in Biblical Hebrew Poetry: Differentiating Pragmatic Poetics.* Paternoster Biblical Monographs. Carlisle: Paternoster, 2006.

Luther, Martin. "To the Councilmen of All Cities in Germany that They Establish and Maintain Christian Schools." Pages 340–78 in *The Christian in Society II.* Edited by Walther I. Brandt. Translated by Albert T. W. Steinhauser. Luther's Works 45.

Philadelphia: Muhlenberg, 1962.

Lyons, John. *Semantics*. 2 vols. Cambridge: Cambridge University Press, 1977.

MacDonald, J. "Some Distinctive Characteristics of Israelite Spoken Hebrew." *BO* 32 (1975): 162–75.

MacDonald, Peter J. "Discourse Analysis and Biblical Interpretation." Pages 153–75 in *Linguistics and Biblical Hebrew*. Edited by Walter R. Bodine. Winona Lake, IN: Eisenbrauns, 1992.

Machen, J. Gresham. "Westminster Theological Seminary: Its Purpose and Plan." *The Presbyterian* 99 (October 10 1929): 6–9.

Machiela, Daniel A. *The Dead Sea Genesis Apocryphon: A New Text and Translation with Introduction and Special Treatment of Columns 13–17*. STDJ 79. Leiden: Brill, 2009.

Magary, Dennis R. "Keeping Your Hebrew Healthy." Pages 29–55 in *Preaching the Old Testament*. Edited by Scott M. Gibson. Grand Rapids: Baker Books, 2006.

Mallinson, Graham and Barry J. Blake. *Language Typology: Cross-Linguistic Studies in Syntax*. North Holland Linguistic Series. Amsterdam: North Holland, 1981.

Malone, Joseph L. *Tiberian Hebrew Phonology*. Winona Lake, IN: Eisenbrauns, 1993.

Maman, Aharon. "Morphology in the Medieval Rabbanite Grammatical Tradition." *EHLL* 2:712–21.

Mandell, Alice. "Biblical Hebrew, Archaic." *EHLL* 1:325–29.Mangum, Douglas, ed. *The Lexham Theological Wordbook*. Bellingham, WA: Lexham, 2014.

Mangum, Douglas and Joshua R. Westbury, eds. *Linguistics and Biblical Exegesis*. Lexham Methods Series 2. Bellingham, WA: Lexham, 2017.

Mann, William C. and Sandra A. Thompson. "Relational Propositions in Discourse." *Discourse Processes* 9 (1986): 57–90.

———. "Rhetorical Structure Theory: Toward a Functional Theory of Text Organization." *Text: An Interdisciplinary Journal for the Study of Discourse* 8 (1988): 243–81.

Marti, Karl. *Kurzgefasste Grammatik der biblisch-aramäischen Sprache, Literatur, Paradigmen, Texte und Glossar*. Berlin: Reuther & Reichard, 1896.

Matheus, Frank. *Ein jegliches hat seine Zeit: Tempus und Aspekt im biblisch-hebräischen*

Verbalsystem. Kleine Untersuchungen zur Sprache des Alten Testaments und seiner Umwelt: Beihefte 1. Kamen: Spenner, 2011.

Matthews, Victor H. *More than Meets the Ear: Discovering the Hidden Contexts of Old Testament Conversations*. Grand Rapids: Eerdmans, 2008.

Mazars, Paul. "Sens et usage de l'hitpael dans le Bible hébraïque." *Divinitas* 12 (1968): 351–64.

McFall, Leslie. *The Enigma of the Hebrew Verbal System: Solutions from Ewald to the Present Day*. Historic Texts and Interpreters in Biblical Scholarship 2. Sheffield: Almond Press, 1982.

McGregor, William B. *Linguistics: An Introduction*. 2nd ed. London: Bloomsbury Academic, 2015.

McKenzie, Tracy. "Teaching Biblical Hebrew to Congregational Leaders: A Personal Reflection on Its Challenges and Potential Ways Forward." Pages 259–71 in *The Unfolding of Your Words Gives Light: Studies in Biblical Hebrew in Honor of George L. Klein*. Edited by Ethan C. Jones. University Park, PA: Eisenbrauns, 2018.

McQuinn, Scott J. "Toward a Principled Communicative Methodology for Teaching the Biblical Languages." MA thesis, Fresno Pacific University, 2017.

McWhorter, John H. *The Language Hoax: Why the World Looks the Same in Any Language*. Oxford: Oxford University Press, 2014.

Merwe, Christo H. J. van der. "Biblical Hebrew Lexicology: A Cognitive Linguistic Perspective." *Kleine Untersuchungen zur Sprache des Alten Testaments und seiner Umwelt* 6 (2006): 87–112.

———. "Discourse Linguistics and Biblical Hebrew Grammar." Pages 13–49 in *Biblical Hebrew and Discourse Linguistics*. Edited by Robert D. Bergen. Dallas: Summer Institute of Linguistics, 1994.

———. "Explaining Fronting in Biblical Hebrew." *JNSL* 25 (1999): 173–86.

———. "Lexical Meaning in Biblical Hebrew and Cognitive Semantics: A Case Study." *Bib* 87 (2006): 85–95.

———. "A Major Step towards a Better Understanding of Biblical Hebrew Word Order." Review of *Die Satzteilfolge im Verbalsatz alttestamentlicher Prosa: untersucht an den Büchern Dtn., Ri und 2Kön*, by Walter Gross. *JNSL* 25 (1999): 277–300.

————. "An Overview of Hebrew Narrative Syntax." Pages 1–20 in *Narrative Syntax and the Hebrew Bible: Papers of the Tilburg Conference 1996.* Edited by Ellen J. van Wolde. BibInt 29. Leiden: Brill, 1997.

————. "A Short Survey of Major Contributions to the Grammatical Description of Old Hebrew since 1800 A.D." *JNSL* 13 (1987): 161–90.

————. "Some Recent Trends in Biblical Hebrew Linguistics: A Few Pointers towards a More Comprehensive Model of Language Use." *HS* 44 (2003): 7–24.

————. "Towards a Principled Working Model for Biblical Hebrew Lexicography." *JNSL* 30.1 (2004): 119–37.

Merwe, Christo H. J. van der and Eep Talstra. "Biblical Hebrew Word Order: The Interface of Information Structure and Formal Features." *ZAH* 15–16 (2002–2003): 68–107.

Merwe, Christo H. J. van der, Jacobus A. Naudé, and Jan H. Kroeze. *A Biblical Hebrew Reference Grammar.* Biblical Languages: Hebrew 3. Sheffield: Sheffield Academic, 1999.

————. *A Biblical Hebrew Reference Grammar.* 2nd ed. London: Bloomsbury T&T Clark, 2017.

Michaelis, Johann David. *Grammatica Chaldaica.* Göttingen: Deiterich, 1771. Miller-Naudé, Cynthia L. "Presidential Perspective." *Iggeret* 87 (2015): 1–3.

————. *The Representation of Speech in Biblical Hebrew Narrative: A Linguistic Analysis.* 2nd ed. HSM 55. Winona Lake, IN: Eisenbrauns, 2003.

Miller-Naudé, Cynthia L. and Ziony Zevit, eds. *Diachrony in Biblical Hebrew.* LSAWS 8. Winona Lake, IN: Eisenbrauns, 2012.

Mitchel, Larry A. *A Student's Vocabulary for Biblical Hebrew and Aramaic.* Updated ed. Grand Rapids: Zondervan, 2017.

Mithun, Marianne. "Is Basic Word Order Universal?" Pages 15–61 in *Pragmatics of Word Order Flexibility.* Edited by Doris L. Payne. Typological Studies in Language 22. Amsterdam: Benjamins, 1992.

Moers, Gerald, Kai Widmaier, and Antonia Giewekemeyer, eds. *Dating Egyptian Literary Texts.* Lingua Aegyptia: Studia monographica 11. Hamburg: Widmaier, 2013.

Montgomery, James A. *A Critical and Exegetical Commentary on the Book of Daniel.* ICC. Edinburgh: T&T Clark, 1927.

Moomo, David O. "The Meaning of the Biblical Hebrew Verbal Conjugation from a Crosslinguistic Perspective." DLitt thesis, University of Stellenbosch, 2004. Morgenstern, Matthew. "Late Biblical Hebrew." Pages 43–54 in vol. 1 of *A Handbook of Biblical Hebrew.* Edited by W. Randall Garr and Steven E. Fassberg. 2 vols. Winona Lake, IN: Eisenbrauns, 2016.

Morrison, Craig E. "Courtesy Expressions: Biblical Hebrew." *EHLL* 1:633–35. Morse, MaryKate. "Enhancing the Learning and Retention of Biblical Languages for Adult Students." *Teaching Theology & Religion* 7 (2004): 45–50.

Moshavi, Adina. "Word Order: Biblical Hebrew." *EHLL* 3:991–98.

———. *Word Order in the Biblical Hebrew Finite Clause: A Syntactic and Pragmatic Analysis of Preposing.* LSAWS 4. Winona Lake, IN: Eisenbrauns, 2010.

Moshavi, Adina and Tania Notarius, eds. *Advances in Biblical Hebrew Linguistics: Data, Methods, and Analyses.* LSAWS 12. Winona Lake, IN: Eisenbrauns, 2017.

———. "Biblical Hebrew Linguistics: Perspectives on Data and Method." Pages 1–24 in *Advances in Biblical Hebrew Linguistics: Data, Methods, and Analyses.* Edited by Adina Moshavi and Tania Notarius. LSAWS 12. Winona Lake, IN: Eisenbrauns, 2017.

Mounce, William D. *Basics of Biblical Greek Grammar.* 4th ed. Grand Rapids: Zondervan, 2019.

Moyer, Clinton J. "Literary and Linguistic Studies in *Sefer Bilʿam* (Numbers 22–24)." PhD diss., Cornell University, 2009.

Muraoka, Takamitsu. "The Aramaic of the Old Targum of Job from Qumran Cave XI." *JJS* 25 (1974): 425–33.

———. "A Case of Diglossia in the Book of Jonah?" *VT* 62 (2012): 129–31.

———. *Emphatic Words and Structures in Biblical Hebrew.* Leiden: Brill, 1985.

———. "A New Dictionary of Classical Hebrew." Pages 87–101 in *Studies in Ancient Hebrew Semantics.* Edited by Takamitsu Muraoka. AbrNSup 4. Leuven: Peeters, 1995.

Murphy, M. Lynne. *Lexical Meaning.* Cambridge Textbooks in Linguistics. Cambridge:

Cambridge University Press, 2010.

Naudé, Jacobus A. "The Complexity of Language Change: The Case of Ancient Hebrew." *Southern African Linguistics and Applied Language Studies* 30 (2012): 395–411.

―――. "Diachrony in Biblical Hebrew and a Theory of Language Change and Diffusion." Pages 61–82 in *Diachrony in Biblical Hebrew.* Edited by Cynthia L. Miller-Naudé and Ziony Zevit. LSAWS 8. Winona Lake, IN: Eisenbrauns, 2012.

―――. "Government and Binding." *EHLL* 2:72–76.

―――. "Linguistic Dating of Biblical Hebrew Texts: The Chronology and Typology Debate." *JNSL* 36 (2010): 1–22.

―――. "A Syntactic Analysis of Dislocations in Biblical Hebrew." *JNSL* 16 (1990): 115–30.

―――. "The Transitions of Biblical Hebrew in the Perspective of Language Change and Diffusion." Pages 189–214 in *Biblical Hebrew: Studies in Chronology and Typology.* Edited by Ian Young. JSOTSup 369. London: T&T Clark, 2003.

Naudé, Jacobus A. and Cynthia L. Miller-Naudé. "Historical Linguistics, Editorial Theory, and Biblical Hebrew: The Current State of the Debate." *JSem* 25 (2016): 833–64.

Naveh, Joseph and Shaul Shaked, eds. *Aramaic Documents from Ancient Bactria (Fourth Century BCE) from the Khalili Collections.* London: Khalili Family Trust, 2012.

Nedialkov, V. P. and Sergei Jaxontov. "The Typology of Resultative Constructions." Pages 3–62 in *Typology of Resultative Constructions.* Edited by V. P. Nedialkov and Bernard Comrie. Typological Studies in Language 12. Amsterdam: Benjamins, 1988.

Nerhlich, Brigitte and David D. Clarke. "Cognitive Linguistics and the History of Linguistics." Pages 589–607 in *The Oxford Handbook of Cognitive Linguistics.* Edited by Dirk Geeraerts and Hubert Cuyckens. Oxford Handbooks. Oxford: Oxford University Press, 2007.

Newman, Paul. *Nominal and Verbal Plurality in Chadic.* Publications in African Languages and Linguistics 12. Dordrecht: Foris, 1990.

―――. "Pluractional Verbs: An Overview." Pages 185–209 in *Verbal Plurality and Distributivity.* Edited by Patricia Cabredo Hofherr and Brenda Laca. Linguistische

Arbeiten 546. Berlin: De Gruyter, 2012.

Niccacci, Alviero. "On the Hebrew Verbal System." Pages 117–37 in *Biblical Hebrew and Discourse Linguistics*. Edited by Robert D. Bergen. Dallas: Summer Institute of Linguistics, 1994.

———. *Sintassi del verbo ebraico nella prosa biblica classica*. SBFA 23. Jerusalem: Franciscan Printing Press, 1986.

———. *The Syntax of the Verb in Classical Hebrew Prose*. Translated by Wilfred G. E. Watson. JSOTSup 86. Sheffield: JSOT Press, 1990.

Nida, Eugene Albert and Charles R. Taber. *The Theory and Practice of Translation*. Helps for Translators 7. Leiden: Brill, 1969.

Noegel, Scott B. "Dialect and Politics in Isaiah 24–27." *AuOr* 12 (1994): 177–92.

Noonan, Benjamin J. "Daniel's Greek Loans in Dialectal Perspective." *BBR* 28 (2018): 575–603.

———. *Non-Semitic Loanwords in the Hebrew Bible: A Lexicon of Language Contact*. LSAWS 14. University Park, PA: Eisenbrauns, 2019.

Noonan, Jennifer E. "Recent Teaching Grammars for Biblical Hebrew: A Review and Critique." *ATJ* 43 (2011): 99–118.

———. "Teaching Biblical Hebrew." Pages 317–35 in *"Where Shall Wisdom Be Found?" A Grammatical Tribute to Professor Stephen A. Kaufman*. Edited by Hélène M. Dallaire, Benjamin J. Noonan, and Jennifer E. Noonan. Winona Lake, IN: Eisenbrauns, 2017.

———. "Using Processing Instruction to Teach Biblical Hebrew Grammar." PhD diss., Hebrew Union College–Jewish Institute of Religion, 2009.

Notarius, Tania. *The Verb in Archaic Biblical Poetry: A Discursive, Typological, and Historical Investigation of the Tense System*. Studies in Semitic Languages and Linguistics 68. Leiden: Brill, 2013.

Nuyts, Jan. "Cognitive Linguistics and Functional Linguistics." Pages 543–65 in *The Oxford Handbook of Cognitive Linguistics*. Edited by Dirk Geeraerts and Hubert Cuyckens. Oxford Handbooks. Oxford: Oxford University Press, 2007.

O'Connor, Michael. "Discourse Linguistics and the Study of Biblical Hebrew." Pages 17–42 in *Congress Volume: Basel, 2001*. Edited by André Lemaire. VTSup 92.

Leiden: Brill, 2002.

———. "Semitic Lexicography: European Dictionaries of Biblical Hebrew in the Twentieth Century." Pages 173–212 in *Semitic Linguistics: The State of the Art at the Turn of the Twenty-First Century.* Edited by Shlomo Izre'el. IOS 20. Winona Lake, IN: Eisenbrauns, 2002.

Ólafsson, Sverrir. "On Diglossia in Ancient Hebrew and Its Graphic Representation." *FO* 28 (1992): 193–205.

Olsen, Mari Broman. *A Semantic and Pragmatic Model of Lexical and Grammatical Aspect.* Outstanding Dissertations in Linguistics. New York: Garland, 1997.

Olshausen, Justus. *Lehrbuch der hebräischen Sprache.* 2 vols. Brunswick: Vieweg, 1861.

Overland, Paul. *Learning Biblical Hebrew Interactively.* 2nd ed. 2 vols. Sheffield: Sheffield Academic, 2016.

———. *Millim: Words for Conversation in the Biblical Hebrew Classroom.* 2nd ed. Ha'arets: Hebrew and Aramaic Accessible Resources for Exegetical and Theological Studies. Wilmore, KY: GlossaHouse, 2016.

Overland, Paul, Lee M. Fields, and Jennifer E. Noonan. "Can Communicative Principles Enhance Classical Language Acquisition?" *Foreign Language Annals* 44 (2011): 583–98.

Palmer, Frank Robert. *Mood and Modality.* 2nd ed. Cambridge Textbooks in Linguistics. Cambridge: Cambridge University Press, 2001.

Paltridge, Brian. *Discourse Analysis: An Introduction.* 2nd ed. Continuum Discourse Series. London: Continuum, 2012.

Park, Sung Jin. *Typology in Biblical Hebrew Poetic Meter: A Generative Metrical Approach.*
Lewiston, NY: Mellen, 2017.

Pat-El, Na'ama. "Israelian Hebrew: A Re-Evaluation." *VT* 67 (2017): 227–63.

Patton, Matthew H. and Frederic Clarke Putnam. *Basics of Hebrew Discourse: A Guide to Working with Hebrew Prose and Poetry.* Edited by Miles V. Van Pelt. Grand Rapids: Zondervan, 2019.

Payne, Geoffrey. "Functional Sentence Perspective: Theme in Biblical Hebrew." *SJOT* 1 (1991): 62–82.

Peckham, J. Brian. "Tense and Mood in Biblical Hebrew." *ZAH* 10 (1997): 139–68.

Pennington, Jonathan T. "Setting aside 'Deponency': Rediscovering the Greek Middle Voice in New Testament Studies." Pages 181–203 in *The Linguist as Pedagogue: Trends in the Teaching and Linguistic Analysis of the Greek New Testament*. Edited by Stanley E. Porter and Mathew Brook O'Donnell. New Testament Monographs 11. Sheffield: Sheffield Phoenix, 2009.

Person, Raymond F., Jr. *The Deuteronomic History and the Book of Chronicles: Scribal Works in an Oral World*. AIL 6. Atlanta: Society of Biblical Literature, 2010.

———. "Linguistic Variation Emphasized, Linguistic Variation Denied." Pages 119–25 in *The Archaeology of Difference: Gender, Ethnicity, Class, and the "Other" in Antiquity: Studies in Honor of Eric M. Meyers*. Edited by Douglas R. Edwards and C. Thomas McCoullough. AASOR 60–61. Boston: American Schools of Oriental Research, 2007.

Peters, Kurtis. *Hebrew Lexical Semantics and Daily Life in Ancient Israel: What's Cooking in Biblical Hebrew?* BibInt 146. Leiden: Brill, 2016.

Petyt, K. M. *The Study of Dialect: An Introduction to Dialectology*. Language Library. London: Deutsch, 1980.

Phua, Chiew Phen. "Dating the Chapters in *Guanzi*: Evidence from Historical Linguistics Perspective." MPhil thesis, Hong Kong University of Science and Technology, 2002.

Pike, Kenneth L. *Language in Relation to a Unified Theory of the Structure of Human Behavior*. 2nd ed. Janua Linguarum Series Maior 24. The Hague: Mouton, 1967.

Pinker, Steven. *The Language Instinct: The New Science of Language and Mind*. New York: Morrow, 1994.

Pleins, J. David. *Biblical Hebrew Vocabulary by Conceptual Categories: A Student's Guide to Nouns in the Old Testament*. Grand Rapids: Zondervan, 2017.

Ploeg, J. P. M. van der, A. S. van der Woude, and Bastiaan Jongeling. *Le Targum de Job de la grotte XI de Qumrân*. Leiden: Brill, 1971.

Poebel, Arno. *Studies in Akkadian Grammar*. AS 9. Chicago: University of Chicago Press, 1939.

Polak, Frank H. "Language Variation, Discourse Typology, and the Socio-Cultural

Background of Biblical Narrative." Pages 301–38 in *Diachrony in Biblical Hebrew.* Edited by Cynthia L. Miller-Naudé and Ziony Zevit. LSAWS 8. Winona Lake, IN: Eisenbrauns, 2012.

———. "Linguistic and Stylistic Aspects of Epic Formulae in Ancient Semitic Poetry and Biblical Narrative." Pages 285–304 in *Biblical Hebrew in Its Northwest Semitic Setting: Typological and Historical Perspectives.* Edited by Steven E. Fassberg and Avi Hurvitz. Winona Lake, IN: Eisenbrauns, 2006.

———. "The Oral and the Written: Syntax, Stylistics and the Development of Biblical Prose Narrative." *JANES* 26 (1998): 59–105.

———. "Parler de la langue: Labov, Fishman et l'histoire de l'hébreu biblique." Pages 13–37 in *Le Proche-Orient ancien à la lumière des sciences sociales.* Edited by Madalina Vârtejanu-Joubert. Yod 18. Paris: Publications langues O', 2013.

———. "Sociolinguistics: A Key to the Typology and the Social Background of Biblical Hebrew." *HS* 47 (2006): 115–62.

———. "Sociolinguistics and the Judean Speech Community in the Achaemenid Empire." Pages 589–628 in *Judah and the Judeans in the Persian Period.* Edited by Oded Lipschits and Manfred Oeming. Winona Lake, IN: Eisenbrauns, 2006.

———. "Style Is More Than the Person: Sociolinguistics, Literary Culture and the Distinction between Written and Oral Narrative." Pages 38–103 in *Biblical Hebrew: Studies in Chronology and Typology.* Edited by Ian Young. JSOTSup 369. London: T&T Clark, 2003.

———. "The Style of the Dialogue in Biblical Prose Narrative." *JANES* 28 (2001): 53–95.

———. "מעמד הדוברים ומבנה הדו-שיח בסיפורי המקרא" [On Dialogue and Speaker Status in Biblical Narrative]." *Beit Mikra* 48 (2002–2003): 1–18, 97–119.

———. "תמורות ותקופות בלשון הסיפורת במקרא: חלק ראשון" [Development and Periodization of Biblical Prose Narrative]." *Beit Mikra* 43 (1997–1998): 30–52, 142–60.

Polzin, Robert. *Late Biblical Hebrew: Toward a Historical Typology of Biblical Hebrew Prose.* HSM 12. Missoula, MT: Scholars Press, 1976.

Porten, Bezalel and Ada Yardeni. *Textbook of Aramaic Documents from Ancient Egypt.* 4 vols. Texts and Studies for Students. Winona Lake, IN: Eisenbrauns, 1986–1999.

Porter, Stanley E. *Verbal Aspect in the Greek of the New Testament*. Studies in Biblical Greek 1. New York: Lang, 1989.

Pratico, Gary D. and Miles V. Van Pelt. *Basics of Biblical Hebrew Grammar*. 3rd ed. Grand Rapids: Zondervan, 2019.

Rabin, Chaim. "An Arabic Phrase in Isaiah." Pages 303–9 in *Studi sull'Oriente e la Bibbia: Offerti al P. Giovanni Rinaldi nel 60o compleanno da allievi, colleghi, amici*. Genoa: Studio e vita, 1967.

———. "Hebrew." Pages 304–46 in *Linguistics in South West Asia and North Africa*. Edited by Thomas A. Sebeok. Vol. 6 of *Current Trends in Linguistics*. 14 vols. The Hague: Mouton, 1970.

Rainey, Anson F. "The Ancient Hebrew Prefix Conjugation in Light of Amarna Canaanite." *HS* 27 (1986): 4–19.Rattray, Susan. "The Tense-Mood-Aspect System of Biblical Hebrew, with Special Emphasis on 1 and 2 Samuel." PhD diss., University of California, Berkeley, 1992.

Ray, Blaine and Contee Seely. *Fluency through TPR Storytelling: Achieving Real Language Acquisition in School*. 2nd ed. Berkeley, CA: Command Performance Language Institute, 1998.

Regt, Lénart J. de. *A Parametric Model for Syntactic Studies of a Textual Corpus, Demonstrated on the Hebrew of Deuteronomy 1–30*. 2 vols. SSN 23. Assen: Van Gorcum, 1988.

———. "Participant Reference in Discourse: Biblical Hebrew." *EHLL* 3:30–33. Reichenbach, Hans. *Elements of Symbolic Logic*. New York: Macmillan, 1947. Rendsburg, Gary A. "Addressee-Switching." *EHLL* 1:34–35.

———. "Biblical Hebrew: Dialects and Linguistic Variation." *EHLL* 1:338–41. ———. "A Comprehensive Guide to Israelian Hebrew: Grammar and Lexicon." *Orient* 38 (2003): 5–35.

———. "Diglossia: Biblical Hebrew." *EHLL* 1:724–25.

———. *Diglossia in Ancient Hebrew*. AOS 72. New Haven: American Oriental Society, 1990.

———. "Kabbîr in Biblical Hebrew: Evidence for Style-Switching and Addressee-Switching in the Hebrew Bible." *JAOS* 112 (1992): 649–51.

———. "Linguistic Variation and the 'Foreign' Factor in the Hebrew Bible." *IOS* 15 (1996): 177–90.

———. "Northern Hebrew through Time: From the Song of Deborah to the Mishnah." Pages 339–59 in *Diachrony in Biblical Hebrew*. Edited by Cynthia L. Miller-Naudé and Ziony Zevit. LSAWS 8. Winona Lake, IN: Eisenbrauns, 2012.

———. "Some False Leads in the Identification of Late Biblical Hebrew Texts: The Cases of Genesis 24 and 1 Samuel 2:27–36." *JBL* 121 (2002): 23–46.

———. "The Strata of Biblical Hebrew." *JNSL* 17 (1991): 81–99.

———. "Style-Switching." *EHLL* 3:633–36.

———. "Style-Switching in Biblical Hebrew." Pages 65–85 in *Epigraphy, Philology and the Hebrew Bible: Methodological Perspectives on Philological and Comparative Study of the Hebrew Bible in Honor of Jo Ann Hackett*. Edited by Jeremy M. Hutton and Aaron D. Rubin. ANEM 12. Atlanta: Society of Biblical Literature, 2015.

Revell, E. J. "The Conditioning of Word Order in Verbless Clauses in Biblical Hebrew." *JSS* 34 (1989): 1–24.

———. *The Designation of the Individual: Expressive Usage in Biblical Narrative*. CBET 14. Kampen: Kok Pharos, 1996.

———. "The System of the Verb in Standard Biblical Prose." *HUCA* 60 (1989): 1–37.

———. "Thematic Continuity and the Conditioning of Word Order in Verbless Clauses."
Pages 297–319 in *The Verbless Clause in Biblical Hebrew: Linguistic Approaches*. Edited by Cynthia L. Miller-Naudé. LSAWS 1. Winona Lake, IN: Eisenbrauns, 1999.

Rezetko, Robert. "The Spelling of 'Damascus' and the Linguistic Dating of Biblical Texts." *SJOT* 24 (2010): 110–28.

Rezetko, Robert and Ian Young. "Currents in the Historical Linguistics and Linguistic Dating of the Hebrew Bible." *HIPHIL Novum* 5.1 (2019): 3–95.

———. *Historical Linguistics and Biblical Hebrew: Steps Toward an Integrated Approach*. ANEM 9. Atlanta: Society of Biblical Literature, 2014.

Rezetko, Robert and Martijn Naaijer. "An Alternative Approach to the Lexicon of Late Biblical Hebrew." *JHebS* 16.1 (2016): 1–39. http://www.jhsonline.org.

Richards, Jack C. and Theodore S. Rodgers. *Approaches and Methods in Language*

Teaching: A Description and Analysis. 3rd ed. Cambridge Language Teaching Library. Cambridge: Cambridge University Press, 2014.

Robar, Elizabeth. "Grounding: Biblical Hebrew." *EHLL* 2:151–56.

——. *The Verb and the Paragraph in Biblical Hebrew: A Cognitive-Linguistic Approach.* Studies in Semitic Languages and Linguistics 78. Leiden: Brill, 2015.

Robertson, David A. *Linguistic Evidence in Dating Early Hebrew Poetry.* SBLDS 3. Missoula, MT: Society of Biblical Literature, 1972.

Robins, Robert H. *A Short History of Linguistics.* 4th ed. Longman Linguistics Library. London: Routledge, 1997.

Rocine, Bryan M. *Learning Biblical Hebrew: A New Approach Using Discourse Analysis.* Macon, GA: Smyth & Helwys, 2000.

Römer, Thomas. "How to Date Pentateuchal Texts: Some Case Studies." Pages 357–70 in *The Formation of the Pentateuch: Bridging the Academic Cultures of Europe, Israel, and North America.* Edited by Jan Christian Gertz, Bernard M. Levinson, Dalit Rom-Shiloni, and Konrad Schmid. FAT 111. Tübingen: Mohr Siebeck, 2016.

Rooker, Mark F. *Biblical Hebrew in Transition: The Language of the Book of Ezekiel.* JSOTSup 90. Sheffield: JSOT Press, 1990.

Rosch, Eleanor. "On the Internal Structure of Perceptual and Semantic Categories." Pages 111–44 in *Cognitive Development and the Acquisition of Language.* Edited by Timothy E. Moore. New York: Academic Press, 1973.

——. "Principles of Categorization." Pages 27–48 in *Cognition and Categorization.* Edited by Eleanor Rosch and Barbara B. Lloyd. Hillsdale, NJ: Erlbaum, 1978.

Rosén, Haiim B. "On the Use of the Tenses in the Aramaic of Daniel." *JSS* 6 (1961): 183–203.

Rosenbaum, Michael. *Word-Order Variation in Isaiah 40–55: A Functional Perspective.* SSN 36. Assen: Van Gorcum, 1997.

Rosenthal, Franz. *A Grammar of Biblical Aramaic.* PLO 5. Wiesbaden: Harrassowitz, 1961.

——. *A Grammar of Biblical Aramaic.* 7th ed. PLO 5. Wiesbaden: Harrassowitz, 2006.

Ross, Allen P. *Introducing Biblical Hebrew.* Grand Rapids: Baker Academic, 2001.

Ross, John Robert. "The Penthouse Principle and the Order of Constituents." Pages 397–422 in *You Take the High Node and I'll Take the Low Node: Papers from the Comparative Syntax Festival, The Differences between Main and Subordinate Clauses, 12 April 1973*. Edited by Claudia W. Corum, Thomas Cedric Smith-Stark, and Ann Weiser. Chicago: Chicago Linguistic Society, 1973.

Rothstein, Susan. *Structuring Events: A Study in the Semantics of Lexical Aspect*. Explorations in Semantics. Oxford: Blackwell, 2004.

Rowley, H. H. *The Aramaic of the Old Testament: A Grammatical and Lexical Study of Its Relations with Other Early Aramaic Dialects*. London: Oxford University Press, 1929.

Rubino, Carl. "Reduplication: Form, Function, and Distribution." Pages 11–29 in *Studies on Reduplication*. Edited by Bernhard Hurch. Empirical Approaches to Language Typology 28. Berlin: Mouton de Gruyter, 2005.

Rundgren, Frithiof. *Das althebräische Verbum: Abriss der Aspektlehre*. Stockholm: Almqvist & Wiksell, 1961.

Runge, Steven E. and Joshua R. Westbury, eds. *Lexham Discourse Hebrew Bible*. Bellingham, WA: Lexham, 2012.

———, eds. *Lexham High Definition Old Testament*. Bellingham, WA: Lexham, 2012.

Runnalls, Graham A. "The Linguistic Dating of Middle French Texts with Special Reference to the Theatre." *Modern Language Review* 71 (1976): 757–61.

Russom, Geoffrey R. "Dating Criteria for Old English Poems." Pages 245–65 in *A Millennial Perspective*. Edited by Donka Minkova and Robert P. Stockwell. Vol. 1 of *Studies in the History of the English Language*. 7 vols. Topics in English Linguistics 39. Berlin: Mouton, 2002.

Ryder, Stuart A. *The D-Stem in Western Semitic*. Janua Linguarum Series Practica 131. The Hague: Mouton, 1974.

Sáenz-Badillos, Angel. *A History of the Hebrew Language*. Translated by John F. Elwolde. Cambridge: Cambridge University Press, 1993.

Sampson, Geoffrey. *Schools of Linguistics*. Stanford, CA: Stanford University Press, 1980.

Sande, Axel van de. *Nouvelle perspective sur le système verbal de l'hébreu ancien: les* *formes *qatala, *yaqtul et *yaqtulu.* Publications de l'Institut orientaliste de Louvain 57. Leuven: Peeters, 2008.

Saussure, Ferdinand de. *Cours de linguistique générale.* Edited by Charles Bally and Albert Sechehaye. Lausanne: Payot, 1916.

—————. *Course in General Linguistics.* Edited by Charles Bally and Albert Sechehaye. Translated by Wade Baskin. New York: Philosophical Library, 1959.

Sawyer, John F. A. *Semantics in Biblical Research: New Methods of Defining Hebrew Words for Salvation.* SBT 24. London: SCM Press, 1972.

Schaeder, Hans Heinrich. *Iranische Beiträge I.* Schriften der Königsberger gelehrten Gesellschaft, geisteswissenschaftliche Klasse 6/5. Halle: Niemeyer, 1930.

Schlesinger, Kalman. "Zur Wortfolge im hebräischen Verbalsatz." *VT* 3 (1953): 381–90.

Schneider, Wolfgang. *Grammatik des biblischen Hebräisch: ein Lehrbuch.* Munich: Claudius, 1974.

Schniedewind, William M. "Prolegomena for the Sociolinguistics of Classical Hebrew." *JHebS* 5.6 (2004): 1–32.

—————. *Social History of Hebrew: Its Origins through the Rabbinic Period.* ABRL. New Haven: Yale University Press, 2013.

Schniedewind, William M. and Daniel Sivan. "The Elijah-Elisha Narratives: A Test Case for the Northern Dialect of Hebrew." *JQR* 87 (1997): 303–37.

Schroeder, Nicolaus Wilhelm. *Institutiones ad fundamenta linguae Hebraeae.* Groningen: Bolt, 1772.

Schultens, Albert. *Institutiones ad fundamenta linguae Hebraea: quibus via panditur ad ejusdem analogiam restituendam & vindicandam in usum collegii domestici.* Leiden: Luzac, 1737.

Seow, C. L. *A Grammar for Biblical Hebrew.* 2nd ed. Nashville: Abingdon, 1995.

Sérandour, Arnaud. "Remarques sur le bilinguisme dans le livre d'Esdras." Pages 131–44 in *Mosaïque de langues, mosaïque culturelle: le bilinguisme dans le Proche-Orient ancien: actes de la table-ronde du 18 novembre 1995 organisée par l'URA 1062 'Études sémitiques.'* Edited by Françoise Briquel-Chatonnet. Antiquitées sémitiques 1. Paris: Maisonneuve, 1996.

Seuren, Pieter A. M. *Western Linguistics: An Historical Introduction.* Oxford: Blackwell,

.1998

Shankara Bhat, D. N. *The Prominence of Tense, Aspect, and Mood.* Studies in Language Companion Series 49. Amsterdam: Benjamins, 1999.

Shead, Stephen L. *Radical Frame Semantics and Biblical Hebrew: Exploring Lexical Semantics.* BibInt 108. Leiden: Brill, 2011.

Shepherd, Michael B. *The Verbal System of Biblical Aramaic: A Distributional Approach.* StBibLit 116. New York: Lang, 2008.

Shimasaki, Katsuomi. *Focus Structure in Biblical Hebrew: A Study of Word Order and Information Structure.* Bethesda, MD: CDL, 2002.

———. "Information Structure: Biblical Hebrew." *EHLL* 2:279–83.

Shippey, T. A. *J.R.R. Tolkien: Author of the Century.* Boston: Houghton Mifflin, 2000.

Shulman, Ahouva. "Imperative and Second Person Indicative Forms in Biblical Hebrew Prose." *HS* 42 (2001): 271–87.

———. "The Particle נָא in Biblical Hebrew Prose." *HS* 40 (1999): 57–82.

———. "The Use of Modal Verb Forms in Biblical Hebrew Prose." PhD diss., University of Toronto, 1996.

Siebesma, P. A. *The Function of the Nipheal in Biblical Hebrew in Relationship to Other Passive-Reflexive Verbal Stems and to the Puʿal and Hophʿal in Particular.* SSN 28. Assen: Van Gorcum, 1991.

Siewierska, Anna. "Functional and Cognitive Grammars." Pages 485–501 in *The Oxford Handbook of the History of Linguistics.* Edited by Keith Allan. Oxford: Oxford University Press, 2013.

———. *Word Order Rules.* Croom Helm Linguistics Series. London: Croom Helm, 1988.

Sigrist, David Joseph. "Overcoming Obstacles: Proposed Technological Solutions for Perceived Problems with Ancient Language Learning through Communicative Methods." Paper presented at the annual meeting of the Society of Biblical Literature. Atlanta, GA, November 22, 2015.

Silva, Moisés. *Biblical Words and Their Meaning: An Introduction to Lexical Semantics.* 2nd ed. Grand Rapids: Zondervan, 1994.

———. *God, Language, and Scripture: Reading the Bible in the Light of General*

Linguistics. Foundations of Contemporary Interpretation 4. Grand Rapids: Zondervan, 1990.

Silzer, Peter J. and Thomas J. Finley. *How Biblical Languages Work: A Student's Guide to Learning Hebrew and Greek*. Grand Rapids: Kregel, 2004.

Sinclair, Cameron. "The Valence of the Hebrew Verb." *JANES* 20 (1991): 63–81. Smith, Carlota S. *The Parameter of Aspect*. Studies in Linguistics and Philosophy 43. Dordrecht: Kluwer, 1997.

Smith, Colin J. "With an Iron Pen and a Diamond Tip: Linguistic Peculiarities in the Book of Jeremiah." PhD diss., Cornell University, 2003.

Smith, Scobie Philip. "The Question of Diglossia in Ancient Hebrew." Pages 37–52 in *Diglossia and Other Topics in New Testament Linguistics*. Edited by Stanley E. Porter. JSNTSup 193. Sheffield: Sheffield Academic, 2000.

Sokoloff, Michael. *The Targum to Job from Qumran Cave XI*. Bar-Ilan Studies in Near Eastern Languages and Cultures. Ramat-Gan: Bar-Illan University Press, 1974.

Song, Jae Jung. *Word Order*. Research Surveys in Linguistics. Cambridge: Cambridge University Press, 2012.

Speiser, E. A. "The Durative Hitpaʿel: A *tan*-Form." *JAOS* 75 (1955): 118–21.

———. "The 'Elative' in West-Semitic and Akkadian." *JCS* 6 (1952): 81–92.

———. "Studies in Semitic Formatives." *JAOS* 56 (1936): 22–46.

Stabnow, David K. "A Discourse Analysis Perspective on the Syntax of Clauses Negated by לא in the Primary History." PhD diss, Westminster Theological Seminary, 2000.

Stade, Bernhard. *Lehrbuch der hebräischen Grammatik*. Leipzig: Vogel, 1879.

Stauder, Andréas. *Linguistic Dating of Middle Egyptian Literary Texts*. Lingua Aegyptia: Studia Monographica 12. Hamburg: Widmaier, 2013.

Stefanovic, Zdravko. *The Aramaic of Daniel in the Light of Old Aramaic*. JSOTSup 129. Sheffield: JSOT Press, 1992.

Stein, Adolf. *Der Stamm des Hithpael im Hebräischen*. Leipzig: Drugulin, 1893.

Stein, David E. S. "The Grammar of Social Gender in Biblical Hebrew." *HS* 49 (2008): 26–7.

Strack, H. L. *Grammatik des Biblisch-Aramäischen mit den nach Handschriften berichtigten Texten und einem Wörterbuch*. 6th ed. Munich: Beck, 1921.

Streck, Michael P. *Die akkadischen Verbalstämme mit ta-Infix.* AOAT 303. Münster: Ugarit-Verlag, 2003.

Streett, Daniel R. "Immersion Greek: Developing the Necessary Support Structure (Basics of Greek Pedagogy, Pt. 9)." καὶ τὰ λοιπά. September 29, 2011. https://danielstreett.com/2011/09/29/immersion-greekdeveloping-the-necessary-support-structure-basics-of-greek-pedagogy-pt-9/.

Swanson, James. *A Dictionary of Biblical Languages: Hebrew Old Testament.* 2nd ed. Oak Harbor, WA: Logos Research Systems, 2001.

Talmy, Leonard. "Force Dynamics as a Generalization over 'Causative.'" Pages 67–85 in *Languages and Linguistics: The Interdependence of Theory, Data, and Application.* Edited by Deborah Tannen and James E. Alatis. Georgetown University Round Table on Languages and Linguistics. Washington, DC: Georgetown University Press, 1986.

———. "Force Dynamics in Language and Cognition." Pages 409–70 in *Concept Structuring Systems.* Vol. 1 of *Toward a Cognitive Semantics.* 2 vols. Language, Speech, and Communication. Cambridge, MA: MIT Press, 2000.

Talshir, David. "The Habitat and History of Hebrew during the Second Temple Period." Pages 251–75 in *Biblical Hebrew: Studies in Chronology and Typology.* Edited by Ian Young. JSOTSup 369. London: T&T Clark, 2003.

Talstra, Eep. "Hebrew Syntax: Clause Types and Clause Hierarchy." Pages 180–93 in *Studies in Hebrew and Aramaic Syntax Presented to Professsor J. Hoftijzer on the Occasion of His Sixty-Fifth Birthday.* Edited by Karel Jongeling, Hendrika L. Murre-van den Berg, and Lucas van Rompay. Studies in Semitic Languages and Linguistics 17. Leiden: Brill, 1991.

———. "Text Grammar and the Hebrew Bible 1: Elements of a Theory." *BO* 35 (1978): 168–74.

———. "Text Grammar and the Hebrew Bible 2: Syntax and Semantics." *BO* 39 (1982): 26–38.

———. "Text Linguistics: Biblical Hebrew." *EHLL* 1:755–60.

Tannen, Deborah. *Gender and Discourse.* Oxford: Oxford University Press, 1996.

Taylor, John R. "Cognitive Linguistics and Autonomous Linguistics." Pages 566–88 in

The Oxford Handbook of Cognitive Linguistics. Edited by Dirk Geeraerts and Hubert Cuyckens. Oxford Handbooks. Oxford: Oxford University Press, 2007.

──────. *Linguistic Categorization*. 3rd ed. Oxford Textbooks in Linguistics. Oxford: Oxford University Press, 2003.

Téné, David, Aharon Maman, and James Barr. "Linguistic Literature, Hebrew." *EncJud* 13:29–61.

Tesnière, Lucien. *Éléments de syntaxe structurale*. Paris: Klinksiek, 1959.

Thompson, Jeremy P. and Wendy Widder. "Major Approaches to Linguistics." Pages 87–133 in *Linguistics and Biblical Exegesis*. Edited by Douglas Mangum and Joshua R. Westbury. Lexham Methods Series 2. Bellingham, WA: Lexham, 2017.

Thomson, Christopher J. "What Is Aspect? Contrasting Definitions in General Linguistics and New Testament Studies." Pages 13–80 in *The Greek Verb Revisited: A Fresh Approach for Biblical Exegesis*. Edited by Steven E. Runge and Christopher J. Fresch. Bellingham, WA: Lexham, 2016.

Tilahun, Gelila, Andrey Feuerverger, and Michael Gervers. "Dating Medieval English Charters." *Annals of Applied Statistics* 6 (2012): 1615–40.

Tisdall, William St. Clair. "The Book of Daniel: Some Linguistic Evidence Regarding Its Date." *Journal of the Transactions of the Victoria Institute* 53 (1921): 206–55.

──────. "Egypt and the Book of Daniel: Or What Say the Papyri?" *The Expositor* 22 (1921): 340–57.

Toews, Brian G. "A Discourse Grammar of the Aramaic in the Book of Daniel." PhD diss., University of California, Los Angeles, 1993.

Tolkien, J. R. R. *The Fellowship of the Ring: Being the First Part of the Lord of the Rings*. 2nd ed. Boston: Houghton Mifflin, 1988.

Tomlin, Russel S. *Basic Word Order: Functional Principles*. Croom Helm Linguistics Series. London: Croom Helm, 1986.

Toorn, Karel van der. *Scribal Culture and the Making of the Hebrew Bible*. Cambridge: Harvard University Press, 2007.

Torrey, Charles C. "The Aramaic Portions of Ezra." *AJSL* 24 (1908): 209–81.

Trier, Jost. *Der deutsche Wortschatz im Sinnbezirk des Verstandes: Die Geschichte eines Sprachlichen feldes*. Germanische Bibliothek, Abteilung 2: Untersuchungen und

Texte 31. Heidelberg: Winter, 1931.

Tropper, Josef. "Althebräisches und semitisches Aspektsystem." *ZAH* 11 (1998): 153–90.

———. "Lexikographische Untersuchungen zum Biblisch-Aramäischen." *JNSL* 23.2 (1997): 105–28.

Trosborg, Anna. "Text Typology: Register, Genre and Text Type." Pages 3–23 in *Text, Typology and Translation*. Edited by Anna Trosborg. Benjamins Translation Library 26. Amsterdam: Benjamins, 1997.

Trubetskoĭ, Nikolaĭ Sergeevich. *N.S. Trubetzkoy's Letters and Notes*. Edited by Roman Jakobson. Janua Linguarum Series Maior 47. The Hague: Mouton, 1975.

———. "La phonologie actuelle." *Journal de psychologie normale et pathologique* 30 (1933): 219–46.

———. "Die phonologischen Systeme." Pages 96–116 in vol. 4 of *Réunion phonologique internationale tenue à Prague, 18–21/XII 1930*. Pražský linguistický kroužek: Travaux 4. Prague: Jednota československých matematiků a fysiků, 1931.

Ullendorff, Edward. "Is Biblical Hebrew a Language?" *BSOAS* 34 (1971): 241–55.

Valle Rodríguez, Carlos del. "Grammarians: Medieval Spain." *EHLL* 2:94–101.

Vance, Donald R., George Athas, and Yael Avrahami. *Biblia Hebraica Stuttgartensia: A Reader's Edition*. Peabody, MA: Hendrickson, 2015.

VanGemeren, Willem A., ed. *New International Dictionary of Old Testament Theology and Exegesis*. 5 vols. Grand Rapids: Zondervan, 1997.

VanPatten, Bill. *Input Processing and Grammar Instruction in Second Language Acquisition*. Second Language Learning. Norwood, NJ: Ablex, 1996.

———, ed. *Processing Instruction: Theory, Research, and Commentary*. Second Language Acquisition Research. Mahwah, NJ: Erlbaum, 2004.

Van Pelt, Miles V. *Basics of Biblical Aramaic: Complete Grammar, Lexicon, and Annotated Text*. Grand Rapids: Zondervan, 2011.

Van Pelt, Miles V. and Gary D. Pratico. *The Vocabulary Guide to Biblical Hebrew and Aramaic*. 2nd ed. Grand Rapids: Zondervan, 2019.

Van Steenbergen, Gerrit Jan. "Hebrew Lexicography and Worldview: A Survey of Some Lexicons." *JSem* 12 (2003): 268–313.

Van Valin, Robert D. "Functional Linguistics: Communicative Functions and Language Structure." Pages 141–57 in *The Handbook of Linguistics*. Edited by Mark Aronoff and Janie Rees-Miller. 2nd ed. Blackwell Handbooks in Linguistics. Malden, MA: Wiley-Blackwell, 2017.

———. "Semantic Macroroles in Role and Reference Grammar." Pages 62–82 in *Semantische Rollen*. Edited by Rolf Kailuweit and Martin Hummel. Tübinger Beiträge zur Linguistik 472. Tübingen: Narr, 2004.

Vasholz, Robert I. "A Philological Comparison of the Qumran Job Targum and Its Implications for the Dating of Daniel." DTh thesis, University of Stellenbosch, 1976.

———. "Qumran and the Dating of Daniel." *JETS* 21 (1978): 315–21.

Vendler, Zeno. "Verbs and Times." *The Philosophical Review* 66 (1957): 143–60.

Verheij, Arian J. C. *Bits, Bytes, and Binyanim: A Quantitative Study of Verbal Lexeme Formations in the Hebrew Bible*. OLA 93. Leuven: Peeters, 2000.

———. "Stems and Roots: Some Statistics Concerning the Verbal Stems in the Hebrew Bible." *ZAH* 5 (1990): 64–71.

Vern, Robyn C. *Dating Archaic Biblical Hebrew Poetry: A Critique of the Linguistic Arguments*. PSHC 10. Piscataway, NJ: Gorgias, 2011.

Voigt, Rainer Maria. "Derivatives und flektives t im Semitohamitischen." Pages 85–107 in *Proceedings of the Fourth International Hamito-Semitic Congress, Marburg, 20–20 September, 1983*. Edited by Hermann Jungraithmayr and Walter W. Müller. Amsterdam Studies in the Theory and History of Linguistic Science, Series IV: Current Issues in Linguistic Theory 44. Amsterdam: Benjamins, 1987.

Waldman, Nahum M. *The Recent Study of Hebrew: A Survey of the Literature with Selected Bibliography*. Bibliographica Judaica 10. Cincinnati: Hebrew Union College Press, 1989.

Walker, Larry L. "Notes on Higher Criticism and the Dating of Biblical Hebrew." Pages 35–52 in *A Tribute to Gleason Archer*. Edited by Walter C. Kaiser, Jr. and Ronald F. Youngblood. Chicago: Moody, 1986.

Waltke, Bruce K. and Michael O'Connor. *An Introduction to Biblical Hebrew Syntax*. Winona Lake, IN: Eisenbrauns, 1990.

Walton, John H. "Principles for Productive Word Study." *NIDOTTE* 1:161–71. Walton, John H. and D. Brent Sandy. *The Lost World of Scripture: Ancient Literary Culture and Biblical Authority.* Downers Grove, IL: IVP Academic, 2013.

Wang, Ting. "The Use of the Infinitive Absolute in the Hebrew Bible." PhD diss., Hebrew Union College–Jewish Institute of Religion, 2003.

Wasow, Thomas. "Generative Grammar: Rule Systems for Describing Sentence Structure." Pages 119–39 in *The Handbook of Linguistics.* Edited by Mark Aronoff and Janie Rees-Miller. 2nd ed. Blackwell Handbooks in Linguistics. Malden, MA: Wiley-Blackwell, 2017.

Watts, John D. W. "Infinitive Absolute as Imperative and the Interpretation of Exodus 20 8." *ZAW* 33 (1962): 141–45.

Webster, Brian L. *The Cambridge Introduction to Biblical Hebrew.* Cambridge: Cambridge University Press, 2009.

———. *Reading Biblical Hebrew: Introduction to Grammar.* 2nd ed. Belmont, MI: DigiScroll, 2017.

Weingreen, Jacob. "The Pi'el in Biblical Hebrew: A Suggested New Concept." *Hen* 5 (1983): 21–29.

Weinrich, Harald. *Tempus: Besprochene und erzählte Welt.* Sprache und Literatur 16. Stuttgart: Kohlhammer, 1964.

Wendland, Ernst R. "The Discourse Analysis of Hebrew Poetry: A Procedural Outline." Pages 1–27 in *Discourse Perspectives on Hebrew Poetry in the Scriptures.* Edited by Ernst R. Wendland. United Bible Society Monograph Series 7. New York: United Bible Societies, 1994.

Widder, Wendy. "Linguistic Fundamentals." Pages 11–49 in *Linguistics and Biblical Exegesis.* Edited by Douglas Mangum and Joshua R. Westbury. Lexham Methods Series 2. Bellingham, WA: Lexham, 2017.

———. "Linguistic Issues in Biblical Hebrew." Pages 135–60 in *Linguistics and Biblical Exegesis.* Edited by Douglas Mangum and Joshua R. Westbury. Lexham Methods Series 2. Bellingham, WA: Lexham, 2017.

———. *"To Teach" in Ancient Israel: A Cognitive Linguistic Study of a Biblical Hebrew Lexical Set.* BZAW 456. Berlin: De Gruyter, 2014.

Williams, Edwin. "Argument Structure and Morphology." *The Linguistic Review* 1 (1981): 81–114.

Williams, Ronald J. *Williams' Hebrew Syntax.* Edited by John C. Beckman. 3rd ed. Toronto: University of Toronto Press, 2007.

Williamson, H. G. M. "Semantics and Lexicography: A Methodological Conundrum." Pages 327–39 in *Biblical Lexicology: Hebrew and Greek: Semantics—Exegesis—Translation.* Edited by Jan Joosten, Regine Hunziker-Rodewald, and Eberhard Bons. BZAW 443. Berlin: de Gruyter, 2015.

Wilson, Robert Dick. "The Aramaic of Daniel." Pages 261–306 in *Biblical and Theological Studies by the Members of the Faculty of Princeton Theological Seminary Published in Commemoration of the One Hundreth Anniversary of the Founding of the Seminary.* New York: Scribner, 1912.

Wilt, Timothy. "A Sociolinguistic Analysis of *nā'*." *VT* 46 (1996): 237–55. Winther-Nielsen, Nicolai. *A Functional Discourse Grammar of Joshua: A Computer-Assisted Rhetorical Structure Analysis.* ConBOT 40. Stockholm: Almqvist & Wiksell, 1995.

Wolde, Ellen J. van. *Reframing Biblical Studies: When Language and Text Meet Culture, Cognition, and Context.* Winona Lake, IN: Eisenbrauns, 2009.

Wood, Esther Jane. "The Semantic Typology of Pluractionality." PhD diss., University of California, Berkeley, 2007.

Wright, Richard M. "Further Evidence for North Israelite Contributions to Late Biblical Hebrew." Pages 129–48 in *Biblical Hebrew: Studies in Chronology and Typology.* Edited by Ian Young. JSOTSup 369. London: T&T Clark, 2003.

———. *Linguistic Evidence for the Pre-Exilic Date of the Yahwistic Source.* LHBOTS 419. London: T&T Clark, 2005.

Yakubovich, Ilya S. "Information Structure and Word Order in the Aramaic of the Book of Daniel." Pages 373–96 in *Narratives of Egypt and the Ancient Near East: Literary and Linguistic Approaches.* Edited by Fredrik Hagen, John Johnston, Wendy Monkhouse, Kathryn Piquette, John Tait, and Martin Worthington. OLA 189. Leuven: Uitgeverij Peeters, 2011.

Yiyi, Chen. "Israelian Hebrew in the Book of Proverbs." PhD diss., Cornell University, 2000.

Yoo, Yoon Jong. "Israelian Hebrew in the Book of Hosea." PhD diss., Cornell University, 1999.

Young, Ian. "Ancient Hebrew without Authors." *JSem* 25 (2016): 972–1003.

———, ed. *Biblical Hebrew: Studies in Chronology and Typology*. JSOTSup 369. London: T&T Clark, 2003.

———. *Diversity in Pre-Exilic Hebrew*. FAT 5. Tübingen: Mohr Siebeck, 1993.

———. "Evidence of Diversity in Pre-Exilic Judahite Hebrew." *HS* 38 (1997): 7–20.

———. "The 'Northernisms' of the Israelite Narratives in Kings." *ZAH* 8 (1995): 63–70.

———. "What Do We Actually Know about Ancient Hebrew?" *Australian Journal of Jewish Studies* 27 (2013): 11–31.

Young, Ian, Robert Rezetko, and Martin Ehrensvärd. *Linguistic Dating of Biblical Texts*. 2 vols. Bible World. London: Equinox, 2008.

Zanella, Francesco. *The Lexical Field of the Substantives of "Gift" in Ancient Hebrew*. SSN 54. Leiden: Brill, 2010.

Zevit, Ziony. *The Anterior Construction in Classical Hebrew*. SBLMS 50. Atlanta: Scholars Press, 1998.

———. "Talking Funny in Biblical Henglish and Solving a Problem of the *yaqtul* Past Tense." *HS* 29 (1988): 25–33.

Zorell, Franz. *Lexicon hebraicum et aramaicum: Veteris Testamenti*. Rome: Pontifical Biblical Institute, 1954.

Zuber, Beat. *Das Tempussystem des biblischen Hebräisch: eine untersuchung am Text*. BZAW 164. Berlin: de Gruyter, 1986.

Zuo, Jeremiah Xiufu. *The Biblical Hebrew Word Order Debate: A Testing of Two Language Typologies in the Sodom Account*. GlossaHouse Thesis Series 3. Wilmore, KY: GlossaHouse, 2017.

Zwyghuizen, Jill E. "Time Reference of Verbs in Biblical Hebrew Poetry." PhD diss., Dallas Theological Seminary, 2012.

A

action
anterior, 5.3.1.4-5
imperfective, 5.3.2.1, 5.3.2.6, 5.3.3.1, 5.3.4.1,
    5.4.2, 6.3.4.3-4
progressive, 5.3.2.1, 5.3.2.6–7, 5.4.2
punctual, 5.3.2.5
active verbs, 4.2.1–2, 4.3.1.1.1, 4.3.1.3.2,
    4.3.2.2-4.3.2.3.1, 4.4.1, 5.3.1.4, 5.3.2.2,
    5.3.2.5, 5.3.4.3
adjectives, 1.2.2, 4.3.2.1.2, 7.3.5
verbal, 5.3.4.2, 5.4.2
Afrasian languages, 5.3.2.3
African languages, 4.3.2.4.2
Afro-asiatic languages, 4.3.2.5
Akkadian, 3.4.1–3.4.2.1, 4.1, 4.3.1.3.1,
    4.3.2.1.2, 4.3.3.4, 4.3.4.1.2, 4.3.4.4, 4.4.2,
    5.3, 9.4.2.4, 9.4.3.3
word order of, 7.4.6, 9.4.2.3
Aktionsart, 4.2–4.2.3, 4.3.1.4, 4.5–4.6,
    5.3.2.6, 5.4.3, 5.6, 6.3.2.4
analysis
componential, 3.2.1–2, 3.4.2.5
first systematic, 4.3.1.1.1
inter-clausal, 6.3.4.3, 6.3.4.9
sociolinguistic, 8.2, 8.6
synchronic, 1.3.2.1, 1.3.2.2.2, 4.3.3.2
ancient Israel, 3.3.1, 3.4.2.6, 8.2, 8.3.4.2,
    8.3.4.4, 8.4, 8.4.3, 9.3.2.2, 9.3.3, 9.3.4
ancient Judah, 9.3.2.2
antonyms, 3.2.2, 3.3.1, 3.4.2.6
approaches, linguistic
cognitive, 1.3.5.3, 3.2.4, 3.3.1, 6.3.3.10
historical-comparative, 1.3.1.1, 2.2.3–2.2.4.1
information-structure, 6.5
Aramaic. See also Biblical Aramaic

biblical exegesis, 6.2.2
clauses, 6.3.3.7
concepts, 3.3.2
of Daniel, 9.4.1.2, 9.4.2.2, 9.4.3.3–9.4.4
dialects, 4.4, 8.5.1, 9.4–9.4.1, 9.4.2-9.4.2.1,
    9.4.2.3, 9.4.3.3–4
discourse analysis, 6.1
early, 9.4.1.2
extrabiblical, 8.3.3.3
of Ezra's letters, 8.5.4
of Ezra's narratives, 8.5.4
functionalist approach, 7.4.2
Imperial, 7.4–7.4.1, 7.4.6, 8.5.1, 9.4, 9.4.2.2–
    4, 9.4.3.3–9.4.4
Late, 9.4, 9.4.2.3
lexemes, 3.4.2.1, 3.4.2.6
linguistics, 2.2.2
Middle, 7.4.1, 9.4, 9.4.2.2, 9.4.3.3–9.4.4
of native Persian speakers, 8.5.1
Old, 7.4.1, 9.4, 9.4.3.2, 9.4.3.3
Palmyrene, 9.4.2.1, 9.4.2.2
phonology, 2.2.4.1
poetry, 6.3.3.3
relevance for Biblical Hebrew, 1.1, 1.3.1.3,
    1.3.2.3, 1.3.3.3, 1.3.4.3, 1.3.5.3
scholarship, Introduction
Targumic, 9.4.1.1, 9.4.2.1
texts
eastern Imperial, 9.4.3.3
important new, 9.4.4
verb-initial, 7.4.5
vocabulary, 9.4.2.1, 10.2.2
western, 9.4.1.2
Aramaisms
in Biblical Hebrew, 8.5, 9.3.1.5
and Persian loanwords, 9.3.3.3

A

Archer, Gleason L., Jr., 9.4.3.1, 9.4.3.3
Adams, Klaus-Peter, 4.3.4.3.2
Adams, William James, Jr., 9.3.1.5
Albright, William F., 3.3.3, 9.3.1-9.3.1.1,
    9.3.1.3
Albright, William Foxwell, 2.2.3, 3.3.3
Allan, Keith, 1.5
Andersen, David T., 5.3.2.3-5, 5.3.2.8
Andersen, Francis I., 6.3.4-6.3.4.1
Andrason, Alexander, 5.3.4-5.3.4.2, 5.3.4.4
Arnold, Bill T., 8.5.4
Arnold, Mark A., 4.3.4.5.1-2
Aronoff, Mark, 1.5
Ashdowne, Richard, 3.4-3.4.1, 3.4.2.7
Athas, George, 10.4
Avrahami, Yael, 10.4

B

Bar-Asher, Elitzur Avraham, 8.3.2
Barr, James, 1.3.2.3, 2.1-2.2.4.1, 2.4-3.1,
    3.3-3.3.1, 3.3.2-3.4.1, 3.4.2.6-3.6, 4.3.3.2
Baumgartner, Walter, 1.3.1.3, 2.2.3, 3.4.2.2,
    9.4.2.1
Bean, Albert Frederick, 4.3.4.1.1-3
Beckman, John C., 4.3.2.1.4
Benton, Richard C., 4.3.1.2.2, 4.3.4.3.1-2
Bergen, Robert D., 6.6
Bergey, Ronald L., 9.3.1.5
Bergström, Ulf, 5.3.2.4, 5.3.2.8
Berman, Joshua A., 8.5.4
Bernius, Elaine A., 8.5.4
Bickmore, Lee, 1.5
Bicknell, Belinda Jean, 4.3.1.2.1-2
Bloch, Bernard, 1.3.2.1
Block, Daniel I., 6.4.3

Bloomfield, Leonard, 1.3.2.1, 1.3.3.1
Bodine, Walter R., 1.3, 1.5, 2.2.4.2.1, 6.6
Bompiani, Brian A., 8.3.1, 8.5-8.5.5
Böttcher, Julius Friedrich, 2.2.3
Boutflower, Charles, 9.4.1.2-9.4.2
Boyd, Steven W., 4.2-4.2.3, 4.3.1.1.3,
    4.3.1.3.2-4.3.1.4, 4.3.4.6, 4.5-6
Boyle, Milton L., 4.3.4.2
Brand, King, 8.5
Bresnan, Joan, 4.3.1.1.2
Briggs, Charles A., 1.3.1.3, 2.2.3, 3.4.2.1
Brockelmann, Carl, 2.2.3, 4.3.2.1.1.1, 5.3.2
Brown, Francis, 1.3.1.3, 2.2.3, 3.4.2.1
Brown, Penelope, 8.3.3
Brown, Phillip II, 10.4
Brown, Roger, 8.3.3.3
Bucholtz, Mary, 8.3.2
Buth, Randall, 1.3.4.3, 2.2.4.1, 5.6, 6.3.4,
    6.3.4.3-4, 6.3.4.8-9, 6.5, 7.4-7.4.2, 7.4.6,
    7.6, 10.3.2-10.3.2.1, 10.3.3.1, 10.3.5, 10.5

C

Callow, John, 6.2.2,6.6
Campbell, Edward F., 1.3.1.1, 1.3.1.2.1-
    3.1.3.2.1, 1.3.3.1, 1.5, 3.2.3, 8.3.1, 9.2.1
Choi, Jongtae, 9.4.3, 9.4.3.3, 9.6
Chomsky, Noam, 1.3.3.1-1.3.3.2.3, 2.2.4.1,
    7.4.2
Clarke, David D., 1.3.5.1
Cohen, Chaim, 3.4.2.2
Colasuonno, Maria Maddalena, 8.1-2,
    8.3.4.4, 8.6-7
Collado, Vicente, 3.4.1
Comrie, Bernard, 4.2.3, 5.2.1-2
Conrad, Susan, 8.3
Cook, Edward M., 7.4.3-6

---

1. 인명 색인의 숫자는 모두 항목 번호를 의미합니다.